Exilerfahrung und Literatur

Mit herzlichem Dank für
Ihre Starthilfe
Petra Schumann

November 1990

FBLa 2

Frankfurter Beiträge zur Lateinamerikanistik

Herausgegeben von Karsten Garscha, Horst G. Klein,
Mark Münzel und Birgit Scharlau

Petra Schumm

Exilerfahrung und Literatur

Lateinamerikanische Autoren in Spanien

gnv Gunter Narr Verlag Tübingen

CIP-Titelaufnahme der Deutschen Bibliothek

Schumm, Petra:
Exilerfahrung und Literatur : lateinamerikanische Autoren in Spanien /
Petra Schumm. – Tübingen : Narr, 1990
(Frankfurter Beiträge zur Lateinamerikanistik ; 2)
Zugl.: Frankfurt (Main), Univ., Diss.
ISBN 3-8233-4041-7

NE: GT

Gedruckt auf säurefreiem und alterungsbeständigem Werkdruckpapier

– D 30 –

Dischingerweg 5 · D-7400 Tübingen 5

Druck: Müller + Bass, Tübingen
Verarbeitung: Buchbinderei Geiger, Ammerbuch-Poltringen
Printed in Germany

ISBN 3-8233-4041-7

"Ein Käfig ging den Vogel suchen"
Franz Kafka

Vorbemerkung

Mein Dank gilt allen, die mir beim Zustandekommen meiner Arbeit geholfen haben: den Autoren Juan Carlos Martini, Daniel Moyano, Cristina Peri Rossi, Hernán Valdés, den Gutachtern Frau Professor Birgit Scharlau und Herrn Professor Karsten Garscha sowie dem Gunter Narr Verlag.

Inhaltsverzeichnis

Einleitung

1. Ein Stein fällt ins Wasser. Wir stehen am Ufer und betrachten seine Spuren auf dem Wasserspiegel. Dort, wo der Stein auf die Wasseroberfläche trifft, ist der Punkt, von dem konzentrische Kreise ausgehen. Kleine Kreise münden in größere. Sie breiten sich von der Mitte her aus. Ihrer Form nach sind die Kreise identisch, doch niemals gleich. Zusammen bilden sie eine kontinuierliche Bewegung, die sich in anderen Flächen fortsetzt. Schaffen wir eine Verbindung zwischen diesen Kreisen, so öffnen wir sie und erhalten eine spiralenförmige Figur. Auch sie verläuft in immer gleichen Windungen. Trotzdem bleiben wir nicht auf einer Stelle stehen. Mit jeder Kehre erreichen wir eine andere, neue Ebene, und unser Weg ließe sich gewiß unendlich fortführen.

Identische Bewegungen auf verschiedenen Flächen und Ebenen. Veränderungen in der Kontinuität. Identität?

2. Bleiben wir noch einen Moment bei der Metapher: So willkürlich wie der Stein ins Wasser geworfen wurde und in die Wasseroberfläche Zeichen einschrieb, gingen Cristina Peri Rossi, Hernán Valdés, Juan Carlos Martini und Daniel Moyano zwischen 1973 und 1976 ins Exil. Sie wurden durch die Militärdiktaturen, die in diesen Jahren in ihren Herkunftsländern, Uruguay, Chile und Argentinien, herrschten, zu dem Schritt in die unfreiwillige Emigration gezwungen. Vorübergehend fanden Sie in Spanien eine neue Unterkunft. Auch dort haben sie Spuren zurückgelassen – Spuren in Form von autobiographischen und literarischen Texten. Die vier Emigranten sind Schriftsteller, die im Exil ihre literarische Arbeit wieder aufgenommen haben.

In der folgenden Studie möchte ich den schriftlichen Fährten dieser vier Autoren aus dem lateinamerikanischen Exil in Spanien[1] nachgehen. Hierzu werde ich am Detail der lebensgeschichtlichen Erfahrung des Exils ansetzen. Der Bewegung einer sich auf unterschiedlichen Ebenen fortsetzenden Spirale folgend, gilt es, die Schichten abzutragen, die sich hinter dem äußeren historisch-biographischen Ereignis des Exils verbergen. Ich möchte zeigen, wie Literatur in dieser besonderen Situation, dem Exil, entsteht, wie darin Emigrationserfahrung verarbeitet und eine Auseinandersetzung mit Identität geführt wird. Doch spätestens hier ergibt sich eine Reihe von Fragen.

3. Die Vorstellung, daß Menschen, die eine Zeitlang im Ausland gelebt haben, durch den Orts- und Milieuwechsel an Erfahrungsspektren hinzugewinnen, gehört zu den Topoi unserer Vorstellung vom Emigrieren.

Distanziert oder entfremdet sich also die ins Ausland versetzte Kultur von der zurückgebliebenen? Gelingt es, in der Fremde eine "neue Identität" aufzubauen? Oder ist das Gegenteil der Fall: Die Betroffenen suchen in verstärktem Maße nach einer Rückbindung an ihre ursprüngliche Kultur?. Konstruieren sie sich eine "Heimat-Identität" im Miniaturformat? Die im Ausland weiterlebende Kultur würde dann zu dem, was man in der Emigrationssoziologie eine Isolationskultur nennt[2].

Diese Grundvorstellungen vom Emigrieren sind in die Exil-Literaturforschung eingeflossen, die sich die Aufgabe gestellt hat, jene Literatur von ihren historischen Entstehungsbedingungen her zu untersuchen[3]. Damit verbunden ist auch die Frage, ob der aus den besonderen Bedingungen des Exils hervorgegangenen Literatur ein Sonderstatus im Sinne einer eigenständigen literarischen Gattung "Exilliteratur" zuzusprechen ist. Hieran würde sich die Frage nach den landesspezifischen Prägungen dieser "Exilliteratur" anknüpfen. Ist in Spanien – aus dem naheliegenden Grund einer schon vorhandenen Tradition an sprachlichen, kulturellen und historischen Berührungspunkten zwischen diesem Land und Lateinamerika – eine "Exilliteratur" entstanden, die eine spanienspezifische Eigenart aufweist?

Ich gehe in meiner Untersuchung von diesen verbreiteten Schemata einer Emigrationskultur aus. In meinen Analysen des vorliegenden Materials werde ich sie hinterfragen und möglicherweise relativieren.

Die Frage nach dem Fortbestehen einer lateinamerikanischen Identität im Exil wurde nicht von außen an das Thema herangetragen. Sie ist vielmehr aus der Situation selbst hervorgegangen. So konnte ich mich während meiner Recherchen in Spanien davon überzeugen, daß die Identitätsfrage gewissermaßen zu den brennenden Tagesthemen des Exilalltags gehörte. Das überall vernehmbare, doch meist nur flüchtig in die Debatten eingebrachte Reizwort "Identität" soll hier anhand eines festen, jederzeit verfügbaren Textkorpus hinsichtlich der in ihm mitschwingenden, impliziten Bedeutungen überprüft und in seine einzelnen Dimensionen aufgefächert werden.

4. In meiner Arbeit beziehe ich mich auf vier Schriftsteller, deren literarische und nicht-literarische Texte. Berücksichtigt wurde die Literatur aus der Emigration und jene, die vor dem Exil geschrieben wurde. Das Wissen um frühere Schaffensperioden halte ich zur besseren Einschätzung der literarischen Entwicklung in der Emigration für unabdingbar, schon deshalb, um Stereotypisierungen des Materials zu vermeiden. Allzu leicht können literarische Eigenheiten in den Rang exilspezifischer Phänomene erhoben werden, auch dann, wenn sie in der Werksgenese eines Autors schon angelegt waren oder ganz einfach Bestandteile einer übergeordneten literarischen Tradition sind[4].

Die Auswahl von Cristina Peri Rossi, Hernán Valdés, Juan Carlos Martini und Daniel Moyano aus dem Spektrum der in Spanien exilierten Autoren hat untersuchungspraktische Gründe: Von den genannten Autoren lagen zum Zeitpunkt der Recherche nicht nur genügend Texte vor – hinzu kam, daß diese zugänglich waren.

In der Studie gehe ich von einer Parallellektüre literarischer und nichtliterarischer Texte aus. Auf diese Weise möchte ich den Zusammenhang zwischen der autobiographischen Exilerfahrung und der literarischen Produktion untersuchen. Hier sind sowohl die Entsprechungen als auch die Widersprüche zu verdeutlichen, die sich zwischen beiden Ebenen der Aussage ergeben. Daraus resultiert die Frage, ob unter den Bedingungen des Exils gesellschaftliche Erfahrungen immer eine entsprechende literarische Umsetzung finden.

In den wesentlichen Themengebieten wurden die Autoren miteinander in Beziehung gesetzt und verglichen. Ziel dieser Gliederung nach thematischen Schwerpunkten ist es, im individuellen Fall des jeweiligen Autors eine kollektive Dimension aufzuzeigen.

Die lebensgeschichtliche Erfahrung des Exils bildet den zeitgeschichtlichen Rahmen meiner Studie. Er wird in der Beschreibung der Auswanderung in Kapitel 2 umrissen und durch die Analyse des Spanien-/Europaaufenthaltes im letzten Kapitel vollendet. In den dazwischenliegenden Kapiteln werde ich in ständiger Ausweitung des Fragehorizontes die weitergehenden literarischen, ideengeschichtlichen und ästhetischen Gesichtspunkte darlegen, die sich in dieser Situation ergeben haben. Die materiellen Voraussetzungen der Vermarktung von Literatur sind hier ebenso zu berücksichtigen wie die subjektiven Schreiberfahrungen der Autoren, ihre rückblickende Auseinandersetzung mit den Verhältnissen in den Herkunftsländern und eigenen Motivwelten oder die stilistischen Schreibweisen, in denen diese konstituiert werden.

Die Begriffe "Identität" und "Exilliteratur" werden im Laufe dieser sich progressiv erweiternden Analyse in ihre einzelnen Dimensionen zerlegt, aber auch auf ihren theoretischen Gehalt hin befragt. Wird mit der Emigration tatsächlich eine vermeintliche alte Identität ab- und eine neue angelegt? Gibt es dieses besondere Kulturereignis "Exilliteratur"?

Die verschiedenen Ebenen einer Spirale existieren niemals unabhängig voneinander. Eine Stufe wäre ohne das Vorhandensein einer vorangegangenen undenkbar, daher weist ein Folgendes immer auf Vergangenes zurück. Entsprechend versuche ich, in einer Art Hin- und Herbewegung von Vor- und Rückverweisen die Verzahnungen der unterschiedlichen Analyseebenen und damit des Identitätsproblems zu verdeutlichen.

5. Kreis und Spirale gehören heute zu den verbreiteten Figuren, mit denen der Verlauf unseres Denkens, die Suche nach Identität umschrieben werden. Mit diesem Aspekt unseres metaphorischen Einstiegs werden wir uns noch näher zu befassen haben. Ich habe einleitend auf das Bild zurückgegriffen, weil es mir mein eigenes Vorgehen angemessen zu veranschaulichen schien. Geht es doch darum, sich einem historischen Moment, an dem ich durch meine Recherchen beobachtend teilhaben konnte, in seiner Ganzheit anzunähern.

1 Biographisches und Bibliographisches

1.1 Die Bildungswege in den Herkunftsländern

Juan Carlos Martini, Daniel Moyano, Cristina Peri Rossi, Hernán Valdés – dies sind vier Namen, mit denen unterschiedliche Lebenswege, literarische Präferenzen und Ausrichtungen verbunden sind.

Was diese vier Autoren verbindet, ist der allgemeine gesellschaftliche Erlebnishintergrund ihrer Emigration. In Spanien und Lateinamerika zeichnete er sich durch besondere historisch-symbolische Vorzeichen aus. Abermals schien sich zwischen 1973 und 1984 die im hispanischen Kulturbereich verbreitete These einer dialektischen Bezogenheit der geschichtlichen und kulturellen Entwicklungen in den Ländern zu beiden Seiten des Atlantiks zu bestätigen. Während die rechtsgerichteten Militärdiktaturen in Chile, Uruguay und Argentinien das demokratische Leben für zunächst unbegrenzte Zeit unterbrachen, trat Spanien 1975 nach vierzigjähriger Diktatur den Weg in die Demokratie an.

Relativ homogen sind auch die Erfahrungen im lateinamerikanischen Südkegel, die dem Exil vorausgingen. Es war die Phase der politisch-sozialen Bewegungen, der Bemühungen um kulturelle Erneuerung und der seit der kubanischen Revolution bestehenden Erwartung eines grundlegenden gesellschaftspolitischen Wandels. In dieser Situation begann die berufliche und literarische Laufbahn der vier Autoren.

Cristina Peri Rossi, 1941 in Montevideo geboren, hatte im genannten Zeitraum ihr Studium der romanischen Sprach- und Literaturwissenschaft abgeschlossen und arbeitete in der staatlichen Lehrerausbildung Uruguays. Nebenbei betätigte sie sich als Literaturkritikerin in der Zeitschrift "Marcha".

1968 hatte sie mit der Prämierung ihres Prosa-Lyrikbandes "Los museos abandonados"[5] erstmals mit eigenen Arbeiten in uruguayischen Literaturkreisen auf sich aufmerksam gemacht. Zu ihren Veröffentlichungen vor der Emigration zählen "Evohé"[6] (Lyrik) und "El libro de mis primos"[7] (Roman). Noch in Uruguay geschrieben, doch erst im Exil veröffentlicht, wurden "Indicios pánicos"[8] (Erzählungen) und "Descripción de un naufragio"[9] (Lyrik). Die Arbeiten Peri Rossis bezogen sich auf Themen der Zeit (politische, kulturelle Erneuerung, Generationskonflikte, sexuelle Emanzipation), die die Autorin metaphorisch zu verallgemeinern wußte. In ihren privaten Lektüren hatte sie sich vor allem mit der Literatur Felisberto Hernández', Julio Cortázars und des Nordamerikaners J.D. Salinger auseinandergesetzt.

Schon 1969 begann in der uruguayischen Geschichte mit Verhängung des Ausnahmezustandes der Weg in die militärische Repression. Auch der 1971 nach chilenischem Vorbild gegründete "Frente Amplio", in dem sich Peri Rossi politisch engagierte, konnte dem allmählichen Abbau der formalen Demokratie keinen Einhalt mehr bieten. 1972, ein halbes Jahr vor der Errichtung der zivilmilitärischen Herrschaft, verließ Peri Rossi ihr Land, weil sie eine Festnahme befürchteten mußte. Sie ging in die Emigration nach Spanien, und zwar nach Barcelona.

Zu diesem Zeitpunkt arbeitete Hernán Valdés, geboren 1937 in Santiago de Chile, noch als Herausgeber der Zeitschrift "Cuadernos de la realidad nacional" im Institut für Soziologie der Universidad Católica von Santiago de Chile. Einschneidende Ereignisse im Bildungsweg von Valdés sind längere Auslandsaufenthalte in Prag (1961 - 1964) und Paris (1968 - 1971). Anläßlich des Wahlsiegs der Volksfrontkoalition unter Salvador Allende kehrte Valdés 1971 nach Chile zurück, um sich dort gesellschaftspolitisch zu engagieren.

In der literarischen Öffentlichkeit seines Landes war er bereits 1959 mit dem prämierten Lyrikband "Apariciones y desapariciones"[10] aufgetreten. In den 60er Jahren schrieb er "Cuerpo creciente"[11], ein von Jugenderinnerungen und Proust-Lektüren bestimmter Roman. Der Kontakt mit einem sozialistischen Regime des Ostblocks sowie die Auseinandersetzung mit französischer Literatur (Symbolismus und Surrealismus) fanden in dem 1972 erschienenen Roman "Zoom"[12] ihren Niederschlag.

Während des chilenischen Militärputsches (1973) geriet Hernán Valdés in zweimonatige Konzentrationslagerhaft. Durch die Hilfe einer europäischen Botschaft wurde ihm in England politisches Asyl gewährt. Von dort aus siedelte er nach Barcelona über.

Juan Carlos Martini, geboren 1944 in Rosario, war in Argentinien bis zur Emigration als Buchhändler tätig. Nach zwei abgebrochenen Studien in den Fächern Jura und Literaturwissenschaft wandte sich Martini 1968 ganz der literarischen Arbeit zu. Seine Lektüren des nordamerikanischen Kriminalromans veranlaßten ihn zur sozial- und medienkritischen Reflexion dieses Genres in seinen Romanen "Los asesinos las prefieren rubias"[13] und "El agua en los pulmones"[14]. Zwischen 1964 und 1967 war Martini in seiner Heimatstadt Mitherausgeber der Literaturzeitschriften "Sietecientos monos" und "Macedonio", die sich in ihrer programmatischen Zielsetzung um die kulturelle Belebung der Provinz bemühten. Martini hatte in dieser Zeit Gelegenheit, sich ausführlich mit der lateinamerikanischen und der französischen Literatur (nouveau roman, Strukturalismus) zu beschäftigen. Beiden Strömungen trug er in experimentellen Kurzgeschichten Rechnung, die 1984 unter dem Titel "La brigada celeste"[15] veröffentlicht wurden. Noch in Argentinien niedergeschrieben, doch erst im Exil veröffentlicht wurde der Roman "El cerco"[16].

Daniel Moyano lebte bis zum Exil in La Rioja, einer nordöstlichen Provinz Argentiniens. Seine Jugend – Moyano wurde 1931 in Buenos Aires geboren – war geprägt durch mehrere Ortswechsel innerhalb Argentiniens, erwähnenswert ist vor allem der Internatsaufenthalt des Frühwaisen in Córdoba.
1959 ließ sich Moyano in La Rioja nieder und arbeitete dort als Musiker und Journalist. Seine autodidaktischen Studien der Literatur wurden von Lektüren der Werke Franz Kafkas und des italienischen Neorealisten Cesare Pavese begleitet. Zusammen mit Zeitgenossen wie Antonio di Benedetto, Miguel Hernández, Haroldo Conti zählt Moyano zu den Autoren, die sich in den 60er Jahren – völlig unabhängig voneinander – um eine Erneuerung der Literaturen der argentinischen Provinz bemühten, in ruralen Traditionen neuen Rückhalt suchten und auf die verschärften sozialen Probleme der ländlichen Gebiete aufmerksam machten. Hiervon zeugen unter anderem Moyanos Romane "Una luz muy lejana"[17], "El Oscuro"[18] und "El trino del diablo"[19].

Im Gegensatz zu den beiden Nachbarländern, Uruguay und Chile, war die argentinische Situation seit 1955 durch ein ständiges Auf und Ab ziviler und militärischer Regierungen gekennzeichnet. Der kurzen Redemokratisierung unter Hector Cámpora wurde 1973 mit Rückkehr Peróns, der damals einflußreichsten politischen Figur des Landes, ein jähes Ende bereitet. Ab 1974 nahm die politische Repression erneut zu und löste eine erste Emigrationswelle aus, der sich Juan Carlos Martini in Richtung Barcelona anschloß. Daniel Moyano geriet mit dem Militärputsch 1976 in zwölftägige Isolationshaft. Nach seiner Freilassung emigrierte er nach Madrid.

1.2. Die Situation in Spanien

Ungeachtet äußerlich günstiger Anzeichen einer politischen Liberalisierung Spaniens wirkte sich die Reorganisation des Emigrationslandes eher nachteilig auf die soziale Lage des lateinamerikanischen Exils aus. Bedenken wir jedoch, daß die Demokratisierung Spaniens durch die soziale und wirtschaftliche Entwicklungen des Landes seit den 50er Jahren notwendig geworden war. Die in diesem Zeitraum aufgenommenen wirtschaftlichen Beziehungen zu den westeuropäischen Ländern (Tourismus, Arbeitsemigration, Kapitalinvestitionen) sowie die im Zuge des Wirtschaftsaufschwungs entstandenen neuen urbanen Mittelschichten hatten eine Liberalisierung auch des politischen und kulturellen Lebens erforderlich gemacht[20]. Sie wurde von Franco noch zu Lebzeiten mit der Ernennung des Monarchen Juan Carlos de Borbón II zum künftigen Staatsoberhaupt und der Zulassung von Parteienassoziationen im Jahre 1974 eingeleitet[21]. Dies hatte zur Folge, daß die Demokratisierung nach dem Tod des Diktators (1975) – trotz sozialer, antidiktatorischer Bewegungen – durchaus in den vorgegebenen Bahnen etablierter Institutionen verlief. Hervorzuheben ist die politische Fessel eines weitgehend intakt gebliebenen franquistischen Machtapparates. Zu diesem kamen soziale Einschränkungen durch die wirtschaftliche Rezession hinzu. Beide Faktoren schwächten die soziale Ausgangsbasis der politischen Öffnung erheblich[22].

Das lateinamerikanische Exil war von den Einschränkungen indirekt, nämlich durch die Reformierung der Aufenthaltsbedingungen, betroffen: Zwar kannte man in Spanien bis 1978 weder Asylrecht noch öffentliche Hilfe für Emigranten und Exilanten, die noch unter Franco erlassene Gesetzgebung räumte Lateinamerikanern jedoch freie Einreise und arbeitsrechtliche Gleichstellung mit Spaniern ein[23]. Mit dem Beitritt Spaniens zum internationalen Flüchtlingsstatut änderten sich ab 1978 die günstigen Voraussetzungen[24]. Die eintreffenden Lateinamerikaner wurden per Dekret der allgemeinen Ausländergesetzgebung unterstellt, welche die Aufenthaltsgenehmigung an den Nachweis eines Arbeitsvertrages koppelte[25]. Da eine endgültige gesetzliche Regelung bis 1984 ausblieb, war die Klärung des juristischen Status fortan willkürlichen Entscheidungen einzelner behördlicher Instanzen überlassen[26]. Weiterhin in Kraft blieb die Möglichkeit der Annahme spanischer Staatsangehörigkeit oder der "doble nacionalidad", die für Lateinamerikaner mit verwandtschaftlichen Bindungen zu Spaniern relativ leicht zu erhalten sind.

Spanien stellte nicht zuletzt aus Gründen der bis 1978 geltenden Aufenthaltsgenehmigungen ein bevorzugtes Emigrationsland für Lateinamerikaner dar. Nach Spanien emigrierte man freiwillig, ohne leitende Hilfe internationaler Organisationen. Man mußte sich dort aber um die eigene Existenzsicherung kümmern und war in juristischer wie sozialer Hinsicht einer größeren Willkür ausgesetzt. Der "pluri-empleo", die Notwendigkeit, mehrere Gelegenheitsarbeiten annehmen zu müssen, zählte bereits in den 70er Jahren zu den Besonderheiten der spanischen Arbeitsmarktsituation und damit auch zu der des lateinamerikanischen Exils.

Von ihnen waren die intellektuellen Kreise der Emigration nicht ausgenommen. Lateinamerikaner gehörten wegen ihrer Sprachkenntnisse zu gefragten Arbeitskräften akademisch orientierter Berufszweige, etwa im Verlags- oder Pressewesen. Häufig wurden sie jedoch als freie Mitarbeiter, ohne arbeitsrechtliche Garantien und mit Minderbezahlung beschäftigt[27]. Das spanische Bildungswesen (Schulen, Universitäten) sowie andere Institutionen kultureller Verbreitung wiesen durch die 40jährige Diktatur große Mängel auf und hätten durchaus neue, gut ausgebildete Arbeitskräfte benötigt. Wenn in diesen Sparten eine liberale Öffnung dennoch vorerst nicht erfolgte, so ist dies vor allem auf das weitgehend von franquistischen oder regionalen Interessengruppen beherrschte Berufssystem

zurückzuführen. Der akademische Bereich, das gerade unter Intellektuellen als Erwerbsquelle gefragte Universitätssystem, blieb Ausländern verschlossen[28]. Gesuche um Auslandsstipendien oder die Arbeitsemigration an mitteleuropäische Universitäten – bei gleichzeitiger Residenz in Spanien – waren Mittel und Wege, mit denen man den beruflichen Schwierigkeiten begegnete.
Die Biographien von Peri Rossi, Moyano, Martini und Valdés reflektieren diese Lage in exemplarischer Form.

Cristina Peri Rossi arbeitete in Barcelona als Übersetzerin und Journalistin für lateinamerikanische, literarische und kultursoziologische Themen. In ihrer beruflichen Stellung spiegelt sich das Moment des "pluri-empleo". 1981 ging Peri Rossi, die im übrigen auch ihre Aufenthaltsgenehmigung nur unter Schwierigkeiten regeln konnte, mit einem DAAD-Stipendium nach Berlin.
In ihrer literarischen Arbeit setzte sie sich auch weiterhin mit zivilisationskritischen Themen auseinander. Während des dreizehnjährigen Exilaufenthaltes entstanden die Kurzgeschichtenbände "La tarde del dinosaurio"[29], "La rebelión de los niños"[30] und "El museo de los esfuerzos inútiles"[31]; der Emigrationsroman "La nave de los locos"[32]; die Lyrikbände "Diáspora"[33] und "Lingüística general"[34].

Hernán Valdés lebte mit längeren Unterbrechungen von 1974 bis 1982 in Barcelona. Dort entstanden das Konzentrationslager-Tagebuch "Tejas Verdes"[35] und die Romane "A partir del fin"[36] und "La historia subyacente"[37]. 1982 ging Valdés ebenfalls als DAAD-Stipendiat nach Berlin.

Juan Carlos Martini arbeitete in Barcelona als Lektor und Mitherausgeber von lateinamerikanischer Literatur und Kriminalromanen. Außerdem schrieb er "La vida entera"[38], einen Roman zum Zeitgeschehen seines Landes zwischen 1970 und 1975, und den Emigrationsroman "Composición de lugar"[39].

Daniel Moyano arbeitete in Madrid zunächst zur Sicherung seines Lebensunterhalts in einer Fabrik. Ab 1980 schrieb er die Romane "El vuelo del tigre"[40] und "El libro de navíos y borrascas"[41], die von der politischen Repression und der Emigration handeln, sowie die Kurzgeschichtensammlung "María Violín y otras variaciones"[42], die sich auf unterschiedliche Themen beziehen. Moyano und Martini konnten, wie später auch Peri Rossi, die juristische Situation durch Annahme der "doble nacionalidad" regeln.

2 Exilerfahrung in Selbstzeugnissen

Das Exil ist eine besondere Migrationssituation. Die Gründe hierfür sind vor allem in den Umständen zu suchen, unter denen emigriert werden mußte. Im folgenden Kapitel werde ich diese besonderen Migrationsvoraussetzungen des Exils anhand von literarischen und autobiographischen Texten rekonstruieren. In der Interpretation der literarischen Szenenbeschreibungen geht es mir um die Darstellung der existentiellen Problematik des Exils und der damit verknüpften Identitätsfrage. Die allgemeinen symbolischen Aussagen sind in einem weiteren Arbeitsschritt mit den sozialen Erfahrungen der Autoren zu ergänzen. Dabei wird die Frage der beruflich-sozialen Integration in Spanien im Mittelpunkt stehen.

2.1 Symbolische Implikationen der Exilsituation

2.1.1 Exil als besondere Migration: Der nicht vollzogene Abschied

"Partir es morir un poco"[43] – Reisen, Emigrieren, ins Exil gehen heißt "einen kleinen Tod sterben". Mit dem populären Sprichwort spielt Cristina Peri Rossi auf eine Grundsituation der Migration an. Der Reisende oder der Exilant – beide unterscheiden sich hierin vorerst recht wenig - müssen eine vertraute Welt zurücklassen. Sie sind gezwungen, Abschied zu nehmen.

Ausführlich schildert uns Daniel Moyano in seinem Emigrationsroman "El libro de navíos borrascas" eine Abschiedsszene unter den Bedingungen des Exils:

> Desde la explanada por donde íbamos ya no era posible ver las caras de los que se quedaron sin despedirnos y con los paquetes en las manos. Apenas unos óvalos arracimados allá lejos y hace tiempo ... El riojano perdido en la multidud. Ahora cualquiera de esos óvalos podía ser su cara. Usted no se aflija, yo iré todos los años a podarle la viñita ... La distancia entre ellos y nosotros era y no era. Cerca para los ademanes que tienen los adioses, y lejos para reconocer una cara ... Todos éramos óvalos borrosos. Para mí cualquiera de ellos podía ser el riojanito ... Cómo decir adiós? ... Cuando algo se acaba el adiós es algo que sobra ... Nosotros éramos otra calidad de adiós ... Nos echaban .. Para siempre?[44]

Alles ist beim Auslaufen des Schiffes aus dem Hafen von Buenos Aires noch sichtbar nah und doch auch schon unerreichbar fern. Moyanos Erzähler, Rolando, betont den Moment des Schwebezustandes, eine allmähliche Distanzierung von der zurückbleibenden Realität (la distancia

... era y no era). Die Identitäts- oder Erkennungszeichen, versinnbildlicht in den Gesichtern der Zurückbleibenden (óvalos borrosos), versinken in Anonymität. Der Bewegung des langsamen Sich-Entfernens entspricht die Erinnerung an den "compadre" aus "La Rioja", der versicherte, in der Abwesenheit des Protagonisten für den Erhalt der materiellen Güter zu sorgen (yo iré todos los años). Mit der Betonung der allmählichen Auflösung aller Bindungen wird ein Abschiedsritual beschrieben, das laut Textaussage in Wirklichkeit gar nicht stattfinden konnte (se quedaron sin despedirnos)[45].

Am Ende des Zitats stellt der Erzähler den Abschiedsgestus ganz in Frage und gibt die damit gewöhnlich ausgedrückte Hoffnung auf Wahrung der Lebenskontinuität auf. Utensilien, wie zum Beispiel ein Mate-Paket, eine Gitarre, fallen bei der Abreise und Ankunft aus mehr oder weniger gewollter Ungeschicklichkeit ins Wasser[46]. Der Schritt in die Emigration ist unwiderruflich, die Trennung, wie es scheint, – "Para siempre?" – für immer. Beide zusammen lösen das Gefühl der Diskrimination – "ser echado" – aus. Ungewollterweise wird man des Landes verwiesen.

Ist für Moyanos Emigrationsszene das widersprüchliche Schwanken zwischen Kontinuitäts- und Verlusterfahrung maßgebend, so hebt Peri Rossi ausschließlich den Aspekt des Abbruchs aller vergangenen Bindungen hervor:

> nada queda ya
> sino el deseo impostergable de vivir;
> me lancé al agua, es cierto, sin mirar atrás.
> De mirar quizás no me lanzara ...[47].

Der Blick zurück, den sich der Erzähler von "Naviós" noch gestattet, ist nicht erlaubt. Er könnte den Entschluß zu gehen beeinträchtigen. Allein bestimmend sind Bedrängnis und Überlebenswille. Auch hier wird der Schritt in die Emigration verglichen mit einem Sprung in ungewisse Gewässer, womit nicht nur ein abrupter Bruch mit der Vergangenheit, sondern auch ein völlig wehrloses Ausgeliefertsein an eine unbekannte Situation angezeigt ist. Direkter als Moyano sucht Peri Rossi die politischen Umstände dieser Emigration zu verdeutlichen:

> No fue nuestra culpa si nacimos en tiempos de penuria. Tiempos de echarse al mar y navegar. / Zarpar en barcos y remolinos / huir de guerras y tiranos / al péndulo / a la oscilación del mar[48].

Nicht ohne Pathos wird die Situation eines epochalen Aufbruches nahegelegt. Wieder treibt eine impulsartige Fluchtbewegung voran, die in ursächlichem Zusammenhang mit den am Gedichtanfang festgestellten Notzeiten und den gesellschaftlichen Auseinandersetzungen steht (tiempos de penuria, guerras y tiranos). Erwähnenswert ist der zirkelförmige Aufbau des Gedichtabschnittes, der mit der Feststellung übermächtiger

Gewalten beginnt und endet. Im Vergleich mit dem Pendel wird die Flucht zur ziel- und ausweglosen Bewegung.

Mit diesen poetischen Worten nahm Peri Rossi in "Descripción de un naufragio" den Weg ins Exil vorweg. In ihrem autobiographischen Bericht von 1978 lesen wir: "Llegué a Barcelona en 1972, con diez dólares en el bolsillo, ... habiendo dejado el país en 24 horas y con gran angustia. Era una angustia muy profunda donde se mezclaban la incertidumbre personal y la conciencia de haber asistido involuntariamente ... a un proceso devastador, que destruiría el país ..."[49]. Die poetischen Bilder haben sich für die Autorin in der Lebenswirklichkeit bestätigt[50]. Auch in diesen Äußerungen wird das Trauma des Exils direkt auf externe, politische Ursachen zurückgeführt.

Hernán Valdés hingegen rekonstruiert in seinem Roman "A partir del fin" die Emigration mit Merkmalen einer nach innen gerichteten Angst. Vom Protagonisten und Alter ego, Hache, auf dem Flughafen von Santiago heißt es:

> La atención de Hache, una atención agazapada, doliente, se hallará desplegada en lo que disimulan los distintos puntos de interés del recinto ... tratando de captar las amenazas imprevisibles ocultas en la normalidad ... Su conducta no deberá reflejar nada de lo sucedido últimamente; deberá demostrar que es un viajero tan normal como los otros, porque pensará que cualquiera sospecha de su condición sólo conducirá a desencadenar el peligro. Lo que caracteriza a la arbitrariedad es justamente que el sujeto expuesto a ella no puede jamás anticipar correctamente una determinada conducta tendiente a salvarse ...[51].

Der Protagonist steht unter dem Zwang, unerkannt als normaler Tourist durch die Paßkontrolle zu gelangen. Hinter dem gewahrten Schein der Normalität verbirgt sich Angst vor einer neuen Festnahme. Im Zustand hyperbewußter Anspannung aller Sinne sucht Hache, der Gefahr zuvorzukommen. In der als völlig willkürlich empfundenen Ausreisesituation scheint jedoch jede Ab- und Einschätzung der Lage und damit verbunden ein gewisser Selbstschutz unmöglich: "Un miedo acumulado, reivindicativo, independiente de todo razonamiento ...[52]. Das Futur unterstreicht die zwanghafte "Angst vor der Angst", die in der Erzählung vorherrschend ist. Auch bei Valdés richtet sich der Blick streng nach vorn, und die Vergangenheit ist zunächst vergessen[53]".

Juan Carlos Martini schildert in der Figur des Juan Minelli aus "Composición de lugar" eine vergleichsweise normale Abschiedsszene. Juan Minelli auf dem Bahnhof von Rosario:

> Pagó su boleto y fue en busca del bar ... Comió una medialuna y bebió una taza de café insípido ... Fumó sin prisa, sin ansiedad, tratando de fijar las últimas imágenes, los últimos recuerdos de esa ciudad de la que estaba a punto de partir, un boulevard por ejemplo ... [54].

Hier geschieht, was in jeder Reisesituation üblich sein kann: die Einnahme einer Stärkung vor der Abfahrt. Der Erzähler betont jedoch gerade das Fixieren von Erinnerungsbildern, das in den anderen Beispielen ausblieb oder untersagt war. Er nimmt sich die Freiheit eines bewußten Abschieds. Die Einnahme eines für Argentinien typischen Imbisses (Medialuna-Kuchen) leitet den Vorgang der inneren Vergegenwärtigung externer Örtlichkeiten ein.

Durch äußere Umstände verursachte Bedrängnis und Unsicherheit, ein mehr oder weniger bewußt vollzogener Bruch mit dem bisherigen Leben und eine ungewisse Zukunft sind die wesentlichen Merkmale der Beschreibungen des Exils von Moyano, Peri Rossi und Valdés. Das Textbeispiel Martinis bildet mit der Betonung des eher ruhigen, auf wohlüberlegter Entscheidung beruhenden Schrittes in die Emigration ein Gegenbeispiel.

Diese Überlegungen stimmen mit den Beobachtungen aus Migrations- und Exilforschung überein. Auch heute noch besteht man in der Migrations- und Exilforschung darauf, das Exil als Sonderfall unter den übrigen Migrationssituationen zu behandeln. Alfonso González-Dagnino führt hierzu die schon klassische Unterscheidung zwischen Emigration und Exil an: "Es verdad que los problemas de uno y otro estado convergen en el tiempo hasta juntarse, pero los períodos iniciales ... son diferentes ... el emigrante, por forzada que sea su emigración, realiza un acto voluntario al dejar su patria, hace una elección ... El exiliado ... que se ve forzado a abandonarlo todo, aún sus bienes personales, ... no elige el lugar de su destino"[55]. Wie in den Textbeispielen wird der Unterschied zwischen Exil und Emigration an den besonderen Ausreisebedingungen festgemacht. Dem Emigranten ist noch die Möglichkeit einer freien Entscheidung und Wahl des Ziellandes belassen. Dem entspricht die Vorstellung vom Glücksuchenden, der sein Land verläßt, um in der Ferne nach neuen materiellen oder geistigen Horizonten zu suchen. Dem Exilanten wird die Migration durch äußere Verhältnisse (politische Verfolgung) aufgezwungen: "Los exiliados ... no vienen "hacia" algo, sino huyendo o expulsados "de" algo, amargados, resentidos, frustrados"[56]. Wir werden jedoch sehen, daß diese idealtypischen Thesen der Emigrationsforschung in der Erlebnisrealität des Einzelnen eine Vielzahl von Schattierungen und Überschneidungen aufweisen. Festzuhalten ist allerdings, daß das Exil aufgrund seiner Ausgangsbedingungen eine besondere Herausforderung an die Integritäts- und Identitätsgefühle darstellt. Die Szenenbilder der Autoren ließen sich auch mit dem Begriff der Grenz- oder Ausnahmesituation überschreiben[57].

In der Migrationsforschung vergleicht man das Exil mit dem Gefangenschaftserlebnis und ordnet ihm die Bedeutung einer symbolischen Strafe zu[58]. So meint auch Peri Rossi mit Bezug auf eine der ältesten Exilerfahrungen: "Los griegos sostenían que uno de los castigos más horribles que se puede inflingir a alguien es el destierro. Sabían lo que decían"[59]. In den Textbeispielen von Moyano und Valdés wurde der Gesichtspunkt der symbolischen Strafe im Gegensatz von normaler Ausreise als Tourist und Landesverweis ("ser echado") als illegaler Exilant dargelegt.

Peri Rossi verallgemeinert die Herabsetzung in ihrem "Testimonio personal" zur kollektiven Strafe oder Schuld des Exilanten: "Muertos, heridos, torturados, presos, quedaban decenas de mis alumnos. Gente joven, estudiosa ... Sé que están presentes – los que han sobrevivido – y en realidad yo nunca he viajado ..."[60]. Während die Exilantin in der Fremde das Privileg der Freiheit genießt, laufen die Zurückgebliebenen Gefahr, zu unschuldigen Opfern der Repression zu werden[61]. Zugleich spricht aus diesen Worten ein besonderer Widerstand gegen das Exil: die in der Migration erfolgten Trennungen und somit auch die neue Lebenssituation im Ausland werden nicht anerkannt. León und Rebeca Grinberg erklären den Konflikt mit dem nicht vollzogenen symbolischen Abschiedsritual: "La despedida es, en un sentido riguroso, un acto ritual que ... sirve para la "protección del límite" ... que divide el estado de unión del estado de separación entre el que se va y el que se queda, entre presencia y la ausencia. En ese límite se crea de pronto la tensión de la confianza de "volverse a ver", junto con el temor de no "volverse a ver" ... A los exiliados les falta generalmente este rito protector de la despedida"[62]. Der Trennungsgestus markiert also eine Grenzlinie zwischen hier und dort, An- und Abwesenheit, und ist für eine erste Orientierung in der Fremde ausschlaggebend: "... porque lo primero que la conciencia necesita es saber por dónde anda, dónde está"[63]. Durch ihn erhält der Gehende die Gewißheit einer Lebenskontinuität. Auch in der Abwesenheit bestehen die zurückgelassenen Bindungen fort. Das Ausbleiben des Rituals kann bewirken – und hier kommen wir auf das einleitende Sprichwort "partir es morir" zurück – daß die Beziehungsverluste als unwiederbringbar erlebt und aus diesem Grunde niemals ganz akzeptiert werden können[64].

2.1.2 Symbolische Objektverluste und "trastorno de identidad"

Die Verbannung und die ungewisse Zukunft, welcher der Exilant entgegengeht, machen die besonderen Bedingungen des Exils aus. Sie erschweren die Anerkennung jener Grundsituation, die dem Exil mit den anderen Migrationserfahrungen gemeinsam ist und die in Beziehungsverlusten zu einem vertrauten Lebenskontext besteht. Die Autoren verdeutlichen die emigrationsbedingten Verluste in symbolischen Objekten. So waren es in den von Moyano und Martini beschriebenen Emigrationsszenen regionale Symbolobjekte (Mate-Paket, Medialuna-Kuchen), die das Abschiedsritual begleiteten oder der Unkenntlichkeit preisgegeben werden mußten. Ein anschauliches Beispiel für eine Einbindung in den vertrauten Lebenskontext schildert Valdés, der jedoch auf pittoreske Gegenstände ganz verzichtet. Für seinen Protagonisten und Alter ego, Hache, stellt sich das Gefühl der häuslichen Niederlassung nach Ortswechseln immer erst dann ein, wenn er seinen beliebig verpflanzbaren (doch nicht minder elementaren) Hausrat eingerichtet hat. Selbst im ungewissen Augenblick der Emigration denkt Hache zuallererst an die Liste der alltäglichen Gegenstände, mit denen er seinen persönlichen Lebensraum im anderen Land gründen wird[65].

Besonders Moyano nimmt das Objektverhältnis zum Anlaß, um auf die in der Emigration erfahrenen Identitätsverluste hinzuweisen. Von einer zurückgelassenen Geige heißt es:

> El Gryga simplemente estaba en mi casa
> ocupaba un lugar y un peso en mi memoria.
> ... Era el violín que tenía que tocarme,
> y no otro[66].

Die Geige war ein gewohnter Gegenstand. Außerdem diente die Identifikation mit ihr der Unterscheidung von anderen und somit der Betonung eines Selbstgefühls[67]. Ihr Verlust, der in "Navíos" ausführlich erzählt wird, ist gleichbedeutend – hier nochmals "partir es morir" – mit der Aufgabe oder dem Verlust von Teilen dieses "Selbstes"[68]. Durch Exil und Gefangenschaft zerbrach für Erzähler Rolando das Leben, das zuvor als Einheit begriffen wurde, in zwei nicht mehr zu vereinbarende Hälften. Peri Rossi führt zur Erklärung dieser existentiellen Grundsituation das Verb "partir" an, das im Spanischen sowohl "irse/separarse = weggehen" als auch "dividir = zerteilen" bedeuten kann[69]. Zu den weitergehenden Folgen des Ortswechsels schreibt sie, die mit dem Exil die Reise zu ihrem literarischen Leitbild und zum Gegenstand kultursoziologischer Überlegungen gemacht hat:

> El viaje pone en tela de juicio una de las nociones fundamentales de la identidad: el yo inscrito en un tiempo y en un espacio que tenemos la ilusión de compartir (o competir) con otros[70].

Die Exilsituation ruft somit die Frage nach der identifikatorischen Eingebundenheit des Menschen in zeitlich und räumlich umgrenzten Kontexten erneut ins Bewußtsein[71]. Im Spanischen steht hier auch der Begriff des "trastorno de identidad" zur Verfügung, der etymologisch einen Zusammenhang zwischen der Identitätsproblematik des Exils und dem Wandel Bezugspunkte nahelegt. Die These vom "trastorno de identidad" setzt andererseits die Annahme einer sonst eher widerspruchslos funktionierenden Mensch-Umweltkommunikation voraus:

> El hombre, para realizarse, aún de manera relativa, precisa vincularse con el entorno social, ... ser el espejo y reflejo de las relaciones con el medio, es decir: debe proyectarse[72].

Ein bestimmtes raum-zeitliches und soziales Umfeld ist Bedingung für die Identitätskonstitution. Sie erfolgt im Spiel von Erkanntwerden und Sicherkennen, in den Rückbezügen auf vergangene Erfahrungen und in den Entwürfen zukünftiger Projekte[73]. Diese ermöglichen, daß sich das Ich als Kontinuität und Gleichheit erfahren kann: "Ahora mismo voy a bajar al camarote para mirarme en un espejo. Yo. Tengo continuidad en el tiempo"[74]. In der Spiegelmetapher ist angezeigt, daß unsere Handlungen von dem Wunsch geleitet werden, Identität zu bestätigen: Man will sich in der Umgebung wiedererkennen.

Es wäre ein auswegloses Unterfangen, wollte man die vorliegenden Ausführungen direkt auf eine der zahlreichen sozialwissenschaftlichen Identitätstheorien zurückführen[75]. Gewiß liegt hier die vertretene allgemeine Aussage, daß Identität zu ihrer Ausbildung und Festigung der Interaktion in einem sozialen Umfeld bedarf, allen heutigen sozialwissenschaftlichen Theorien zugrunde. Von daher lassen sich auch am ehesten einige Parallelen zu den früheren Theorieansätzen aus der Migrationsforschung anführen. In der Migrationsforschung, die sich in den 40er Jahren im Einwandererland USA entwickelte und die heutige Identitätsdebatte maßgeblich beeinflußte, geht man ebenfalls davon aus, daß Identität eine feste Einbindung in einem "raum-zeitlich determinierten Umfeld mit einem sozialen Lebensplan benötigt"[76]. Unter Identität ist hier weniger ein wissender Selbstbezug im Sinne etwa eines denkend auf sich gerichteten Selbstbewußtseins zu verstehen als ein unausgesprochenes emotionales Empfinden, vergleichbar mit einem Selbst- oder Weltvertrauen[77]. Gleichfalls liegt in der Migrationsforschung die Betonung auf der Erfahrung der Identitätskrise, die hier als Orientierungskrise bezeichnet und mit der "Herauslösung von Einzelnen oder Gruppen aus den Selbstverständlichkeiten ihrer Lebenskontexte"[78] erklärt wird.

Dabei war man von Studien relativ homogener Gruppen (Ethnien, autarke, rurale Gemeinschaften) ausgegangen. Dies erklärt wohl die Prämisse eines stabilen Raum-Zeitbegriffs sowie die daran gekoppelte Identitätsbestimmung einer klar umgrenzbaren Gleichheits- und Selbigkeitserfahrung. Ob das Modell tatsächlich in der Lage ist, heutige Erfahrungswirklichkeit zu erfassen[79], ob die Autoren auch im weiteren Verlauf ihres Exils immer zu diesem Ansatz stehen werden, muß zunächst dahingestellt bleiben[80]. Wichtig ist vorerst lediglich die Tatsache, daß die von der Migrationsforschung entwickelte Identitätstheorie heute noch den einzigen Beschreibungs- und Erklärungsansatz für die in der Emigration erlebten Konflikte darstellt. So greifen auch die Autoren auf sie zurück, und zwar durchaus in der von ihr vorgelegten schematischen Form. Moyano führt den symmetrischen Bau eines Schiffes an, um die raum-zeitliche Identitätskrise des Exils zu verdeutlichen[81]. Auf dem ebenmäßigen Schiff findet sich Rolando nicht zurecht, was gleichbedeutend ist mit dem Verlust seines Unterscheidungs- und Entscheidungsvermögens. Wie auch schon in der Emigrationsszene Moyanos, in der die visuellen Identifikationsmerkmale unkenntlich wurden, wird Identität an ihrem typischen Gegenteil, der Anonymität, erläutert. Sie bleibt im Grunde ein abstraktes Apriori, das zur Erklärung der erlebten Konflikte herangezogen wird[82]. Zur Kondition des Emigranten lesen wir auch:

> Precisamente uno de los sufrimientos mayores del emigrante es no ser reconocido, carecer de identidad, no tener un nombre[83].

Peri Rossi und Moyano umschreiben die Situation der Leere, die der "trastorno de identidad" hinterläßt, im Bild des "segundo nacimiento", der "zweiten Geburt" im Exil[84]. Das Exil verlangt einen grundlegenden lebensgeschichtlichen Neuanfang in dem anderen Land.

Hier nun schließt sich die Frage an, wie sich die existentielle Grundlegung des Exils in der lebensgeschichtlichen Realität der Autoren darstellt. Welche Situation mußte von den Autoren mit dem Exil aufgegeben werden? Wie erklären sich daraus die Motivationen, die sie dem Auslandsaufenthalt in Spanien entgegenbrachten?

2.2 Exil als soziale Erlebnissituation

Emigrationsbedingte Veränderungen können Identitätskrisen auslösen. Ob und in welcher Weise sie dies tun, hängt von den schon im Herkunftsland gemachten Erfahrungen und den sich daraus ergebenden Emigrationserwartungen ab. Ich beziehe im folgenden diesen von León und Rebeca Grinberg entwickelten Aspekt der "situación premigratoria"[85] in meine Darstellungen ein.

2.2.1 "Situación premigratória" und Emigrationsmotivation

Die beruflichen Stellungen, die die Autoren vor dem Exil einnahmen, aber auch die Ausrichtungen, die sie ihren intellektuellen Beschäftigungen gaben, haben die Emigrationsmotivation mit beeinflußt.

Peri Rossi und Moyano berichten von einer sehr geringen Bereitschaft zu emigrieren. Eine extreme Position vertritt Peri Rossi, die das Reisen außerhalb Uruguays völlig ablehnte: " La realidad uruguaya fue tan rica, dinámica ... que gastar el tiempo viajando me parecía un despilfarro"[86]. Für Moyano wären längere Auslandsaufenthalte, etwa zur Fortsetzung seiner schriftstellerischen Arbeit, unvorstellbar gewesen[87]. Beide Autoren erklären ihre geringe Emigrationsbereitschaft mit der guten Integration, die sie vor allem im öffentlichen Leben ihrer Herkunftsländer erreicht hatten. Die enge Beziehung von Moyanos Ruf und Namen mit der Provinz La Rioja kam ja schon in der Biographie zum Ausdruck. Ebenso sah sich Peri Rossi mit dem gesellschaftspolitischen und kulturellen Klima Uruguays sehr verbunden. Es diente ihr als literarischer Inspirationsquell, und sie verstand es, auf die Erwartungen ihrer Leserschaft einzugehen[88].

Für Valdés hingegen stand mit dem Militärputsch ohnehin fest, daß er wieder zu seinem früheren Leben als emigrierter Schriftsteller zurückgekehrt wäre: "Wenn mir dieses Exil nicht aufgezwungen worden wäre, hätte ich es selbst gewählt"[89]. Die unerwartete Inhaftierung hatte aus ihm zusätzlich einen Exilanten gemacht. Durch sie war aber auch jeder weitere Aufenthalt in Chile psychisch unmöglich geworden[90].

Daß die politischen Umstände durchaus mit dem schon länger bestehenden Wunsch, eine Zeitlang im Ausland zu leben, zusammenfallen können, erfahren wir auch aus den Aussagen Martinis, der ja eine vergleichsweise normale Ausreiseszene beschrieb. Hier hatte die intensive Beschäftigung mit der in Europa entstandenen lateinamerikanischen und der jüngeren europäischen Literatur die Emigrationsbereitschaft gefördert[91].

Trotz unterschiedlicher Emigrationsneigungen stimmen die Autoren in den Gründen überein, die sie zur Emigration nach Spanien bewogen haben. Sie erwarteten, dort eine gewisse Kontinuität an kulturellen, besonders sprachlichen Gewohnheiten wiederzufinden. Wie aber kamen sie im spanischen Exil zurecht?

2.2.2 Das Exilerlebnis

Ihrer geringen Emigrationsneigung entsprechend stellen Peri Rossi und Moyano die negativen Aspekte des Exilerlebnisses in den Vordergrund. Als größtes Problem geben sie die Beeinträchtigung ihrer beruflichen Stellung an.

Peri Rossi zählt die Aufgabe des Lehrerberufs zu den schmerzlichsten Exilerfahrungen:

> El exilio fue una experiencia castradora porque segó esa posibilidad de expresión y de comunicación directa que era para mí la enseñanza[92].

Das Ende der universitären Laufbahn wird mit der Einbuße grundlegender persönlicher Ausdrucksmöglichkeiten gleichgesetzt. Die in den literarischen Arbeiten aufgeworfene Bruch-Situation wurde von Peri Rossi in der biographischen Lebenswirklichkeit mit besonderer Schärfe erfahren, da nicht nur alle Verbindungen nach Uruguay abgebrochen waren (Publikationsverbot, nahezu Aberkennung der uruguayischen Staatsangehörigkeit[93]), sondern auch keinerlei Beziehungen im Emigrationsland bestanden: "Aunque en Uruguay era conocida en círculos literarios y universitarios, comprobé que al llegar aquí no me conocían ni los agentes literarios"[94]. Das Exil forderte also die Aufgabe eines öffentlichen Namens. Dieser Gesichtspunkt wird von Moyano indirekt zur Sprache gebracht, wenn er von sich sagt: "soy un caso típico del escritor en el exilio"[95]. Moyano fand in spanischen Literaturkreisen zunächst wenig Beachtung. Berichtigend fügt er jedoch hinzu, daß er sich um neue Kontakte auch nicht sonderlich bemüht habe. Er zog es vor, die in Argentinien bestehenden Beziehungen aufrechtzuerhalten[96]. Schon in der Emigrationsszene wurde ja eine allmähliche Distanzierung von der Vergangenheit betont. Auch in seiner biographischen Situation konnte sich Moyano ein "Hintertürchen" im Herkunftsland offenhalten, das es ihm erlaubte, gegenüber den veränderten Verhältnissen Zurückhaltung zu üben. Die im Exil entstandenen Bücher veröffentlichte er weiterhin in Argentinien.

Die exiltypische Neigung zur Selbstisolation beschränkte sich für Peri Rossi auf das persönliche Allgemeinbefinden. Wiederum von den traumatischen Emigrationserfahrungen ausgehend, berichtet die Autorin: ".. yo misma me descubría con resistencias sutiles e intensas: en seis años no aprendí los nombres de las calles, ... ni me esforcé por integrarme a ningún tipo de tarea colectiva ... El desgaño, la apatía, la falta de estímulo son manifestaciones de un profundo rechazo de la situación de exiliada"[97]. Die inneren Widerstände hemmten die Erlebnisbereitschaft, wirkten sich aber nicht nachteilig im Alltags- und Berufsleben aus. In ihm meint Peri Rossi "vernunftgemäß den Erfordernissen der Lage" gefolgt zu sein, obwohl sie glaubt, gerade in diesen belanglosen Alltäglichkeiten die Not des Exils (materielle und juristische Unsicherheit) von Grund auf kennengelernt zu haben[98]. Als einzige der vier Autoren entwickelte sie ihre berufsliterarischen Beziehungen ganz in Spanien. Zu ihrer intellektuellen Position äußerte die Autorin 1982: "Me he convertido en una figura literaria en el exilio"[99].

Die Angaben von Valdés zu seiner Situation sind widersprüchlich. Einerseits entnehmen wir ihnen eine grundsätzliche Bejahung des Auslandsaufenthaltes. Mit ihr versuchte er relativ früh (1977), vor einer Überdramatisierung der Lage des exilierten Intellektuellen zu warnen[100]. Andererseits ist ihnen eine gewisse Abwehr gegen die Emigrationssituation zu entnehmen. Den Status des Exilanten nimmt Valdés für sich insofern in Anspruch, als er sich aus einem politischen Projekt, nicht aber aus einem bestimmten Land exiliert fühlt[101]. Die ersten Emigrationsjahre beschreibt er als Zustand der Rast- und Ruhelosigkeit:

> (Es) ... ist mir selbst sehr schwer gefallen, einen Ort zu finden, an dem ich mich nicht fremd fühlte. ... Ich habe es mit Spanien, England und der Bundesrepublik versucht, auch Holland und Italien habe ich als mögliche Aufenthaltsorte in Erwägung gezogen[102].

Unter negativen Vorzeichen geht das Erfahrungsspektrum aus der Zeit vor dem Exil weiter. Wenn sich Valdés 1977 für den vorerst endgültigen Wohnsitz in Barcelona entschied, so tat er es auch aus Gründen des dortigen liberalen Klimas, das genügend Muße zum Schreiben ließ[103]. Das Schreiben ist im übrigen auch die Tätigkeit, die Valdés – zwischen 1970 und 1973 überwiegend mit soziologischen Fragen beschäftigt – als Hauptbeschäftigung im Exil angibt.

Hinsichtlich der Frage einer sozialen und emotionalen Integration bleibt er jedoch zweifelnd: "Das, was uns am ehesten fehlt, ist dieses Zusammenspiel von menschlichen Beziehungen, aus denen heraus sich die persönliche Geschichte jedes einzelnen entwickelt, am allerdringendsten der eigene historische Standpunkt"[104]. Gemäß der intereuropäischen Ausrichtung der Emigration von Valdés beschränken sich seine berufsliterarischen Beziehungen nicht allein auf Spanien, sondern reichen in den mitteleuropäischen und lateinamerikanischen Raum hinein[105].
Martini meint zu den ersten Emigrationsjahren:

> Al principio no extrañaba nada. Era tan intenso el rencor y tenía, por otra parte, tan poco dinero que me vi obligado a concentrar todo mi entusiasmo mi amor perdido en la búsqueda de otro lugar. Creo que lo encontré en Barcelona[106].

Er begann die Emigration mit der Absicht, sich vom Herkunftsland zu lösen und in Spanien eine neue Existenz zu schaffen. Zwar spricht auch er von den üblichen Anfangsschwierigkeiten des "trastorno de identidad", findet jedoch, durch die erwähnten beruflichen oder verlegerischen Probleme nicht gelitten zu haben[107]. Der im Exil angenommene Herausgeber- und Lektorposten ermöglichte ihm, in dem ehemaligen Interessengebiet, Literatur, beruflich weiter zu arbeiten und führte ihn außerdem mit den wichtigen lateinamerikanische Autoren in Europa zusammen. Wie Peri Rossi richtete Martini seine schriftstellerischen Beziehungen zunächst an spanischen Literaturkreisen aus[108], ohne dabei völlig auf seine Kontakte in Argentinien verzichten zu müssen. Wegen der Krise des barceloneser Verlagshauses erschien der zweite Roman aus der Emigration wieder im Herkunftsland.

In Spanien setzte sich also die Erfahrung des Beziehungsverlustes fort. Nun habe ich in den Biographien schon darauf hingewiesen, daß die sozialen Voraussetzungen des lateinamerikanischen Exils in Spanien alles andere als günstig waren. Insofern sind die Erfahrungsberichte der Autoren keine Einzelfälle, eher geben sie ein getreues Spiegelbild einer Lage wieder, die sich durch Perspektivlosigkeit auszeichnete. In besonderem Maße traf diese im übrigen auch auf die Möglichkeiten der Veröffentlichung von Büchern zu. Von den Autoren wissen wir, daß der Residenzort des Schriftstellers keineswegs mit dem Land identisch sein mußte, in dem dieser seine berufsliterarischen Beziehungen aufbaute. Zwar hatte sich

Spanien erst kurz vor dem Exil, in den 60er Jahren, als neues verlegerisches Zentrum der lateinamerikanischen Literatur behauptet[109]. Das Verlagswesen, besonders die in der Förderung jüngerer Autoren aktiven kleinen Verlage, wurden jedoch Ende der 70er Jahre von der allgemeinen Rezession hart getroffen[110]. Auch die größere Verbreitung des spanischen Sprachraumes mit seinen verlegerischen Zentren in Mexiko und Argentinien ersparte nicht das Problem, einen Verleger zu finden.

"Es difícil evaluar el aporte potencial de que disponen los intelectuales latinoamericanos al servicio de la cultura española. Aún tratándose de un grupo reducido, pensamos ... que recuperar y capitalizar su trabajo sería de gran beneficio para la cultura de España"[111]. Mit diesen oder ähnlichen Appellen machten spanische Intellektuelle wie Carmen García Moya, Felix Grande oder der Hispano-Uruguayer Carlos Rama in der Öffentlichkeit auf die schwierige Situation ihrer exilierten lateinamerikanischen Kollegen aufmerksam[112]. Sie erinnerten daran, daß dem nun demokratischen Spanien gleichsam kostenlos gut ausgebildete Arbeitskräfte zur Verfügung standen, die den reformbedürftigen Kulturmedien neue Anregungen geben könnten, vielfach jedoch unbeachtet blieben.

Wie sich die allgemeinen Bedingungen jedoch im Einzelfall konkretisierten, war wiederum von individuellen Neigungen und Beziehungen abhängig. Tatsächlich konnte es auf dem Wege spontaner, persönlicher Berufsbeziehungen auch zu kulturellen Impulsen seitens exilierter Intellektueller kommen. Dies ist aus den Biographien Martinis und Peri Rossis ersichtlich. Peri Rossi war in ihrer Tätigkeit als Journalistin und Literaturkritikerin an der Rezeption von lateinamerikanischer Literatur in Spanien beteiligt. Martini wirkte in seiner Funktion als Lektor an der Verbreitung des Kriminalromans mit – einer literarischen Gattung, die in Spanien bis zu den 70er Jahren fast völlig unbekannt war[113]. Diese aus eigenem Antrieb und auf dem Wege von Einzelkontakten erfolgende Organisation des lateinamerikanischen Exils in Spanien erklärt im übrigen auch die Tatsache, daß es unter den Literaten (mit Ausnahme des 1978 gegründeten Pen-Club latinoamericano) keine eigenen öffentlichen Vertretungen in Form von Zeitschriften und ähnlichem gab, wohl aber hatten lateinamerikanische Schriftsteller Zugang zur spanischen Presse, zu Kongressen und anderen öffentlichen Foren[114].

In diesem Sinne sind die Erfahrungen auch nicht gleichbleibend, sondern im Zuge des allmählichen Seßhaftwerdens Veränderungen unterlegen.

Für Peri Rossi löste sich der Zustand einer persönlichen Isolation 1978, sechs Jahre nach der Emigration, als sie sich für die Dynamik der spanischen Demokratisierung zu interessieren begann[115]. Moyano benötigte einen ungefähr gleich langen Zeitraum, um seine Situation als relativ stabilisiert bezeichnen zu können[116]. 1983, sieben Jahre nach der Emigration, hatte er begonnen, in der alternativen Tageszeitung "La Liberación" mit spanischen und lateinamerikanischen Autoren zusammen zu arbeiten. Von "Radio Televisión Española" war ihm das Angebot gemacht worden, einen Dokumentarfilm in der Sendereihe "La vida de un escritor exiliado" zu drehen, der sich auf seinen Emigrationsroman "El libro de navíos y borrascas" stützen sollte. Die Dreharbeiten führten Moyano allerdings wieder nach Argentinien zurück.

Für Moyano und Peri Rossi wandelten sich die aus der mangelnden Emigrationsbereitschaft herrührenden Widerstände gegen den Auslandsaufenthalt allmählich in den Versuch, im anderen Land neu Fuß zu fassen.

Die Entwicklung von Martini und Valdés verläuft in umgekehrte Richtung. Den Äußerungen von Valdés entnehmen wir 1982 wie 1977 Zurückhaltung[117]. Im Falle von Martini stellen wir ab 1982 einen grundlegenden Gesinnungswandel fest: "Yo pienso que todos nuestros nuevos lugares, ... son lugares sin duda amables, pero extraños ... Y el país, la tierra natal, recupera su condición primera, inexcusable, donde se inscriben los primeros años de una historia también inexcusable"[118]. Hier hatte sich die intellektuelle Emigration zum Exil gewendet.

Die Wahrung einer vertrauten sprachlichen Umgebung war der Hauptgrund, den die Autoren für ihre Wahl des Ziellandes Spanien nannten. Welche Erfahrungen mit dem neuen Sprachmilieu gemacht wurden und welche Aufgaben man der literarischen Arbeit im Exil zusprach, wird mich im nächsten Kapitel beschäftigen.

3 Die öffentliche Literaturdebatte im Exil

Die Fragen, ob dem literarischen Schaffen im Exil besondere Funktionen und Aufgaben zukommen, ob man sogar von einer eigenen literarischen Gattung "Exilliteratur" sprechen muß, standen lange Zeit im Mittelpunkt der europäischen, besonders der bundesdeutschen Exil-Literaturdiskussion[119]. Auch von der lateinamerikanischen Literaturkritik wurden sie bereits angeschnitten[120]. Hat der äußere Lebensumstand des Exils sich also verändernd auf die literarische Arbeit ausgewirkt, hat er sie in ihrem "innersten Wesen" beeinflußt, wie der deutsche Schriftsteller im Exil, Lionel Feuchtwanger, einst zu erkennen meinte[121]?

Im folgenden Kapitel greife ich diese verbreiteten Vorstellungen über "Exilliteratur" und die "Exilautoren" auf. Ich werde sie wiederum zunächst aus der subjektiven Perspektive der Autoren, ihren Schreiberfahrungen und literarischen Ansprüchen, erörtern. Die berücksichtigten Texte sind daher abermals vorwiegend autobiographischer Art. Am Ende des Kapitels werde ich einen allgemeinen Überblick über die thematischen und geographischen Schwerpunkte der Texte geben.

3.1 Das Zugehörigkeitsgefühl zu Kulturräumen

Wenn Identität, wie wir bisher erfahren haben, an bestimmte raum-zeitliche und soziale Umfelder gebunden ist, so schließt sie natürlich auch ein Zugehörigkeitsgefühl zu kulturellen Großgruppen ein. In welchen Kulturwerten konkretisiert sich das kollektive Identitätsgefühl? Ist es durch die Betroffenen überhaupt bestimmbar? Tatsächlich bleiben uns die Autoren die Antwort schuldig. Gerade die kulturelle Gruppenidentität wird von ihnen mit einem emotionalen Zusammengehörigkeitsgefühl erklärt. So schreibt Peri Rossi unter besonderer Berufung auf Octavio Paz, der sich für ein über die Traditionsinstanzen Musik, Malerei, Literatur hinausgehendes Kulturverständnis einsetzt:

> Cada sociedad tiene una cultura determinada ... aún el individuo menos dotado, o menos cultivado, es portador inconsciente de cultura: en sus hábitos, en las palabras que usa, en su manera de comer o de vestirse, en la forma en que insulta, ... hay un discurso cultural, que ha heredado inconscientemente o que ha recibido a través de sus mayores [122].

Zweierlei verdient an dieser Reflexion hervorgehoben zu werden: Peri Rossi geht zunächst von bekannter Übereinstimmung zwischen geographisch-sozialen Räumen und kultureller Identität aus. Sie spielt dabei auf ein am Volksbrauchtum orientiertes Kulturverständnis an. Dies zeichnet sich wiederum überwiegend durch konnotative Werte aus, wie die Umschreibungen "su manera de comer / la forma en que insulta" anzeigen. Nicht der Kulturwert, die Gewohnheit an sich zählt, sondern die Art und Weise, wie mit ihr umgegangen und wie sie zum Ausdruck gebracht wird. Diese Umgangsformen machen die kulturelle Gruppenidentität zu etwas ganz Selbstverständlichem, das Peri Rossi außerdem auf ein kollektives Unterbewußtsein zurückführt. In ähnlicher Weise äußert sich auch Valdés zum Heimatbegriff:

> Für jene Exilierten bedeutet Heimat unter anderem auch landschaftliche und kulturelle Umwelt, in der ein bestimmter Verhaltenskodex existiert ... Dieser Kommunikations- und Verhaltenskodex ist im allgemeinen außerhalb Chiles, außerhalb einer chilenischen Gruppe, nicht verständlich. Ihn zu akzeptieren ist das, was Chilenen zu Chilenen macht[123].

Man bemerke, daß hier dem "chilenischen Verhaltens- und Sprachkodex" sogar die Bedeutung einer unverkennbaren Einzigartigkeit zugesprochen wird. Durch ihn unterscheiden sich die Chilenen von anderen Kulturgemeinschaften. Wieder handelt es sich jedoch um etwas Selbstverständliches, das anderen nur schwer mitteilbar und eigentlich unbenennbar ist. Das Bewußtsein, einer Kulturgemeinschaft anzugehören, in der ganz spezifische, spontan wirkende Sprach- und Verhaltensgewohnheiten vorherrschen, spielt in den ersten Emigrationsjahren bei der literarischen Arbeit eine zentrale Rolle.

3.2 Der Kulturschock des anderen Sprachkontextes und Publikums

Am Beispiel des musikalischen Vortrags sucht uns Moyanos Erzähler Rolando etwas von den inneren Widerständen mitzuteilen, die in der literarischen Arbeit des Exils überwunden werden müssen:

> Por otra parte, no sé si esto me va a salir. Porque puede pasarme lo que a ese cellista de un concurso que para deslumbrar al jurado quiso tocar nada menos que el concierto de Dvorák y en la mitad de primer movimiento se le enredaron los dedos, ... y resultó un desastre. Enfundó el instrumento como pudo y desde el escenario hasta la puerta iba diciendo en casa me salía, en casa me salía[124].

Das musikalische (literarische) Debüt wird mit der Herausforderung eines großen Wettstreits gleichgesetzt. In ihm muß und will sich der unbekannte Neuling vor einer großen (Welt-)Öffentlichkeit beweisen. Die Angst zu versagen ist um so größer, da der Zwang besteht, es besonders gut zu machen.

Das Lampenfieber resultiert vornehmlich aus der gegensätzlichen Bewertung von autochthoner oder "hausbackener" Kunst (Literatur) und künstlerischer Darbietung auf Weltniveau.

Die kleine Episode ist aufschlußreich für die Definitions- und Legitimationsängste der im Exil schreibenden Autoren. Man hat sich nun vor einem anderen Lesepublikum zu verantworten. Denken wir etwa auch an Moyanos Zurückhaltung, sich direkt in spanischen Literaturkreisen einzuführen. Ebenso stand Peri Rossi einer Veröffentlichung ihres Lyrikbandes "Descripción de un naufragio" in Spanien zunächst sehr skeptisch gegenüber: "... me parecía que era un texto que solamente podía ser entendido dentro de la realidad donde había sido escrito"[125]. War die gemeinsame Sprache noch der Hauptgrund für die Emigration nach Spanien, so sind es nun – aus einer internen Perspektive – die "sobrentendidos culturales", die man als mögliche Verständigungshindernisse fürchtet. Fast schon automatisch setzt mit dem Ortswechsel ein Wandel des subjektiven Selbstverständnisses ein; so berichtet auch Martini von der Arbeit an seinem halbfertigen Roman "La vida entera": "El viaje, la distancia, me cambiaron la perspectiva del libro ..."[126]. Gegenüber der Befürchtung Moyanos und Peri Rossis, vom anderen Publikum nicht verstanden zu werden, macht Martini ein ganz anderes Problem geltend:

> Durante mucho tiempo me obsesionaba la idea de perder mi idioma ... . Porque claro, el lenguage coloquial cambia bastante. Uno se encuentra aquí con un castellano muy diferente al argentino, que desde un punto de vista académico, es quizá más correcto ... Es así como al principio me encontraba que quería escribir ... un término muy argentino que no se conoce en España, y me daba cuenta que no sabía cómo se decía[127].

Moyanos Musikepisode ähnlich wird zwischen einer national-autochthonen Kultur, hier der argentinischen Umgangssprache und einer offiziellen, das heißt hier der akademisch festgesetzten Sprachnorm (español castizo), unterschieden. Der traditionelle hispano-amerikanische Akademiestreit um das richtig gesprochene Spanisch führt jedoch nicht in gleichem Maße zum Eingeständnis eigener kultureller Unterlegenheit. Er steigert vielmehr den Wunsch, in der fremden Sprachgemeinschaft das kulturelle Zugehörigkeitsgefühl zur eigenen zu intensivieren. Bezeichnend ist weiter, daß Martini die literarische Arbeitsproblematik ganz auf die Umgangssprache einschränkt, diese jedoch gemeinhin nicht die Sprache der Literatur allein ausmacht.

Die genannten Erfahrungen sind in dem Begriff des Kulturschocks zusammenzufassen[128]. Das einst als Selbstverständlichkeit hin- und angenommene Eigene wird in der Begegnung mit anderen Ländern in Frage gestellt. Der Umstand, daß dieses Exil in einem ähnlichen Sprach- und Kulturkontext stattfindet, scheint an der Tatsache nicht viel zu ändern.

Für Martini und Moyano führte der Verlust eines vertrauten Lesepublikums zu einer Kreativitäts- oder Schreibkrise. Moyano fühlte sich fünf Jahre lang von Papier und Schreibmaschine innerlich blockiert[129]. Martini war es unmöglich, seinen Roman "La vida entera" in der begonnenen Fassung fertigzustellen[130]. Beide Autoren sahen sich außerstande, ihre literarische Vorstellungskraft weiterhin auf den argentinischen Raum zu beziehen[131]. Erst als Moyano von der Fixierung auf Argentinien abließ und seine Aufmerksamkeit gegenwärtigen Erfahrungen zuwandte, konnte er wieder schreiben[132].

Keineswegs stellen die angesprochenen Schwierigkeiten die allgemeinverbindliche Regel dar. Die entschlossene Bejahung des Auslandsaufenthaltes von Valdés ist nicht zuletzt in dem Kreativitätsproblem begründet, im eigenen Land, das Gegenstand der Literatur sein soll, nicht schreiben zu können.

Allerdings halten auch die anderen Autoren die Schwierigkeiten nicht für unüberwindbar. Sie erklären sie mit ihrer persönlichen Verfassung in den ersten Emigrationsjahren, ihrem Gefühl, Fremde zu sein. Es kostet nur ein wenig Überwindung – "hay que darse un salto" –, so Peri Rossi, um zu erkennen, daß der als eigen vorausgesetzte konnotative Kode auch von anderen Völkern geteilt werden kann[133] – dies allerdings unter der Voraussetzung, daß: "uno consiga el medio de instrumentar esos sobrentendidos y superar esa instancia tan relacionada con nuestra primera realidad"[134].

Moyano und Martini sprechen dem Spanienaufenthalt schließlich die positive Bedeutung einer sprachlichen Sensibilisierung zu. Die Bereicherung ist freilich nicht mehr auf die Gemeinsamkeiten, sondern die Entdekkung des Variantenreichtums des in Spanien gesprochenen "castellano" zurückzuführen:

> La obsesión por perder mi idioma es para mí una etapa que podría considerar casi superada, creo que vivir en España me ha dado una perspectiva sobre la lengua más amplia. Me parece que la literatura no pasa solamente por la incorporación inmediata de los modismos o la lengua oral[135].

Mit seiner Abkehr vom Zwang zum Argentinischen deutet Martini einen grundsätzlichen Wandel in der Debatte um Funktion und Aufgaben von Literatur im Exil an.

3.3 Definitionsversuche vor der anderen Öffentlichkeit

3.3.1 Schreiben als politisch-moralische Verpflichtung

In den ersten Emigrationsjahren leiten sich die an die literarische Arbeit herangetragenen Ansprüche auch aus einer besonderen politischen und moralischen Verpflichtung gegenüber den Herkunftsländern ab:

> Abgesehen davon, immer müssen einige am Rande der Versöhnung haltmachen, um der Erinnerung willen ... Einige müssen das Gedächtnis bleiben, der Zorn, die Angst, der Zweifel ... Wir müssen ihr Gedächtnis bleiben[136].

Unnachgiebig, den Schriftsteller zum Monument eines nicht verjährenden politischen Gedächtnisses erhebend, zeigt sich Valdés. Wieder einmal wird aus Gründen der besonderen historisch-politischen Bedingungen des Exils die Frage nach dem direkten gesellschaftspolitischen Engagement von Literatur aufgeworfen.

Das Bewußtsein, daß das Exil Resultat einer politischen Niederlage ist, veranlaßt die Autoren einerseits zu spontanen Solidaritätsbekundungen mit den Opfern der politisch-sozialen Repression in den Herkunftsländern. Es stellt sie andererseits vor die Streitfrage, inwieweit das literarische Schaffen in der Emigration der Opposition gegen die neuen politischen Regime dienen muß.

So verband Martini mit seiner literarischen Arbeit in den ersten Emigrationsjahren die Aufgabe zu eindeutigen politischen Aussagen[137]. Peri Rossi faßt die Verpflichtung des Literaten im Exil im Begriff der "Literatura testimonial" zusammen:

> Y tenemos también que saber que hay una generación entera que nace y que no ha oído hablar de nosotros y, que esto sí es trágico, ni siquiera van a poder conocer las propias raíces del país en que nacen. Es por ello que si bien pienso que nuestra obra tiene que ser testimonial[138].

Das Wissen um Absonderung und Einflußlosigkeit gegenüber den Herkunftsländern verleitet einmal mehr zur apriorischen Feststellung einer Spaltung der nationalen Literatur in eine interne und eine externe, im Exil arbeitende Hälfte[139]. Letztere hat die Aufgabe einer "antifaschistischen Opposition"[140], indem sie die "condición humana" für eine noch in ferner Zukunft liegende Wiedervereinigung der beiden Literaturen dokumentiert.

Der Begriff "Literatura testimonial" wird von den Autoren in einem sehr weit gefaßten Sinne gebraucht. Sie übernehmen vor allem die gesellschaftskritischen, moralischen Absichten der Dokumentarliteratur[141]. Von ihren Methoden (Wiedergabe authentischer, historischer, politischer

Ereignisse durch dokumentarische Materialien) wird jedoch weitgehend abgesehen[142].

Eine Ausnahme diesbezüglich ist das Konzentrationslagertagebuch "Tejas Verdes" von Valdés, in dem allerdings das soziohistorische Dokument stark durch die autobiographische Erlebnisperspektive filtriert ist. Zu den Beweggründen für die Niederschrift des Berichts schreibt Valdés: " ... recién llegado a Barcelona ... se impuso en mí de inmediato la necesidad de escribir este libro: de dar una voz a experiencias personales y al mismo tiempo colectivas"[143]. Mit der Beschreibung des persönlichen Falles, der bis auf die Folterbank offengelegt wurde, sollte den namenlosen Opfern der Repression eine Stimme gegeben werden. Der noch unmittelbare Erlebnisdruck motivierte den politischen Auftrag des Buches: die Herstellung einer Solidaritätskampagne gegen die chilenische Militärdiktatur[144].

> Creo que se hace antifascismo tanto cuando se denuncia la tortura ... como cuando se escribe un poema, porque el fascismo destruye y no escribe poemas[145].

In diesen Worten Peri Rossis kommt der Literatur im Exil allein schon durch ihr Fortbestehen eine politische Bedeutung zu, da sie Widerstand gegen die faschistischen Angriffe auf die Kultur bezeugt.

3.3.2 Exilkultur als negatives Image – Dimensionen des kulturellen Exils

Bei dieser bedingungslosen Unterstützung der direkt politisch engagierten Literatur bleibt es nicht lange. Der schon in Kapitel 2 festgestellte Wandel im Verhältnis zur Exilsituation tritt auch im kulturellen Selbstverständnis zutage. Ab 1978 kommt es bei den vier Autoren zur Distanzierung von der engagierten Position und zur Rückbesinnung auf die "eigentlichen", das heißt individuellen Aufgaben des literarischen Schaffens. In deren Folge werden die Begriffe wie National- und Exilliteratur, vor allem das am Volksbrauchtum orientierte Identitätsverständnis einer kritischen Revision unterzogen.

Zwischen den Einschätzungen der Exilsituation durch die Betroffenen und den Erkenntnissen der Exil- und Migrationsforschung besteht im wesentlichen Übereinstimmung. Darüber hinaus werden die idealtypischen Thesen der Migrationsforschung von den Autoren gerade dann gerne herangezogen, wenn sie an der Öffentlichkeit anderer Länder von ihren jeweiligen Herkunftsgruppen berichten müssen. So zitiert Peri Rossi in ihrem Vortrag "Cultura e integración" die drei Prototypen der Emigrationskultur – Assimilation, Isolation, Integration –, um bei ihren Landsleuten die typische isolationsträchtige Haltung zu diagnostizieren[146]. Vertreter der Isolationskultur sind nun die anderen, die "Durchschnittsexilanten"[147]. Von ihnen nimmt man Abstand und sucht die eigene Arbeit in einer Sonderstellung von der üblichen Exilkultur abzuheben.

Das volkstümliche Kulturverständnis wird zum Musterbeispiel der negativ isolierten Exilkultur[148]. Die Autoren warnen vor einer allzu einseitigen Idealisierung der Bräuche und Gewohnheiten in den Herkunftsländern und berufen sich dabei auf ein Kulturbewußtsein, in dem traditionelle Bildung erneut im Vordergrund steht:

> Yo creo que una buena manera de medir la cultura de un individuo ... es el grado de conciencia que posee de formar parte de una tradición ..., de un proceso que viene desde el principio mismo de la civilización[149].

Valdés spricht in diesem Zusammenhang sogar von einem notgedrungenen Bedürfnis des lateinamerikanischen Intellektuellen zu emigrieren. Er erklärt es mit der unterentwickelten kulturellen Infrastruktur in den Herkunftsländern. Aus dieser leitet er weiter die Rechtfertigung seines zwar aufgezwungenen, aber doch gewollten Auslandsaufenthaltes ab:

> Das kulturelle Leben und die intellektuelle Aktivität Chiles waren niemals autonom, nicht einmal relativ autonom, wie zum Beispiel in Argentinien und Mexiko ... Immer wiesen sie einen beachtlichen Rückschritt in Bezug auf ihre Ursprünge in Nordamerika oder Europa auf ... Um unserer Berufung gerecht zu werden ..., um uns zu entwickeln, mußten wir Schriftsteller Chile verlassen. Dies erlaubte uns dann, unser Land aus einer historischen Perspektive zu sehen, die noch nicht verformt war, manchmal sogar die Einmaligkeit unserer Erfahrung schätzen zu lernen, mit einem Wort, Stellung zu nehmen[150].

Um seiner Entwicklung willen sieht sich der lateinamerikanische Schriftsteller zur Emigration in die "metropolitanen Zentren der Kultur" gezwungen, da er nur dort – fernab der "nationalen Enge der Peripherie" – an den geistigen Strömungen der Zeit teilhaben kann. Valdés vertritt am entschlossensten die Position eines kulturell motivierten Exils[151]. Die in seinen Worten durchblickende traditionelle lateinamerikanische Bezogenheit auf die "prestigereiche zentrale Kultur" wird allerdings vom Bestreben nach kultureller Selbständigkeit begleitet. Folglich räumt Valdés den Intellektuellen eine Sonderstellung unter den Exilanten ein. Er begründet sie mit einer größeren Vertrautheit mit den Kulturtraditionen anderer Länder, die schon im Studium der Literatur angeeignet wurden: "... wir (sind) in der Lage ..., außerhalb des eigenen Landes Gleichwertiges zu entdecken für diejenigen Dinge, die für andere nostalgische Erinnerungen an die Heimat erwecken"[152]. Wohlgemerkt sucht auch hier der Schriftsteller nach Gleichwertigem im Ausland. Nur tut er dies nicht in der kritisierten Exilgemeinschaft "unter Gleichen", sondern in anderen Kreisen.

Können wir aus dem Gesagtem bereits auf eine integrationsbereite literarische Exilkultur schließen? Einschränkend muß ich zunächst anmerken, daß der Wandel im kulturellen Selbstverständnis weniger auf einer Beurteilung der eigenen Arbeit als auf der Notwendigkeit beruht, sich als Literat vor der Öffentlichkeit der Emigrationsländer neu zu definieren. 1982 erklärt Valdés auf dem "Festival der Weltkulturen" in Berlin, das in diesem Jahr Lateinamerika gewidmet war (Horizonte 82), einen neuen Universalismus zum intellektuellen Zeitgeist der 80er Jahre. Er beinhaltet eine heftige und selbstkritische Distanzierung von der anfänglich eingenommenen Rolle des Anklägers politisch-sozialer Mißstände:

> Tatsächlich werden wir (die lateinamerikanischen Autoren und die lateinamerikanischen Autoren des Exils, Anm. P.S.) vielerorts und vor allem in Europa als zwei verschiedene Spezies betrachtet: die einen haben die Freiheit, ihre eigene Welt anzunehmen und zu verbreiten, ohne an politische Eventualitäten oder moralische Verpflichtungen gebunden zu sein; die anderen sind dazu verpflichtet, ihre unmittelbare Situation mit den Begriffen der erschütternden Lage ihrer jeweiligen Länder oder vertriebenen Gruppen zu erläutern[153].

Aus der einstigen Position des Exilautors ist ein negatives Image, eine Fremdbezeichnung durch die europäische Öffentlichkeit geworden. Zu schnell und unüberlegt, so Valdés weiter, habe man zu Beginn der Emigration gehandelt. Nun bleibe dem exilierten Schriftsteller "die Rückkehr zu seinen vorherigen Sorgen", die "Einmischung in die großen Konflikte und Ängste des Individuums in der gegenwärtigen Gesellschaft verwehrt"[154]. Gegen eine allzu strenge Etikettierung des lateinamerikanischen Autors, die zur Darstellung ausschließlich eines Problemkreises, lateinamerikanischer oder exilkultureller Art, verpflichtet, wenden sich auch Peri Rossi und Martini: "La narrativa de los latinoamericanos residentes en Europa incorpora nuevos temas y escenarios como el Mediterráneo o Paris"[155].

Moyanos Situation bleibt in diesem Zusammenhang eine Ausnahme, denn ihm gelang über die Exilproblematik 1983 eine erste literarische Rezeption in Spanien. Moyano glaubte ferner, im Exilthema (mit im übrigen durchaus folkloristischer Ausrichtung) einen Ausweg aus der geographischen Beziehungslosigkeit seiner Arbeit gefunden zu haben. Gleichwohl schließt er sich den ästhetischen Einwänden gegen das Exilkulturstereotyp an:

> Yo no hago literatura realista, en el sentido de copiar un marco social determinado, de modo que el hecho de estar o no en Uruguay no influye en mi universo de escritura[156].

So unterschiedlich die einzelnen Standpunkte in ihren literarischen Vorbildern und Prägungen auch sein mögen, sie decken sich in der Absage an eine rein empirische Abschilderung vorgegebener Wirklichkeiten und in der Bestimmung der literarischen Arbeit als Affirmation und Entwicklung eigener, subjektiver Schaffenskraft: "No debemos perder nuestra capacidad de creación; es decir, la realidad por más feroz y brutal que se presente no debe inhibir nuestra facilidad de imaginación creativa"[157].

Damit bricht in der öffentlichen Debatte des Exils ein Streit wieder auf, der in den Bildungswegen der Autoren vor dem Exil, den damaligen Bemühungen um kulturelle Erneuerung, seinen Ursprung hat und der sich zu jenem Zeitpunkt vor allem an den literarischen Dogmen der offiziellen Kulturinstanzen in den Herkunftsländern entzündete: "Cuando yo y otros escritores de mi generación empezamos a publicar en el 60 ... la literatura del interior argentino pertenecía ... a un folklorismo superficial ... El camino era difícil, parecíamos condenados al paisaje. Pero cambiamos el paisaje por el hombre, sin panfletismos ni fantasmagorías, y conseguimos lo que afirmaba Brecht: Mi realismo no pretende describir cómo son las cosas reales, sino cómo son realmente las cosas"[158]. Der traditionelle Realismus ist gleichbedeutend mit dem "paisajismo" einer sterilen Heimatliteratur, der zur möglichst farbgetreuen, naturalistischen Wiedergabe der nationalen Gegebenheiten verpflichtet. Von ihm hat man sich besonders im Exil zu distanzieren[159].

Die literarische Kontroverse ist folglich auch Ausdruck der erwähnten Schreibängste. Man befürchtet, durch die äußeren Sachzwänge des Exils hinter eine überkommene Literatur und Schreibweise zurückzufallen und dem implizit gesetzten literarischen Weltniveau nicht standhalten zu können.

Der Gesinnungswandel ist jedoch nicht mit einer endgültigen Aufgabe des politischen Engagements zu verwechseln. Eine hervorstechende Eigenschaft der vorliegenden literarischen Texte besteht vielmehr in dem Versuch, zwischen beiden Standpunkten, dem der individuell orientierten Kreativität und dem der sozialpolitischen Verpflichtung, eine ausgleichende Vermittlung herzustellen. Sie wird im übrigen im Identitätsthema erreicht: in der Frage nämlich, ob und inwieweit unter den gegebenen Bedingungen von Exil und politischer Unterdrückung überhaupt Identität ausgebildet werden kann.

Ebensowenig ist der traditionelle lateinamerikanische Gegensatz von national orientiertem Bewußtsein und universeller Gesinnung aufgehoben. Er gehört zu den Grundwidersprüchen und Problematiken dieses Exils. Häufig überlagern sich beide Identifikationsangebote, ohne daß eines von ihnen als Muster für die Identitätskonstitution ausreichen würde.

Der Wandel des kulturellen Selbstverständnisses steht in einem allgemeineren, über Exilkreise hinausgehenden Zusammenhang. So beschreiben auch die spanischen Autoren den "Zeitgeist" der 80er Jahre: "Habíamos vivido unos años bastante tensos de conciencia colectiva ... A partir de ahora, y considero que ésta puede ser una esperanza abierta en esta década, el escritor ... al asumir como individuo el mundo recobra su identidad"[160]. Auch hier sah man sich also nach der Phase öffentlichen Engagements zur Rückbesinnung auf die Identität des Schriftstellers als kreativ arbeitendes Individuum genötigt[161]. Diese Rückbesinnung auf das "Eigentliche" der literarischen Arbeit aber beinhaltet eine entscheidende Bejahung der Freiheit des künstlerischen Schaffens:

> Das Reich des künstlerischen Schaffens ist das der Freiheit; deshalb reagieren linke oder rechte Diktaturen mit derartigem Druck gegenüber solchen Aktivitäten[162].

Freie künstlerische Betätigung, so zumindest sieht es Valdés, hat wiederum die Behauptung unabhängiger Kritikfähigkeit zur Voraussetzung: "Yo creo que vale la pena ... plantear la necesidad de que los intelectuales recapturemos nuestra independencia crítica ..."[163].

3.3.3 Neue symbolische Referenzen: Die lateinamerikanische Exil-und Emigrationstradition

Das territorial ausgerichtete Kultur- und Identitätskonzept gelangt nun ebenfalls zur Auflösung. Die Einbindung in geographisch und kulturell determinierte Räume wird nicht mehr als unabdingbare Voraussetzung der literarischen Arbeit angesehen:

> Sarmiento escribió Facundo en Chile y Joyce fechó Ulisis entre Trieste, Zurich y Paris: que se sepa nadie ha discutido nunca la filación geográfica, histórica y cultural, la pertenencia y la identidad en suma, de esos libros y sus autores[164].

Bücher werden unabhängig von Landesgrenzen geschrieben. Die Orte, an denen sie entstehen, sind keine Bürgschaften für ihre kulturelle Zugehörigkeit. Von den politischen Umständen einmal abgesehen, hat dieses Exil eine bis ins 19. Jahrhundert zurückreichende Tradition: "Desde Sarmiento hasta Cortázar, las obras más famosas argentinas siempre se han escrito fuera del país"[165].

In Valdés' Ausführungen zu den besonderen Emigrationsneigungen des lateinamerikanischen Schriftstellers wurde die kulturelle Dimension dieses Exils schon angesprochen. Der Mythos einer überlegenen metropolitanen Kultur, der in der Zeit des spanischen Kolonialismus seine Wurzeln hat[166], aber auch die sozialen Faktoren besserer Studien- und Arbeitsmöglichkeiten (die diesen Mythos bestätigen), haben seit dem 19. Jahrhundert immer wieder für Bildungsemigrationen nach Europa oder Nordamerika gesorgt[167]. In dieser Hinsicht verkörperte schon der erwähnte Sarmiento einen Intellektuellentypus, der am Ideal einer europäischen (französischen) Bildungskultur orientiert und zugleich ein politischer Exilant war. Im chilenischen Exil schrieb Sarmiento seinen Essay "Facundo", der nicht nur den Auftakt zur argentinischen Literatur bildet, sondern mit der Dichotomie "Civilización/Barbarie" auch ein allgemeines (heute allerdings hinterfragtes) Erklärungsmodell der lateinamerikanischen Realität entwarf[168].

Trotz nach wie vor vorhandener Denkschablonen kann diese erste lateinamerikanische Exilgeneration und die von ihr eingeleiteten Bildungsreisen mit den Emigrationsmotivationen heutiger Zeit kaum noch gleichgesetzt werden. Bereisten die Romantiker Europa noch mit dem Ziel zu lernen und die europäischen Vorbilder in Lateinamerika zu kopieren, so wurde der kosmopolitische Weltgeist der Jahrhundertwende schon verstärkt vom Wunsch nach internationaler Anerkennung begleitet[169]. Für die diesem Exil unmittelbar vorausgehende intellektuelle Emigration, welche die Metropolen in den 50er und 60er Jahren aufsuchte, war die Bildungsreise schließlich eine notwendige Voraussetzung für die literarische Begegnung mit der lateinamerikanischen Realität[170]. In Paris, Rom oder Barcelona wurde nun nicht mehr über Europa, sondern über Lateinamerika geschrieben. Dieser Schriftstellergeneration gebührt das Verdienst, der lateinamerikanischen Literatur erstmals zu internationaler Anerkennung verholfen zu haben[171].

Neben den kulturellen Emigrationen kam es, besonders im 20. Jahrhundert, auch immer wieder zu politischen Exilen. Sie beschränkten sich jedoch auf einzelne Schriftstellerpersönlichkeiten: Erinnert sei unter anderem an das Exil Alejo Carpentiers in den 30er, an das Pablo Nerudas in den 50er Jahren.

Die Situation der neuen "Exil"-Autoren der 70er Jahre ist jedoch weder mit der der Altemigranten der Nachkriegszeit noch mit der früherer "Exil"-Literaten zu verwechseln. Die massive Abwanderung von Kulturschaffenden in den 70er Jahren wurde von der zwangsweisen Emigration anderer Bevölkerungsschichten begleitet. Erstmals in der Geschichte des lateinamerikanischen Kontinents konnte damit vom Exil als einem sozialen Phänomen gesprochen werden, das folglich auch die Frage nach einer neu entstandenen Exilkultur aufwerfen mußte[172]. Wie wir uns bereits überzeugen konnten, fand dieses Exil zudem in einem Kontext allgemeiner sozialer und intellektueller Perspektivlosigkeit statt[173]. In dieser Situation hatten sich die neuen, nach Europa emigrierten Autoren nicht nur gegen das negativ besetzte Image des "Exilautors" zur Wehr zu setzen, sie mußten außerdem gegen den Schatten der international anerkannten sogenannten "Boomautoren" vor der europäischen Öffentlichkeit ankämpfen. Sie taten dies, indem sie – zumindest in ihren öffentlichen Statements – ein unvoreingenommeneres Verhältnis zum Universalismus bekundeten.

Wenn dennoch eine symbolische Referenz an die vorausgegangene literarische Emigration erhalten blieb, so galt sie vor allem dem zur Zeit des Exils im nahegelegenen Paris lebenden argentinischen Schriftsteller Julio Cortázar. Neben weitergehenden literarischen Affinitäten ist einer der Gründe hierfür in der Tatsache zu sehen, daß Cortázar in seinem 1963 veröffentlichten Emigrations- und Bildungsroman, "Rayuela", den Dialog mit der Alten Welt ausdrücklich fortsetzte. Dieser Roman kann heute – die weiteren Ausführungen werden dies bestätigen – als allgemeines Paradigma der im Exil erlebten Identitätsproblematik bewertet werden. Cortázar zählte aber auch zu den Persönlichkeiten, die zwischen dem romantischen Ideal einer Bildungskultur, politischem Engagement und argentinischer Idiosynkrasie eine Synthese suchten[174]. Die drei Faktoren brachte er in seinen Appellen an eine positive Einstellung zum Exil immer wieder zur Geltung[175]. Er wurde somit auch zum Vorbild für die neuen "Emigrationsschriftsteller": "... nadie puede dudar sanamente de la argentinidad de Julio Cortázar, que hace más de 30 años que vive voluntariamente en París. Pero es precisamente porque tiene una obra que le permite ser reconocido en todas partes del mundo, identificado, que sus opiniones acerca de la realidad argentina ... pueden causar efecto"[176]. Man bemerke: Nur durch seine schriftstellerischen Leistungen konnte sich der Altemigrant Cortázar in der Welt Gehör verschaffen.

3.4 Existentieller Mangel als Schreibmotivation

Der Wandel im kulturellen Selbstverständnis geht schließlich auch auf die Erfahrung zurück, daß die emigrationsbedingten Veränderungen zu kreativen Anregungen führen können. Einhellig meinen die vier Autoren, daß die Distanz ihr Verständnis für die Kultur der Herkunftsländer verbessert habe[177]:

> Um den Sinn seiner intimen und sozialen Erfahrung zu erfassen, muß der Schriftsteller, wie ich glaube, aus ihr heraustreten und sich dorthin begeben, wo die Veränderungen des täglichen Lebens ihm den Blick nicht verstellen[178].

Dem Bekenntnis zur Freiheit und Unabhängigkeit der Kunst entspricht die Gewißheit, daß der Schreibende zwischen sich und der zu beschreibenden Welt einen schöpferischen Abstand herstellen muß.

Die Probleme und Beeinträchtigungen des sozialen Alltags finden in der Literatur häufig Ausdruck in existentiellen Symboliken:

> Escribimos porque los objetos de los que queremos hablar no están[179].

Die Verlusterfahrungen des Exils, das Bewußtsein, einen existentiellen Mangel zu erleiden, sind zu den wesentlichen Antriebskräften der schriftstellerischen Arbeit geworden. Peri Rossi und Valdés sprechen dem literarischen Schaffen die Bedeutung eines psychischen Kompromisses[180] zu. Hiermit verbunden ist die existential-psychologische These einer kreativen Kompensation persönlicher Krisensituationen:

> Según conocidos mecanismos psicológicos, toda pérdida profunda debe ser compensada para evitar la configuración de un trauma ... Creo que sólo hay una posibilidad de vivir el exilio de manera positiva, y es convirtiéndolo voluntariamente en una experiencia ... creadora. Pero para poder hacerlo hay que sufrir mucho primero[181].

Leiden und Entbehrungen waren schon immer, so Valdés, eine notwendige Voraussetzung für Kreativität[182]. Das Thema der Suche nach Identität rückt damit ins Zentrum der persönlichen wie kollektiven Schreibmotivationen: "Y si mis temas, como creo, tienen que ver con la identidad, con la búsqueda y la pérdida de la identidad, la Argentina estará siempre"[183]. Für Martini wird das Identitätsthema mit "La vida entera" zum literarischen Projekt einer Suche nach ethischen Bindungen an das Herkunftsland.

3.5 Allgemeine Klassifikation des Materials

In dem sich nun anschließenden Überblick zum vorliegenden Textuniversum stelle ich die wichtigsten thematischen, historischen und geographischen Schwerpunkte der Arbeiten vor. Ich gehe auf die literarische Entwicklung der Autoren ein und setze sie zu ihren sozialen Emigrationserfahrungen in Beziehung. Es geht mir darum, einen allgemeinen inhaltlichen Leitfaden zu erstellen, der uns in den folgenden Kapiteln als Orientierung dienen soll.

Hat sich der Wandel im exilkulturellen Selbstverständnis in der inhaltlichen Ausrichtung der Texte niedergeschlagen? Reflektieren diese die offene, integrationsbereite Haltung ihrer Autoren? Mit Einschränkungen können wir diese Frage bejahen.

Der bestimmende Schwerpunkt der Arbeiten ist zweifellos die Retrospektive von Themen und Problemen Lateinamerikas. Sie betrifft die sozio-politischen Ereignisse, die dem Exil vorausgingen, aber auch weiter zurückliegende Erfahrungen, die mit dem Exil nur mittelbar im Zusammenhang stehen. Hier zeigt sich, daß durch die besonderen äußeren Umstände dieser Emigration die Erlebnisse der Vergangenheit einen großen Anteil an der Gegenwart haben. Sie müssen erst einmal aufgearbeitet werden, bevor man sich der neuen Situation zuwenden kann.

Die Retrospektive kennzeichnet vor allem die erste Schaffensphase von Valdés, Martini und Moyano.
Hervorzuheben ist die Literatur von Valdés, in der zunächst ausschließlich autobiographische Erfahrungen im Mittelpunkt stehen. In dem Konzentrationslagertagebuch "Tejas Verdes" beschränkt sich Valdés ganz auf die Beschreibung des Hafterlebnisses. Im folgenden Roman "A partir del fin" ist das Erfahrungsspektrum bereits wieder um gesellschaftliche Ereignisse vor und nach dem Putsch erweitert. In der minutiösen Erinnerungsarbeit und -analyse, die mit vergangenen Idealen und Verhaltensformen kritisch zu Gericht geht, unterscheidet sich die Literatur von Valdés von den Arbeiten der anderen Autoren.
Die Zurückwendung auf vergangene Lebensphasen ist im übrigen ein Grundzug der Literatur dieses Autors. So handelt der erste Roman "Cuerpo Creciente" von Kindheitserinnerungen, in "Zoom" flossen die Auslandserfahrungen in der Tschechoslowakei und Frankreich ein. In diesem Roman deutet sich ein Grundthema an, das auch in den Arbeiten des Exils wichtig ist: das Verhältnis des Intellektuellen zu politischen Bewegungen und die Frage nach Ausbildung und Veränderung der lateinamerikanischen Geschichte[184]. Typisch für die ersten beiden Bücher aus der Emigration ist, daß der Interessenschwerpunkt darin völlig auf den autobiographisch-subjektiven Lebensweg und die Möglichkeiten seiner Erinnerung reduziert ist.

Lateinamerikanische Geschichte – als Zeitgeschehen oder Historie – behandeln auch Moyanos und Martinis Romane "El vuelo del tigre" und "La vida entera". Martini hatte "La vida entera" noch zur Zeit der linksperonistischen Regierung Hector Cámporas begonnen; historischer Erlebnishintergrund sind die politischen Intrigen und Machtkämpfe des Peronismus. Moyanos "El vuelo del tigre" entstand unter dem Eindruck verschärfter politischer Gewalt in der Provinz La Rioja zur Zeit der Regierung Isabel Perón/Lopez Rega. Im Gegensatz zu Valdés wurde das ursprünglich realistisch entworfene Zeitgeschehen in beiden Arbeiten metaphorisiert und verfremdet[185]. Die Autoren bringen ferner bereits ihre Exilerfahrungen zur Sprache.
Martini setzt sich in "La vida" mit den soziokulturellen Symboliken des Argentinischen auseinander. Die Frage des Komplotts und der Intrige, die den Autor schon in den argentinischen Kriminalromanen "El agua en los pulmones" und "Los asesinos las prefieren rubias" sowie in "El cerco" beschäftigte, kehrt in den Arbeiten aus der Emigration wieder im Problem der Durchsetzung von Gewalt und der Verwirklichung einer lateinamerikanischen Geschichte.
Moyano begibt sich in den Kurzgeschichten von "María Violín", an denen während der gesamten Schaffensperiode, 1980 bis 1983, gearbeitet wurde, sogar noch weiter in die argentinische Vergangeheit zurück, er greift sein

bevorzugtes Thema, Jugenderinnerung, auf. Der Roman "El vuelo del tigre" und die Erzählungen aus "María", die größtenteils in La Rioja spielen[186], reflektieren den Versuch, sich aus der thematisch-ideologischen Verbundenheit mit der Herkunftsprovinz zu lösen. Das in der Emigrationsbeschreibung festgestellte Moment des allmählichen Abschieds stellt also ein auf das gesamte Exilschaffen zu verallgemeinerndes Interpretationskriterium dar.

Allerdings geht aus dem vorliegenden Textkorpus auch eine Öffnung gegenüber anderen Ländern und neuen Erfahrungen hervor. Hiervon zeugen die Emigrationsromane "El libro de navíos y borrascas" von Moyano, "Composición de lugar" von Martini und "La historia subyacente" von Valdés. Gleichfalls genannt sei an dieser Stelle der Emigrationsroman von Peri Rossi "La nave de los locos". Moyanos "El libro de navíos" erzählt die Reise ins Exil auf dem Transatlantikschiff "Cristóforo Colombo". In diesem Roman findet die eigentliche Hinwendung zur aktuellen Lebenssituation statt. Von Emigrationserfahrungen handelt auch Martinis "Composición"; sie haben darin jedoch, aus Gründen der unterschiedlichen autobiographischen Situation des Autors, einen anderen Stellenwert. Martini hatte "La vida entera", noch in der Phase seines Seßhaftwerdens in Barcelona, als endgültigen Abschied von Argenitinien konzipiert ("un gesto cual contar: la despedida"[187]). Der Emigrationsroman thematisiert nun die Suche nach einer ethischen Bindung an das Herkunftsland und enthält bereits eine Auseinandersetzung mit dem Gedanken der Rückkehr. In der Rekonstruktion des Lebensweges von Juan Minelli wird das Emigrationsthema unter dem sehr weitgefaßten, kulturhistorischen Gesichtspunkt eines möglichen europäischen Vermächtnisses aufgerollt. In der Emigrationsgeschichte in Europa sucht Juan Minelli nach den Wurzeln seiner argentinischen Vergangenheit, im persönlichen wie kollektiven Sinne.

Auch in den Emigrationsromanen wird die Retrospektive weitergeführt. Die Begegnung mit der geschichtsträchtigen Alten Welt regt die Autoren um so mehr zum Nachdenken über die lateinamerikanische Vergangenheit an. Dies gilt ganz besonders für Valdés' "Historia subyacente". Die Emigration – hier der Asylaufenthalt in England – ist darin nur ein Aufhänger für die "Geschichte dahinter", die eine Revision kolonialer Geschichtsschreibung zum Ziele hat. Valdés wendet sich in diesem Buch auch erstmals von seiner autobiographisch-existentiell gefaßten Betrachtung ab und einer "offiziösen" Historiographie zu[188].
Die Öffnung gegenüber neuen Lebensbereichen in den Emigrationsromanen[189] ist somit eher auf die von den Autoren angesprochenen Schwierigkeiten räumlicher Distanzierungen zurückzuführen, nicht aber als grundsätzliche Abwendung von Herkunftsländern zu bewerten.

Peri Rossi ist unter den vier Autoren in vieler Hinsicht eine die Regel bestätigende Ausnahme. Ein Überdenken der Ereignisse, die zum Exil führten, war schon in den letzten uruguayischen Arbeiten erfolgt, so daß nicht in gleichem Maße die Notwendigkeit einer Retrospektion bestand. Peri Rossi begann ihre literarische Arbeit in "Diáspora" mit der Reflexion des Exilerlebnisses in Europa. Zwar gehören das Exil und die politische Situation Lateinamerikas zu den in allen Arbeiten wiederkehrenden Bezugspunkten, sie machen aber nicht das ganze thematische Universum der Autorin aus. Peri Rossi unterscheidet sich von ihren männlichen Kollegen durch den Versuch, die (speziellen) exil- oder lateinamerikabezogenen Probleme zu überschreiten.

Ihr im Ausland entstandenes Erzählwerk kann ebenfalls bereits in zwei Entwicklungsphasen unterteilt werden. Bis ca. 1978 setzt Peri Rossi ihr in Uruguay begonnenes thematisches Universum (Welt der Kindheit als satirischer Spiegel der Erwachsenen: La tarde del dinosaurio, La rebelión de los niños) fort. Parallel hierzu kommt es in der Lyrik (Diáspora, Lingüística general) zur neuen Bestimmung der ästhetischen Anliegen im kulturellen Kontext der Exilsituation in Europa. Die Erzählungen von "El museo de los esfuerzos inútiles" weichen nicht nur von den Kurzgeschichten der vorangegangenen Entwicklungsphase durch den Rückgriff auf das literarische Genre der Parabel ab, in ihnen wird auch die bisherige alternative Welt des Kindes aufgegeben. Im Vordergrund stehen Gedanken und Kritiken zur universellen Großstadtkultur[190]. Der Emigrationsroman "La nave de los locos" führt als das wohl umfassendste Dokument des Denkens der Autorin die Emigrationsproblematik in dem breiten Rahmen der Reise durch die moderne Welt und die kulturhistorische Vergangenheit fort. Zwar ist das Motiv der literarischen und kulturgeschichtlichen Reise ganz besonders für das Werk Peri Rossis prägend, wir haben es jedoch auch zu den allgemeinen thematischen Schwerpunkten der Texte zu zählen.

Schon das uruguayische Erzählwerk zeichnete sich durch die Verarbeitung von Zeitgeschichte in markanten, schnell kommunizierbaren Metaphern aus. Dieser Grundzug der Literatur Peri Rossis ist als eine Erklärung für die universelle Ausrichtung ihrer Themen zu berücksichtigen. Bestätigend dürfte sich in diesem Zusammenhang die autobiographische Erfahrung ausgewirkt haben, in dem fremden Land plötzlich völlig neu anfangen zu müssen. Als zweite Erklärung ist Peri Rossis Interesse für die Probleme der Frau in Erwägung zu ziehen. Zwar geht aus den literarischen Arbeiten keine ausgesprochen feministische Position hervor, die sich von der Welthaltung der männlichen Kollegen grundlegend unterscheiden würde, die Problematik spielt jedoch bei der Ausbildung einer allgemeineren thematischen Orientierung eine Rolle[191].

Hat die Hinwendung zu anderen Kontexten den Arbeiten auch eine spanienspezifische Prägung gegeben? Nach alledem, was wir bisher wissen, ist diese Frage zu verneinen.

Die Emigrationsromane von Peri Rossi, Moyano und Martini tragen sich gleichzeitig in mehreren Ländern, in einer Art Niemandsland oder dem Atlantischen Ozean zu. "La historia subyacente", obwohl zu Teilen in Spanien geschrieben, ereignet sich in England. Tatsächlich erweist sich das Bücherschreiben als ein länderübergreifender Prozeß. Die Entstehungsorte von Literatur sagen recht wenig über deren kulturelle Zugehörigkeit aus.

Eine geringe spanienspezifische Orientierung ist auch bei der Verarbeitung anderer Texte und den Lektüren durch die Autoren festzustellen.

Valdés führt in den ersten beiden Arbeiten aus dem Exil seine aus "Cuerpo Creciente" bekannte proustianische Erinnerungs- und Persönlichkeitsanalyse weiter. In "A partir" nimmt er auf das soziologische und ideologiekritische Gedankengut der 60er Jahre (Dependencia-Theorie, Diskursanalyse) Bezug.

Ideologiekritische Ansätze werden ebenfalls in "La vida entera" im Rahmen eines strukturellen Erzählexperimentes umgesetzt. Martini wandte sich im Exil Lektüren des Kriminalromans, der Spätschriften Freuds, D. Laings und Camus' "Fremden" zu. Lateinamerikanische Literatur – in den 60er Jahren noch zentraler Gegenstand der Auseinandersetzungen des Autors – wurde im Exil bewußt vermieden, um sich ihrem Einfluß zu entziehen.

Nochmals auf das Problem der unterentwickelten kulturellen Infrastruktur in den Herkunftsländern zurückkommend, hebt Moyano hervor, daß ihm das Exil erstmals Gelegenheit zur Lektüre der indigenistischen Literatur der 20er Jahre bot. In "El libro de navíos" verarbeitet er ferner die Literatur des argentinischen Autors Haroldo Contí. Erwähnenswert ist auch eine Akzentuierung der kafkaesken Figuren- und Weltkonzeption Moyanos.

Peri Rossi, die ohnehin in ihren Arbeiten gern ein breites intertextuelles Referenzspektrum entwickelt, setzte im Exil, allein schon durch ihre journalistische Tätigkeit, die Beschäftigung mit jüngeren lateinamerikanischen Autoren, aber auch mit Europäern wie Kafka fort. Besonders in ihren späteren Arbeiten dringt sie bis zu den Sagen und Satiren des nordeuropäischen Mittelalters vor.

In der Materialübersicht spiegelt sich also der Wandel des exilkulturellen Selbstverständnisses, den wir in den vorangegangenen Abschnitten nachvollziehen konnten. Dieses wurde zunächst von Begriffen wie Exil/National-Weltliteratur und einem geographisch orientierten Kultur- und Identitätsbewußtsein geleitet. Die exiltypischen Schemata hatten die Funktion, die ersten Fremderfahrungen zu erläutern. Als subjektive Erfahrungswerte waren sie Bestandteile eines impliziten Selbstverständnisses (una manera de hablar) und somit jederzeit revidierbar. Genauso läßt sich eine Parallele zwischen der betont offenen exilkulturellen Welthaltung in der zweiten Emigrationshälfte und der länderübergreifenden, kulturgeschichtlichen Ausrichtung der Emigrationsromane ziehen. Die Exilproblematik mündet an dieser Stelle in Dimensionen eines kulturellen Exils, das von den Autoren zu den Spezifika lateinamerikanischer Kultur gerechnet wurde.

Die Autoren sprachen der literarischen Arbeit eine wichtige Funktion in der Bewältigung der Verlusterfahrung des Exils zu. Welche Möglichkeiten das Medium Literatur dabei bietet, wird uns im nun folgenden Kapitel beschäftigen.

4 "Soñar sin perder las propias raíces"[192]: Das schöpferische Ich

Me puedes decir entonces, quienes somos?
Daniel Moyano, "El libro de navíos"[193].
Me fastidia la pregunta quién soy y que hago.
Cristina Peri Rossi, "La nave de los locos"[194].

Die durch die Exilsituation bestärkte Frage nach Identität spielt besonders auf der Ebene des Schreibvorgangs eine Rolle. In den einleitenden Emigrationsszenen konnten wir schon beobachten, daß das Exil zum autobiographisch motivierten Erzählen veranlaßt. Andererseits lehnen die Autoren aber eine unmittelbare Gleichsetzung von Autobiographie und Literatur ab. In der Regel genügt die autobiographische Selbstdarstellung ihren literarischen Ansprüchen nicht; sie ziehen sie sogar weltanschaulich in Zweifel. An die Stelle von autobiographischer Lebensgeschichte treten metaliterarische Gedanken zum Schreiben, besonders zur Rolle des Erzählers. Das Autobiographische ist Bestandteil eines umfassenderen Versuchs, die schöpferische Subjektivität[195] zu bestimmen. Hernán Valdés, Daniel Moyano und Juan Carlos Martini gehen in ihren Arbeiten auf die literaturwissenschaftliche Diskussion ein, die schon seit geraumer Zeit ihr Augenmerk auf den "Vermittlungsvorgang des Erzählens" (F. Stanzel[196]) oder "die Identität des Erzählers" ("Wer erzählt den Roman?" W. Kayser[197]) gerichtet hat.

In diesem Kapitel untersuche ich das Verhältnis von Erzähler und Textgeschehen unter Berücksichtigung des Vorhabens einer literarisch vermittelten Identitätssuche. Zu fragen ist in diesem Zusammenhang nach den Möglichkeiten, die im Schreibvorgang für eine Konstitution von Identität angelegt sind. Hierzu werde ich auf den Traum zu sprechen kommen, der von den Autoren als Analogie zum literarischen Kreationsvorgang und zur Umschreibung der schöpferischen Vorstellungstätigkeit herangezogen wird. Es werden aber auch die Konsequenzen zu erörtern sein, die sich aus der Traumkonzeption für die Definition von Identität/Subjektivität ergeben. Diese sind wiederum auf die spezifischen Umstände, das Schreiben von Literatur im Exil, zu beziehen. In den allgemeinen Themenschwerpunkten, zum Beispiel, den Stellungnahmen zur Autobiographie und zum Traum, fasse ich die Aussagen der Autoren zusammen. In der Frage nach der Gestaltung des Verhältnisses von Erzähler und Textgeschehen bin ich gerade um die Hervorhebung der schriftstellerischen Individualität bemüht.

In diesem Sinne ist das folgende Kapitel eine textanalytische Ergänzung zu den Arbeits- und Schreibproblemen im Exil, die in der öffentlichen Literaturdebatte angesprochen wurden.

4.1 Emigrationsroman und autobiographische Erzählmotivation

Dem Bedürfnis nach Ausgleich oder Kompensation der existentiellen Mängel des Exils, das die Autoren gegen Ende der öffentlichen Literaturdebatte bekundeten, wird am deutlichsten in den Reise- und Emigrationsromanen entsprochen. In formaler Hinsicht sind diese Texte von der Tradition der "Literatura testimonial" inspiriert[198]. Der Lebensweg einer Person wird meist in Form von tagebuchartigen Notizen wiedergegeben. So stellt Moyano seinen Emigrationsroman "El libro de navíos" als (allerdings scheiternden) Versuch vor, den Weg in die Emigration in einem Bordbuch festzuhalten. Der Erzähler in Martinis "Composición de lugar" will die Geschichte des Historikers Juan Minelli rekonstruieren mit dem weitergehenden Anliegen, eine "Geschichte für den Richter" zu schreiben. Valdés faßt seine Konzentrationslagererlebnisse in einem autobiographischen Tagebuch zusammen. Der darauffolgende Roman beruht nach Aussagen des Erzählers ebenfalls auf tagebuchartigen Notizen, die während der Putschereignisse niedergeschrieben wurden. Ähnlich geht auch Peri Rossi in "La nave de los locos" vor: das Geschehen ist ebenfalls den Reisenotizen des Protagonisten Equis entnommen.

Der Rückgriff auf das Genre der Tagebuchliteratur ist besonders bei der Formulierung der Erzählabsichten von Bedeutung. Zu nennen ist in erster Linie das Anliegen der Gedächtnisrekonstruktion: "Se escribe porque se muere, porque todo transcurre rápidamente y experimentamos el deseo de retenerlo ..."[199]. Die Dinge vor der Vergänglichkeit der Zeit zu bewahren und dabei vor allem sich selbst Aufrichtigkeit und Verantwortung bezeugen, dies ist auch der nun nicht mehr allein politisch zu verstehende Vorsatz von Valdés, wenn er meint: "Ich habe als Schriftsteller die Verantwortung, meinem Gedächtnis treu zu bleiben ..."[200]. Moyano weist uns in diesem Zusammenhang auf die Wichtigkeit des schriftlich fixierten Wortes hin: "Claro, las palabras tienen algunas ventajas ... en algunas ocasiones sirven para reconstruir la casa o las personas que se perdieron ..."[201]. Das schriftlich festgehaltene Wort bürgt hier für Beständigkeit. Für Moyanos Erzähler, deren Leben durch Gefangenschaft und Exil in zwei nicht mehr zu vereinbarende Hälften zerrissen wurde, hat das Wort per se, jenseits aller inhaltlichen Bestimmungen, eine vitale, ja sogar lebensrettende Funktion: "He venido en una deriva de palabras. Y no por duplicar las cosas o explicarme nada; más bien para ser o seguir siendo ... Unicamente pueden salvarnos las palabras que anotemos"[202]. Damit ist ein wesentlicher Aspekt der die Tagebuchliteratur von jeher bestimmenden Schreibmotivation angesprochen. In der Erinnerung der Erlebnisse und Eindrücke sucht das Ich nach einer Selbstvergegenwärtigung und Orientierungshilfe[203].

Die Autoren lassen sich zwar in formaler Hinsicht von der Tagebuchliteratur anregen, um ihre primären Erzählabsichten zu verdeutlichen. Die Romane überschreiten jedoch, was den Grad der Fiktion und die meist sehr ausschweifenden philosophischen Überlegungen anbelangt, die Maßstäbe eines rein autobiographischen Erlebnisberichtes. Einzige Ausnahme bildet "Tejas Verdes", das sich streng an die Regeln der autobiographischen Zeugnisliteratur hält. Ich-Erzähler und Autor fallen in einer Person zusammen, Ereignis- und Erzählverlauf sind parallelisiert. In den anderen Romanen sind diese Grundvoraussetzungen des Autobiographischen[204] nicht mehr gegeben. Es werden nur bestimmte Episoden aus dem Leben eines Helden ausgewählt. Dieser ist eine fiktive Figur, der ein anonym bleibender Erzähler zur Seite gestellt sein kann. Häufig ist auch der Rückgriff auf das Genre der Reisechronik, die bekanntlich zu den ersten Schriftdokumenten über Lateinamerika zählt. Auf die Chronikliteratur spielen sowohl Peri Rossis "La nave" als auch Martinis "La vida" und Valdés' "Historia subyacente" an. In Moyanos "El libro de navíos", das einen direkten Hinweis auf das Bordbuch des Kolumbus enthält, ist der literaturgeschichtliche Bezug ganz offensichtlich[205].

Das der Autobiographie eigene primäre Mitteilungsbedürfnis des "lo que pasó a mí", dem meist eine unmittelbare Betroffenheit und Beteiligung des Ich-Erzählers an den referierten Ereignissen entspricht, drückt sich in vorliegenden Texten vermittelt, im Einsatz subjektivierter Erzählmodi, aus. Der Zwittercharakter von Autobiographie und Fiktion ist mit den besonderen Sachzwängen des Schreibens im Exil zu erklären. Hinter den Versuchen, die eigene, unmittelbar erlebte Geschichte literarisch zu verallgemeinern, steht der Ansporn, einem bestimmten literarischen Niveau Genüge zu leisten.

Damit ist aber auch die Grundsatzfrage angeschnitten, ob die Autobiographie überhaupt einen repräsentativen Persönlichkeitsspiegel wiedergeben kann[206].

4.2 Spiegelnegation, Identitätsthema und Poetik des Sehens

Die Autoren bezweifeln die Repräsentativität der Selbstdarstellungen in traditionellen Autobiographien. Hiervon zeugen die zahlreichen Spiegelszenen, in denen sich die Protagonisten mit dem Blick in den Spiegel die Frage "Wer bin ich?" zu beantworten suchen. So lesen wir bei Valdés, für den die Begegnung des Ich mit seinem Spiegelbild zu einem in allen Arbeiten wiederkehrenden, obsessiven Motiv gehört:

> Ciertos encuentros exigen el esfuerzo de evitarlos,.. Este, (es) el encuentro con el propio rostro ... Cuesta años y tanto esfuerzo definirse un poco, descartar lo ajeno y lo imitado y reconocer la propiedad de unas características específicas y constantes, en suma una, persona; y entonces, cuando uno cree que ha llegado el momento de manifestar esa peculiaridad con todos sus precisos matices, resulta que ese espacio, donde al fin uno iba a dibujarse, a asomarse tal cual, estaba ya ocupado por él, el rostro ...[207].

Von den Authentizitätsproblemen, die sich hinter dieser spöttischen Gesichts-/Spiegelnegation verbergen, abgesehen, wird in ihr einem Lebensgefühl stattgegeben, in dem sich Ich- und Selbstgefühl nicht mehr im Datenspiegel einer autobiographischen Vorstellung oder der Gesichtsphysiognomie erfassen lassen.

Die erwähnte Opposition gegen die rein empirische Abschilderung vorgegebener Wirklichkeiten gilt umso mehr für die literarische Selbstrepräsentation: "Subían conmigo, en visualizaciones, las palabras del preso de la mirilla y otras que yo traía del norte"[208]. Moyanos Exilanten nehmen nicht nur die Erinnerung ans eigene Leben mit ins Exil, sondern auch die Vorstellungen von anderen angelesenen oder erzählten Realitäten, die sie niemals selbst erlebt haben. "Conseguir casa, trabajo, comida, un papel cualquiera de identidad, precarios ..."[209], Peri Rossi erwähnt die wohl einfachste Form eines modernen Identitätsspiegels, den Personalausweis. Als notwendige Voraussetzung zum Überschreiten von Landesgrenzen und in seiner Funktion als polizeiliches Kennzeichen ist der Personalausweis Indiz des Fremden, des Ausgeschlossenen und daher eine höchst fragwürdige Identitätsaussage.

Martini schreibt in seinem Vorwort zu Osvaldo Sorianos Roman "Triste, solitario y final", in dem dieser das autobiographische Ich als fiktive Figur unter Fiktionshelden erscheinen läßt:

> Osvaldo Soriano, personaje de sí mismo en Triste, solitario y final, no alude más que sombríamente a sus datos biográficos ... sabe que la identidad es una constante, laboriosa búsqueda, en la cual un hombre puede parecer el reflejo de otro y expresar así, para los demás, todo aquello que seguirá siendo un misterio para él mismo ...[210].

Martini erläutert das Identitätsthema unter dem Gesichtspunkt konkreten Handelns. Er macht auf eine Konzeption des schreibenden Ich aufmerksam, die die Autoren dem sozial bestimmten entgegensetzen. Das schreibende Ich ist eine projektive Größe. In den szenischen und figuralen Evokationen seiner Einbildungskraft will es sich erfahren und konstituieren. In Martinis Entwurf verkörpert die fiktionale Projektion den eigentlichen, vitalen Ausdruck dieses autobiographischen Ich: "La vida entera es mi libro más importante y propio .. me reconozco penosamente – para adjetivarlo – en algunas de esas fantasías que sé que son mías"[211]. Eine Rückkopplung der literarischen Fiktion an die Lebensrealität des Autors ist sofort gewährleistet[212]. Das Autobiographische wird auf diese Weise auf die gesamte literarische Arbeit verallgemeinert. Diese hat eine Art Bewußtseinsautobiographie zu sein.

Alle vier Autoren stimmen im Thema der Identitätssuche überein. Hierunter verstehen sie die persönliche und kollektive Aufgabe, in der literarisch geführten Auseinandersetzung mit der Welt und über den Prozeß der sprachlichen Sinngebung ein "Selbst" auszubilden oder von der Unmöglichkeit dieses Unterfangens Zeugnis abzulegen.

> ... difícilmente conseguimos separar la vida del trabajo, ... llegamos a la literatura ... como a una indagación profunda sobre la identidad, es decir, quién somos y qué es el mundo. ... No separar la vida de su espejo combinado, la literatura: concepción romántica, sin duda ...[213],

meint Peri Rossi unter besonderer Berücksichtigung der Situation der schreibenden Frau. Interessanterweise schlägt sie zugleich eine Brücke von der modernen literarischen Identitätskonzeption zu den auch von den anderen Autoren gern angeführten Romantikern. Der Romantik ähnlich – heute keineswegs mehr durch sie allein geformt – ist der Anspruch einer Suche nach Lebenssinn im Medium der Literatur sowie damit verbunden die Frage nach einer Standortbestimmung des Menschen im Verhältnis zur Welt/Universum[214]. So lesen wir in "La nave de los locos" zum "tapiz de la creación" der Kathedrale von Gerona: "En telas así sería posible vivir toda la vida, en medio de un discurso perfectamente inteligible, de cuyo sentido no se podría dudar porque es una metáfora donde todo el universo está encerrado"[215]. Die figurative Malerei des 7. Jahrhunderts war noch in der Lage, eine integrale Vorstellung von der Welt zu geben und dem Menschen darin einen Platz zuzuweisen. Martini und Moyano vergegenwärtigen die Absicht einer Resymbolisierung der verlorenen Ordnung der Schöpfung in der Metapher einer Suche nach dem Zentrum im Kreis[216]. In Martinis "Composición" bezeichnet es bereits allein den Kosmos des Ichs: "... la búsqueda de los lazos con un orden capaz de puntuar, de fijar el vértigo, el vaivén real de las sombras de la sala que sin embargo ... se mueven *dentro de mí*"[217]. Über die Bestandsaufnahme seiner bewußtseinsmäßigen Wahrnehmungen und Vorstellungen sucht das Ich nach einer allgemein verbindlichen Ordnung, die ihm eine Bestimmung ermöglichen würde.

In den Emigrationsszenen stellten wir fest, daß die Identitätsproblematik des Exils von den Autoren vorzugsweise in einer visuellen Identifikationskrise veranschaulicht wurde (Anonymität). Der Identifikationsproblematik kommt in den Texten generell ein zentraler Stellenwert zu. Aus ihr leiten sich alle Fragen einer möglichen, bzw. unmöglichen Bedeutungskonstitution von Subjektivität ab:

> Aprender a mirar es una vía para aprender a vivir. ... si los sentidos son insuficientes para mirar, están todavía los errores que proceden de la voluntad de no ver ...[218].

In der Forderung nach einer Aufwertung des Sehens wird der Anspruch auf Welterkenntnis (Sinngebung) geltend gemacht[219], wobei dem Sehen die vitale Funktion eines existentiellen Ausgleichs der Verlusterfahrungen zukommt. Die nahegelegte erkenntnistheoretische Terminologie ist jedoch nicht überzubewerten. Statt Erkenntnis der Welt vom Begriff her, ist ein primäres ästhetisch-emotional gebundenes Bedürfnis nach Entschädigung der zerbrochenen Subjekt-Welt-Beziehung gemeint. In ihrer Berufung auf die "imaginación" schließen die literarischen Sehappelle das verfremdende, neu gestaltende und damit auch entdeckende Sehen all dessen ein, was verleugnet oder verdrängt ist. Die in der Sehmetapher angedeutete Subjektivierung des Wahrnehmungsvorganges beinhaltet einerseits die kritische Intention, sich gegen die entfremdende Anonymität normierter Wirklichkeitsvorstellungen zu wehren und damit in der literarischen Arbeit eine spezifische Art von Identitätsbewahrung zu üben. Sie ist aber auch Indiz für eine Spiegelflucht ins Reich der inneren Vorstellungen.

Die bisherige Weltverlustproblematik erhält so eine doppelte Bestimmung. In der historisch aufgezwungenen Exilsituation trifft sie die literarische Position des inneren Exils, wobei erstere die zweite vielfach bestärkt. Schon allein aufgrund der retrospektiven Ausrichtung ihrer Arbeit sehen sich die Autoren für die Bilder der inneren Vorstellungswelt sensibilisiert. Peri Rossi zu den Vorzügen dieser Art literarischer Blindheit: "La ceguera afina el sentido literario ... Quien carece de la aptitud de ver las apariencias tiene una relación mucho más intensa con la memoria y la imaginación ..."[220].

Darüber hinaus ist in der Spiegelnegation immer auch der Verlust oder die Infragestellung von Orientierungsmustern enthalten, die lange als unumstößliche Bezugspunkte einer Vermittlung und Bestimmung von Identität gegolten haben. Die mit dem Blick in den Spiegel nahegelegte Frage "Wer bin ich? Was ist die Welt?" richtet sich auf das traditionelle Problem der synthetischen Ich-Selbst-Bestimmung des Subjektes und stellt sich gerade durch die Exilerfahrungen mit großer Eindringlichkeit.

Das bisher auf der sozialen Kommunikationsebene angesprochene Identitätsbedürfnis des "ser el espejo y el reflejo de las relaciones con los demás" wird somit auf das literarische Schaffen übertragen. In sehr weit gefaßtem Sinne ist der literarischen Arbeit die Funktion eines Ersatzes oder einer Kompensation der sozialen Verluste zuzusprechen[221]. Das

Verlangen nach Ich-Einordnung in der Welt fordert das Bestreben heraus, in der Literatur eine eigene Welt aufzubauen, die, obgleich autonom strukturiert, zur Erlebnisrealität Analogien aufweisen möge: "... una estructura que es una metáfora, sin dejar de ser por ello, también, una realidad"[222].

Das an die literarische Arbeit herangetragene Spiegelungsbedürfnis zielt auf die Verwirklichung eines imaginären Konterfeis ab, so daß die Identitätsaussage dieses Exils in der Rimbaudschen Sentenz "moi est un autre, je suis mon image" eine angemessene Synthese finden wird.

4.3 Schreiben heißt Träumen

Die Berufung auf die Einbildungskraft (imaginación) als Voraussetzung der schriftstellerischen Tätigkeit und das Bestreben, persönliche mit kollektiven Identitätsbedürfnissen in Einklang zu bringen, verlangen eine Bemerkung zum Traummotiv. Es wird von den Autoren zur Kennzeichnung des Schreibvorgangs und zur Mitteilung ihrer utopischen Erkenntnisanliegen herangezogen – letztere haben auch im Exil an Bedeutung noch nicht verloren. Die Autoren knüpfen in ihren Arbeiten an die Tradition der Negativ-Utopien an, die für die jüngere lateinamerikanische Erzählliteratur im allgemeinen prägend ist[223]. Nach dem Motto der "nostalgia del futuro" gilt es die gegenwärtigen gesellschaftlichen Verhältnisse einer Revision zu unterziehen mit dem Ziel, eine bessere Zukunft einzuleiten.

Der Psychoanalyse ähnlich ist hier nicht nur die Absicht einer auf die Vergangenheit gerichteten Bewußtwerdung verdrängter Wahrheiten, vergleichbar sind vor allem die psychoanalytische und literarische Auffassung vom Traum. Er ist eine Zeichensprache, die einen erst noch zu entschlüsselnden Sinn in sich birgt. Der individualpsychologische Aspekt findet in der Negativ-Utopie eine gesellschaftskritische Umsetzung. Traum, Emigration oder die Reise werden so zu Metaphern des literarischen Schaffensprozesses. Schreiben heißt, sich in der Welt der Vorstellungen auf Reisen zu begeben, und Reisen ist gleichbedeutend mit Träumen. Die Identitätssuche findet in der Suche nach dem erträumten Land eine szenische Veranschaulichung. Sie kann entweder eine Bestandsaufnahme der revolutionären Bestrebungen der 60er und 70er Jahre beinhalten (Valdés, Martini) oder aber zum Emigrationsthema verallgemeinert sein (Peri Rossi, Martini, Moyano). Unter diesem haben wir eine in die Literatur eingeschriebene Suche nach einem Land zum Leben zu verstehen. Hier erhält auch der literaturgeschichtliche Bezug auf die spanische Chronikliteratur des 16. Jahrhunderts inhaltliche Aussagekraft. Vorzugsweise wird sie von den Autoren als Suche nach paradiesischer Verheißung in der neu entdeckten amerikanischen Wirklichkeit interpretiert. Ihre Erwähnung unterstreicht wohl die Absicht einer kritischen Reflexion der illusionären Vorstellungen, die die Europäer immer wieder auf Amerika projiziert haben, ohne dabei jedoch auf die utopische Kraft solcher Träumereien zu verzichten.

Darüber hinaus kennzeichnet das Traummotiv die Stellung und Aktivität des Ich im Schreibvorgang. Peri Rossi spricht in diesem Zusammenhang von einem freien, intuitiven Vorgehen: "... el acto de escribir es una operación que se ubica en una suerte de limbo que no se parece nada a los raciocinios prácticos y cuyas leyes uso sin conocer demasiado ..."[224]. Schreiben ist ein spontan ablaufender Prozeß der Vorstellungstätigkeit, in dem zwar das zweckrationale Bewußtsein nicht völlig ausgeschaltet, jedoch merklich zurückgedrängt ist. "En la nostálgica distancia que va del sueño a lo real se instala la alquimia del poema ..."[225], meint Peri Rossi außerdem und spielt auf den Schwebezustand zwischen wachem und schlafendem Bewußtsein an. Dieser unterscheidet im übrigen auch den literarischen Tagtraum von der Traumkonzeption der Psychoanalyse[226].

Moyanos Erzähler Rolando teilt uns sogar den Wunsch mit, sich in eine Art Trance zu versetzen, in dem er das Schreiben mit Spielen vergleicht. Auf dem Wege des Spiels wird ebenfalls eine Veränderung des normalen Bewußtseins angestrebt, so daß sich die Geschichte wie im Traum von selbst einstellen möge[227]. Dem Kreationsvorgang geht, wie Rolando in der Erwähnung des Nervalschen "l'emplongement de l'apparence dans le songe du réel" andeutet, ein Zustand innerer Zerstreutheit voraus[228]. In ihm können flüchtige Wahrnehmungen eine ganze Flut von gegensätzlichen Bildern auslösen. Die Projektion von assoziativen Verknüpfungen wird einen nachhaltigen Einfluß auf die Strukturen der Textgestaltung haben[229].

Aber auch das Gegenteil, die Hemmung der schöpferischen Einbildungskraft, kann der Fall sein. So nutzt Rolando das Wörterspiel, um sich nach der exilbedingten Schreibpause in die Phantasietätigkeit wieder hineinzufinden. Ausführlich ist von einer solchen Kreativitätsblockade vor allem in Valdés' "A partir" die Rede[230].

Die gefühlsmäßige und intuitive Bedingung des Schreibens kann ein teilweises Vergessen der Gegenwart mit sich bringen und das Schreiben zur eigenen Erlebnisrealität werden. Das Schreiben ist, wie Moyano in der Erzählung über die allnächtliche Jagd auf Monster nahelegt, eine Reaktion auf Zustände innerer Unruhe, Beklemmungen oder auch Verwunderung[231]. In szenischen Bildern sind sie auf das Papier zu verbannen. Ist der willkürlich gesponnene Faden der Vorstellung und Erinnerung einmal aufgenommen, beginnt das Ich sich in seiner Geschichte wiederzufinden und ihre Fäden zu ordnen: "... por qué aceptaba sus palabras desprovistas de sentido, dócil ante la intuición de que algo se recomponía, se tramaba, se entretejiá al fin y al cabo, en aquel viaje"[232].

Die Analogie des Schreibens zur Eingebung eines (wie auch immer gearteten) Unterbewußtseins ist daher auch nicht allzu wörtlich zu nehmen. Der Tagtraum besagt ja, daß das zweckorientierte Bewußtsein seiner Filterfunktion nicht völlig enthoben ist. Außerdem verlangt gerade die literarische Phantasie eine Übertragung der latenten Bilder in die allgemein verbindlichen Strukturen der Sprache. So intuitiv diese den Autoren erscheinen mag, sie setzt ein aktives Einwirken auf die passiv empfangenen Empfindungen voraus[233]. Dies schließt nicht aus, daß der sprachliche Vermittlungsvorgang von den Autoren gern zum Stein des Anstoßes ihrer metaliterarischen Bedenken und Reflexionen gemacht wird.

Welche Konsequenzen ergeben sich hieraus für die erzählerische Gestaltung der Texte und in einem weiteren Sinne für die Bestimmung der literarischen Subjektivität/Identität im Exil? Eine Betrachtung der Texte unter erzähltheoretischen Gesichtspunkten ist zur Beantwortung dieser Frage von Nutzen[234]. Besonders in den kurz nach der Emigration geschriebenen Arbeiten von Moyano, Martini und Valdés stellen wir eine erhöhte emotionale Anteilnahme der Erzähler am Erzählgeschehen sowie eine Betonung der unmittelbaren Erlebniswirklichkeit desselben fest. Aus ihnen spricht die Neigung, das Leben in die Literatur hineinzutragen. Die Reaktivierung von Vorstellungen (Aktualisierung) hat gegenüber der "lesergerechten" Vermittlung den Vorrang. Zwar handelt es sich hier nicht um ein exilspezifisches literarisches Charakteristikum, vielmehr ist davon auszugehen, daß die Literatur des Exils in diesem Punkte teilhat an den Eigenarten moderner Literatur; durch sie können jedoch exilspezifische Mitteilungsbedürfnisse zum Ausdruck gebracht werden. So sind die Rücknahme der Position der epischen Distanz des allwissenden Erzählers, die Fusion des Erzählers mit seinen Figuren und damit verbunden eine größere emotionale und existentielle Betroffenheit des Erzählers in den Texten Martinis, Valdés und Moyanos auf die Einbrüche und Veränderungen des Exils zurückzuführen. Moyano und Valdés gebrauchen im Exil verstärkt den Ich-Modus, der generell eine größtmögliche existentielle und emotionale Beteiligung des Erzählers an der von ihm evozierten Welt anzeigt. Ebenso wird in den Er-Erzählungen Peri Rossis und Martinis versucht, den Horizont der jeweiligen Erzählfigur nicht zu überschreiten.

Die Distanz zwischen Erzähler und erzählter Welt schrumpft so beträchtlich zusammen. Die Rücknahme des äußeren, epischen Abstandes zur Welt erhöht jedoch das Bewußtsein der inneren Distanz. Wo die literarische Subjektivität sich selbst überlassen ist, sind auch die Möglichkeiten einer Fremderfahrung vergrößert. Nicht die definitive Ich-Aussage, sondern ein umfassendes Bekenntnis zur Alterität bestimmt nunmehr die Identitätsproblematik des Exils. Die Alteritätsaussage ist mit den schon erwähnten Distanzierungen zu erklären. Sie hat einen psychologischen und einen weltanschaulichen Aussagewert. Sie ist Bestandteil der Kolonialismusproblematik, der wir uns im nächsten Kapitel widmen werden, bildet aber auch ein Strukturelement der literarischen Identitätskonstitution. Hierzu ist erst einmal auf das in der Exilsituation vorrangig erörterte Problem der bewußtseinsmäßigen Retrospektive des Ich in der Zeit einzugehen.

4.4 Die Duplizitäten des schreibenden Ich

4.4.1 Alterität als Zeiterfahrung und Vermittlungsinstanz bei Valdés und Moyano

In den Emigrationsszenen beschrieben die Autoren das Exil mit einem brüsken Abbruch des Gefühls der Lebenskontinuität[235]. Die Erzählungen von Valdés und Moyano tragen diesem Brucherlebnis in einem personalen Doppelspiel des Erzählvorganges, der zwischen dem Ich-Erlebnisbericht und der personalen Er-Erzählung schwankt, Rechnung[236]. Einschneidende Veränderungen in der Wahrnehmungsperspektive der beiden Erzählmodi finden nicht statt, so daß wir davon ausgehen können, daß über ein und dieselbe leibliche Person erzählt wird[237].

In dem Ich-Er-Antagonismus bestätigt sich die von erzähltheoretischer Seite gemachte Beobachtung eines dualen Verhältnisses von erinnerndem und erinnertem Ich in den modernen Ich-Erzählungen. In "A partir del fin" lesen wir:

> Yo pensaba estar marchando por dos caminos, el del pasado al presente y el de este presente inmediato, que tendrían que desembocar simultáneamente en un mismo punto para fundirse[238].

Neben dem Wechsel der Erzählsituationen bewegt sich die Erzählung in "A partir" auch auf zwei parallel verlaufenden Zeitebenen, der vor (historische Vergangenheit) und nach (erlebte Gegenwart) dem Militärputsch. Beide sollen zur Übereinstimmung gelangen. Damit gilt für "A partir" im Prinzip noch, was schon Hans-Robert Jauß für Zeit und Erinnerung bei Marcel Proust bemerkte, daß nämlich das Ich erst dann wieder ganz zu sich selbst gefunden haben wird, "wenn das erinnerte Ich die Distanz zum erinnernden durchquert hat und sein Weg wieder in den Augenblick einmündet, in dem sich diesem das Tor zur verlorenen Zeit auftut"[239]. Auch in "A partir" bricht ein namentlich als Hache ausgewiesenes, vergangenes Ich zu seinem Weg durch die Zeit auf, während parallel hierzu – und im Unterschied zu Proust – ein gegenwärtiges Ich als ein unmittelbar erlebender Zeitzeuge auftritt[240].

Keinem dieser modernen Erzähler des Exils ist jedoch ein zeitlich erfülltes Identitätserlebnis oder ein auch nur annähernd stetiges Durchschreiten der Erinnerung beschieden. Der ohnehin durch das Exilerlebnis erschütterte Grundsatz, daß "das Ich in allen seinen Erfahrungen dasselbe in sich enthalte" und somit "seine Identitätserfahrung in der zeitlichen Kontinuität"[241] begründe, der seit den Identitätsphilosophien des 19. Jahrhunderts unser soziales Erfahrungsparadigma bestimmt, wird durch das Schreiberlebnis zusätzlich in Frage gestellt. Zwar hält der Erzähler in "A partir" am Gebrauch desselben Tempus pro Textsequenz fest, und alles deutet zunächst darauf hin, daß wir den Er-Modus der historischen Vergangenheit, den Ich-Modus der Gegenwart zuzuordnen haben, bald stellt sich jedoch heraus, daß diese Unterscheidung nicht durchgehalten wird. Gegenwärtiges und Vergangenes fallen dem Erzähler willkürlich durcheinander. Die historische Vergangenheit kann auch im Präsens erinnert werden. Noch beliebiger ist der Tempusgebrauch in Moyanos Texten, in denen Gegenwart und Vergangenheit innerhalb einzelner Redepassagen wechseln. In Martinis "Composición" erstreckt sich die historische Zeit sogar über einen Zeitraum von sieben Jahren und vereint mehrere Aufenthaltsorte des Protagonisten. Auch hier wird das Geschehen im wesentlichen in zwei parallelisierten Handlungssträngen erzählt, wobei dem Leser als Orientierung die Zeitangabe "vor/nach sieben Jahren" an die Hand gegeben wird. Martini präsentiert das Geschehen als Gedächtnisrekonstruktion, das heißt es handelt sich um einen bereits abgeschlossenen Erinnerungsvorgang, der nicht mehr durch Tempuswechsel markiert ist (durchgehaltener Tempus: abgeschlossene Vergangenheit = Indefinido)[242].

Der Ich-Er-Gegensatz geht über die Indikation zeitlicher Verhältnisse (erinnerndes/erinnertes Ich) hinaus. Er entspricht einer weitergehenden Eigenart des schreibenden Bewußtseins und ist unter anderem in einer völligen Distanzlosigkeit der Erzähler zu ihren Mitteilungen begründet.

4.4.2 Die Gegenwart des Vergangenen

Der Ich-Erzähler in "A partir del fin" zu seinen Erzählabsichten:

> El día se ha impuesto y seguirá imponiéndose como una pluralidad de escenarios que solicitan y se disputan la acción y la atención de uno ... lo mismo que esas diversas imágenes de varias cámaras de televisión ofrecen a un programador –, pero a diferencia de este programador, que tiene que elegir siempre ..., si quiero proveer a mi memoria con lo que realmente es esta mañana ...[243].

Hier gilt es, die subjektive Wahrnehmungsfähigkeit im Sinne einer vollständigen Erfassung der Realität zu schärfen[244], um so der Eindimensionalität entfremdender Wirklichkeitspräsentation (Massenmedien!) vorzubeugen.

Die Literatur von Valdés ist ein anschauliches Beispiel für die Redefinition von Subjektivität nach den gescheiterten Bemühungen, diese in gesellschaftliche Projekte zu integrieren[245]. Die ersten beiden Arbeiten aus der Emigration sind treffend mit dem Begriff der Bewußtseinsanalyse beschrieben. In ihrer mehr oder weniger direkten Ausrichtung an der autobiographischen Lebensbasis setzen sie Fragen literarisch um, die in den früheren Arbeiten lediglich theoretisch angerissen wurden (zum Beispiel Verbindung zwischen Literatur und Leben).

Die seismographische Bestandsaufnahme aller Reaktionen und Vorgänge des Bewußtseins führt den Erzähler zur Entdeckung der Pluralität wahrnehmbarer Wirklichkeiten: "debo desestimar esos criterios de preeminencia dramática objetiva y mantenerme atento a todas las opciones a la vez: las deflagraciones del aire, ahora periféricas, a la incógnita dejada por las palabras del Presidente, a estas migas de pan ... a la incertidumbre sobre el empleo del tiempo ..."[246]. Wer sich wie dieser Ich-Erzähler ganz von seinem wahrnehmenden Bewußtsein leiten läßt, wird kaum auch nur die Spur einer Geschichte vermitteln können. Der Erzähler ist noch ganz mit der bewußtseinsmäßigen Aktualisierung der Geschichte befaßt.

Ein weiteres Problem tritt hinzu. Obgleich der Roman nach Angabe des Autors im Exil niedergeschrieben wurde, spielt er in Chile und behandelt das Kreativitätsproblem, in der Nähe des Herkunftslandes nicht schreiben zu können[247]:

> ... las imágenes que surgen y se repiten así, con esa espontaneidad y potestad, no son autosuficientes; necesitan de otras imágenes complementarias para ser inteligibles por otro que no sea Hache, ese tipo de información razonada que él no necesitaba darse a sí mismo[248].

Zu sehr ist Erzähler Hache noch mit seiner Geschichte identifiziert und von der Faktizität des ihn umgebenden Milieus gefangen, als daß er die einzelnen Bilder seiner Erinnerung in allgemeinen, anderen zugänglichen

Aussagezusammenhängen vermitteln könnte. Die Gegenwart ist zunächst so allgegenwärtig, daß aus ihr nur schwer der Weg in die Vergangenheit, zum anderen Ich, gefunden werden kann.

Der verstärkte Gebrauch von Präsens und personaler Erzählsituation in den auf die historische Vergangenheit bezogenen Episoden gegen Ende des Romans zeigt jedoch an, daß sich nun die Vergangenheit in einer Vormachtstellung behauptet hat. Auffällig häufig ist auf beiden Zeitebenen der Gebrauch von Partizipial- und Gerundivkonstruktionen, Infinitiven und Befehlsformen[249]. Sie deuten darauf hin, daß der Erzähler bei der Notierung seiner Eindrücke zu einer beachtlichen Beschleunigung seines Erzähltempos gezwungen war und daß darüber hinaus für ihn die Zeitunterschiede in einer Gegenwart oder Zeitlosigkeit eingeebnet sind. Zu bedenken ist, daß der Roman im Exil entstand und somit die im Präsens geschilderten Szenen für den Autor Vergangenheit waren. Das Futur am Ende des Romanes besagt nicht nur, daß das erzählende Ich im Prinzip in Chile geblieben ist, es macht aus dem Erzählvorgang sogar eine zukünftige Handlung[250]. Schreiben bedeutet in diesem Falle Wiedererleben. In der tatsächlichen physischen Distanz des Exils bricht die nicht abgeschlossene Vergangenheit noch einmal in die Erzählgegenwart hinein; – dies aber nur, um das Bewußtsein der Zeitdifferenzen und der Unwiederbringbarkeit des Vergangenen zu verstärken[251]. Erzähler Hache kommt zu dem Schluß, daß die vergangenen Erlebnisse durch die Schrift nicht vollständig festgehalten werden können. Erzählen, die Wiedergabe von Erlebtem in Worten, hat den Kohärenzgeboten der Rede Folge zu leisten und verlangt daher nach Selektionen.

> Olvidar todo? Qué se recuerda? ... Palabras aisladas, gestos aislados ... Segmentos ... Figuras, cuerpos, textos entrecortados. La memoria balbucea[252].

Das freie, sich selbst überlassene Gedächtnis, so heißt es auch in "Composición", ist nicht in der Lage, Geschichte vollständig zu erinnern. Es wird sich im Gegenteil seiner Fragmentierung bewußt. Besonders Martini sucht in "Composición" die Pluridimensionalität des Erinnerungsvorganges herauszustellen. Da dieser bereits abgeschlossen ist, beziehen sich die Erinnerungen des Protagonisten nicht nur auf die Vergangenheit, sondern auch auf die (abgeschlossene) Zukunft.

"... el olvido no existe y la memoria es modificación ..."[253], meint Peri Rossi und führt uns die trügerische Eigenschaft des Gedächtnisses, Vergangenheit zu verfälschen, vor Augen. Am Ende von "A partir" kommt auch Hache zur Erkenntnis, daß Schreiben/Erinnern häufig dem Vorstellen sehr ähnlich ist und die Literatur nicht dem Leben gleichgesetzt werden kann: "Lo que era verosímil en la vida real no lo era necesariamente en la escritura"[254].

4.4.3 Der Exilautor als literarische Rolle

Die Erzählproblematik in Moyanos Texten ist ähnlich, wird aber anders konstituiert. Moyano befindet sich auch in einer etwas anderen kreativen Arbeitssituation:

> El exilio me permite ver los hechos como si fueran recuerdos, lo cual facilita la entrada de éstos en el mundo de la ficción. Digamos que llegan como predigeridos[255].

Die Vergangenheit liegt bereits in zeitlicher Ferne. Eine Eigenart der Moyanoschen Texte besteht darin, daß sie diese Distanzierung sichtbar machen. Das Erzählgeschehen wird als Erinnertes, Erdachtes, vorgestellt. Folglich setzt Moyano die Ich-Erzählung nicht strikt im Sinne einer Bewußtseinsanalyse ein, sondern bedient sich des erinnernden Erlebnisberichts, womit er direkter an die Tradition der Memoirenliteratur anknüpft. In "El libro de navíos" erinnert sich der Ich-Erzähler Rolando, eine fiktive Figur, der biographische Daten und Erlebnishintergründe des Autors belassen sind, seiner Reise ins Exil. In den meisten Geschichten in "María Violín" vergegenwärtigt sich ein anonym bleibendes Ich seine Jugend in Argentinien.

In der Form des erinnernden Ich-Erlebnisberichtes besteht eine der wichtigen Veränderungen oder Akzentverschiebungen der Erzählabsichten gegenüber den argentinischen Arbeiten. Einem Detektiv ähnlich hatte zum Beispiel der Ich-Erzähler in "El oscuro" noch die Aufgabe, auf dem Wege der Erinnerung (Vorstellung) eine tiefendimensionale Bedeutungskonstellation der Romanfiguren aufzubauen[256]. Dieser literarische Konstruktivismus, der auf poetischer Analogiebildung beruhte, orientierte sich an einem ethischen Ziel, die menschliche Existenz in ein pantheistisches Weltbild (argentinisches Inland) zu reintegrieren[257].

Die Sicherheit, mit der Moyanos Erzähler vor der Emigration noch eine Weltanschauung vertraten, ist denen des Exils nicht mehr gegeben[258]. Die für den Autor entscheidende Weltverlustproblematik führt dazu, daß der poetische Konstruktivismus zu einem Konstruktivismus der Erinnerung von Lebensgeschichte personalisiert wird[259]. Moyano formalisiert sein Erzählen nun in der literarischen Rolle des "Exilautors". Einen bizarren Eindruck hinterlassen die Geschichten in "María Violín" beim Leser, weil sich darin immer wieder ein Erzähler in der Funktion eines aus dem Madrider Exil erinnernden Ichs in das Geschehen jenseits des Atlantiks einblendet:

> Lo que pasa es que hoy me levanté con ideas negras, llueve en Madrid ... y hurgando, hurgando me dí cuenta de que me había traído a Madrid a todos ellos[260].

Eindringlicher als bei Valdés wird der Proustschen Madeleine-Erfahrung nachgegeben. Von den atmosphärischen, unbestimmten Erinnerungsbildern ausgehend, durchschreiten die Erzähler den Weg zum vergangenen Ich. Die Aktualisierung der Erinnerung ist zugleich der Handlungsverlauf der Geschichten:

> La entrada en la atmósfera (d.h. die Erinnerung, Anm. P.S.) es cruzar todos los días un puente ..., irse por la calle de tierra y al final encontrarse con Tutuna. Muchacho, hay que ganarse la vida, tus obligaciones son limpiar barrer matar moscas ... Dulces y masas de todo tipo para los mil turistas que venían de Buenos Aires ..., alquilaban caballos y compraban dulces ...[261].

Auch hier wird das Schreiben zum Wiedererleben der Vergangenheit. Der willkürliche Tempuswechsel läßt allenfalls noch auf unterschiedliche Grade der Distanzierung des erzählenden Bewußtseins schließen. So verweist das Präsens im vorangegangenen Textbeispiel auf den Erinnerungsvorgang, in dem das Ich sich in actu, über die Erinnerungsbilder in die Geschichte versetzt. Im sich anschließenden Imperfekt bezieht es wieder nachdenkende Distanz.

Wenn es Moyano dennoch gelingt, in der Unmittelbarkeit einen verfremdenden Effekt herbeizuführen, ist dies durch das poetische Erzählverfahren möglich. Er nutzt die Polyvalenz der Metaphern. So versinnbildlicht der von hohen Mauern umgebene Garten am Anfang der Erzählung "En la atmósfera" sowohl eine Kindheitserinnerung als auch die Situation des Exils als solche, in der das erinnernde Ich die Mauern des Vergessens zurückdrängen möchte[262].

4.4.4 "Desdoblamiento" und schreibendes Alter ego

> Hache pensaba en las desventajas de hallarse ahí, en el mismo lugar de los hechos que quería narrar, y de ser y no ser al mismo tiempo un sujeto de la narración ... Necesitaba ser otro para ser un extrano[263].

In "A partir del fin" stehen der Erzähler und die von ihm dargestellte Erzählfigur in einem zwiespältigen Verhältnis zueinander. Wer erzählt diesen Roman? Hache, das Alter ego (Er), ist der mit der Niederschrift der Geschichte beauftragte. Als schreibendes Ich scheitert Hache, da die Vergangenheit nicht vollständig ins Bewußtsein zurückgeholt werden kann. Als Anderer, der von einem anonym bleibenden Erzählbewußtsein in allen seinen Eindrücken und Handlungen beschattet wird, erfüllt er die Funktion, die zur sprachlichen Mitteilung notwendige Selbstdistanzierung des Ich-Erzählers herbeizuführen[264].

Die Erzählproblematik in "A partir" veranschaulicht, was Manfred Frank von philosophischer Seite aus als "optisches Repräsentationsmodell der Bewußtseinsphilosophien" beschrieben und analysiert hat. Um eine Aussage über sich zu treffen, muß das Ich sich selbst zur Sache werden, muß es aus seinem unmittelbaren Bezug auf Welt heraustreten und sich selbst als Objekt "vor"-stellen[265]. Dieser Gedanke zieht sich wie ein roter Faden durch die Philosophie, angefangen bei Descartes, Leibnitz und Kant über die Philosophie der Alterität bei Hegel bis hin zu den modernen Vertretern von Soziologie, Philosophie und Psychologie[266]. Ist der die Subjektphilosophien des 18. und 19. Jahrhunderts bestimmende Gedanke einer zeitlichen Kontinuitätserfahrung des Ich auch weitgehend in Frage gestellt, die Alteritätsstruktur des Ich-Selbstbezuges wird heute mehr denn je gefordert[267].

In Moyanos Erzählung "En la atmósfera" liegt ebenfalls eine distanzierte Identifikation des Erzählers mit seiner Erzählfigur vor: "Yo mismo he tejido la trama, tejí toda la noche y ahora voy a ver lo que he tejido, soy el personaje soy la arana ... Soy un hecho, pero externo"[268]. Der Bewußtheit des Halbschlafs (Tagtraum) ähnlich ist der Erzähler erzählte Figur und erzählendes Bewußtsein (Schauender und Geschauter) zugleich[269]. Auch Valdés schildert in "A partir" den Prozeß figuraler Persönlichkeitstransfiguration in Traumszenen, die wir sogar als Aufzeichnungen der Ich-Empfindungen während des Schreibens deuten können. So gibt er im ersten Traum eine personelle Verwechslung des Ich-Erzählers mit seiner Freundin Eva wieder, womit eine soziale Entfremdungssituation ironisiert wird[270]. Wo sich das Ich am unverfänglichsten für sich selbst hält, ist es entfremdet. In den folgenden Traumszenen vergewissert sich der Ich-Erzähler immer mehr seiner doppelten Bestimmtheit und findet darin gerade zu sich zurück. Im letzten Traum hat er sich sogar ganz aus seinem körperlichen Dasein gelöst und kann sich im Spiegel des Anderen betrachten: "... es tan fácil, mirandome ahí abajo dormir en la cama ..."[271].

Die in "A partir" theoretisierte Alteritätsstruktur überschreitet das herkömmliche Repräsentationsmodell. Es ist gar nicht mehr so sehr eine Autorepräsentation in einem authentischen Selbstbildnis gefragt. Die literarische Persönlichkeitsdoppelung wird mit sozialen und psychologischen Entfremdungssituationen in Verbindung gebracht[272].
Nur einmal fallen namentliche Nennung der Erzählfigur und Ich-Modus zusammen: In Kapitel 3 wird das erzählende Ich von den anderen als Hache erkannt und benannt. Als in Sprache gestaltetes Ich ist Hache – in Worten Jean Paul Sartres – "das Sein für andere": eine soziale Rolle, die im übrigen in einer durchaus naturalistischen Charakterbeschreibung des kleinbürgerlichen chilenischen Intellektuellen verwirklicht ist. Neben der zeitlichen Distanzierung signalisiert der Ich/Er-Antagonismus ein oppositionelles Verhältnis zwischen schreibendem und aktualisierendem Ich, das wir zu einer grundsätzlichen Diskrepanz zwischen Ich und Welt zu verallgemeinern haben. Hache ist jene Instanz, in der die Flut der Impressionen und Gedanken zur Sprache werden müssen[273]. Da sich das Ich jedoch niemals vollständig mit all seinen Gefühlen und Gedanken in die sprach-

liche Äußerung einbringen kann, stellt die soziale Rolle des Alter ego wiederum nur einen Kompromiß dar, der den Widerspruch von Ich/Selbst-Sein und Für-andere-Sein einschließt[274].

Trotz aller Widersprüche und Einschränkungen vermag die literarische Figur, Hache, zumindest zeitweilig die Identifikation des Autors an sich zu binden: dieser meint in ihr "seine persönlichen Sorgen und Vorstellungen vom Menschen" wiederzuerkennen[275].

Obwohl das Ich/Er-Verhältnis bei Moyano nicht in gleicher Weise einer erzähltheoretischen und philosophischen Reflexion unterzogen, sondern eher spontan gehandhabt wird, drückt es ebenfalls eine soziale Funktion aus, die das Ich in diesem Falle sogar zu übernehmen wünscht. Sie geht mit einer im Exil ansatzweise neu formulierten literarischen Konzeption einher.

In "El libro de navíos" führt sich der Ich-Erzähler Rolando zunächst in der Rolle eines nordischen Seefahrers ein[276], in "El vuelo del tigre" erzählt ein indianischer Großvater[277]. Moyano formalisiert seine Erlebnisberichte in ausgesprochen populären Erzählerrollen. Wir haben Moyanos Erzählertypologie als Hinweis auf eine bestimmte Auffassung von Literatur zu verstehen: "... la gente afina sus instrumentos en otro tono para no perder la alegría ... Con esto consiguen vivir en un mundo por lo menos paralelo a la realidad, y para no perder el rumbo se refugian en sus antiguas supersticiones"[278]. Aberglaube, volkstümliches Fabulieren oder der Traum haben in Moyanos Denken die positive Bedeutung einer Schutz bietenden Sublimation der im Alltag erlebten Ängste und Bedrohungen[279]. Sie begründen den Wunsch, in der Literatur eine parallele Phantasiewelt zur negativ erlebten Exilwirklichkeit aufzubauen[280].

Wenn Moyanos Option einer literarischen Wirklichkeitsflucht dennoch mißlingt, ist das auf den Umstand zurückzuführen, daß der Autor selbst nicht recht an dieses "heile Reich der Phantasie" glauben kann: "Escribir una novela pastoril, qué mierda, por qué no, en una pampa soñada, como la de don Enrique Larreta"[281].

Moyanos Anlehnung an populäre Erzähltraditionen (vor allem Märchen) gibt sich vor allem in einem betonten Animismus zu erkennen. In ihm wird die heile Welt der Phantasie – um der Phantasie willen – zwar heraufbeschworen, durch genannten verfremdenden Effekt jedoch gleichzeitig als Chimäre bloßgestellt. Die vitale Bedeutung, die Moyanos Erzähler den Worten geben, ist in diesem Sinne wörtlich zu nehmen.

Trotz der ähnlich gelagerten Erzähl-Subjekt-Problematik bleibt die Alteritätsfunktion bei beiden Autoren völlig entgegengesetzten Aussagen untergeordnet. Bei Valdés geht es um die Bewußtwerdung persönlicher Erlebnisrealität. Diese ist am Ziel einer vollkommenen Aufrichtigkeit zur Ermittlung einer Wahrheit des Ich ("definirse un poco") orientiert.

In der Revaloration der populären Literaturtradition betreiben Moyanos Erzähler eine literarische Wirklichkeitsflucht im Sinne von Selbstvergessenheit oder Sublimation: "Desde que empecé a contar esta historia del barquito me he ido yendo de mí con las palabras. No soy el mismo que la empezó, las palabras me han ido transformando"[282]. Die Alteritätsfunktion entspricht dem Wunsch, der eigenen Haut zu entrinnen, zum Anderen zu werden. Sieht man davon ab, daß diese Wirklichkeitsflucht eine existentielle Grundkondition aller Helden Moyanos darstellt und somit auch zum Weltbild des Autors zu rechnen ist, können wir die Alteritätsproblematik als Versuch ansehen, die bisherige literarische Konzeption aufzubrechen, neue, mitunter experimentelle Wege zu beschreiten. Die beiden Künstlerfiguren in "El libro de navíos", der Fingerpuppenspieler Paredes und der Avantgardemaler Contardi, indizieren diesen Scheideweg, an dem sich Moyano mit seiner literarischen Arbeit im Exil befindet. Contardi hat seine Kunst dem esoterischen Ziel verschrieben, eine neue Metaphysik des Menschen zu entwerfen. Von den übrigen Figuren wird er ironisch belächelt (está loco), obwohl alle Botschaften des Romans in seiner Figur zusammenlaufen. Von dem vagierenden Künstler des Volkes, Paredes, der mit dem Exil seine alte Haut abstreifen möchte, heißt es: "Paredes no podía ir mucho más allá del mismo yo que tenía ... nadie puede salir de su sitio así como no se puede salir de la tierra ..."[283]. Paredes ist an sein Ich und seine Geschichte gefesselt. Keine der beiden Optionen vermag, den Erzähler so recht zu überzeugen.

4.4.5 Plurales Ich und Alterität als Schreibfunktion

Obwohl gerade Martini das Thema der Identitätssuche zum Projekt seines literarischen Schaffens im Exil erklärt hat, wird die traditionelle Ich-Erzählung in beiden Emigrationstexten vermieden. Nur über eine Analyse des Verhältnisses zwischen Erzähler und Figuren läßt sich in den strengste Objektivität und Sachlichkeit wahrenden Texten Martinis ein ichbezogenes Erzählanliegen nachweisen.

> Madre, la Hermana tuvo un sueño: la Hermana soñaba que en los límites de la villa, ... ella veía el mar, Madre, veía el mar pero, no podía acercarse, mojar sus pies ardientes ...
> En estos términos pensaba el Tonto que debía contar a la Madre el sueño de la Hermana, aunque también pensaba: será baldío ... la Madre despreciará el relato del Tonto, ajena, intolerante, dirá: los sueños de la Hermana me tienen harta ...[284].

In diesem Erzählauftakt zu "La vida entera", der uns auch in die Grundstimmung einer geträumten Geschichte einführt, übernimmt der anonym bleibende Erzähler die Rolle eines zu größter Genauigkeit verpflichteten Chronisten der Gedankengänge und Vorstellungen des Protagonisten. Er

besitzt die allmächtige Verfügungsgewalt, die uns aus den traditionellen autoktorialen Erzählfunktionen bekannt ist.
Immer wieder zersplittert sich das erzählende Bewußtsein jedoch in verschachtelten, wörtlichen oder indirekten Reden zu einem Multiperspektivismus des Erzählens (Rede der Hermana in der des Tonto, Rede der Madre in der indirekten wörtlichen Rede des Tonto). Trotz aller Sachlichkeit und Objektivität, die uns in Martinis Texten suggeriert wird, ist der subjektive Perspektivismus um ein Vielfaches gesteigert. Martinis Erzähler beschränken sich auf die möglichst genaue Wiedergabe einzelner Redeformen und personeller Standpunkte, ohne eine hierarchisierende Wertung vorzunehmen. Sie haben ihren autonomen Vermittlerstatus verloren.

Im Experiment eines Multiperspektivismus der Redesituation besteht eine der wesentlichsten Veränderungen von "La vida entera" gegenüber den früheren Arbeiten Martinis. Hinzu tritt eine rhetorisch-emotionale Textbearbeitung, die für den Autor ebenfalls ungewöhnlich ist. Zeichneten sich Martinis Texte vor der Emigration durch einen auf die Wiedergabe äußerer Fakten begrenzten Deskriptivismus aus[285], wird diese neutralisierende Sachlichkeit in "La vida" erstmals durch die Hinzunahme der personalen Innenperspektive aufgebrochen. Wie bei Valdés stellt diese ein Mittel dar, durch das eine Anteilnahme an dem Erzählgeschehen indirekt verbalisiert werden kann. Im Prinzip ändert Martini jedoch nichts an seinem wertneutralen Erzählverfahren. Statt von einem völligen Stilbruch zu sprechen, ist es angebrachter, von einer Komplizierung des bisherigen Erzählstils auszugehen.

"La vida entera" ist keine autobiographische Lebensbeschreibung, obwohl das Erzählen und Bezeugen von Geschichten darin im Mittelpunkt der Reflexionen zur Identitätskonstitution steht. Der bewußt unvermittelte Subjektivismus beinhaltet eine Problematisierung des Erzählens von kollektiver Geschichte[286]. Aus ihm spricht bereits die umfassende Krise der referentiellen Bezeichnungsfunktion der Worte, die allerdings nicht allein auf Martinis Arbeiten zutrifft[287].

Bemerkenswert an Martinis Texten aus der Emigration ist der Versuch, die Alteritätsproblematik in die Erzählfunktion zu integrieren. Der Multiperspektivismus des Erzählens ermöglicht eine Pluralitätserfahrung des schreibenden Ichs:

> ... hablaba en voz baja el Obispo, cebaba con mano hábil, miraba el cielo, el agua, el lodazal, y como todo el mundo sabe los nervios no pueden conducir a nada bueno: sos un exagerado, farfullaba la Blanca, sorbía, dejate en paz las orejas che: quién? yo?, sí, vos, mirá que es terco el chico este: siempre me dicen lo mismo, terco como tu madre se rió el Bichos: yo no soy terca, no sé ...[288].

Bedeutungsstiftend ist hier die Interpunktion. Nahtlos, wie im Film, reihen sich die einzelnen personalen Redeperspektiven aneinander. Der Doppelpunkt markiert die Schaltstelle, an der eine personale Perspektive zur anderen übergeht. Das Komma integriert die Erzählerrede unmittelbar in die wörtliche Personenrede. Der Standpunkt der Perspektive kann prinzipiell in jede Figur verlegt werden. Diese Mischform des Erzählens ist eine Weiterentwicklung des Ich-Modus. Im Grunde wird ein einziger endloser Diskurs gehalten, der sich jedoch aus mehreren Stimmen zusammensetzt.

Ebenso materialisiert sich das Alteritätsmotiv nicht mehr in einer sozialen Rolle. Der Text als solcher beschreibt die Genese eines alternen Spiegelbildes des schreibenden Ichs. Martinis Protagonisten sind Suchende. Ihnen entgeht der Zustand normaler Bewußtheit (Fieberwahn), wodurch eine Spiegelbeziehung zum abwesenden Erzählerbewußtsein angetragen ist[289]. Im Textgeschehen werden sie wiederum in weiteren Personenbezügen gespiegelt, so in einem Double, das ihre existentielle, soziale Problematik veranschaulicht und einem Vorgänger[290], der die Funktion des schreibenden Alter egos übernimmt. Die Identitätssuche endet in der Begegnung des Protagonisten mit dem Alter ego, die sich in einem mythischen Randbezirk des Textgeschehens (Welt des Traumes und des Todes) zuträgt[291]. Der Weg, den der Protagonist zu seinem Vorgänger zurücklegen muß, die Beziehungen, die er auf diesem Weg eingeht, sind der Vollzug des Textgeschehens. Letzteres stellt am Ende das eigentliche Spiegelbild des schreibenden Ichs dar. Diese Intention, schreibend zugleich auch den Vorgang des Schreibens zu reflektieren sowie die Frage nach einer Verbindung zwischen persönlicher literarischer Arbeit und dem kollektiven Geschichtserlebnis gelangt in "Composición" zu vollkommener Umsetzung[292].

Auch Martini veranschaulicht seine Erzählabsichten in der Spiegelmetaphorik. Betrachtet sich der Protagonist zu Beginn des Romans noch vor dem Spiegel[293], so tritt ihm gegen Ende ein Anderer von der "anderen Seite" des Spiegels entgegen: "Se acodó en el mostrador. A través del espejo, con su copa en alto, el luchador le dijo: "Si yo supiese quién soy no estaría aquí"[294]. Das schreibende Ich hat sich in dem Textgeschehen verwirklicht: es kann sich nun auf der anderen Seite seines Textspiegels betrachten[295]. Mit der metaphysischen Frage nach der anderen Seite der Wirklichkeit, die allerdings nicht nur Martinis Denken beherrscht, erhält die literarische Kreation die Bedeutung einer sakralen Weltschöpfung zurück.

In den im Romankontext verstreuten autobiographischen Initialen gibt sich ein omnipotenter Schöpfer (Autor) des literarischen Universums zu erkennen: in der Marke "Dry Martini", die auch als Selbstcharakteristik des wieder betont emotionslosen Stils zu interpretieren ist; in der bibliographischen Angabe "una novela de un joven escritor argentino nacido en Rosario"[296], die der Protagonist am Schluß in einer Bibliothek findet.

In Martinis strukturalistischer Textspiegelkonzeption erreicht die Problematik des inneren Sehens, der mit ihr verbundene Idealismus einer subjektiven Innerlichkeit, einen Höhepunkt, der vielfach zugleich auch ihr Ende ist. Einerseits gibt die bedeutungsschwere Frage nach der "wahren" Geschichte, die dieses Ich zu erzählen hat – "Hay algo que ningún hombre puede contar, Minelli. Esa es la clave de su historia"[297] – zu verstehen, daß es auf die sprachliche Objektivation einer absoluten, inneren Wahrheit ankommt. Andererseits ist gerade bei Martini jede Vorstellung von einer wesenhaften Innerlichkeit der Person aufgelöst. Seine Figuren sind nur noch in der Materialität äußerer Wahrnehmungs- und Erkennungszeichen angedeutete Strukturen. In ihnen kündigen sich ihre Phantasieprojektionen und die allerdings niemals vollständig erfahrbare "Wahrheit" an.

4.4.6 Im Museum der Worte: Schreibendes Ich als schöpferischer Übersetzer

Es wäre müßig, aus der Analyse der erzählerischen Gegebenheiten in den Arbeiten Peri Rossis eine Aussage zur schriftstellerischen Grundkonzeption ableiten zu wollen. Die Erzählfunktionen wechseln von Buch zu Buch, von Geschichte zu Geschichte und werden keiner Theoretisierung unterzogen.

Auffallend an der Entwicklung der Autorin, deren uruguayische Arbeiten sich durch freie lyrische Assoziationen und Ich-Form auszeichnen, ist, daß gerade die erzählerische Vermittlungsfunktion im Exil nicht angezweifelt wird. In den Texten ist nunmehr ein betonter Intellektualismus bestimmend; auf die logischen Grundlagen der Sprache wird keinesfalls verzichtet. Was immer uns die Autorin an Sinnigem oder Unsinnigem auch einreden will, sie tut dies in einer unbeirrten und provokanten Form.

Im Gegensatz zu ihren männlichen Kollegen gelangt Peri Rossi in der Revision der literarischen Arbeit zu einer Vermittlung des Subjektiven in kulturgeschichtlichen Traditionen; Vergangenheitsbewußtsein ist also nicht auf persönliche Lebensgeschichte beschränkt.

> Fijate que la imaginación para mí es más la aptitud de deformar imágenes que la de formarlas. Una percepción es tanto más sugestiva cuanto más deforma los datos proporcionados, agregándole un caudal que viene del pasado, de la memoria, de la cultura ...[298].

Die Einbildungskraft bringt keine vollkommenen Neuschöpfungen hervor. Sie verfremdet das schon Bestehende und reißt damit in der Gegenwart zugleich die Dimension einer Vergangenheit auf. Zwar steht Peri Rossi mit diesem Vorsatz der Verfremdung herkömmlicher Wahrnehmungsgepflogenheiten nicht allein, sie unterscheidet sich jedoch von den übrigen Autoren in der enzyklopädisch-aufklärerischen Ausrichtung ihrer Retrospektive.

Peri Rossi hat ihre Erzählintentionen im Bild des Kulturmuseums zusammengefaßt. In ihm ist der Schriftsteller als Übersetzer[299] tätig: Er nimmt den Dialog mit den schon einmal verschrifteten Worten auf – "escribo hacía el pasado"[300] – und schreibt das kollektive Gedächtnis der Kulturen fort. Die literarische Arbeit hat eine konservierende Funktion. Sie wirkt jedoch auch verändernd auf das schon Bestehende ein, indem sie es auf intuitiven Wegen in immer andere Beziehungen zueinander setzt, es verfremdet und in der Verfremdung neu erschafft. Wie in einem Kaleidoskop lassen sich mit den selben Elementen ständig neue Figuren erzeugen[301].
Den Gedanken, daß im Prinzip alles schon einmal gesagt wurde, finden wir auch bei Martini: "No encuentro el maldito libro, pero está escrito, amigo mío, está escrito[302] ... antiguas escrituras heredadas y perdidas para que otras palabras compusiesen ... una imagen verdadera del pasado ..."[303]. Hier führt die Erkenntnis jedoch zur pessimistischen Gewißheit einer uneinholbaren Wahrheitssuche. Sie vermag aus dem Wechselspiel von Kontinuität und Neuschöpfung, Zufall und Beständigkeit, keinen Auftrag des literarischen Schaffens mehr abzuleiten, wie dies Peri Rossi in ihrer Allegorie nahelegt[304].

Neben dem Ziel schöpferischer Übersetzung, durch die das Ich – "como Dios o cualquier poeta"[305] – eine neue eigene Welt kreiert, kommt der literarischen Arbeit eine interpretative Aufgabe zu: "El hombre es un cazador de indicios; éstos son las pistas, las pautas para interpretar la vida, la realidad ... Organizar la dispersión la disparidad de pistas y de pautas es nuestra tarea, y también, específicamente, la tarea del escritor"[306]. Die subjektive Intuition ist mit ordnungsstiftender Klassifikation verbunden. Allerdings verwirklicht Peri Rossi ihr Anliegen in einer recht eigenwilligen, sich den Maßstäben herkömmlichen Denkens widersetzenden Form[307].

1968 formulierte Peri Rossi mit ihrer Museumsallegorie[308], die ihrerseits Resonanzen aufweist zu Borges' Weltvision einer riesigen Bibliothek schon einmal gesagter Worte[309], noch den provokanten Gedanken, Kulturarbeit habe die alten Kunstwerke auf spielerischen Wegen zu profanieren und zu zerstören. Mit dem Exil hat sich das Verhältnis zu dieser Kulturtradition wie gesagt verändert: Peri Rossi knüpft an Borges' Gedanken einer Wahrheitssuche des Menschen in der musealen Welt der Bücher/Kulturen an, da diese der literarischen Phantasie nun Rückhalt bietet[310].

Die Revision der literarischen Arbeit im Exil beinhaltet ein Bekenntnis zur Literatur im engeren Sinne: "... obwohl ich von eigener Erfahrung ausgehe, beziehe ich mich auf diese (symbolischen Kategorien, Anm.

P.S.), weil sie mir erlauben, eine autonome Fiktion zu schaffen"[311]. Die Suche nach Vermittlung in bestehenden Traditionen erspart Peri Rossi die Selbstzweifel, denen sich ihre männlichen Kollegen mit einem ichbezogenen Konzept der literarischen Einbildungskraft ausgesetzt sehen. Konsequent entwickelt die Autorin ihre Museumsallegorie im Exil weiter im Gedanken einer Kulturreise:

> Irresistible trama de sobrentendidos que permiten descubrir en un texto de Borges diez mil textos anteriores – desde los primitivos balcánicos hasta las deliciosas porcelanas de Huang-Chi-Ho- ... Sin tener en cuenta, además, la existencia milenaria de fosforescencias en los mares del Caribe o esa enorme luna llena que ayer hizo incandescente la noche de este hemisferio[312].

Wohl bemerkt handelt es sich hier um imaginäre Reisen, die von Bildern oder Texten ausgehend unternommen werden und keinerlei Ortsveränderung bedürfen. Durch sie gelangt die Autorin zu einer infraliterarischen Erfahrung, die wie bei Moyano und Valdés erlaubt, bewußtseinsmäßig in anderen Orten und Zeiten zu leben.

4.5 Syntheselosigkeit des Ich und Traum-Begehren

"... retorno con el perro de la nostalgia hambriento no cansado de ver aguas de ríos y canales sino este lento tránsito de uno a otro este yo en plural, no idéntico a mí misma y que siempre me traiciona. Habrá nombres para esto es seguro en los ensayos de Lacan o en el método del recurso ..."[313]. Das Reisen durch die Welt der Erinnerung hat seinen Preis. Zwar kann sich das Ich auf diese Weise Orte und Zeiten vergegenwärtigen, an denen es nicht mehr oder nie gewesen ist, die Pluralitätserfahrung erhöht jedoch sein Bewußtsein der Syntheselosigkeit. Das Ich sieht sich außerstande zu einem ruhenden Punkt, der es resümieren könnte, zurückzukehren. Aus Descartes "Discours de la Méthode", in dem noch der über jeden Zweifel erhabene, wissende Selbstbezug vorausgesetzt wurde, ist ein "método del recurso", ein unglaubwürdiges Hilfsmittel, geworden. Aufgehoben oder zumindest sehr angeschlagen ist, wie es scheint, die anthropozentrische Version eines definitorisch eingrenzbaren Ich, mit der wir unsere Überlegungen zum Identitätsthema begannen[314]. Das Eintreten für Subjektivität endet vorläufig mit der Feststellung einer Sinn- oder Substanzlosigkeit derselben. Die These des französischen Alteritätsphilosophen und Psychologen Jacques Lacan vom "dezentrierten Subjekt" – in den 70er Jahren vieldiskutierter Topos der sprach- und ideologiekritischen Theorieansätze – rückt somit auch in den Exildiskussionen in den Vordergrund[315]. Peri Rossi faßt die Gründe für das Wissen um Subjektdezentrierung nochmals in folgenden Punkten zusammen: "la desintegración del tiempo ... como unidad fija, la capacidad de simbolización, la desconfianza a la lógica y la razón como instrumentos únicos de conocimiento y el recurso al inconsciente (o a lo onírico) como revelación de los aspectos más profundos de la realidad ..."[316]. War bei Descartes und Kant das Ich noch fähig, kraft seines Verstandes eine Synthese unter den verschiedenen Wahrnehmungen herzustellen, so mißtrauen die Autoren der Gegenwart dieser Tätigkeit unter anderem mit dem Verweis auf ein Unterbewußtsein.

Dennoch ist die Behauptung von der Zentrumslosigkeit des Subjektes nicht ohne Bedenken hinzunehmen. Wir haben sogar einige Widersprüche zu den Stellungnahmen der vorangegangenen Kapitel anzumerken. Wie verhält sich die These der Subjektdezentrierung zu unserer Fähigkeit, Identität spontan zu- oder abzuerkennen? Sie war doch in der sozialen Kommunikation noch von so großer Bedeutung[317]. Drückte nicht gerade auch der Begriff des Identitätsgefühls dort ein unmittelbares Mit-uns-vertraut-Sein aus, das unsere Wahrnehmungen und Erkenntnisse, auch die unserer selbst, zur Voraussetzung haben? Im literarischen Diskurs wird diese Erfahrung offensichtlich nicht mehr berücksichtigt[318].

Andererseits kann man in der Behauptung der Subjektdezentrierung eine logische Folge des optischen Repräsentationsmodells des Vorstellens sehen. Ein durch Selbstbezug definiertes Bewußtsein ist stets von einem anderen Bewußtsein, das es denkt und vorstellt, abhängig, so daß sich an eine "ad infinitum" fortsetzbare Spirale denken ließe[319]. Unsere weiteren Ausführungen werden diesem von Manfred Frank behaupteten Scheitern des optischen Repräsentationsmodells Recht geben. In den Metaphern des "endlosen Buches" oder der "Welt als Museum" ist es im übrigen schon angezeigt. Zu berücksichtigen ist darüber hinaus die subjektive Ausgangsbasis, an der die Autoren mit ihren Beobachtungen ansetzen. Sie machen das unmittelbare Erleben von Wahrnehmungen und deren assoziative Verknüpfungen zum Gegenstand ihrer Überlegungen. Nur schwer lassen sich diese durch die Beteiligten zur Synthese zusammenfassen. Im Grunde sehen sich die Autoren heute von dem gleichen Problem herausgefordert, an dem die Empiristen unter den Identitätsphilosophen scheiterten. Ausgehend von der Aufzeichnung aller Wahrnehmungen und Empfindungen wollten diese (vergeblich) zur Bestimmung des Ich gelangen[320].

Die Berufung auf Lacan ist noch in anderer Hinsicht von Interesse. Lacans Alteritäts- und Sprachphilosophie begründet sich in der Konzeption des Begehrens und seines Strebens nach Erfüllung[321]. Träume sind Ausdruck von Begehren und Wunscherfüllung. Diese bekannte Auffassung wurde am Beispiel von Moyanos Literaturentwurf deutlich. Moyano versteht Träume noch als Wunscherfüllungen im engeren Sinne, das heißt, sie werden von der Hoffnung auf eine Wende zum Besseren geleitet. Die anderen Autoren teilen diese Anschauung nicht. Sie folgen der Lacanschen Ansicht einer grundsätzlichen Ambivalenz des Begehrens[322]: "Cuando despierta de malhumor, es que oscuramente sabe que ha tenido una revelación, en el sueño; una clase de revelación tan poderosa e insoportable que ha sido preferible olvidarla"[323]. Träume sind für sie eine Herausforderung zur Aussprache unliebsamer, in sozialen Konventionen verdrängter Begehren. Der Wahrheitsanspruch, der Martinis Identitätssuche zugrunde liegt, ist an dem Ziel ausgerichtet, das geschlechtliche Begehren in der Sprache zu erfassen, um ihm auf diese Weise eine Legitimation in einer symbolischen Ordnung zu verschaffen[324]. So wird nicht nur der traditionelle Gegensatz von Körper-Geist in die Identitätsdebatte erneut eingebracht. Mit dem Wunsch der "verbalización del deseo" ist besonders die Frage nach der *wahren Natur* des Menschen aufgeworfen. Sie bildet den Kristallisationspunkt der Alteritätsproblematik und des mit ihr verbundenen inneren Exils. Auf das unbekannte Territorium, das sich einer Beherrschung durch den Verstand zu entziehen scheint, richten sich die eigentlichen utopischen Erkenntnisanliegen der literarischen Arbeit im Exil.

So müssen wir neben Borges, Sartre oder Lacan an dieser Stelle noch einmal auf Julio Cortázar zurückkommen. Seine Literatur hat gerade das Alteritätsdenken des Exils entschieden vorbereitet und bestärkt[325] – dies sowohl im Gedanken einer existentiellen Suche des Menschen als auch im Bestreben einer Überschreitung der Grenzen unseres Wissens in Richtung auf Alterität[326]. So schreibt Martini zur literarischen Metapher Exil: "... talvez las repuestas estan ... (en) el texto ausente de una historia en la que el exilio no es una metáfora sino otro lugar de conocimiento"[327]. Die idealistischen Erkenntnisanliegen einer Wahrheitsfindung und der Ausbildung subjektiver Autonomie sind in vorliegenden Texten wohlgemerkt nicht aufgehoben. Trotzdem hat das Alteritäts- und Dezentrierungsbewußtsein die Autoren von ihrem ursprünglichen Vorhaben, der Bestimmung des Ich in einer schutzbietenden Ordnung, eher wieder weggeführt denn nähergebracht.

Fassen wir abschließend noch einmal zusammen: Am Beispiel des Tagtraums als Analogie zum kreativen Schreiben und der Alteritäts-/Doppelungsstruktur des erzählenden Ich konnten wir zunächst feststellen, daß der literarischen Arbeit im Exil Aufgaben zukommen, welche die Autoren eingangs noch an die soziale Kommunikation herangetragen hatten. Der im Tagtraum beschriebene Prozeß einer reflektierten Bewußtseinsentgrenzung erlaubte es dem schöpferischen Ich, andere Orte und Zeiten wiederzuerleben, so daß das Schreiben grundsätzlich eine pluridimensionale Welterfahrung ermöglicht. Die Angleichung von Literatur und Leben/Erleben entsprach ganz exilspezifischen Mitteilungsbedürfnissen. Diese wiesen einen hohen Grad an Emotionalität auf und führten in den Texten Moyanos, Martinis und Valdés' zur Betonung der freien Aktualisierung. Hinter ihr mußte die sachgerechte Vermittlung einer Geschichte zurücktreten. Die im Traum begründete und durch ihn literarisch gerechtfertigte Schreibfunktion ist also durchaus als typischer Ausdruck schriftstellerischer Probleme im Exil anzusehen. Ebenso signalisierte die Ich-Er/Anderer-Doppelung einen Spiegelungsmechanismus ("ser el espejo y reflejo"), der von den Autoren zuvor als Merkmal sozialer Identitätskonstitution angeführt wurde. Inwieweit in der Doppelungsstruktur tatsächlich Möglichkeiten der Bewältigung von Identitätsproblemen im Exil angelegt sind, kann noch nicht sicher beurteilt werden. Vieles deutet auf das Gegenteil hin. Die im freien Kreationsvorgang erfahrene Weltnähe stellte sich als Weltdistanz heraus, da die ungehinderte Aktualisierung sehr schnell an die Grenze der sprachlichen Vermittlung stieß. Im Ich-Er Antagonismus brachen die das Identitätsthema traditionsgemäß kennzeichnenden Gegensätze von Identität-Sozietät, Emotionalität-Rationalität wieder auf. Im Wissen um das Nichtgewußte, dem inneren Exil, erwiesen sich Mangel- und Disparitätserfahrungen bereits als unaufhebbar.

Hierbei war von zwei Aspekten der Exilerfahrung die Rede, die in keinem ursächlichen Verhältnis zueinander stehen, obwohl sie sich ergänzen und vor allem in der literarischen Arbeit einen gemeinsamen Ausdruck finden. "Dentro del viaje hay otro viaje" – in der historischen Reise gibt es noch eine weitere Reise, die durch das Bewußtsein, durch die Literatur. In der historischen Exilsituation gibt es noch ein anderes Exil, ein inneres, in dem erneut nach einer grundlegenden existentiellen Seinsbestimmung des Menschen gefragt werden muß.

Welche Auswirkungen aber hat diese Problematik auf die Aussagen und Motive der literarischen Arbeiten? Diese Frage wird Gegenstand der folgenden beiden Kapitel sein.

5 Die historische Revision oder: Wie erzählt man die lateinamerikanische Geschichte?

Hat der Revisionsprozeß des Exils zu grundlegenden Veränderungen in der literarischen Motiv- und Vorstellungswelt der Autoren und den von ihrer Literatur angebotenen ideologischen und historischen Interpretationsparadigmen geführt? In diesem Kapitel beschäftigen mich zunächst die Stellungnahmen der Autoren zur geschichtlichen Entwicklung und politischen Wirklichkeit Lateinamerikas. Hierbei werde ich auf folgende Punkte der Retrospektive eingehen: die Militärdiktatur, die politisch sozialen Bewegungen vor dem Exil, insbesondere die Auseinandersetzung mit den populistischen Führern und das aus dem Exil retrospektiv erörterte Verhältnis Intellektueller – Volkskultur. Die Identitätsproblematik wird in diesem Kapitel also unter historisch-politischen Gesichtspunkten untersucht werden.

5.1 Das Lateinamerikabild

5.1.1 Gründungsthema

Auch in ihren literarischen Arbeiten bemühen sich die Autoren, den exilbedingten Versuchungen einer einseitigen Idealisierung der Verhältnisse in den Herkunftsländern zu widerstehen und setzen sich für eine realistische Einschätzung der Situation ein. Sie führen die Gegenwart des Exils und des Militarismus auf historische Ursachen und die daraus entstandenen alltäglichen Lebensformen zurück.

Dieses Bestreben, Gegenwart durch Vergangenheit zu erklären, geht aus dem Motiv der Stadt-/Landesgründung hervor. Den Auftakt zu "A partir del fin" bildet die Ankunft des Protagonisten Hache in der Altstadt Santiago de Chiles, die um die Jahrhundertwende von den Potentaten der chilenischen Nation errichtet wurde und in der auch Hache 1970 eine neue Realität ins Leben rufen wollte. In "La vida entera" beginnt die historische Zeitrechnung mit der Gründung der Kleinstadt Encarnación durch den ehemaligen "colono" und Viehbesitzer el Alacrán. Haches Reise durch Chile gipfelt im Besuch des Dorfes La Ligua. In "La vida entera" spielt sich das Geschehen parallel in der Stadt und auf dem Land ab. In anekdotischer Form erzählt Moyano in "El libro de navíos y borrascas" den historischen Konflikt zwischen unitaristischen buenairenser Handelsbourgeoisien und föderativ gesonnenen Führern der Provinzen. Die solcherart im 19. Jahrhundert einsetzende argentinische Historie erweist sich als fortwährende Geschichte nationaler Fehlgründungen. Ebenso leitet Moyano seinen Roman "El vuelo del tigre" mit der Invasion der Kleinstadt Hualacato durch Trommler und Touristen ein. Diese haben den Auftrag, die dortige Wirklichkeit völlig neu zu fundamentieren. Ein umfassender Versuch literarischer Umdeutung der chilenischen Geschichte liegt in Valdés' "La historia subyacente" vor. Valdés geht in diesem Roman sogar über das Thema der Stadtgründung hinaus und dringt in die Zeiten einer amerikanischen Frühgeschichte vor. Sie erfüllt jedoch die Funktion eines satirischen Spiegels der Gegenwart; das Schema einer externen und internen Orientierung lateinamerikanischer Geschichtsentwicklung bleibt auch hier unangetastet[328].

Im Gründungsmotiv beginnt die historische Zeitrechnung mit der Errichtung der liberalen Stadtzentren nach der Unabhängigkeit, gegen Ende des 19. Jahrhunderts. Der bestimmende Konflikt ist der Stadt-Land-Antagonismus, der seit diesem Zeitraum auch als Gegensatz von "Zivilisation" und "Barbarei" bekannt ist.

Das Gründungsmotiv ist ferner mit den literarischen Entwürfen von Traum und Negativ-Utopien eng verbunden. Hernán Vidal, Jean Franco, Mechthild Strausfeld und andere haben auf den Zusammenhang von antiutopischem Denken und Gründungsthema hingewiesen[329]. Beide gehören heute zu den Konstanten der jüngeren lateinamerikanischen Erzählliteratur. So äußerte sich auch Carlos Fuentes schon 1969 zu den Vorsätzen des lateinamerikanischen Romans: "La nueva novela hispanoamericana se presenta como una nueva fundación del lenguaje contra los prolongamentos calcinados de nuestra falsa y feudal fundación de origen ..."[330]. Das literarische Schaffen hat die Aufgabe, eine neue Interpretation der offiziellen Geschichtsschreibung zu leisten. Die ehemaligen utopischen Träume der bürgerlichen Staatengründungen und in ihrer Nachfolge die sozialistischer Projekte sind einer Prüfung zu unterziehen, um den Verfälschungen, denen die einstigen Ideale von Freiheit und Autonomie in der kolonialen Geschichtsschreibung unterlegen sind, aufzuspüren. Unmißverständlich spricht sich Valdés' Erzähler Hache in "La historia" für eine solche Demaskierung der offiziellen Historiographie aus: "Auch wenn es vielen mißfällt, wird er (Hache, Anm. P.S.) deutlich sagen, daß die Streitbarkeit der Beherrschten verwelke, weil sie die Verfälschungen der Geschichte und die Verzerrungen der Grundlagen ihrer eigenen Identität duldeten, ... daß es keine andere Rettung, möge sie auch noch so trostlos erscheinen, als die ursprüngliche Wahrheit gibt"[331]. Die Auseinandersetzung mit der Vergangenheit steht im Dienste der Wahrheits-/Identitätsfindung der Beherrschten in der Gegenwart. Sie erfolgt nicht zum Selbstzweck der Sammlung und Nacherzählung eines historischen Faktenwissens, sondern ist erläuternd auf die Gegenwart bezogen.

Diese neue/alte, in jedem Falle desillusionierte Fassung des utopischen Denkens beinhaltet – dies ist an dieser Stelle nochmals zu betonen – eine kritische Bestandsaufnahme herrschender Wirklichkeitsauslegungen. Von einem neuen utopischen Gegenentwurf wird dabei weitgehend abgesehen[332].
Die Stellungnahmen zur Problematik Lateinamerikas sind gewiß reichhaltiger an symbolischen, strukturellen und zeitlichen Beziehungsgeflechten; sie weichen jedoch nicht grundlegend von der Identitätsproblematik ab, die wir in den vorausgegangenen Kapiteln umrissen haben. Lateinamerika wird sich vielmehr als Urbild einer historischen und symbolischen Exilrealität behaupten.

5.1.2 Heterogenität, "barroquismo" und "Nichts" – Strukturmerkmale des Lateinamerikabildes

Der Stadt-Land-Konflikt, der schon die Literatur der Autoren vor der Emigration prägte, bildet auch in den Texten aus dem Exil den strukturellen Rahmen der Lateinamerikabilder. Wuchernde, unübersehbare Städte kontrastieren mit einer Provinz im Prozeß physiologischer und geistiger Rückentwicklung.

Für die Stadtbilder von Valdés und Martini ist das Moment des "estilo barroco" bestimmend. Der Barock, gemeinhin als besondere Eigentümlichkeit lateinamerikanischer Kultur angeführt[333], steht einerseits im Aussagezusammenhang eines Scheinraumes[334], andererseits wird er zur Veranschaulichung des Strukturmerkmals Heterogenität, das wir aus der Lateinamerikasoziologie der 60er Jahre kennen, herangezogen:

> La calle seguía la dirección sinuosa del cerro, convertido a comienzos de siglo en un parque público, de un estilo que no había sabido resistirse a todos los estilos, comenzando por los muros, almenas y troneras del castrense español, que en sus diferentes terrazas iban secretando grutas y fuentes barrocas y senderos románticos, jardines japoneses y patios andaluces ...[335].

Das modernistische Stadtbild in "A partir" zeichnet sich durch den "estilo de los estilos" aus, eine wilde Anhäufung unterschiedlicher architektonischer Formen und Belegstück für eine Vermischung der Kulturen, die in "A partir" jedoch kolonialgeschichtliche Wurzeln hat. Erst in zweiter Instanz wendet sich der Blick des Protagonisten der Stadtkulisse aus der zweiten Hälfte dieses Jahrhunderts zu. Hier prallen die Gegensätze – modernste Betongebäude und primitive Wellblechhütten – noch krasser aufeinander[336]. Martini kreiert in "La vida entera" das Bild einer Spieler- und Prostituiertenkleinstadt, die in ihrer unüberschaubaren Geschäftigkeit an das Spektakel von Jahrmärkten erinnert: "Pasen señores vean el espectáculo más extraordinario del mundo ..."[337]. In der Metapher der keineswegs friedfertigen "selva humana", die noch ganz von der Sucht nach exuberanter, großbürgerlicher Lebensaffirmation beherrscht wird, liegt die Betonung auf einer menschlichen und gleichzeitig exotischen Wirklichkeit. Beide verschwinden in "A partir" hinter der Fassade kleinbürgerlicher Mittelmäßigkeit.

Die strukturellen Grundaussagen dieser Lateinamerikabilder sind dieselben: Im Vordergrund steht das ungeordnete Konglomerat von verschiedenen Stilen aus unterschiedlichen Zeitepochen und Ländern. Die einzelnen Elemente ergeben kein organisches Gefüge. Das Gesamtpanorama der in "A partir" beschriebenen Stadt prägt zeitliche, soziale und kulturelle Heterogenität, die alles im Moment der Gleichzeitigkeit vereint.

In diesen Betrachtungen wiederholt sich die schriftstellerische Subjektproblematik des vorangegangenen Kapitels (Pluralität der Zeiten, alternierende Ich-Funktion). Beide Autoren, Martini und Valdés, sind auch darum bemüht, das subjektive Erleben ihrer jeweiligen Protagonisten in diesen objektiven Gegebenheiten des Kontinentes verwurzelt erscheinen zu lassen. Die subjektive Schreibweise wird sich als ein authentischer, ästhetischer Ausdruck des modernen Welterlebnisses und Wirklichkeitsbildes erweisen[338].

In den Arbeiten Peri Rossis liegt uns eine andere Version moderner Urbanität vor. Nahezu ausschließlich evoziert die Autorin Stadtbilder aus der 2. Hälfte dieses Jahrhunderts. Ihre Darstellungen sind durch Exilerfahrungen geformt. Sie konnten sich, durch diese bestätigt, in Spanien fortsetzen.

Alle Autoren stimmen hingegen in der Aussage zur Provinz in ihren Herkunftsländern überein. Von der dörflichen oder kleinstädtischen Gemeinde wird das Bild einer vertrockneten, entsubstantialisierten Einöde entworfen:

> El pueblo de La Ligua es eso: el camino de entrada desde la carretera, que desemboca en la plaza ... Mas allá de la plaza, las siete calles que nacen de las cuatro esquinas, ... luego de unos metros dejan de ser tales y se van convirtiendo en huellas de tractores ... en puros senderos que suben a los cerros ...[339].

In einer eindimensionalen Infrastruktur in Form einer Sackgasse angelegt, ist die Welt des Dorfes La Ligua das trostlose Ende der Welt. Nicht einmal ein Denkmal zeugt von historischem Gedächtnis: "ni siquiera un busto al centro de la maleza"[340].

Zwar interessiert sich Moyano in seinen Kindheitserinnerungen aus der Provinz stärker für das menschliche Zusammenleben, dies ändert jedoch nichts an der Tatsache, daß auch er die Unterentwicklung hervorhebt. Das Leben (removiendo lo removido) kann nur noch durch eine Bezogenheit auf externe Gegebenheiten, in diesem Falle die Hauptstadt Buenos Aires, aufrechterhalten werden[341].

Einzig Martinis “La vida” bietet noch eine optimistischere Sicht dörflicher Verhältnisse. Die dort versammelten allegorischen Figuren der argentinischen Geschichte haben sich die rudimentäre Spur eines historischen Gedächtnisses bewahrt, das allerdings von Fatalismus durchdrungen ist.

Die philosophische Kategorie des Nichts findet in den Bildern der lateinamerikanischen Unterentwicklung eine soziokulturelle Konkretion. In ihr deutet sich ein umfassendes Regressions- und Reduktionsbewußtsein an, in dessen Zentrum das metaphysische Todesproblem steht. Dieses ergibt sich nicht nur aus den Verlusterfahrungen des Exils, sondern gehört zur lateinamerikanischen Geschichtskonzeption, derzufolge das Ende der Geschichte bereits am Anfang vorgegeben war und alle weitere Entwicklung nur die Wiederholung des Endes am Anfang bedeutete[342].

Der Traditionsdichotomie “civilización-barbarie” widerfährt so freilich eine Umkehrung[343]. Das Wachstum der Städte – einst Symbole des Glaubens an den Fortschritt der “Zivilisation” – ging auf Kosten der Provinz. Die Städte sind Orte “barbarischer” Entfremdung – und als solche im übrigen auch Versinnbildlichungen einer schriftstellerischen Gemütsverfassung. Das Hinterland aber ist (latenter) Spiegel der romantischen Sehnsucht nach natürlicher Harmonie[344]. Die utopische Vision wird jedoch von den Bildern realer Unterentwicklung überschattet, so daß sie sich nicht mehr in einem alternativen Projekt der Identitätssuche behaupten kann.

5.1.3 Die Genese falscher Selbstbilder

In der kolonialen Geschichte wurden die organisch gewachsenen Räume zerstört und der lateinamerikanischen Wirklichkeit Vorstellungen und Wertmaßstäbe aufgezwungen, die sich in anderen nationalen Kontexten entwickelt hatten: “... desde todos los puntos cardinales llegan ellos siempre, cambian todo de sitio llamando sur al norte, lo miran todo sospechando ...”[345]. Lateinamerika ist so zum Inbegriff einer zerbrochenen Mensch-Weltbeziehung geworden.

Die entschiedene Zurückweisung des traditionellen Realismus geht nicht zuletzt aus der historischen Erfahrung hervor, daß die Wirklichkeitsvorstellungen, die man Lateinamerika als reale anbot, nur Scheinbilder waren. Aus Todesangst nahm die argentinische Gesellschaft bei Moyano Zuflucht zum rational-positivistischen Weltbild, das sich nach der Unabhängigkeit durchsetzte. Allgegenwärtig in den Arbeiten Moyanos und Martinis ist das Bild des Zuges, Symbol des argentinischen Eintritts ins englische Handelsimperium und des uneingeschränkten Vertrauens in die Werte der okzidentalen Zivilisation[346].

Gleich zweimal, so Moyanos Erzähler Rolando, hat man die argentinische Gesellschaft nach der Unabhängigkeit auf falschen Fundamenten aufgebaut. Die spärliche Urbevölkerung des Landes wurde unter dem Vorwand der "población del desierto", der Besiedlung durch weiße, südeuropäische Einwanderer, zunächst ausgerottet[347]. Mit den Feierlichkeiten zum ersten Jahrhundert der Unabhängigkeit setzte die gegenteilige Bewegung der Idealisierung eines nun nicht mehr der Wirklichkeit entsprechenden bäuerlichen Argentiniens ein[348]. Beide Male wurden die landeseigenen Gegebenheiten verkannt und offen mißachtet.

Denunziert Moyano den Ursprung der nationalen Geschichte in der Ausrottung, so behält Valdés die Vorstellung vom Nichts einer kulturellen wie territorialen Einsamkeit bei. Aus diesem Waisenstand heraus wurde das moderne Chile errichtet: "lo que sin duda contaba para él (Hache, Anm. P.S.) era imaginar la soledad histórica y territorial de quienes habían levantado esas casas décadas antes ..., tratando de mitigar con esas viviendas su desgarramiento ..."[349]. Um sich über ihre geschichtliche wie territoriale Entwurzelung hinwegzutrösten, importierten die Kompradorenbourgeoisien des 19. Jahrhunderts kulturelle Symbole aus den europäischen Ländern. Die lateinamerikanische Geschichte verkürzt sich in dieser Fassung zur Kopie fremder Wirklichkeiten. In ihr klingt das Thema der falschen, nicht frei gewählten Maskerade mit an[350].

In Martinis "La vida entera" werden die nationalen Fundamente nicht mit gleicher Schärfe in Zweifel gezogen. Der in die Figur des mächtigen Großgrundbesitzers projizierte nationale Zerfall stellt – aus einer politischen Interpretationsperspektive – eine Kritik an der nach wie vor einflußreichsten Klasse des Landes dar. Ihr ist es aufgrund ihres Macht- und Gewinnstrebens nicht gelungen, Argentinien in ein stabiles politisches System zu integrieren. So meint auch der Juez aus "Composición de lugar": "Es así. No hubo tiempos buenos después de Hipólito Yrigoyen"[351]. Mit dem Sturz des radikalen Präsidenten, dessen Amtsperiode von den ersten mittelständischen, populistischen Bewegungen eingeleitet wurde und mit dem endgültigen Zerfall des feudal-liberalen Handelsimperiums in den 30er Jahren endete, hat Argentinien keine längerfristigen bürgerlich-demokratischen Regierungsperioden mehr gekannt. Wie wir sehen werden, spielt das Ende dieser "década dorada" nicht nur als Auftakt einer intellektuellen Desillusion[352], sondern als soziokulturelle Selbststereotypie der lateinamerikanischen Exilidentität eine zentrale Rolle.

Die Nostalgie, die Martinis Texten eigen ist, bindet sich an diese Jugendperiode des Landes, in der die Ausbildung einer Identität materiell noch möglich schien[353].

Gleichwohl folgt auch Martini der allgemeinen Auffassung, daß die Unabhängigkeit und die mit ihr verbundenen Ideale der Freiheit, Gleichheit, Brüderlichkeit und nationalen Autonomie, nichts als Trugbilder waren[354]. Abermalige Bestätigung findet die Enttäuschung vom Nationalen in der neuen Ära der Militärdiktaturen.

5.1.4 Die Ära der Militärdiktaturen

Trotz bislang unbekannter Ausmaße politischer Repression hat sich mit den Militärdiktaturen im Prinzip die alte, schon bekannte oder zumindest unbewußt erahnte Geschichte restauriert:

> La primigenia voz de cuadra y cuartel que inauguró nuestra historia, la voz originaria de todas nuestras instituciones y preceptos morales ...[355].

Das Bemühen, für die aktuelle Erlebnissituation Parallelen in der Geschichte zu finden, führt die Autoren zur kontinentalen Ursituation einer Landesgründung in der Konfrontation mit militärischer Gewalt: zur spanischen Eroberung und Kolonisation mit ihren Symbolen Schwert und Bibel. Der gewöhnlich mit dem Spanischen konnotierte Machismo verkörpert in diesem Zusammenhang eine ebenso schillernde wie zweideutige Umschreibung autoritärer Gewaltherrschaft.
Hierbei ist der iberischen Kolonisation jedoch zugute zu halten, daß ihr Eroberungs- und Entdeckungsgeist, vor allem auch ihre Donquichotterie, der intellektuellen Welthaltung des Träumens nicht völlig zuwiderläuft[356]. Ihr Bild einer archetypischen Gewalt können wir schon nicht mehr mit dem der modernen Maschinendiktatur vergleichen. Besonders in den Arbeiten Moyanos und Peri Rossis setzt sich eine Interpretation durch, die die Situation des Kontinents mit der fehlgeleiteten Übernahme des mitteleuropäischen Rationalismus und Positivismus erklärt. Von dem Aufseher in "El vuelo del tigre" heißt es:

> Mi indumentaria y los papeles y aparatos que me acompañan garantizan la seguridad de todos en esta casa ... Vengo a organizar las cosas, a enseñarles a vivir en la realidad y sacarles los pajaritos de la cabeza ... No soy un iluminado. Soy un hombre práctico que ha aceptado lo real[357].

Längst geht es nicht mehr um den Auftrag einer missionarischen Umerziehung des Menschen, dem sich die spanischen Kolonisatoren oder auch die Bildungsbourgeoisien des 19. Jahrhunderts noch verschrieben hatten. Die neuen Regime verwandeln die Menschen in effizient arbeitende und berechenbare Maschinen. Unter der Militärdiktatur erreicht die von den Städten ausgehende zivilisatorische Entfremdung ihr Endstadium. Nach dem heute geläufigen Prinzip der Irrationalität der Vernunft beginnt die Gesellschaft sich, ihrer vitalen Existenzgrundlagen zu berauben. Die Autoren verhöhnen die von nordamerikanischen Identitäts- und Verhaltenspsychologien beeinflußten Foltermethoden[358] sowie den endgültigen Ausverkauf aller landeseigenen Ressourcen in Schuldzinsbegleichungen[359] auf indirekten Wegen: in satirisch grotesken Bildern des Sozialdarwinismus[360].

Diese Entwicklung erschüttert das ohnehin verunsicherte nationale Zugehörigkeitsgefühl zusätzlich. Da die Konzepte von Nationalität und Herkunftsland durch Militarismus und bürgerliche Klassen korrumpiert wurden, haben sie als Identifikationsmuster alle Glaubwürdigkeit verloren. Das am häufigsten zitierte Symbol ist in diesem Zusammenhang die Landesflagge – "la bandera idolatrada y celeste". Mit diesem Emblem nationaler Eintracht schickten die herrschenden Klassen das Volk jedoch immer wieder in den Krieg: "La bandera es el padre o el hijo muerto"[361]. Für eine alltägliche und bindende Identifikation ist es außerdem viel zu abstrakt[362].

Von einer grundsätzlichen Auf- oder Ablösung des bürgerlichen Nationalismus kann dennoch nicht die Rede sein. Weil dieser niemals durch andere Vorbilder wirklich ersetzt wurde, bleibt er, insbesondere in Situationen wie dem Exil, eine leitende Bezugsgröße. Aufgrund des allgemeinen Glaubwürdigkeitsschwunds kann die Auseinandersetzung mit ihm jedoch nur noch über Negativabgrenzungen erfolgen. Für die "exil"-literarische Rede ergibt sich daraus folgerichtig eine Verweigerung gegenüber jeder Art bildhafter Vereinfachung der Wirklichkeit. Die eigene Subjekterfahrung im Schreibvorgang und der Diskussionsstand um die Lateinamerikaproblematik bestätigen diese Entscheidung. Sie veranlaßt einerseits zu meist vorbehaltloser Kritik an sozialen Normen, stellt andererseits vor das Problem, aus dem Bewußtsein der Fremdbestimmungen heraus zur Entwicklung einer eigenen Identitätsaussage zu finden.

5.2 Allgemeine Charakteristika der Revision: Intimisierung der Historie und Ideologiekritik

Die Autoren knüpfen mit dem Gründungsthema zwar noch an die Intentionen globaler landesgeschichtlicher Darstellungen an, die aus den Romanen Alejo Carpentiers, Mario Vargas Llosas, Gabriel García Márquez und anderen bekannt sind. Sie setzen sie jedoch nicht mehr in der gleichen enzyklopädisch-entwicklungsgeschichtlichen Breite um[363].
Die historisierende Epik verdichtet sich in den soeben vorgestellten kultursoziologischen Betrachtungen, der historischen Anekdote und in Metaphern. Hervorzuheben ist die Verarbeitung zeitgeschichtlicher Ereignisse in meist recht intimen, alltäglichen Erfahrungen und der Rückgriff auf das metaphorische Stimmungsbild, das historische Kenntnisse teilweise überflüssig macht. Mit diesen Aspekten der literarischen Retrospektive werden wir uns ausführlicher in Kapitel 6 auseinandersetzen.

Ich möchte in diesem Zusammenhang lediglich die Arbeit von Peri Rossi erwähnen. Ihre literarische Motivwelt trägt in der ersten Emigrationsphase zwar noch unverkennbar die Spuren der Lateinamerikaproblematik der 60er und 70er Jahre – hier besonders in der Behandlung des Gründungsthemas als familiäre Konfliktsituation –, eine Einordnung in eine globale, historische Lateinamerikaperspektive wird darin jedoch schon nicht mehr vorgenommen. Politische Situationen (Diktatur) geben in den Erzählungen Peri Rossis häufig den Hintergrund ab[364]. Sie sind in die Reflexion über die Menschen, die unter diesen Verhältnissen handeln, eingebunden, erfüllen aber keinen politisch-dokumentarischen Selbstzweck mehr.

Auch die anderen Autoren stellen in ihren – zwar stärker an einer historisierenden Globalperspektive orientierten – Arbeiten die interpretative Wiedergabe von zeitgeschichtlichen Ereignissen zugunsten der Reflexion des erzählerischen Vermittlungsvorganges zurück. Die Einschränkung der Erzählformen der epischen Distanz reicht somit in die inhaltliche Auseinandersetzung der "exil"-literarischen Arbeit hinein. Den erzähltheoretischen Überlegungen der Autoren entspricht in der inhaltlichen Bezugnahme auf die Geschichte ein ideologie- oder medienkritisches Vorgehen.

Wir können hierbei zwischen zwei Arbeitsansätzen unterscheiden. Valdés verfolgt in "A partir" noch eine soziologische Perspektive, die am ehesten den Maßstäben der Dokumentarliteratur gerecht wird. In "La Historia subyacente" schließt er sich dem von den anderen Autoren eingeschlagenen Weg einer metaphorischen Verarbeitung der Historie an. Martini und Valdés verbinden mit ihren landesgeschichtlichen Darstellungen mythen- und medienkritische Absichten. Die Literatur Moyanos tendiert eher zur Mythologisierung landesgeschichtlicher Realitäten.

5.2.1 Subjektive Rezeptionsanalyse und Alltägliches als Kontrastprinzip in "A partir"

Die Darstellungen in "A partir" zeichnen sich durch bewußten Verzicht auf jede Art von nationalem Folklorismus aus. In der Betonung des alltäglichen Erlebens von Zeitgeschichte sind sie mit den Arbeiten Peri Rossis vergleichbar. Das Chile-Bild ist, hiervon konnten wir uns schon überzeugen, starr und menschenarm. In den Beobachtungen des Protagonisten werden vorwiegend infrastrukturelle Gegebenheiten zur Kenntnis genommen, die zugleich über dessen Gemüts- und Bewußtseinsverfassung Auskunft geben. Menschen, wie die Bauern oder die intellektuellen Kreise der 70er Jahre, sind Objekte dieses aus der Ferne gesehenen, aber dennoch naturalistisch beschriebenen chilenischen Szenariums. Trotz des dokumentarischen Ansatzes ist alles Geschehen durch die subjektiven Betrachterperspektive des einsamen Protagonisten gefiltert. Auch hier ließe sich im übrigen eine Parallele zur proustianischen Gestaltung von Zeitgeschichte ziehen[365]:

> Colocado en un tránsito histórico, pagaré con mi vida la lealdad del pueblo ...". La cafetera borbotea y poco a poco, bufando, rugiendo, va introduciéndose en el discurso, hasta formar parte de él, hasta ser un elemento indisoluble de él en lo que será mi memoria de estos momentos[366].

Zwischen die großen, Geschichte machenden Worte des Präsidenten Allende am Morgen des Putsches schiebt sich – einem Kontrastprinzip folgend – die Erlebnisperspektive der alltäglichen Banalität (Kaffeemaschine) eines x-beliebigen, Geschichte erlebenden Subjektes. Valdés, alias Hache, betreibt in "A partir" eine Rezeptionsanalyse des medienkritischen Zuhörers, der seine Empfindungen und Überlegungen beim Anhören der politischen Reden festhält.

Die Analyse beschränkt sich auf den vor und im Exil wohl populärsten Mythos der chilenischen Linken, die Person Salvador Allendes. Trotz der pathetischen Rhetorik, in der sich allerdings hilflose Betroffenheit kundtut, bleibt das Vorgehen von Valdés soziologisch deskriptiv.

5.2.2 Geschichte als "Metamythos" – "La vida entera"

Das Vorhaben Martinis ist umfassender und läßt eine stärkere Literarisierung erkennen. "La vida entera" ist der Versuch einer Neubearbeitung des Argentinischen, seiner politischen und kulturellen Mythen und Legenden: "Oh, ésas son leyendas, cosas que a la gente de este lugar le gusta imaginar y creer"[367]. "La vida" war ursprünglich als historischer Roman des Zeitgeschehens vor dem Exil (Intrigenkämpfe der letzten Phase des Peronismus) geplant. Die emigrationsbedingten Distanzierungen haben daraus einen Anekdoten- oder Historiettenroman gemacht, der vorgibt, eine Bestandsaufnahme all dessen zu sein, was an Legenden und Lügenmärchen einmal über das Land erzählt wurde[368].

Hierin liegt auch die eigentliche Bedeutung des unvermittelten, multiperspektivischen Erzählens. Martini geht es in "La vida" darum, die Offenkundigkeit des National-Typischen zu hinterfragen. Dazu setzt er seinen Ansatz einer parodistischen Verarbeitung von Mythen der modernen Kulturindustrie (Marilyn Monroe, Kriminalroman) fort, der schon aus den argentinischen Romanen bekannt ist. Populäre Stereotype werden aus ihren herkömmlichen Wahrnehmungskontexten herausgelöst und in einem neuen literarischen Zusammenhang fotographisch genau reproduziert. Das Prinzip des Fotorealismus rückt Martinis Literatur in die Nähe von "nouveau roman", "hard boiled"-Krimi oder "Pop art". All diesen Strömungen ist ja eine möglichst "objektive" Darstellung unserer Umwelt gemein. Im Gegensatz zum traditionellen Realismus hat sie nicht mehr die Bestätigung, sondern Verunsicherung der Wahrnehmungsgepflogenheiten zum Ziel[369]. So meint Martini zu seinen aus dem nordamerikanischen Kriminalroman hergeleiteten literarischen Grundsätzen: "... expresar la ideología de una clase a través de un lenguaje que no necesita explicitar sus intenciones"[370]. Mit Sprache, Mythen und Legenden soll nicht mehr interpretativ (zum Beispiel durch ein allwissendes Erzählersubjekt) umgegangen werden, sie müssen sich vielmehr aus sich selbst heraus als ideologische Vorstellungen enthüllen. Die Frage, die sich hier ergibt, ist, mit welchen stilistischen Mitteln dies geschehen soll.

Das wohl am häufigsten eingesetzte Verfahren ist das der Verfremdung durch Ent- und Rekontextualisierung des Vertrauten. Martinis Literatur kann dieses Vorgehen natürlich nicht für sich allein beanspruchen. Es ist generell zu den poetischen Schreibweisen zu rechnen und wird besonders von Peri Rossi eingesetzt[371]. Peri Rossi geht jedoch von allgemeineren, philosophischen Fragestellungen aus. Die Originalität von Martinis "La vida" besteht gerade in dem Bestreben, populäre Mythen aufzubrechen. Da das Bekannte als Vorlage erhalten bleibt, ist eine parodistische Wirkung nicht auszuschließen. Vor diesem theoretischen Hintergrund lassen sich zwei unterschiedliche Verfremdungstechniken in "La vida" herausarbeiten.

a) Allegorisierungen[372] der Landesgeschichte/Kultur: Es handelt sich um Gleichnisse, die von dem Autor in ein surreales, traumhaftes Licht gesetzt werden. Figuren, wie zum Beispiel das ewige koloniale Klageweib, la Madre, haben eine eindimensionale Identität; sie wiederholen stets gleiche Handlungen: "gime, escupa chispas muertas por los ojos"[373]. Sie können aber auch vielschichtig sein und auf unterschiedliche Momente der argentinischen Geschichte hindeuten: Der populistische Führer, el Potro, vereint als eigenständige literarische Figur sowohl die Züge Yrigoyens als auch die Peróns. Allein schon durch die Stereotypie ihres Auftretens sind diese Figuren verfremdet. Sie sind Schablonen, die in ewiger Verbannung, in Randzonen der Realität leben. Ein typisches Beispiel ist auch die "Casa Rosada", deren Gemäuer von mächtig wuchernden Urwaldbäumen bedroht wird. In den Ruinen musiziert – in deutlicher Anspielung auf die labile argentinische Demokratie – der spanische Vizekönig unbekümmert mit einer "banda", gekleidet in den Farben der französischen Trikolore.

b) Zwischenmenschliche Konfliktebene, Intrige: Die Figuren verkörpern die althergebrachten Konflikte der Menschheit (Liebe, Einsamkeit). Es ist nicht unbedeutend, daß diese Figuren Namen der Tangomythologie tragen und kraft ihrer Namen unverkennbar auf den Kulturraum Argentinien zu verweisen scheinen. Gerade hier wird jedoch die Zweideutigkeit des Eindeutigen ausgespielt, denn Namen sind im Roman von sekundärer Bedeutung. Sie können je nach Situationserfordernissen wechseln. Beispielhaft ist der nach Pop Art rekreierte Gardel zu nennen, zu dem Martini selbst meint: "En el fondo creo que mi personaje no es Gardel. Es el tipo del pueblo de quien todos dicen: Loco, sos igualito a Gardel ... Si esto funciona con verosimilitud en el texto, el lector lo tomará como una caricatura, o en todo caso como una recreación del mito. Y eso es lo que me interesa"[374]. Tatsächlich wird der Leser über die wahre Identität Gardels im Zweifel gelassen. So realistisch das Portrait ihm auch erscheinen mag, es ist in einen neuen Romankontext eingebunden, der ihm einen eigenen Aussagewert gibt. Der Fotorealismus enthüllt zwangsläufig das Maskenhafte der Figur.

Martini beschränkt sich auf diese durch Verfremdungstechniken erzeugten Verunsicherungen herkömmlicher Denk- und Wahrnehmungsschablonen. Seine Texte unterscheiden sich in diesem Punkte von den mythenkritischen Darstellungen bei Valdés. Schon in "A partir" wurde vom Standpunkt eines Geschichte erlebenden Subjektes ausgegangen. In "La historia" wird diese subjektive Parteinahme zwar formell zugunsten einer Historiographie aufgegeben, nicht jedoch das grundlegende Anliegen einer inhaltsbezogenen Umdeutung der Geschichte. In der ebenfalls allegorischen Kreation einer neuen amerikanischen Zoologie[375] gibt Hache eine Gegenvision zur offiziellen Geschichtsschreibung. Gleichzeitig macht der frühgeschichtliche Konflikt zwischen den rattenartigen Fabelwesen der Drins und Draus deutlich, daß die Vergangenheit hier im Grunde nur als Spiegel der Gegenwart funktionalisiert wird. Man sollte hinter den Fabeltieren weniger eine Rekreation der wirklichen Welt der Indianer vermuten als eine Auseinandersetzung mit den europäischen Vorstellungen und Mythen über die Neue Welt. Valdés bedient sich des Mittels der Verfremdung, um die Falschheit und Fremdheit dieser Vorstellungen ans Licht zu führen.

5.2.3 Die mythologisierende Perspektive Moyanos und die Metaphorisierung der Geschichte

Allein schon Moyanos Schreibweise, die hinter der denotativen Bedeutungsebene eine symbolische Tiefenstruktur nahelegt, verleitet in der landesgeschichtlichen Auseinandersetzung zu Mystifizierungen. Aus der Exilantin Sandra wird eine "tango-pepet bajo el farolito", der Rechtsanwalt el Gordito verkörpert das ewig verkannte Recht des Landes, ein "Oliver Hardy" und falscher Präsident des Exils[376]. In das an sich Alltägliche wird eine große mythische Bedeutungsebene projiziert; ihm widerfährt eine Essentialisierung[377].

Ein Wort ist an dieser Stelle bereits zum häufigen Einsatz metaphorischer Umschreibungen und Allegorisierungen zu sagen. Obwohl sie in erster Linie auf die poetische Grundeinstellung der Autoren zurückzuführen sind, leisten sie doch auch bei der Bewältigung der exilspezifischen

Schreibprobleme, insbesondere bei der umstrittenen Vermittlung politischer Aussagen, wichtige Hilfestellungen. Die Metaphern erlauben, politische Ereignisse zu evozieren, ohne sie direkt benennen zu müssen. Triviale politische Schmähschriften können so vermieden werden. Zudem bleibt universelle Aussagekraft, ein gewisses Niveau an Allgemeinverständlichkeit, gewahrt. In der Regel handelt es sich um einfache Wortbilder[378]. Die erwähnten Trommler und Touristen in Moyanos "El vuelo" sind unschwer als fremdgesteuertes Militär zu dekodieren. Der weißblaue Vogel, den das unter diktatorischen Verhältnissen aufgewachsene Kind in Peri Rossis Erzählung "Pico blanco y alas azules"[379] entdeckt, ist relativ direkt mit "Freiheit" zu verbinden.

Ähnliche Funktionen erfüllt die Kreation von archaischen Allegorien zur Vergegenwärtigung der Gewalt. Martini verallgemeinert den Macht- und Intrigenkampf in "La vida" oder die militärische Gewalt in "Composición" durch eine Liebes- bzw. Machismometaphorik. Der Geschichte widerfährt damit eine Individualisierung. So reduziert sich – im folgenden Kapitel werden wir dies noch deutlicher sehen – die Historie in "Composición" ganz auf die persönliche Perspektive eines Protagonisten; aus ihr sind Anspielungen auf die Geschichtsträchtigkeit des Konfliktes herauszulesen.

Neben der Zunahme an Metaphorisierungen verzeichnen die Texte einen Rückgang an räumlich-geographischer Gegenständlichkeit. Einzig Valdés hält in "A partir" am chilenischen Erlebnisraum fest, der sich allerdings zu drei Vierteln auf den Privatbereich der eigenen Wohnung beschränkt. Topographien treten in Moyanos Texten ganz zurück. In den ersten beiden Arbeiten aus der Emigration haben wir ferner einen geographischen Perspektivwechsel von den urbanen Zentren zur Provinz zu vermerken. Besonders in den Erzählungen von "María Violín" herrscht ein alltäglicher Kostumbrismus vor, der sich auch in seiner symbolischen Bedeutungsstruktur weniger auf Örtlichkeiten als auf Personen bezieht.

Die Arbeiten Peri Rossis sind beispielhaft für den auch bei den anderen Autoren festzustellenden Realismus des Alltäglichen zu nennen. Die Einschränkung geographischer Beschreibungen ist unter anderem mit der emigrationsbedingten Schwierigkeit einer räumlichen Bindung der literarischen Vorstellungskraft zu erklären. Darüber hinaus muß sie aber wiederum zu den Tendenzen der modernen (lateinamerikanischen) Literatur gerechnet werden. In "La historia", "La vida" und "El vuelo" wurden fiktive Landesallegorien erschaffen[380]. Obgleich sie noch Züge der lateinamerikanischen Realität tragen, lassen sie eine genaue Lokalisierung nicht mehr zu. In diesen fiktiven Geographien wird auch der literarischen Form nach an die Tradition des utopischen Denkens angeknüpft[381]. Sie war bekanntlich schon für die Romane der 60er Jahre konstitutiv: Denken wir nur an García Márquez' Fiktion "Macondo" oder an Onettis imaginäre

Stadt “Santa María”. Wieder einmal bestätigt sich die Beobachtung, daß die moderne Literatur Mittel und Techniken zur Verarbeitung exilspezifischer Schreibprobleme bereitstellt.

Wie wirken sich die soeben vorgestellten mythen- und medienkritischen Verfahren auf die weitere Revision der Zeitgeschichte aus? Welche Folgen haben sie in den inhaltlichen Aussagen zur Subjekt-/Identitätsproblematik? Hierbei sind zunächst die Analysen politischer Sprache auf Massenveranstaltungen vorauszusetzen.

5.3 Der Intellektuelle und die Politik

Die Erfahrung politischer Bewegungen bildet einen konkreten Anlaß für die medienkritischen Auseinandersetzungen. Die Autoren beschreiben die Suggestivkraft von Massenveranstaltungen. Sie analysieren die Mythen der politischen Führer und grenzen diese traditionellen Formen der Selbstdarstellung vom modernen Typus der Gewaltherrschaft unter den Militärdiktaturen ab.

In die Revision fließen sowohl die Erfahrungen der großen populistischen Bewegungen vor dem Exil als auch die des Widerstandes im Exil ein. Peri Rossi behandelt den letztgenannten Zeitraum. In ihren Erzählungen “El viaje inconcluso”[382] oder den Exilaphorismen “estado de exilio”[383] stellt das meist als sinnlos entlarvte politische Handeln der Exilanten ein wesentliches, ja sogar das einzige Konstituens der Exilkultur dar. Martini und Valdés beziehen sich auf die dem Exil vorausgegangene Epoche.

5.3.1 Symbolische Dimensionen der Macht

Es gibt zwei Typen von politischen Führern: den charismatischen, guten Volkstribun und die böse, autoritäre Gewaltherrschaft – gleichzusetzen mit der Militärdiktatur.

Trotz mythenkritischer Intentionen weist die Behandlung des Führerprinzips eine starke paternalistische Färbung auf, welche unter die im Exil allseits bekräftigte Familiensymbolik fällt. Die Politiker oder Vertreter einer anderen gesellschaftlichen Macht – sei sie nun guter oder böser Natur – sind Gründerväter der Nation. Kraft einer unermeßlichen sexuellen Potenz haben sie häufig ihre Gefolgschaft selbst gezeugt[384]; vor allem sind sie aber fähig, in ihren Reden an Vaterlandsgefühle zu appellieren. Letztere zeigen einen totalitären Identifikations-/Unterwerfungsmechanismus an, dem sich die Texte keinesfalls entziehen.

Der Führer als Vater der Nation ist zugleich Stellvertreter einer anderen absoluten (göttlichen) Macht. Das Führerprinzip steht also im weitergehenden Kontext gesellschaftlicher Autoritätsstrukturen, die im Erziehungsprozeß verinnerlicht wurden. Mit der identifikatorischen Fixierung auf den Führer wird das Problem einer symbolischen Subjektkonstitution aufgeworfen.

5.3.2 Politisches Charisma als Identifikation und "as-sujet-tissement"

Von den beiden Herrschertypen ist der charismatische Volkstribun die schillerndere Persönlichkeit, der eine größere Aufmerksamkeit seitens der Autoren zuteil wird. Der Volkstribun vertritt noch eine repräsentative, positiv identifizierbare Macht, welche die Autoren jedoch in ihrem manipulativen Scheincharakter bloßstellen. Seine Austrahlungskraft bezieht er aus den traditionellen Werten des Heroischen. Die Autoren halten sich hier eng an die Vorlagen der politischen Reden, aus denen sie zum Teil wörtlich zitieren:

> Y el Potro, los brazos en lo alto ..., nuevamente en la tarima espero los aplausos los gritos tapando su voz espero Potro lindo Potro viejo y peludo Potro macho viva el Potro espero saber interpretar de ahora en adelante los deseos de todos y cada uno de ustedes Potro Potro Potro porque si así no lo hiciese ... viva el Potro ... y alguien alguna vez pudiese reprochármelo nunca Potro ... entonces Potro Potro ... preferiré no haber nacido porque ahora tengo sólo una misión en esta tierra y ... es hacer del Rosario un lugar digno de todos nosotros ...[385].

Die Redeparodie Martinis setzt sich ausschließlich aus moralischen Appellen an Ehre, Pflichtgefühl, Loyalität, Märtyrertum zusammen. Sie machen den Messianismus des traditionellen Heldenethos aus. Ebenso bezeichnet Peri Rossi die Exil-Redner ironisch als "oradores"[386], und für Hache sind die nahezu identischen Fragmente aus den Reden Allendes Beispiele einer "oratoria greco-latina"[387].

Wesentlich am Vorgehen Martinis ist die Erschaffung einer künstlichen Rhetorik, die eine inhaltlich nicht mehr faßbare Bedeutungsschwere (Schicksalstopos) suggeriert. In Worten der Mythosanalyse Roland Barthes, die in Martinis Arbeiten als bekannt vorauszusetzen ist, hat "die Sprache ... darin (in der ideologiekritischen Mythosbearbeitung, Anm. P.S.) wohl einen Sinn, aber sie ist die leere Form eines begrifflich Bedeutenden"[388]. Das multiperspektivische Erzählverfahren, das die beiden Perspektiven – Volkstribun und Akklamation der Masse – nach filmischem Prinzip ineinander verschränkt, trägt weiter zur Verzerrung des Diskurses bei. Dem Überschwang der Akklamation entspricht keine wirkliche Mitteilung. Alles sind nur noch Worte, leere Appelle, die keine Tatsachen zum Gegenstand haben. Allerdings sollte dieses diskurstheoretische Erzählverfahren hinsichtlich seiner ideologiekritischen Intentionen nicht überschätzt werden. Es kann durchaus auch zum Ausdruck einer persönlichen und exilbedingten Sehnsucht des Autors werden[389].

Im Gegensatz zum parodistischen Vorgehen Martinis hebt Valdés die subjektiv-moralische Konditionierung durch das paternalistische Charisma hervor. In einem nicht minder salbungsvollen Akt der Gegenrhetorik (Überrhetorisierung) beschreibt er den Identifikationsmechanismus zwischen Volk-Masse aus der Sicht des in der Masse befindlichen Ich:

> ... enarbolando banderas y estandartes desfilamos por horas ante sus cerrados balcones ... gritamos y cantamos hasta quedar afónicos, y en este ritual de la marcha y de los gritos los pasos de cada cual se pierden en la moción de un solo paso multitudinario que retumba y avanza a la victoria ... en el balcón, nos aprueba con el brazo en alto ... y sin duda su espíritu alimentado por esta fuerza terrible que proyectamos hacia su balcón, enciende sus palabras: usted nos nombra y suma ...[390].

Jedes individuelle Identitätsgefühl löst sich im siegesbewußten Drängen der Masse auf, um sich anschließend im symbolischen Akt der Anrufung durch den Präsidenten in dessen Antlitz zu repräsentieren. Scheinbar gelangt die Masse somit zu einer Einheit als historisches Subjekt. Abermals setzt sich die Auffassung durch, für die jede soziale Identitätskonstitution eine Selbst-Täuschung ist. Wurde die Möglichkeit des spontanen Wiedererkennens im sozialen Umfeld von den Autoren eingangs noch als Grundvoraussetzung einer Identitätsbildung angeführt, so stellen sich derartige Evidenzerfahrungen nun als Manipulation heraus. In ihrer autoritären Fixierung auf das politische Leitbild ist die Identifikation – nochmals machen sich die Einflüsse des Lacanschen Denkens sowie der Ideologiekritik bemerkbar – gleichbedeutend mit der "Unterwerfung des Ich unter die Macht des Anderen"[391]. Da jede Vereinheitlichung im Bildnis des Anderen die Absonderung des Widersprüchlichen verlangt, ist sie schon allein deshalb nur scheinbar[392].

Realpolitisch verbirgt sich hinter der Mythenanalyse von Valdés die Kritik, die Revolution sei im Rausch der Worte und in ritualisierten Machtdemonstrationen sinnlos vertan worden[393]. Das mystifizierende Denken der Linken, die den Glauben an die baldige Rückeroberung des verlorenen Paradieses nicht aufgibt, bildet auch im folgenden Roman "La historia" den Hauptanlaß zur Kritik.

Dennoch bleibt die Offenlegung der Manipulationsmechanismen nicht ohne Widersprüche, wenn man sie vor dem Hintergrund der Valdés'schen Figurenkonzeption betrachtet. Alle Protagonisten des Autors sind im Grunde frustrierte Massenmenschen[394], die von der Sehnsucht nach Ich-Entgrenzung in einem Kollektiv getrieben werden. Im realen Kollektiv finden sie keine Erfüllung mehr. Die Einheitsappelle können sie nicht über die Vereinzelung hinwegtäuschen. Erfüllung erlangt die Sehnsucht allenfalls noch auf den imaginären Wegen der schriftstellerischen Arbeit.

Trotz aller Versuche, das einstige Vorbild, Allende, zu entmystifizieren[395], wagt es Erzähler Hache am Ende auch nicht, mit der problematischen Obrigkeitsfixierung völlig zu brechen: "Porque su muerte, compañero, lo fragmenta todo y nos conduce otra vez al origen, a la reinvención de la política"[396]. Mit dem Exil ist man erneut gezwungen, den als falsch erkannten Mythos zu idealisieren, um den Glauben nicht gänzlich zu verlieren: "para sobreponernos a nuestra propia soledad ... no nos queda otro recurso de magnificarle"[397]. So autoritär die Identifikation auch strukturiert sein mag, in der Exilsituation kommt diesen väterlichen Volkshelden eine beschützende Verteidigungsfunktion zu. Gerade weil sie in ihren Reden an ein konfliktfreies Weltbild appellieren, strahlen sie das nötige Gefühl einer Geborgenheit aus[398].

5.3.3 Die gesichtslose Macht und Reihe als Identitätskonstitution

Entgegen den noch greifbaren Bildnissen des Volkstribuns führen die neuen militärischen Machthaber ein Schattendasein. Die Militärdiktatur ist Symbol der Negation aller Identität. Die Autoren evozieren sie als gesichtslose, abwesende Macht, was die Aussage keinesfalls verharmlost, denn das Abwesende ist genauso allgegenwärtig wie unbezwingbar[399]. Peri Rossi beschwört das Bild einer phallokratischen Maschinendiktatur, eine Vergegenständlichung an sich unangreifbarer Machtstrukturen:

> ... una máquina bestial y omnipresente, a la cual era imposible identificar porque se trataba, en realidad, de un símbolo, un símbolo que estaba en todas partes ... gran símbolo fálico, estructura del poder invencible[400].

Der Militarismus wird wiederum mit dem Recht des Vaters in Verbindung gebracht; dieses ist allgegenwärtig, weil es auf bereits verinnerlichten Herrschaftsstrukturen beruht.

Moyano und Martini machen den Gedanken eines "deus abconditus" geltend. Darunter haben wir eine laizistische und lateinamerikanische Lesart der christlichen Religion zu verstehen, in der dem Christentum die Möglichkeit, an eine Transzendenz nach dem Tode zu denken, abgesprochen wird[401]. Als Sinnbild des Alteritäts- und Todesproblems wirft die Militärdiktatur die Frage nach einer eigenen symbolischen Bedeutungskonstitution des "exil"-literarischen Diskurses auf[402]. Sie hätte vor allem auf die Grundsatzfrage einer existentiellen Seinsbestimmung des Menschen eine Antwort zu geben. Die Militärs lassen – so etwa in Peri Rossis Erzählung "Pico blanco y alas azules"[403] – Dinge, vor allem aber Menschen verschwinden. Sie entsymbolisieren die Welt, womit nicht nur die historischen Erfahrungen von Zensur und Selbstzensur gemeint sind, sondern vorrangig das menschenrechtliche Problem der von den Militärs spurlos verschleppten Personen. Es begann ab 1978 die Exildiskussionen zu belasten und forderte die Autoren immer dringlicher zur Formulierung einer ethischen Botschaft heraus. Was aber ist ein "desaparecido", fragen Moyanos Erzähler: "no están ni muertos ni vivos. Pero esto no significa que no tengan realidad. Están en otro plano"[404]. Wir erkennen bereits, daß Militärdiktatur und "desaparecido"-Frage viel eher dazu geeignet sind, das Problem einer negativen Bestimmung von Identität an sich zu binden als dies in den traditionellen Selbstdarstellungen der legalen politischen Führer der Fall ist. An ihnen wird sich auch die literarische Rede als ein Diskurs negativierter, subversiver Bedeutungskonstitutionen entzünden. Das "desaparecido"-Problem sowie die hier vorgeschlagene Sicht totalitärer, weil verinnerlichter Machtstrukturen laufen letztlich auf die Konstatierung einer vorläufig suspendierten Identität hinaus.

Diese existentielle Bedingung geht ebenfalls aus den Ausführungen zum Ablauf der nun implizit gewordenen Ordnung unter den gesellschaftlichen Verhältnissen von Anonymität und Vereinzelung hervor. Das Prinzip, das die Aufrechterhaltung der Ordnung in der Isolation garantiert, ist in den Texten Peri Rossis, Moyanos und Valdés' die Reihe. In der Reihe ist die Repräsentation der vereinzelten Individuen in einer Führerpersönlichkeit nicht mehr notwendig, weil die allgemeinen Normen eines funktionstüchtigen Verhaltens über den unumstößlichen Glauben bereits verinnerlicht sind. Valdés veranschaulicht die Reihenstruktur am Beispiel der politischen Untergrundarbeit:

> ... sumarse a la invisible cadena de seres que entregaban todas sus energías, a una causa, quizás inoperante pero justa ... Lo que contaba era estar con Kurt en aquel sótano, ... y sentir que en ese aislamiento eran parte de una cadena de hombres y voluntades, ...[405].

In einer Art Fließbandproduktion ist jeder für sich mit einem begrenzten Aufgabenbereich in ein anonym bleibendes Ganzes integriert. Über den Glauben, der hier noch an alternativen politischen Zielen ausgerichtet ist, wird der Einzelne von sich aus in die ihm unbekannte Ordnung einbezogen. Zwar bedarf dieser Glaube keiner Bestätigung in einer Persönlichkeit, er funktioniert jedoch nach ähnlichen Manipulationsmechanismen. Widersprüche werden im unwiderstehlichen Bedürfnis der Menschen nach einer besseren Welt ausgeblendet[406].

Peri Rossi verallgemeinert die Reihe zur totalitären Funktion der Massengesellschaft. Es sind keine politischen Ideale, die in die Normen eines großen unbekannten Ganzen eingliedern, sondern das individuelle Glücksversprechen, in dem allerdings politische Botschaften und Werbesprache zusammenfallen können:

> Esta es la cadena de la fortuna milagrosa. Ahora ha llegado a usted. Si sigue estas instrucciones en el plazo estipulado, todos sus deseos se cumplirán. Tendrá salud, dinero y triunfará en el amor. Pero no debe cortar la cadena[407].

Hier wie in Moyanos Erzählung "La bandita del paraíso"[408] ist der Zufall in das Prinzip der Reihe mit einbezogen. Die während der Diktatur in der

Isolation des Reihendaseins verharrenden Bewohner eines Mietshauses können, wie Moyano in ironischer Umkehr des Prinzips des selektiven Terrors schreibt, von der erlösenden "bandita del paraíso" getroffen werden[409]. Der Zufall vermag, zumindest bei Peri Rossi, die Reihe zu unterbrechen: "Para continuar la cadena del azar. La rompemos con un angustioso sentimiento de intervención, de haber transgredido sus normas ocultas ..."[410]. Der Zufall tritt an die Stelle des Ursache-Wirkungs-Prinzips[411]. In der pessimistischeren Version des an sich nach Widerspruchsfreiheit strebenden Glaubens garantiert die Ausschaltung des kausalen Denkens gerade den ordnungsgemäßen Ablauf der Reihe[412].

Die Reihe ist aber auch Ordnungsprinzip des Spieles, der Poesie. In ihr ist somit die Möglichkeit einer Botschaft angelegt, in der sich das literarische Subjekt in eigener "Bedeutungsdiktatur" repräsentieren kann.

5.4 Der Schriftsteller und das Volk

Wo die einen komplexe Realitäten ungebührend vereinfachen oder sich der völligen Ausschaltung des Gegensätzlichen schuldig machen, sehen sich die anderen vor die Schwierigkeit einer angemessenen Benennung des Ungleichartigen gestellt:

> América latina es excluyente, Amerindia impreciso, Hispanoamérica o Iberoamérica no alcanzan a nombrar la totalidad, y por poco casi ní tenemos nombre[413].

Lateinamerika hat keinen Namen, der es in der Vielseitigkeit seiner Wirklichkeiten bezeichnen könnte. Die Worte reichen ganz allgemein zur Benennung der Welt nicht aus. Die Sprachkrise des Exils ist facettenreich. In ihr kommen ideologiekritische Bedenken und die im Exil gemachten Erfahrungen mit anderen Sprachgruppen zusammen. Letztere dürften den Zweifel am richtigen Gebrauch der Worte erheblich erhöht haben[414].

Sprachkrisen, das Bewußtsein der Ungleichheit zwischen den Worten und der von ihnen zu bezeichnenden Welt, sind meist Ausdruck weltanschaulicher Referenzkrisen. Ich werde mich daher im folgenden hauptsächlich auf die Beschreibung der ideengeschichtlichen Hintergründe dieser Krise einer symbolischen Bedeutungsbildung beschränken. Die Notwendigkeit einer neuen Bestimmung der intellektuellen Position nach den gescheiterten Bemühungen, diese in die soziale Praxis zu integrieren, führt dazu, daß das Benennungsproblem zunächst an dem Verhältnis zwischen Intellektuellem und Volkskultur erörtert wird.

5.4.1 Volk und Geschichte – zwei unbekannte Größen

Martini und Valdés problematisieren das Erzählen der lateinamerikanischen Geschichte am Beispiel des Theorie-Praxis-Dualismus und der Sprachbarriere zwischen mündlicher und schriftlicher Erzähltradition in der lateinamerikanischen Kultur.

Die aus den europäischen Diskussionen der 60er Jahre bekannte Kritik an der Praxisferne der intellektuellen Arbeit finden wir in "A partir" erweitert zum Problem neokolonialer, kultureller Dependenzen. Theorien, auch die sozialer Bewegungen, wurden in den Ländern der Ersten Welt entwickelt. Aus Mangel an eigenen Beschreibungskriterien fielen die Intellektuellen der "Unidad Popular" folglich bei ihrem Versuch, ein "chilenisches Projekt der sozialistischen Kultur" zu definieren, in die alte Rolle des Vermittlers zwischen metropolitaner Theorie und nationaler Praxis zurück[415].

Die den linken Gruppen in "A partir" bescheinigte Praxisferne steigert sich nun in der Figur des Hache zur bissigen Karikatur des Intellektuellen, welcher der landeseigenen Realität mit fassungslosem Unverständnis gegenübersteht. Hache ist der fremde Eindringling in der Welt der chilenischen Bauern, deren Denkweisen und Vorstellungsinhalte er nicht kennt[416]. Das Dorf La Ligua, mit dem sich Hache eigentlich schicksalhaft verbunden weiß, ohne daraus die Konsequenz zu ziehen, dort zu bleiben, muß ihm zwangsläufig als Ort chilenischer Geschichtslosigkeit erscheinen, weil er die Sprache der Bauern nicht versteht: "Son así, ... indirectos y ambiguos, los campesinos. Nunca se sabe cómo hablar con ellos ..."[417]. In La Ligua verläuft die Kommunikation auf nicht fixierten Wegen eines verbalen und non-verbalen Sprachgebrauchs: "...en La Ligua ... cada cual sabe dónde está cada cual cuando no está en su casa ... todos saben que al final se llevará (Hache, Anm. P.S.) el auto rojo y, sin mostrarse, confluirán desde sus diversos puntos para verle partir ..."[418]. Der Reihenordnung unter der Militärdiktatur ähnlich, weiß in La Ligua jeder über jeden Bescheid, ohne daß es hierzu einer ausdrücklichen Verständigung bedurft hätte. Geschichte setzt sich jenseits der offiziell fixierten Diskurse fort.

Martini macht in seinem Historiettenroman "La vida" aus diesen analytischen Beobachtungen ein literarisches Ereignis. Nach dem Motto des "dicen que dicen que dijó" erfährt der Leser die Geschichte, wenn sie längst geschehen ist, durch mündliche Überlieferung, über den Klatsch der Leute[419]. In "La vida" gelangt das Volk zu keiner Verständigung mehr. Ebenso wie es auf die Floskeln seiner Führer angewiesen ist, reproduziert es immer nur Worte in endlosen Reden der Ohnmacht: "La historia es inútil entre nosotros"[420]. Dieser Fatalismus beinhaltet wohl das Eingeständnis, daß es unmöglich ist, über die lateinamerikanische Geschichte zu schreiben. Er ist auch auf Martinis literarische Konzeption zurückzuführen, in der es mehr um ein Hinterfragen herkömmlicher Bedeutungen als um die Vermittlung sachbezogener Aussagen geht[421].

In "A partir" hingegen wird dem Volke noch der Joker zugespielt. Da sich Hache gegenüber der bäuerlichen Dummheit, die in Wirklichkeit ausgekochte Bauernschläue ist, nicht angemessen zu verhalten weiß und diese in einem Anflug elitären Klassenbewußtseins verachtet, wird er von den Bauern unter Mordanklage gestellt und in den "calabozo" katapultiert[422]. So signalisiert in "A partir" nicht die Mündlichkeit die Unterwerfung des Volkes, sondern die gültige Schriftkultur. Das von Militärs vergewaltigte Bauernmädchen sucht in der Nähe von Haches Schreibmaschine Schutz. Mit ihrem Klang verbindet sie – paradoxerweise – die Erinnerung an die erste Begegnung mit der ebenso Angst wie Geborgenheit einflößenden Bürokratie der Stadt[423]. Zwischen dem Schriftsteller, Hache, und dem autoritären Bürokraten erkennt das Mädchen keinen Unterschied.

5.4.2 Volkskultur: Der mißlungene Entwurf einer Identität im Exil

Die Auseinandersetzung mit der einstigen literarischen Projektion einer "realidad pueblo" ist bei Moyano langwierig und von Selbstzweifeln bestimmt. Sie kann nicht wie bei Valdés in einer radikalen Distanzierung von einstigen Idealen und im Rückzug auf eine subjektive Literatur vollzogen werden. Moyano war aufgrund seiner sozialen und literarischen Beziehungen zu einer der ärmsten Provinzen Argentiniens den ruralen, zum Teil indianisch geprägten Traditionen emotional weitaus stärker verbunden als die anderen Autoren. Dieser kulturelle Hintergrund hatte in der Literatur vor der Emigration die Bedeutung eines idealistischen Entwurfes lateinamerikanischer Selbstfindung[424]. Zusammen mit dem geographischen Perspektivwechsel in den ersten beiden Emigrationsarbeiten wird diesem literarisch bisher wenig bearbeiteten Kulturgut mehr Aufmerksamkeit zuteil. In "El vuelo del tigre" richtet sich auf den Indigenismus das Bestreben, die lateinamerikanische Realität in einem religiösen Mythos zu resymbolisieren[425]. In "El libro de navíos" werden in der indianischen Kultur distinktive Merkmale des Lateinamerikanischen gesucht.

Doch zeichnet sich bei Moyano eine ähnliche Problematik ab, wie wir sie schon von Martini und Valdés kennengelernt haben. Zwar ist Moyano aufgrund alltäglicher Erfahrungen mit ruralen, indigenistischen Traditionen stärker vertraut, er kann sie jedoch nicht in einem weitergehenden inhaltlichen, etwa auch anthropologisch fundierten Weltbild aufarbeiten: "Somos los riojanitos que con el Chaco y Facundo y Felipe Varela fuimos derrotados el siglo pasado ... En diciembre hacemos pesebres para el Nino Díos y cantamos Tinkunako, que como casi nadie sabe quiere decir encuentro ... Entonces les dejamos nuestras palabras, ... ulpishas, tumiñicos. No son más que sonidos. Que nadie se preocupe por el significado"[426].

Die indianischen Überlieferungen sind kaum mehr als rätselhafte Zeichen. Ob das im Exil aufgenommene Studium indigenistischer Literatur tatsächlich zum Ausbau der literarischen Projektion und damit auch Moyanos Literatur aus dem thematisch-referentiellen Vakuum verhelfen könnte, ob dieser Weg angesichts der anderen Erlebnisrealität überhaupt noch gangbar ist, läßt sich anhand der vorliegenden Arbeiten nicht eindeutig beurteilen. Moyanos eigene Äußerungen[427] und die Behandlung des Themas in "El libro" deuten auf die zweite Option. Von der Exilantin Sandra heißt es: "Che, no se imaginan cómo me gustaría ser un indio peruano. Y tener uno de esos sombreritos que usan para bailar o tocar la quena"[428]. Die gesamte indianische Vorstellungswelt ist zum Plagiat des Exilfolklorismus geschrumpft. Seine Berechtigung findet er als Zitat der Exilkultur und als Hinweis auf das gebrochene Verhältnis der weißen Lateinamerikaner zu dieser Tradition. Von Moyanos Erzählern kann er kaum noch in einer überzeugenden Alternative dargeboten werden. Der Indigenismus Moyanos fällt unter die mit dem Exil entwickelte Ästhetik des Kitschig-Grotesken. Er gehört zur ewigen Verlustanzeige in den Exilidyllen des Autors[429].

Peri Rossi, deren Figuren sich selten vor diese Art nationaler Definitionsprobleme gestellt sehen – "ya recordaba perfectamente los versos de los poetas del dolce stil novo – detalle que lo distinguía de los demás exiliados, incapaces de recordar más que poemas y canciones folclóricas"[430] –, bezieht hier einen abgeklärten Standpunkt. Da indianische Ponchos in Manchester, chinesische Vasen in Paris angefertigt sein können und der Urwald durch Tarzan der Metro Goldwin Mayer vermarktet wurde, kann das folkloristische Identitätszeichen kaum mehr für Herkunft und kollektive Identität bürgen. Allenfalls bietet es noch Anlaß zu Fremderfahrungen, die in der Begegnung mit anderen Ländern gemacht werden.

5.4.3 Verwendung nationalsprachlicher Idiomatismen

Die Distanzierungen von den Ereignissen in den Herkunftsländern werden allerdings von einem Anstieg des Gebrauchs an umgangs- und nationalsprachlichen Idiomatismen begleitet. Die Autoren bringen den Variantenreichtum des Spanischen, den sie im Exil kennengelernt haben, auch literarisch zur Geltung.

Besonders häufig greift Martini in "La vida" auf die argentinische Umgangssprache zurück. Seine Angst vor Sprachverlust spielt dabei sicherlich eine Rolle. In der Regel betonen "Argot"- oder "lunfardo"-Wendungen wie "... un día plantó bandera y se fugó"[431] oder "... elegí la mina que más te guste y serruchátela tranquilo ..."[432] das den Roman bestimmende Gewaltklima und unterstreichen den Charakter einer Fremdstereotypisierung. Diese Hinwendung zur Umgangssprache bleibt jedoch auf

"La vida" beschränkt. In "Composición" wird das Argentinische wieder auf das nur spärlich gebrauchte "vos" eingegrenzt.

Das vielleicht umfassendste Bemühen um eine Verarbeitung des mündlichen Sprachgebrauchs liegt uns in den Texten Moyanos vor. Neben der Verwendung des argentinischen "vos/che" verarbeitet Moyano seit "El libro de navíos" die Spötteleien und Wendungen des Exils. In seinem Falle geht das mündliche Erzählen auf die Redeform des erinnerten Erlebnisberichtes zurück und fällt in eine umgangssprachlich aufgebrochene, innere Monologsituation.

Bei Valdés bleibt der Gebrauch von nationalsprachlichen Varianten im Vergleich zum Roman "Zoom" vor der Emigration relativ konstant. Er hat, wie in "Zoom", eine soziale, schichtenspezifische Charakterisierungsfunktion (zum Beispiel kennzeichnet der chilenische "argot" das Bauernmilieu).

Die vor und nach der Emigration weitgehend in Hochspanisch geschriebenen Texte Peri Rossis verzeichnen keine besonderen Veränderungen. Es werden lediglich Vergleichssituationen der unterschiedlichen Varianten des Spanischen geschaffen[433].

Darüber hinaus ist der Gebrauch von Wendungen des Akademie-Spanischen oder des lateinamerikanischen "afrancesamientos" festzustellen. Sie erfüllen die Funktion einer ironischen Stilisierung der Rolle des Intellektuellen als Ästhet und Dandy[434].

5.4.4 Sprachkrise und Ansatz eines relativistischen Weltbildes

Doch der grundsätzliche Zweifel an der Sprache ist nicht aus der Welt zu räumen. Welche Motive veranlassen zum Erzählen? Wirken sie sich verfälschend auf die "Wahrheit" aus?

> Oyéndola, a veces, Hache tenía la sospecha de percibir un doble fraude: el de Kurt, al disimular su conflicto, y el de Eva, al negarse a imaginar que también podía causar daños. ... Podía, además, sospechar de un tercer fraude, implícito en la narración: el del intento de Eva de buscar en él un cierto eco o complicidad para su buena conciencia[435].

Ist das in den Erzählungen vermittelte Selbstbild nur vorgetäuscht? Mehr als das ausgesprochene Wort interessieren Hache die Auslassungen der Erzählungen, das zwischen den Zeilen stehende Wort. Auch in "La vida" sieht sich der Erzähler immer wieder genötigt, an eine hinter den Worten verborgene Wahrheit zu appellieren[436].

Die Vorbehalte der Autoren gegen die traditionelle Autobiographie begründen sich nicht zuletzt in den diskurstheoretischen Einwänden, daß Selbstdarstellungen aufgrund des ewigen Geltungsbedürfnisses der Menschen zur Verfälschung der Tatsachen verleiten. Ungewiß geworden ist vor allem der Motivzusammenhang der verbalen Handlungen, den die traditionelle Schule literarischer Charakterpsychologie noch erklärend zu behandeln pflegte[437].

Die Sprache kann kein wirklichkeitsgetreues Abbild personaler oder sachbezogener Situationen geben. Bei Martini und Valdés hat diese Einsicht in das Scheitern der Sprache noch in den Veränderungen der historischen Situation ihre Ursachen: "Qué historia es ésta?"[438] – fragt sich das aus seinem Traum erwachende Erzählerbewußtsein und sucht nach dem roten Faden im Gewirr der Worte und Legenden: "Sin embargo, no hay que olvidar que él tampoco es un típico personaje de Encarnación ..."[439]. Ist die Geschichte überhaupt typisch, repräsentativ für das Herkunftsland? Mit dem politischen Perspektivwechsel wächst bei Hache nicht nur die Einsicht in den Lug und Trug verbaler Selbstdarstellungen, vor allem konstatiert er, daß die gesamte soziologische, revolutionäre Terminologie zur Benennung der Wirklichkeit unbrauchbar geworden ist[440]. Die Sprachkrise drückt auch in Martinis "La vida" eine tieferliegende Unsicherheit in der Beurteilung der historischen Ereignisse aus. Wie sich die Geschichte weiter entwickeln wird, entzieht sich dem im Exil schreibenden Erzähler. Er kann sich nur noch in Form von geträumten Prophezeiungen und Andeutungen äußern, deren Realitätsgehalt erst nach dem Exil überprüft werden kann[441].

Die Klage über den Verlust des Sachbezugs der Sprache ist besonders Moyanos Texten zu entnehmen: "Las palabras, antes simultáneas de la vida, ahora parece que van adelante. No definen un cuerpo en sus exterioridades"[442]. Hier, wie auch in den Texten Peri Rossis, werden Exilerfahrungen für die Bezeichnungskrise verantwortlich gemacht[443]. Rolando muß die Treppe auf dem Schiff, das ihn ins Exil bringt, in den Referenzsystemen des "allá" und "acá" neu einordnen[444]. Für die Kinderfiguren Peri Rossis gibt es keine Synonyme mehr: "No hay sinónimos ... Todas (las cosas Anm. P.S.) son diferentes"[445]. Gleichzeitig verwischen sich zuvor fest umrissene Einzelbedeutungen; sobald etwas zu bedeuten beginnt, wird es von den jeweiligen Bedeutungsumfeldern anderer Worte mitbestimmt: "las palabras son ambiguas porque significan según el significado de las demás. El problema no eran las palabras sino su empleo"[446]. Der (Sprach-) Relativismus ist eine Erfahrung, die dem Reisenden und Exilanten eigen ist. Indem Rolando das "Ding" Treppe den jeweiligen referentiellen Kontexten zuordnet, setzt er es nicht nur zu Worten in Beziehung, sondern auch zu zwei räumlichen und zeitlichen Welten[447]. Mehr noch: Rolando beginnt, sich selbst aus zwei Perspektiven zu betrachten, mit den Augen des zurückgebliebenen und denen des jetzigen Ich[448]. Sein Verhältnis zu sich selbst hat sich relativiert. Peri Rossi ist nicht müde geworden, in ihren Erzählungen diesen Relativismus des Menschen in der Zeit zu reflektieren[449]. Ihre Exilanten weigern sich, die Zeitverschiebungen zu akzeptieren und geben damit ihrem Unwillen Ausdruck, sich einer der Welten anzupassen. Das

Exil leitet über zur Erkenntnis, in zwei Welten – "aquí y allá" – zu leben. Nur: Wir werden die Konjunktion "und" durch ein "weder noch" – "ni aquí ni allá" – zu ersetzen haben[450].

5.4.5 "Adiós a los sistemas?"

Unsere vier Autoren sind somit vor die Frage einer weltanschaulich-ideologischen Zuordnung gestellt. Ein solches Bekenntnis kann – wie das vorangegangene Kapitel gezeigt hat – nicht mehr problemlos abgelegt werden. Zu der materiellen und existentiellen Perspektivlosigkeit des Exils tritt ein Legitimationsschwund[451] der großen ideologischen Identifikationsmuster. Er wurde in der Identitätskrise des Exils zweifellos besonders akut, gleichwohl liegen seine Ursprünge nicht allein in dieser historischen Situation. In ihrem Aufsatz "Adiós a los sistemas" spricht Peri Rossi vom "Schwanengesang der großen Weltanschauungen" und erklärt ihn zum Kennzeichen der Moderne[452]. Zu diesen weltanschaulichen Denkmodellen, deren Funktion es war, den Menschen mit seiner Umwelt zu versöhnen, indem sie sie interpretierten, zählt Peri Rossi die christliche Religion, die Philosophie der Aufklärung, den Nationalismus, die Psychoanalyse und die marxistische Utopie des Sozialismus. Die Psychoanalyse betreffend konnten wir uns in den bisherigen Ausführungen schon überzeugen, daß sie ein nach wie vor gültiges Interpretationsmuster darstellt. Die Fragwürdigkeit der marxistischen Utopie wird in der Allegorie auf die chilenischen Ereignisse zwischen 1971 und 1973 in "A partir" erwogen. Während die großbürgerliche Eva immer noch die Reize des Lebens (Schönheit, Vitalität) verkörpert, ist der Vertreter der neuen westlichen Linken, Kurt (ein "vager" Anhänger der Frankfurter Schule), ein schweigsamer, kränkelnder Genosse geworden, unfähig, auf eigenen Beinen zu stehen. Kurt hat es eben versäumt, seine ökonomischen Analysen durch eine Theorie des Subjekts (und der subjektiven Reproduktion von Herrschaft) zu vervollständigen[453].

Sicher hat das Wissen um die koloniale Wirklichkeit Lateinamerikas zum ideologischen Legitimationsverlust beigetragen. Vergegenwärtigen wir uns noch einmal die wichtigsten Gesichtspunkte: Aufgrund seiner Kolonialgeschichte ist Lateinamerika Inbegriff einer zerstörten Mensch-Umweltbeziehung, der die Prämisse einer raum-zeitlich definierbaren Identität widerlegt. Mit den Strukturmerkmalen Heterogenität und Abhängigkeit wiederholt sich – in soziologischer Hinsicht – das Subjekterlebnis der Pluralität der Welten. Die kolonialgeschichtliche Erfahrung einer Assimilation fremder Denkmodelle mußte zwangsläufig zum "ideologiekritischen Zweifel" an herkömmlichen Wirklichkeitsrepräsentationen in Form von widerspruchslosen Selbst- und Geschichtsdarstellungen führen.

Letzter Beleg für die Ideologie- und Utopiemüdigkeit aber ist der Umbruch im Denken der Naturwissenschaften, auf den sich Peri Rossi und

Moyano berufen. Und hier scheint selbst der Legitimationsverlust der Moderne "legitim" zu werden. Schon Einsteins Relativitätstheorie - "Newton y Descartes addió"[454] – hatte das Wirklichkeitsraster "Zeit" einer empirischen Beweisführung entzogen. Durch die elektronische Revolution ist nun sogar die Berechnung nicht mehr sichtbarer Welten möglich geworden: "En el mundo subatómico hay partículas negativas que, sabes de dónde vienen, del futuro mi querido ... Travesuras de fantasmas ..."[455]. – Ein naturwissenschaftlich verbrieftes Prinzip der Alterität, das unseren Realitätsbegriff mit einem Schlage in eine "canderosa hipótesis del tiempo y del espacio"[456] verwandelt? So zumindest vermittelt es die Interpretation der exakten Wissenschaften durch die (Exil-)Literaten.

Wohin wird dann jedoch der weitere Reiseweg führen? Die Antworten sind, wie immer, individuell unterschiedlich. Valdés' Hache wollte, 1978 zumindest noch, an der Seite seines Freundes Kurt die Welt bereisen, auf der Suche nach einem Land, in dem der undogmatische Marxismus autonome Gestalt annehmen würde. Zwar haben die Figuren Moyanos ihre Suche nach "neuen Göttern" mit dem Exil noch nicht gänzlich aufgegeben, im Grunde sympathisieren sie jedoch mit der Position der Allianzfreiheit, deren entscheidendste Fürsprecherin wohl Peri Rossi ist. Die Vertrauensseligkeit ihrer Generation nochmals in Rechnung stellend schreibt sie: "... como niños que necesitan tutores, hemos confiado una vez más en que algún sistema puede devolver aquella seguridad perdida ... Ellos nos dan la vida ya interpretada y no es necesario que el hombre singular busque el sentido de su existencia ... Es muy difícil vivir en permanente transición, y por eso se inquietan los más débiles espiritualmente"[457]. Nur das Leben außerhalb der Vormundschaft der großen Systeme zeugt von geistiger Reife und Autonomie.
Vielleicht liegt uns von Martini noch am unmißverständlichsten ein Bekenntnis zu einem Ort der Herkunft vor. Aus dem Vorangegangenen dürfte jedoch deutlich geworden sein, daß dieses auch bei ihm in einer sehr persönlichen Suche nach Existenzbreite vermittelt ist.

Von hier aus werden wir nun betrachten, zu welchen ästhetischen Ausdrucksformen der Standpunkt der Bündnisfreiheit führt und wie er die Autoren in ihren literarischen Motiv- und Vorstellungswelten beeinflußt hat.

6 Die unaufhebbare Sehnsucht nach Heimat: Utopie zwischen Regression, Aggression, Progression?

Die in den vorausgegangenen Kapiteln berührte Frage nach "Heimat" setzt sich in den folgenden Interpretationen fort.
Dazu werde ich die wichtigsten Motivkomplexe der Autoren unter emigrationssoziologischen Gesichtspunkten, in ideengeschichtlichen Zusammenhängen und im Hinblick auf die aus ihnen hervorgehende Subjekt-Welt-Konzeption vorstellen. Zu zeigen ist, wie die unterschiedlichen Motive, zum Beispiel das des Kindes und Abenteurers oder der szenisch gestaltete Irritationseffekt, in eine allgemeine Metaphorik des Exils einmünden.

6.1 Das familiäre Nationale: Die Motivkomplexe aus emigrationssoziologischer Sicht

Obwohl die Autoren Begriffe wie Nationalität, Heimat oder Herkunftsland theoretisch häufig als zu abstrakte Kategorien herrschender Ideologien ablehnen, bleibt in den szenischen Entwürfen doch ihr traditionelles Konnotationsspektrum, eine unvermeidliche Heim- und Herdverbundenheit, erhalten. Die emotionale und paternalistische Bedingtheit des Nationalen, die schon in den Analysen der politischen Botschaften hervortrat, zeigt sich hier mit aller Deutlichkeit.

Peri Rossi und Moyano versetzen uns mit ihren Erzählungen in den Alltag des familiären Zusammenlebens. Protagonist ihrer literarischen Welt ist das Kind. Martini und Valdés leiten aus der Liebesbeziehung ein Motiv für Heimatverbundenheit ab. Der Mythos der ewigen Jugend ist Bestandteil der Persönlichkeitsanalyse in "A partir del fin".

Aus emigrationssoziologischer Sicht sind diese Motivwelten mit der in Kapitel 2 beschriebenen Situation der Verunsicherung zu erklären. Peri Rossi und Moyano umrissen das Exil in der Metapher des "segundo nacimiento". Ins Exil gehen heißt: wieder neu laufen lernen, zum unbeholfenen Kind werden; gleichzeitig wird damit dem regressiven Wunsch nach familiärer Geborgenheit stattgegeben[458].

Peri Rossi, die in der zweiten Emigrationshälfte das von ihr bearbeitete Thema der Kindheit unter emigrationssoziologischen Gesichtspunkten überdenkt, schreibt in der Figur des Equis aus "La nave de los locos" über den Emigranten:

> Los emigrantes tenemos una vida emocional muy inestable ... Nos volvemos hipersensibles ... Pensé en una tía que tengo. Una vieja tía que cuando era chico me tejía pulóveres y me preparaba pasteles, adornados con frutas. Hace muchos años que no la veo. De modo que me puse a mirar a la anciana como si se tratara de ella ...[459].

Im "déjà-vu"-Erlebnis – "fruto de la alucinación o de la nostalgia, de la soledad o del deseo"[460] – lösen die fremden Gesichter Erinnerungen an die eigene, ferne Kindheit aus. Die süßen Kuchen und warmen Pullover lassen den Mythos vom Goldenen Zeitalter assoziieren.

Die Erlebnissituation ähnelt in vieler Hinsicht jener, die José Donoso, der freiwillig emigrierte chilenische Schriftsteller in Spanien, in seinem Roman über das dortige Exil, "El jardín de al lado"[461], beschrieb. Im Exil, in der europäischen Gesellschaft, entdeckt das Schriftstellerphantom Julio Mendez sein Elternhaus wieder und gibt sich Träumereien von der Kindheit mit all ihren Sehnsüchten und Entbehrungen hin.

6.1.1 Wandel in der Kontinuität: Die Motivwelten im ideengeschichtlichen und biographischen Zusammenhang

Ideengeschichtlich können wir die Gleichsetzung von kollektiver Identitäts-/Staatengründung mit der Familien- oder Sippenbildung bis in antike oder biblische Traditionen zurückverfolgen[462]. In der zeitgenössischen Literatur wurde diese Thematik in Familienchroniken und Entwicklungsromanen fortgesetzt. Gerade die jüngere lateinamerikanische Literatur bietet eine Reihe von Beispielen. So beschrieben García Márquez ("Cien años de soledad"), Jorge Edwards ("Convidados de piedra"), Juan Carlos Onetti ("El astillero") den Aufstieg und Niedergang der nationalen Landesgeschichte in Familienchroniken oder zerbrochenen Paarbeziehungen[463].

Peri Rossi knüpfte, wenngleich in erwähnter Verkürzung der historisch-epischen Entwicklungsgeschichte, in ihrem uruguayischen Roman "El libro de mis primos" an diese Problematik an. Aus Kindermund erzählte sie den nationalen Zerfall am Beispiel einer Patrizierfamilie. In ihren und Valdés' Arbeiten ebneten Kinder und Jugendliche den Weg eines politisch-kulturellen Selbstverständnisses, das sich unter anderem an den Generationskonflikten der 60er Jahre entzündete. In "Zoom" schilderte Valdés einen postsurrealistischen und "ewig jung gebliebenen" Intellektuellen, der auf Revolutionierung seines Alltagslebens hoffte[464]. Die Kinderfiguren Peri Rossis sympathisierten mit der Guerrilla- und Studentenbewegung und stritten zudem für die Kunstauffassung, die im sinnlichen "l'art pour l'art" die gesellschaftliche Subversion suchte[465].

In seiner Studie über "Kindheitskult und Irrationalismus in der Literatur um 1900" hat Wolf Wucherpfennig die allgemeine Beliebtheit unterstrichen, der sich der Jugendliche in der europäischen Literatur traditionsgemäß erfreut[466]. War von der Aufklärung noch ein erzieherisch-genetischer Beschreibungsansatz zur Jugendproblematik ausgegangen, so verklärten die Romantik und später der Surrealismus das Kind als Vertreter der alternativen Traumwelt. In der Literatur der Jahrhundertwende gelangten beide Versionen des Kindheitskultes in der Figur des an übermächtigen Vätern scheiternden Jugendlichen zu neuem Höhepunkt[467].

Bedingt durch die Pavese- und Kafkarezeption lebte die zuletzt genannte Richtung vor allem in Moyanos Arbeiten fort[468]. Moyanos Jugendliche wurden durch materielle und familiäre Umstände (Armut, Tod der Eltern) zur Emigration in die Städte gezwungen, wo sie scheiterten. Derart brachte Moyano das Thema der Adoleszenzkrise mit dem der Stadtgründung in Verbindung[469]. Indem die jugendlichen Protagonisten jedoch aus den entfremdeten, urbanen Verhältnissen zu ihren väterlichen Wurzeln auf dem Lande zurückfanden, zeigten sie exemplarisch den Weg einer lateinamerikanischen Selbstfindung auf.

Danièle Genevois und Hernán Vidal haben in ihren Untersuchungen zum lateinamerikanischen Essay der Jahrhundertwende[470] sowie der Literatur der 60er Jahre[471] die utopische Bedeutung hervorgehoben, die dem Kinder- und Jugendmotiv bei einer Bestimmung des "Lateinamerikanischen" zukommt. Immer wieder meinten lateinamerikanische Autoren, progressiver wie konservativer Provenienz, in der Realität ihrer Länder die "tierra niña" zu erkennen: eine noch ungeformte Welt voller zukünftiger Möglichkeiten[472]. In der auch heute noch gebräuchlichen Deutung der Kindheit als Altersstufe noch ungebändigter, wilder Natur, die ins Stadium kultureller Individuation des Erwachsenseins überzugehen habe[473], finden wir den Zivilisations-Barbarei-Antagonismus wieder.

Die Übertragung der individuellen Entwicklung auf kulturgeschichtliche Zusammenhänge formte auch das interkontinentale Bezugsverhältnis von Alter und Neuer Welt:[474] "... y era otoño en el hemisferio de los grandes fósiles marinos, y era primavera en el país cuya guerra perdimos – bellos e ingenuos como niños"[475], heißt es bei Peri Rossi, und Valdés' Hache erinnert nicht ohne Ironie an die politische Metapher des Kontinentes in den 60er Jahren, den "neuen Menschen": "A la derecha, ocupando todo el frontis de la Universidad Católica, un lienzo con letras rojas anunciaba esto: "Un hombre nuevo está naciendo". El mensaje tenía algo de esotérico ..."[476].

In den vorliegenden Texten ersetzt das Kindheitsmotiv die durch das Exil abgewertete Volkskultur. Es bietet den Vorteil, der Lebenserfahrung der Autoren, vor allem ihrer individualistischen Grundauffassung, wesentlich näher zu stehen.

Die Polyvalenz der Motivwelten erlaubt, persönliche und zeitgeschichtliche Erfahrungen in einem allgemeinen, symbolischen Aussagespektrum zu vermitteln und anderen zugänglich zu machen. Auf diese Weise wird die literarische Auseinandersetzung mit Identität überhaupt erst möglich. Außerdem erklärt die in dem Kindermotiv besonders offensichtliche persönliche Bindung an den allgemeinen literarischen Vorstellungszusammenhang die Kontinuität, die diese Motivkomplexe im Exil zunächst bewahren konnten. So ist die Beschäftigung mit dem Kindheitsthema bei Peri Rossi, über den Tatbestand einer soziokulturellen Selbstcharakterisierung ihrer Generation hinaus, auch in Bezug zu setzen zu dem persönlichen Bestreben nach weiblicher Identitätsfindung. Dieses prägte auch schon die ersten sozialen Erfahrungen, die mit dem Schreiben im Kreise der Familie verbunden waren: "Especialmente me impresionaba el mal efecto que esta actividad producía en el seno de mi familia, nada dispuesta a que una de sus representantes abandonara el rol tradicional de la mujer ... El agudo rechazo a este rol que venía marcado por la tradición y las neurosis individuales me volcaba cada vez más hacia la escritura como forma de identidad ..."[477]. Sah sich Peri Rossi durch Opposition gegen ein aufgezwungenes Rollenparadigma zum Schreiben herausgefordert, so war für Moyano die Suche nach einer Erklärung der Welt entscheidend: "Yo comencé a escribir para explicarme una realidad que no comprendía cabalmente ..."[478]. Über die imaginäre Konfiguration des Vater-Sohn-Konfliktes, die nahezu alle Arbeiten des Autors durchzieht, verallgemeinerte Moyano seine Erfahrung der frühen innerargentinischen Migration und des Waisenstandes in der Fragestellung einer lateinamerkanischen Identitätssuche. Ähnlich fließt die vitale Grundsatzfrage einer Integration in gesellschaftspolitische Projekte in den Entwurf der Valdés'schen Protagonisten ein.

Nur die Literatur Martinis weicht von der festgestellten Thematik ab. Ihre Wortführer waren keine marginalen Opponenten, sondern Mächtige (Großgrundbesitzer, Firmenchefs). Ebenso fehlte in den Texten vor der Emigration das Familiengründungsmotiv. Seine Aufnahme in die Arbeiten aus der Emigration läßt darauf schließen, daß Martinis Motivwelt im Exil eine Verallgemeinerung in existentiellen Konflikten widerfahren ist. Darüber hinaus hat nun gerade der Interessenschwerpunkt dieses Autors im Exil an Aktualität nichts eingebüßt. Kontinuität besteht auch in der Literatur Martinis, und sie muß, neben dem Tatbestand eines gewahrten zeitgeschichtlichen Rahmens, mit den persönlichen Erfahrungen erklärt werden, die während der ersten Kontakte mit der Literatur gemacht wurden. Wie Peri Rossi nutzte Martini das literarische Medium zunächst, um seine schweigsame Opposition gegen eine als bedrückend empfundene Familiensituation zu artikulieren[479].

Hiermit behaupte ich nicht, daß das literarische Schaffen im Exil auf jeden Fall stagnieren muß. Die Entwicklung Peri Rossis in der zweiten Emigrationshälfte zeigt vielmehr, daß es auch im Exil zu grundlegend neuen Arbeitsphasen kommen kann, diese jedoch nicht zwingend mit den

Veränderungen der äußeren biographischen Situation koinzidieren müssen.

Für Peri Rossi wie für die anderen Autoren gilt, daß der Wandel ihrer Vorstellungswelten im Rahmen zeitgeschichtlicher wie persönlicher Kontinuität steht. Wandel ergibt sich schon aus dem Tatbestand, daß die Motivwelten in den Revisionsprozeß des Exils einbezogen werden mußten. Dabei ist als biographisches Detail festzuhalten, daß die Revision für die Autoren mit dem Ende einer von politischen Idealen geprägten Jugend zusammenfällt. Sie erfüllt die doppelte Funktion von Stellungnahmen zu den Verhältnissen in den Herkunftsländern und einer Neuorientierung eigener Positionen im Exil.

6.2 Lokalitäten der literarischen Phantasie: Haussymbolik und die ambivalente Einsamkeit

Das Interieur ehemals großbürgerlicher Wohnungen (Valdés), Hotels und Bars, die einen vergangenen Luxus noch erahnen lassen, zugleich aber auch vorübergehende Seßhaftigkeit anzeigen (Martini), Gärten und das Elternhaus (Peri Rossi, Moyano) sind die beliebtesten Schauplätze der literarischen Phantasie unserer Autoren. Sie bevorzugen, wie schon angedeutet, eigenschaftslose, alltägliche Erlebnisräume (Peri Rossi) oder allegorisch verfremdete Szenerien (Moyano, Martini). Außer auf das emigrationsspezifische Problem einer räumlichen Distanzierung, haben wir die geringe geographische Bindung auf die Tatsache zurückzuführen, daß es den Autoren ohnehin weniger auf soziologische Milieubeschreibungen als auf die Konstitution subjektiver Erlebnis- oder Stimmungsräume ankommt. Im allgemeinen fügen sie ihre szenischen Evokationen in die Wahrnehmungs- oder Empfindungsperspektive einer Erzählfigur ein, so daß die jeweiligen Szenarien gemeinsame Strukturmerkmale aufweisen.

Hervorzuheben ist zunächst die Betonung des geschlossenen Innenraumes, in dem die Einsamkeit und Vereinzelung durch Exil und Diktatur vorgestellt werden. Selbst die Fenster, Brücken zur Außenwelt, sind in den gruftartigen Räumen hermetisch verschlossen[480]. Erdrückend wirken die Räume besonders bei Valdés und Moyano. Beide Autoren gingen ja mit dem Gefangenschaftserlebnis belastet ins Exil. Moyano beschreibt in "El vuelo del tigre" den Gefängnisaufenthalt am Beispiel einer häuslichen Isolationshaft, in der sich die Familie Abellay in den eigenen vier Wänden Folter und Verhören unterziehen muß. Ebenso wird für Hache in "A partir" die einst so geliebte Wohnung durch Ausgangssperren und Hausdurchsuchungen zum Gefängnis[481]. Moyano und Valdés geben die politischen Verhältnisse aus der intimen Perspektive eines Einbruchs in die Privatsphäre der Protagonisten wieder.

Doch das hermetisch verriegelte Haus ist nicht nur Symbol moderner Entfremdungssituationen. Noch bevor die Einsamkeit das Lebensgefühl versiegen läßt, ist sie, deren Zweideutigkeit Peri Rossi mit "tumba y oasis de todas nuestras aspiraciones"[482] kennzeichnet, ein gesuchter Raum heimlicher Selbstbespiegelung. Dies entnehmen wir Valdés ("A partir") Analyse der vorrevolutionären, bürgerlichen Subjektivität und Martinis ("Composición") Introspektion aus dem Exil.

> Con las llaves que tenía en su poder desde el día anterior abrió primero el candado de la verja de hierro, y tras ésta la pequeña puerta de aspecto castelar, con sus gruesos clavos, mirilla, argolla y cerradura de hierro forjado, y tomando aliento inició la ascención de sus bienes ... La escalera era sombría, estrecha y empinada ... El segundo plano se curvaba como un signo de interrogación inclinado y conducía finalmente a un pequeño descanso de baldosas valencianas y una nueva puertecilla, también de imitación medieval ...[483].

Voller Hoffnungen und innerer Spannung nimmt Hache im ersten Kapitel von "A partir" die ebenso faszinierende wie furchterregende "mittelalterliche Folterkammer" seiner Wohnung – nebenbei bemerkt eine identische Reproduktion des zuvor beschriebenen Stadtbildes – in Besitz. Der zum Fragezeichen gebogene Treppenabsatz, die verriegelten Türen und Gitter zeugen vom dornigen Weg dieser in den architektonischen Gegebenheiten veranschaulichten Suche nach Identität. Haches Wohnung befindet sich im Dachgeschoß und vor aller Welt verborgen. Auf sie richtet sich die allerdings nicht nur aus "A partir" hervorgehende Hoffnung eines Aufstiegs aus dem verlorenen Paradies. Einsam über den Dächern Santiagos stehend, sucht Hache das Kollektiv, die neue Zeit, in seiner Privatsphäre zu empfangen[484]. Die sich wie ein Labyrinth auf verschiedenen Ebenen, in unzählige Nischen und Ecken verzweigende Wohnung ist Stätte des bürgerlichen Individualismus, einer heimlich-unheimlichen Intimität[485]. In ihr kündigt sich die spätere politische Situation unter der Militärdiktatur bereits an, denn die Selbstbespiegelung gleicht einem Verhör, dem sich das Ich jedoch noch freiwillig stellt[486].

Die Idee einer Identitätssuche in labyrinthischen Räumen finden wir sowohl in der Museumsallegorie Peri Rossis als vor allem auch in den Texten Martinis wieder, in denen die Introspektion des Protagonisten ausschließlich in den Wahrnehmungen äußerer, architektonischer Gegebenheiten versachlicht ist[487]. Symmetrische Straßenfluchten, düstere Gänge und Gäßchen signalisieren den Zustand innerer Unruhe, der die Protagonisten zu ziellosem Umherirren drängt. Die Phantasmagorie gruftartiger Räume ist im übrigen in beiden Emigrationsarbeiten dominierend und umfaßt die Darstellung der fremden wie der eigenen Welt.

Dennoch folgen Martini und Valdés mit ihren Raumerlebnissen des "poète maudit" ganz der Psychologie des Emigrationsschriftstellers. Ein

Vergleich mit José Donosos Roman "El jardín de al lado" mag dies verdeutlichen. Die Phantasie des unerreichbaren Elternhauses bezieht sich darin auf eine Madrider Hochburg des Franquismus. In seinen Beobachtungen des "Gartens von nebenan" begibt sich das Schriftstellerphantom Julio Mendez in die imaginäre Gefangenschaft einer konservativ-großbürgerlichen Gesellschaft. Die chilenische Situation wird unmittelbar im europäischen Milieu und dem Verhältnis des Protagonisten zu diesem gespiegelt.

Beim Flanieren durch das Wohnrauminterieur dringen die Protagonisten immer tiefer in die Räumlichkeiten ein. Sackgassenartig endet ihr zwanghaftes Bedürfnis nach Innerlichkeit in Kleiderschränken oder Badezimmern, Festungen des bürgerlichen Reinlichkeits- und Intimitätsempfindens. An diesen Endstationen Sehnsucht, die in Homologiebeziehung zum Empfinden einer Geschichtslosigkeit des lateinamerikanischen Inlandes stehen, bricht die Außenwelt entweder mit autoritärer Gewalt in das Innenleben ein[488] oder die Orte beginnen, in identitätsloser Leere zu versinken: "El vapor, como una nube creciente, empanó los azulejos y difuminó las formas"[489]. Der Innenraum der gesuchten Einsamkeit ist ein transitorisches Medium. Es gilt, ihn im Hinblick auf ein wie auch immer zu bestimmendes anderes Ziel zu überschreiten. Aus diesem Grunde stellt er sich auch als Ort der Trennungen, der schier unüberwindbaren Mauern dar. Diesen Gedanken legt vor allem die Mauer- und Haussymbolik in Moyanos Arbeiten aus der Emigration nahe. Beide sind Indizien eines unwiderruflichen Trennungsprozesses, der bereits in der Kindheit seinen Anfang nahm[490].

6.2.1 Die heimliche Mutter – Regressionsphantasien

In ihrer Funktion einer Initiationsstätte unaufhebbarer Trennungen und als Ort der ebenso freiwilligen wie erzwungenen Introspektion unterliegen der Haussymbolik nicht nur erotische Konnotationen[491]. Mit ihr verbunden ist die philosophische Frage nach Herkunft, dem Ursprung des Seins schlechthin.

In der Familiensymbolik der Emigration haben wir sie mit der Frage nach der mythischen Mutter zu übersetzen[492]. Die am Landesinneren ausgerichtete Identitätssuche korrespondiert mit einer Regressionsphantasie, die den Archaismus der Urmutter-Erde zum Gegenstand hat.

Heimkehr ist für die Protagonisten Martinis gleichbedeutend mit der Suche nach Mütterlichkeit in der Frau als Prostituierte; sie allein könnte das Bedürfnis nach einer Wiedervereinigung der zerrissenen Identität erfüllen[493]. Peri Rossi, deren Kinderfiguren ebenfalls recht unverhüllt inzestuöse Regressionswünsche zum pränatalen Ursprung zur Sprache bringen, schreibt zum mythischen Stadium der Kindheit:

> Infancia. Allá, en el principio, todas las cosas estaban juntas, infinitas en el número y en la pequeñez. Y mientras todo estaba junto el dolor era imposible la pequeñez, invisible[494].

Der schmerzliche Weg in die Individuation, die Trennungen verlangt, ist noch nicht angetreten. Die Welt verharrt im glückseligen Urzustand eines völligen Bei-sich-Seins, in dem die Entfremdung zwischen Subjekt und Objekt unbekannt ist[495]. In der Kindheit, so überlegt Peri Rossi weiter, beginnt mit dem Spracherwerb die Übernahme verstandesmäßiger Kategorien einer Weltbewältigung und folglich die Entfremdung vom eigentlichen Erleben[496]. Sobald wir über die Begriffe verfügen, sind sie es, die unsere Wahrnehmungen vorstrukturieren. Wir wissen von den Dingen, aber wir sehen und empfinden sie nicht mehr.

Die Phantasie der maternellen Symbiose gehört in den Kontext der Opposition gegen das "väterliche Prinzip", Rationalität, die den Kindheitskult seit Beginn des Jahrhunderts prägt[497]. Mit der Reproduktion des Lebens verbunden, verkörpert die mythische Mutter[498] die vitalen Eigenschaften, Elementarität, Emotionalität usw. Sie sichert eine zyklische Eingebundenheit des Daseins, wodurch sich auf sie die Frage nach der Transzendenz des Lebens richtet[499].

Erstmals wird in der sonst kritischen, negativ-utopischen Einstellung der Autoren die traditionelle Sehnsuchtshaltung nach einer vorgegebenen Ordnung offenkundig, die allerdings nur noch vage in Rousseaus Ideal einer "soledad primitiva" angedeutet ist[500]. Diese Sehnsucht kann in ganz unterschiedlichen sozialen und literarischen Projektionen manifest werden. So ist sie bei Martini noch auf die Epoche der liberalen Landesgründung bezogen; in "A partir" motivieren romantische Revolutionsvorstellungen den Traum von der Rückeroberung der primitiven Einsamkeit[501]. Moyano schließlich überträgt das Ideal eines vitalen Lebens im Einklang mit der Natur auf den indigenistischen "madre tierra"-Mythos[502]. Unabhängig von den jeweiligen sozio-kulturellen Anlässen stellt die Sehnsucht nach der "Mutter Natur" eine Reaktion auf kompliziert erscheinende Weltzusammenhänge dar; als solche hat sie natürlich auch im Exil und der politischen Verfolgung ihre Ursachen[503].

Gesondert erwähnt werden muß an dieser Stelle die etwas abweichende Position Peri Rossis. Mit den Argumenten der Frauenrechtlerin kritisiert sie das in der Mutterschaftsideologie enthaltene Bild des Weiblichen und weist es als lateinamerikanischen Paternalismus und Irrationalismus faschistischer Ideologien zurück[504]. Die Figur des Percival aus dem späten "La nave de los locos" macht uns mit der "idealen Mutter" bekannt: "... mi madre es una mujer muy inteligente. Inteligente y sensual"[505]. Die moderne Frau hat beide Eigenschaften, Verstand und Sinnlichkeit, in sich zu vereinen. In der Regel haben die Protagonisten Peri Rossis dem väterlichen Prinzip, Rationalität, nicht völlig abgeschworen.

In den vorangegangenen Kapiteln wurde aber schon deutlich, daß der utopische Romantizismus auch bei den anderen Autoren den Maßstäben der Wirklichkeit weichen mußte. Alle Versuche einer Wiederherstellung der romantischen Metaphysik natürlicher Korrespondenzen, wie sie von den Protagonisten Moyanos und Valdés' unternommen werden, scheitern. Nicht die Natur, sondern das Bewußtsein, die imaginäre Welt der Kunst, ist der Tempel (lo sagrado). Das Ich – an den Mittelpunkt der Welt gefesselt – hat den Weg in die Individuation angetreten. So ist das Bedürfnis nach symbiotischer Entgrenzung am Ende nur erklärbar, wenn wir es auf den literarischen Kreationsvorgang und sein Analogon, den Traum, beziehen:

> A veces Equis sueña que pesca en un río muy raro. Las aguas son transparentes y se puede contemplar en toda su extensión el tránsito de los peces. Pero además, Equis puede sumergirse en ellas hasta quedar tapado por las aguas, ... sin mojarse, sin ahogarse, como si, en realidad, se tratara de aire. Esta comparación no se le ocurre en el sueño, porque los sueños tienen realidad propia y no las necesitan: sólo en la ambigüedad del día se nos ocurren las comparaciones, para fijar la sinuosa tela de lo real; el sueño tiene tal convicción que hace prescindibles los tropos[506].

Nur im Traum gibt es substantielle und in gewisser Weise individuierte Identität, die ohne vergleichende Erklärungen auskommt. In der kristallinen Transparenz – bei Peri Rossi wird sie häufig in nautischen Symbolen angezeigt – liegt die Möglichkeit einer Verschmelzung mit der Welt der Objekte, der im literarischen Schaffen die Ich-Entfaltung in einer alternen Erzählfigur entspricht[507].

Das Bekenntnis zur "ewigen Jugend" des Schriftstellers – "Estoy en la edad de bronce de Hesoído, me quedé niño para siempre[508]" – schließt eine Verneinung von Trennungen und Individuationsleistungen ein. Vom Standpunkt der Emigrationssoziologie aus betrachtet, müßten wir hier eine "Unfähigkeit zu trauern"[509] diagnostizieren. Gelungene Trauerarbeit verlangt wohl die Auseinandersetzung mit dem Verlorenen, dies jedoch, um die Verluste allmählich zu akzeptieren und später neue Bindungen eingehen zu können[510]. Allerdings können wir die Maßstäbe eines gelungenen Emigrationserlebnisses nicht vorbehaltlos auf die Literatur übertragen. In der Literatur symbolisiert das Festhalten am Mythos der ewigen Jugend eine grundlegende gesellschaftliche Opposition, die mit dem Exil nur in mittelbarem Zusammenhang steht.

Hieraus folgt aber auch, daß die literarische Sehnsucht nach Heimat nicht mehr einfach im Bezug auf Welt erfaßbar ist. Die Objekte nostalgischen Begehrens werden in einem ohnehin unerreichbaren Urzustand stilisiert und geben durch diese Abstraktion in der "oscura y bella necesidad de lo absoluto"[511] unentwegt zur Enttäuschung "que las cosas no sean de otro modo"[512] Anlaß. Die Sehnsucht nach heimatlichen Bindungen ist damit wohlgemerkt nicht aufgehoben. Gerade weil die literarische Sehnsucht bindungslos bleibt, verselbständigt sie sich in einer agnostischen Auffassung vom Unendlichen, in dessen Mittelpunkt Exil und Absurdität als Geburtsstätten ex-nihilo stehen werden[513].

Die negative Sehnsucht bedingt eine archaisierende Interpretation der politischen Gewalt. Diese wird nun in erster Linie mit der unbewältigten menschlichen Natur erklärt: "Esta precariedad de no saber bien qué es lo vivo ni lo muerto hace posible el crimen"[514]. Weil der Mensch, so der ebenso vitalistische wie konservative Standpunkt von Moyanos Erzählern, den ihm zustehenden Platz in der natürlichen Ordnung verließ, um sich diese mit dem Verstande zu unterwerfen, hat er auch das Bewußtsein seiner selbst und die Achtung vor dem Leben verloren.

Aus dem Wissen um diese uneinholbare Alterität leitet sich der Auftrag des literarischen Schaffens ab, schreibend das archaische Macht- und Gewaltbegehren der Menschen aufzuspüren. In der Metamorphose "La tarde del dinosaurio" von Peri Rossi zieht der unter der Militärdiktatur aufwachsende Junge allnächtlich aus, um die Traumfigur, einen Dinosaurier, zu beobachten. Dem Fischen in den beschützenden und gefahrvollen Gewässern der Träume entspricht ein sorgsames Bewachen der unbewältigten Phantasien, deren Existenz weder verdrängt noch in ungehindertem Wachstum bestärkt werden darf: "... ya se había acostumbrado ... a su sonámbula aparición en medio del sueño, que era como un antepasado querido ... Un amigo algo exótico en sus costumbres, pero que llegamos a querer y a estimar"[515]. Schließlich sind es die exotischen Phantasien und Ängste, denen wir unsere Herkunft oder Abstammung verdanken.

6.3 Spiele mit der literarischen Angst: Das Idyllische und das Groteske

Die Satire, die Groteske der idyllischen Welt, die "nicht mehr schönen Künste" sind die häufigsten szenischen Mittel, mit denen die Autoren auf die politische Restauration antworten und ihre "Exil"-Nostalgien literarisch verwirklichen: "Lo que me interesa hoy es sobre todo crear climas, climas de angustia, por ejemplo"[516], meint Moyano zu seiner literarischen Arbeit, und bei Peri Rossi lesen wir zu den Darstellungsmöglichkeiten des Menschen in der heutigen Zeit: "... los mejores escritores de nuestros días, representa(n) ... el vivir cotidiano despojado de toda naturalidad, aislado, descarnado ... hombres solos afeitándose, mientras parte de su cuerpo se descompone o se desintegra ..."[517]. Unter den gegebenen Verhältnissen von Exil und Diktatur ist die "condición humana" ohne den Pamphletismus des Heroischen, in ihren an sich belanglosen Kämpfen gegen eine zersetzende Wirklichkeit darzustellen[518].

Die groteske Ästhetik erfüllt, im Rahmen des literarischen Schaffens im Exil, vor allem zwei Funktionen. Einerseits ist sie nach Michail Bachtin als karnevalistische Kultur des Lachens auszulegen, die von dem Wunsch bewegt wird, die Symbole der Macht umzustülpen[519]. Vor dem Hintergrund einer durch Antikolonialismus und sexuelle Emanzipation aufgewerteten "barbarischen Leiblichkeit" kommt dem Grotesken zweifellos eine positive, ja subversive Bedeutung zu. Andererseits übermittelt diese Ästhetik aber auch jenen nicht mehr genau bestimmbaren Weltschmerz, der auf eine fremde und entfremdete Welt verweist, wie dies Wolfgang Kayser in seiner Definition des Grotesken vorschlägt[520]. Dies gilt besonders da, wo die Groteske eine Bloßstellung der politischen Gewalt zum Ziele hat.

In einem weiteren Sinne ließe sich auch vom Einsatz phantastischer Mittel sprechen. Die Beschreibung von raum-zeitlichen Orientierungskrisen, der Gebrauch der Spiegel-, Gesichts-, Augensymbolik, die deformierte Leiblichkeit gehören zum Motivkanon der phantastischen Literatur, die bekanntlich in gesellschaftlichen Umbruchsituationen besonders florierte[521]. Die ent- oder verfremdete Darstellung läuft auf eine Irritation der vertrauten Normalität hinaus. Sie soll zum einen, in durchaus sozialkritischer Absicht, die gerade von dieser scheinbaren Normalität ausgehenden Bedrohungen aufzeigen, zum anderen hat sie von den grundlegenden Sehnsüchten nach einer anderen Welt mitzuteilen. In dem einen wie dem anderen Falle gilt jedoch, daß sowohl das Groteske als auch der phantastische Irritationseffekt subjektive Reaktionen auf die gesellschaftlichen Verhältnisse darstellen. Diese werden in suggestiven Stimmungsbildern reinszeniert, in den seltensten Fällen jedoch direkt benannt.

In den Erzählungen Peri Rossis und Moyanos ist dieser zweideutige Charakter des Grotesken besonders auffällig, da es sich hier vor den Hintergrund des Idyllischen schiebt. Die Idylle, eine Welt voller (scheinbarer) Ruhe und Ordnung, ist Indiz der Restauration und trägt als solche alle Anzeichen einer unterschwelligen Bedrohung. Gemäß der subversiven Umkehrung der vertrauten Wertskala erweist sich das Idyllische gerade als Groteske.

Eine Bemerkung ist an dieser Stelle noch zu dem Kleinbürgermilieu anzuschließen, in dem Peri Rossi, Moyano und Valdés ihre Erzählungen ansiedeln. Zwischen Idylle, Restauration und Kleinbürgertum besteht ein enger Zusammenhang. Der Kleinbürger ist Vertreter eines obrigkeitsstaatlichen, repressiven Charaktertypus[522]. Mit seinem zweckorientierten Denken des "juste milieu" trachtet er nur nach der Sicherung eigener materieller Vorteile und ist an der Aufrechterhaltung der Ordnung interessiert[523].

Vor allem ist der zivilisierte Spießer ein Rollenmensch, dem in der figuralen Inszenierung jede personelle Tiefenschärfe abgesprochen wird.

In Moyanos und Valdés' Arbeiten vertritt der Kleinbürger die ehemalige liberalbürgerliche Ordnung, an deren Demontage er ohne Skrupel mitgewirkt hat. Bei Peri Rossi beschränkt sich die soziale Repräsentation ganz auf die gesellschaftlich verordnete Geschlechtsrollenteilung, die in den Prinzipien des Ewig-männlichen und Ewig-weiblichen zu einer Weltsicht schematisiert werden: "Para él, la realidad era un cuadrado, Para ella, la realidad era una circunferencia"[524].

Im Kleinbürger wird uns jedoch nicht nur ein weiteres Beispiel der scheinbaren sozialen Selbstrepräsentation dargeboten, er ist auch für die duale Gestaltung der literarischen Phantasie maßgebend. Die Kinder und Abenteurer grenzen sich vor der Negativfolie eines verknöcherten Zivilisationsbürgertums in einer strikten Verweigerungshaltung ab. Mit dem Helden des traditionellen Romans haben sie die existentielle Bestimmung des Suchenden gemein, ansonsten sind sie zu den typischen Antihelden der modernen Literatur zu zählen. Sie nehmen das Scheitern an den zweckorientierten Normen in Kauf und streben nach einer neuen Spiritualität.

Die Vielschichtigkeit dieses kindlichen Verhaltensmusters, das sowohl aus einer emigrations- als auch einer literatursoziologischen Perspektive gedeutet werden kann, ist an dieser Stelle nochmals zu betonen. In der Passivität, Teilnahms- und Entscheidungslosigkeit, in der Desillusion der Antihelden spiegelt sich die Erfahrung des Exilanten, der sich durch übermächtige Verhältnisse entwaffnet sieht, aber auch die des Schreibenden, der in passiven Träumereien auf dem Papier neue Welten erkundet. Kinder und Abenteurer sind Außenseiter, Neuankömmlinge in der Welt, die noch die Möglichkeit haben, jener mit unschuldigem Blick zu begegnen. In der Rolle des idealisierten Vertreters der anderen Welt des Traumes bestreiten sie auch im Exil noch die Suche nach Identität. Wie die Autoren die Vielschichtigkeit dieses Motivzusammenhangs umsetzen und wie sie sich dabei mit der Exilsituation auseinandersetzen, wird in den folgenden Einzelanalysen zu klären sein.

6.3.1 Wissenschaftliches Barbarentum und Satire – das Kindermotiv Peri Rossis

Da der väterliche Grundsatz der Rationalität in der literarischen Welt Peri Rossis noch beansprucht wird, kommt den Kinderfiguren vorrangig die Aufgabe einer aktiven Auseinandersetzung mit Welt zu. Peri Rossi übt mit ihren grotesken Satiren eine gesellschaftliche Konventionskritik, durch die sie zugleich eine Neubestimmung der eigenen Position im Exil vornimmt. Träger der satirischen Kritik ist entweder der kindliche Held oder der anonym bleibende, mit diesem sympathisierende Erzähler.

Im übrigen weicht diese Welt bereits von den sozialen Mustern ab, die gemeinhin als lateinamerikanisch gelten. Nahezu ausschließlich wird der

Alltag der Kleinfamilie evoziert, der an den sterilen Normen der modernen Konsumgesellschaft orientiert ist.

“Entonces, de qué sirven todas las experiencias realizadas con negros, indios, anarquistas y demás presos políticos?”[525], fragt die rückschrittliche Mutter, die ihren Sohn im goldenen Alter von drei Jahren konservieren will und hierzu die in rassistischen Experimenten kollaborierenden Ärzte um Rat bittet: “... tenía la idea de que en los gigantescos laboratorios norteamericanos del desierto de Nevada y Oklahoma se habían consumido, en pruebas científicas, miles de reservas de búfalos, chilenos, chimpancés, uruguayos y otros animales”[526]. Auf dem Weg der Satire wird die idyllische Welt in ihrer (darwinistischen) Animalität bloßgestellt. Das Merkmal einer subversiven Lachkultur ist am ehesten noch in den Erzählungen Peri Rossis anzutreffen.

Entgegen den festgelegten Wirklichkeitsgrenzen von Mann und Frau, wobei die Mutter häufig in der traditionellen Rolle einer Vermittlerin der repressiven Gesellschaftsnorm erscheint[527], definiert sich das Kind in einem “non lieu”[528]. Da es über keine präformierten Vorstellungen von der Welt verfügt, kann es sich seine Umgebung noch in Experimenten erschließen:

> Subió (al árbol, Anm.P.S.) con prismáticos y catalejo. Con el catalejo, divisaba el mar, lejano ... Con los prismáticos miraba hacia el horizonte, tratando de descubrir alguna señal que identificara ese día entre otros, que lo distinguiera y lo hiciera diferente[529].

Der Junge aus “Feliz cumpleaños” erforscht die Natur nach den äußeren Anzeichen seines Geburtstages. In “La rebelión de los niños” tritt der kindliche Protagonist erstmals in der Rolle des primitiven, positivistischen Wissenschaftlers auf, der die Welt nach eigenem Gutdünken und mit den Mitteln eines mechanischen Empirismus überprüft. Einer der clownesken Effekte des Kindermotivs besteht in der Weigerung gegenüber jeglicher Art von abstraktem Denken und dem naiven Bestehen auf empirischer Messung und Beweisführung des häufig nicht Beweisbaren (weil es durch Übereinkunft festgesetzt wurde). Der Umgang mit Welt beschränkt sich somit auf das “esse est percipi”, für das alle Dinge zunächst als Einzelwahrnehmungen zu gelten haben. Gegenüber dem sich vorrangig in spielerisch-anarchistischer Zerstörungslust behauptenden Kind der uruguayischen Arbeiten zeichnet sich das des Exils durch intellektuelles Verstehen aus.

Die Kindheit ist zum Vexierspiegel der Erwachsenengesellschaft geworden. Peri Rossis Kinderfiguren sind Baby-Erwachsene oder altkluge Kinder, hierin bestätigen sie etwa auch die Ansicht Julio Cortázars: “Kinder sind von Natur aus undankbar, was verständlich ist, da sie ja nur ihre liebevollen Eltern nachahmen”[530]. Die Auffassung, daß Persönlichkeitsbildung nur durch kreative Phantasie möglich sei, wird von den vorzugsweise bei Freud und Lacan geschulten Nachkommen der Guerrilla- und Studentenbewegung selbstbewußt in Anspruch genommen. Die Kinder setzen das die Literatur Peri Rossis formende enzyklopädische Prinzip in die Tat um. Sie betreiben einen "despotismo ilustrado" und stellen damit bereits die Welt der Erwachsenen in einem grotesken Zerrspiegel dar. Alicia aus "La influencia de Edgar A. Poe en la poesía de Raimundo Arias" übernimmt im Exil die Fürsorge für ihren Vater und ist hauptsächlich um die Herausbildung seiner Persönlichkeit besorgt: "...había que estimular el crecimiento de su personalidad ..."[531].

Kein Zufall ist auch die häufige Erwähnung der Literatur Lewis Carrolls. Mit den Kindern des viktorianischen Zeitalters haben die Figuren Peri Rossis gemein, daß sie stets im Wettstreit mit Erwachsenen handeln[532]. Die Hermetik der Carrollschen Logik allerdings wissen sie noch mit einer ratio-vitalistischen Weltsicht aufzubrechen. Erst in der zweiten Emigrationshälfte nimmt die sich hier andeutende Vorliebe für das paradoxe Denken im Rahmen einer weitaus pessimistischeren Welthaltung zu[533]. Eine weitere Parallele der Monster-Kinder Peri Rossis zu einem Beispiel der modernen Literatur bietet sich in der "Blechtrommel" von Günter Grass an. In diesem Roman wirkt ja ebenfalls ein erwachsener Gnom in der Rolle des Kritikers am deutschen Nationalsozialismus. Kenntnisse der "Blechtrommel" sind jedoch in der Ausbildung des hiesigen Kindermotivs nicht vorauszusetzen. Eine Beziehung zum Werk Julio Cortázars hingegen kann mit Sicherheit angenommen werden. Cortázar nutzte, besonders in seinem Spätwerk ("El libro de Manuel"), den aus der "Pataphysique" Alfred Jarrys herrührenden pseudowissenschaftlichen Diskurs zur Provokation des gesellschaftlichen Normendenkens[534]. Auch Cortázar idealisierte die Kindheit in einer imaginären, spielerischen Seinsaffirmation, ohne daß ihn dies jedoch zur Entwicklung einer eigenständigen literarischen Figur gebracht hätte[535]. Natürlich wären hier noch weitere Berührungspunkte zwischen der Literatur des Argentiniers und der der Uruguayerin zu erwähnen: So etwa in ihren provokativen Zielsetzungen, der kosmopolitischen Ausrichtung oder dem bevorzugten Reflexionsgegenstand, der Sprache.

Kindliches Wunschdenken wird in den Arbeiten Peri Rossis zum erwachsenen "raisonnement" erhoben, woraus sich ein ausgesprochener Voluntarismus ergeben kann. Andererseits steht dem Kind noch die Möglichkeit offen, auf dem Wege naiver Fragen gegen die Welt des "bon sens" vorzugehen:

> Cómo se puede organizar la vida de una manera coherente si no sabemos exactamente la índole de nuestros placeres la cantidad, su disposición y la exacta frecuencia con que deben ser administrados? Por lo que veo, hasta ahora nadie puede percibir con claridad la esencia del tiempo, aunque lo calculen[536].

Unwissend erscheint häufig nicht der naiv Fragende, sondern – in durchaus denkbarem Rollentausch – der Erwachsene, der keine überzeugenden Antworten zu geben weiß. Die Welt der festen Normen kann so als willkürliche bloßgestellt werden. Der Nonkonformismus der Kinder ist unerbittlich und behält hierin seine anarchistische Gebärde bei: "...era anarquista, creía en la libertad"[537]. Zu den häufigsten Angriffspunkten zählen die Themen Zeit und Sprache (meist als Paraphrase des kindlichen Sprachempfindens[538]) sowie die repressive, lustfeindliche Gesellschaft. Gerade sie wird in der Gegenwart des Kindes ins Animalisch-Sadistische verkehrt. Pablo, der in "Pico blanco" den Boden des Gartens untersucht, um der Welt an Fremdheit zu nehmen, indem er sie sich in Experimenten unterwirft[539], ist das Zerrbild der Soldaten, die im Hintergrund der Szene Häuser durchsuchen. Wie Pablo beschlagnahmen auch sie die Dinge, um sich vor ihnen sicher zu fühlen[540]. Eine solche Darstellung der Kindheit zeigt die normative Einübung eines unausweichlichen Dominanzverhaltens. War die antagonistische Beziehung zwischen Kinder- und Erwachsenenwelt vor dem Exil noch einer Dialektik des Fortschritts verschrieben, so deutet sich in diesen Arbeiten ein Abbau der Gegensätze und damit ein tautologisches Spiegelungsverhältnis in der "gesellschaftlichen Tretmühle" Familie an. In der Sinnlichkeit des Jungen aus "El laberinto" kehren die päderastischen Neigungen des Vaters wieder, ebenso wie sich in der abwesenden Mutter in "Ulva lactuca" die spätere Entwicklung der Tochter abzeichnet[541].

Trotzdem bleibt das Kind vorerst Vertreter der anderen vitaleren Welt der Magie und Phantasie, der es sich gerade auf dem Wege des positivistischen Denkens annähert. Gegenüber der exuberanten, ereignishaften Phantastik der uruguayischen Arbeiten, in denen in Naturevokationen die neue Zeit beschworen wurde, offenbart sich das heimlich Unheimliche im Exil ebenfalls in den kleinen Alltagsbegebenheiten[542]. In dem Blick des Tigers im Zoo fühlt sich das Mädchen in "Estate violento"[543] in seiner Weiblichkeit entdeckt und vage an die ferne, für immer verlorene Welt Afrikas erinnert. Nur über den klassifizierenden Vergleich ist die Annäherung an die unbekannte Welt noch möglich[544]. Auch da, wo das Übernatürliche Beschreibungsgegenstand ist, zum Beispiel in "El ángel caído"[545], steht die aktive Auseinandersetzung des Menschen mit der unbekannten Welt im Vordergrund. Dies bedeutet allerdings auch, daß die Welt vom grundsätzlichen Standpunkt des Fremden aus wahrgenommen wird.

Dem evasiven Riß des Bedrohlichen in den "cuadros idílicos" unterliegt häufig eine politische Aussage. Das Sterne zählende Kind in "Vía láctea" entdeckt nicht nur die Unendlichkeit, sondern erhält mit dieser auch eine Vorstellung von den "desaparecidos"[546]. Eine Mystifizierung der Politik ist hierbei nicht ausgeschlossen[547]. In der bisher letzten Kinderfigur, Percival aus "La nave de los locos", wird das Kind als Heiliger und edler Ritter idealisiert[548].

Der kontinuierliche Wandel der Motiv- und Vorstellungswelt bestätigt die Selbsteinschätzung der Autorin, die sich mit dem Exil zwar zur Revision ihrer literarischen Welt gezwungen sah, diese jedoch ohne Zerwürfnisse durchführen konnte ("no me autodestruí"[549]). "Adaptarse es morir. Seremos siempre resistentes"[550], überlegt Peri Rossi in einem ihrer Exilaphorismen. In dem Kindheitsidealismus erfüllt das literarische Schaffen der Emigration die Aufgabe, eine Gegenposition zum Tatsächlichen zu bewahren. Vom Beobachterstandpunkt einer Exilantin aus kann die gegebene Welt einer grundsätzlichen Überprüfung unterzogen werden. Die bewahrende Funktion des literarischen Schaffens wird sich in der zweiten Emigrationshälfte, da die idealistische Gegenwelt längst aufgegeben ist, die evasiven Risse immer kleiner geworden sind und die Protesthaltung ganz in rhetorischer Argumentation erstarrt, zu einer ausgesprochenen Selbstverteidigung steigern.

6.3.2 Die süße Gewalt des Kitsches: Kindheitsnostalgien bei Moyano

Moyanos Familienidyllen tragen allein schon aufgrund der Tatsache, daß es sich um Jugenderinnerungen handelt, einen nostalgischen Akzent im traditionellen Sinne. Da in ihnen eine nicht mehr vorhandene Welt gestaltet wird, kennzeichnet sie die für die Sehnsucht konstitutive äußere Distanz. Zumindest vordergründig geben sich Moyanos Erzähler dem Verlangen nach der heilen Pastorale hin:

> El caballito con ruedas que trajeron la noche de Reyes. Blanco de felpa acariciable. Entraron en punta de pie y lo dejaron junto a la cama, creyendo que dormíamos. En la penumbra le brillaban los ojitos de vidrio. En la sombra, esperando que amaneciese, para poder jugar con él. Una larga noche de espera ...[551].

Moyanos literarische Welt des Exils unterliegt dem Zwang zur verniedlichenden Verkleinerung. Dies bezeugen die zahlreichen Bildevokationen und die affektive Sprache (Diminutive, Interjektionen der persönlichen Anteilnahme: qué feo, qué lindo). Der Illusionscharakter der Kindheit äußert sich im märchenhaft Wunderbaren, das jedoch ebenfalls nicht ereignishaft ist, sondern aus der Sprachhaltung der Ich-Erzähler – erwachsene Kinder oder sich der Kindheit erinnernde Erwachsene – hervorgeht. Versetzt uns Peri Rossi in eine durch Konventionen erstarrte Welt, so läßt Moyano die zurückgebliebenen Seinen durch Kosenamen in betont vertrautem, lieblichem Lichte erscheinen. Extreme Kargheit und Armut im Milieu der provinziellen Klanfamilie der 30er und 40er Jahre sind hier tonangebend. In der märchenhaft-illusionären Sprachgeste liegt jedoch gerade das Groteske, mit dem sich die Erzähler selbst verraten:

> Pobre tía Lila con su vestido blanco, tan alta, tan soltera. Un vestido en el que trabajaron todas las costureras de las sierras para plisarlo y darle esa forma de campana ondulante que tenía todas las tardes tía Lila cuando nos llamaba a rezar ... Un vestido que de tan plisado que era, que ella podía levantarlo o moverlo para cualquier lado sin que se le vieran las rodillas: nunca se acababan los pliegues, ni siquiera cuando tomaba las puntillas del ruedo y alzaba el vestido con sus brazos para ser un pavo real ... O puro remolino si bailaba, el vestido se abría y giraba como el remolino donde se ahogó el tío Jacinto[552].

In der ganz im Kleid der tía Lila verdichteten Erinnerung an den Betnachmittag liegt uns ein ausgezeichnetes Beispiel für Moyanos kostumbristischen Symbolismus vor, in dem zugleich die mehr oder weniger verkitschte Behandlung des ländlichen Lebens deutlich wird. Der Erzähler baut die wunderbare Wirklichkeit des weißen Kleides durch Beschreibungen des Arbeitseifers, der aufgewendet wurde, des Faltenreichtums usw. zunächst auf, um das Gesagte dann jedoch ins Gegenteil zu verkehren. Der einem Heiligtum gleichende Rock (campana ondulante) signalisiert sexuelle Prüderie und aufgeblähten Stolz; das Bild wandelt sich schließlich zu einer Situation bedrohlichen Erstickens.

Die Tante ist eine der zahlreichen Repräsentationsbürgerinnen und mustergültige Vertreterin der Moyanoschen Familienkonstellation, die in der ersten Generation (Eltern) zerbrochen ist. Die Onkel und Tanten bilden einen familiären Spiegel der weißen Adoptivgesellschaft, in der die kindlichen Sprecher erzogen werden. Das Kleid der Tante ist ein kitschig überzogenes Plagiat ehemaliger Religiosität – hierin auch seine weitergehende symbolische Bedeutung. Wie schon im indianischen Folkloreemblem wird im Kitsch Klage erhoben gegen eine zum gekünstelten Ersatz geschrumpfte Wirklichkeit[553].

Moyanos Texte legen einen Zusammenhang von körperlichem Substanzverlust und Vergeistigung nahe. So erzählt das Bilderkarussell in "El vuelo del tigre" einen umgekehrten biologisch-sozialen Initiationsritus. Er beginnt mit dem Tod des Kindes el Tite und endet mit der Hochzeit der tía Francisquita, die auch erst nach siebenjähriger Trauer stattfinden konnte. Den verkniffenen Geburtstagskuß beim Anschneiden der süßen Torte begleitet ein kannibalisches Zähnefletschen[554]. Der zunächst mit Verzücken aufgenommene Schnee – "la Sila, que era chica y de paso muy sonsa, creía que llovía azúcar"[555] – erweist sich als sozialer Ruin der Region, ebenso wie das weiße Kleid der tía Lila am Ende durch spielende Kinder mit Krötenblut beschmutzt wird. Die Ästhetik des profanen Kitsches ist groteske Maske des Todes[556]. Moyanos Exilidyllen sind szenische Umsetzungen des Gedankens einer Flucht der argentinischen Gesellschaft aus Todesangst (und Schuld) in die illusionäre Welt der Warenfetische. Der Realitätsentzug, der als Leitmotiv alle Arbeiten des Exils durchzieht, begründet sich in der Weltverlusterfahrung der Emigration, aber auch in der vitalistischen Auffassung, daß substantielles Wachstum, Leben, nur in Wahrung der natürlichen Harmonien möglich ist[557].

Der kitschig-groteske Sprachduktus verrät die Lebenshaltung der Enttäuschung, welche die Moyanoschen Figuren mit den Tagträumern von Valdés vergleichbar macht. Stets gelangen Moyanos Protagonisten mit falschen Vorstellungen, zur falschen Zeit, an den falschen Ort[558]. Die glorreiche Kindheit, die eigentlich schon beendet ist, wenn die Erzählung beginnt, nimmt sich als Einweisung in das enttäuschte Denken aus.

In ihrer Rolle als Anstandsbürger vollstrecken die Onkel und Tanten moralische Sanktionen und sind dabei vor allem auf die Einhaltung der Reinlichkeitsgebote bedacht: "... Bueno hijos, vayan con Díos; pero no se junten con los negros, no se peleen ni se insulten"[559]. Ihr Reinlichkeitsdenken und ihre sexuelle Prüderie korrespondieren mit sozialem Statusdenken und rassistischer Diskriminierung. Dieser Gesichtspunkt eines in der Reinlichkeitserziehung verinnerlichten repressiven Verhaltens ist im übrigen auch Beschreibungsgegenstand von "A partir". Während die chilenischen Hausfrauen die Fassaden von den Parolen der Unidad Popular säubern – "dejando el mundo blanco y purificado tras de sí"[560] –, erfährt Hache die Diktatur als degradierende Beschmutzung seiner Intimsphäre[561].

Auch Moyanos Erzähler bringen sadistische Kinderspiele mit späteren Situationen gesellschaftlicher Gewalt in Zusammenhang. Die Rebellion der Kinder-Barbaren, in der diese sich allein durch Körperkraft gegen die krankhaft vergeistigten Erwachsenen verteidigen, entspringt jedoch Verzweiflung und kann schon allein wegen des Ideals natürlicher Harmonie kaum als richtige Selbstbehauptung gelten. In der Regel wendet sich die anarchistische Zerstörung objektiver Sachzwänge gegen die Protagonisten[562]. Zu sehr sind die Kinder von der Welt der Erwachsenen eingenommen. Zwar durchschauen sie deren Falschheit, ihr Wissen endet jedoch in einer Art Nihilismus, in dem sie haltlos versinken. Die Musikerziehung durch die Mutter, eine europäische Exilantin, entwaffnet, da sie von den landeseigenen Traditionen isoliert: "Todo esto me ha impedido luchar, amar y todo lo demás; sólo me ha permitido sobrevivir. Así, sé que siempre parezco alguien que está de más en toda circunstancia"[563]. Mit dem Exil akzentuiert sich die in Moyanos Figurenkonzeption ohnehin verankerte kafkaeske Reduktion[564]. Von verängstigten Müttern und Tanten in der Zelle des eigenen Hauses gefangen gehalten oder durch politische Verhältnisse in den realen Kerker geworfen, verharren die Protagonisten im Zustand quietistisch-passiver Lebensverweigerung und treten den Weg in die Metamorphose an[565].

Es bleibt nur das Spiel mit Stimmungsbildern des Befremdens und der inneren Ängste, das zuweilen (besonders in "El libro de navíos") im

Gruseleffekt eigene psychische Bedürfnisse hervorzulocken und zu befriedigen vermag.

In "Golondrinas", einer der schönsten Erzählungen des Autors, in der sich das Ich in der Erinnerung an den Vater die Frage nach Heimat stellt, kann sich der Schauer des Bedrohlichen nicht mehr, wie bei Peri Rossi, in der Herausforderung einer anderen Welt behaupten. In der Vaterfigur, Vertreter einer negierenden göttlichen Macht und Symbol der unbegreiflichen Weite des Landes, erhält er eine mystische, tellurische Dimension[566].

Die hier nostalgisch verklärte Welt erfüllt einzig die Funktion, die Ich-Erzähler davon zu überzeugen, daß jeder Gedanke an Heimat, einst noch Bestandteil des literarischen Gegenentwurfs, sinnlos ist. Zugleich wird darin der raum-zeitlichen Dekomposition der zurückgelassenen Welt Ausdruck verliehen. Wenn es dennoch einen Ausblick aus der Entfremdung geben sollte, so ist er in dem durch das Exil bestärkten Animismus zu suchen. Hierbei handelt es sich jedoch um keine inhaltliche Veränderung mehr, sondern allein um die ganz auf die Sprache und ihre Klangalchemie gerichteten Hoffnungen auf Weiterentwicklung der literarischen Arbeit.

6.3.3 Exotische Sehnsüchte des Tagträumers in "A partir"

Die exotische-groteske Sehnsucht ist in den Arbeiten von Valdés und Martini ein Wesensmerkmal der Abenteuer suchenden Protagonisten. Sie signalisiert ein unerfüllt gebliebenes Verlangen nach Selbstverwirklichung und ist daher an die Aussage einer (Selbst-)Entfremdung gebunden. Im Vordergrund steht die in räumlichen Gegebenheiten versachlichte Identitätssuche, wobei das exotische großbürgerliche Szenarium der Gründerjahre den kollektiven Anknüpfungspunkt der sonst eher persönlichen, ichbezogenen Interessen bildet[567].

Valdés übt in der Exotismusproblematik in "A partir" Kritik an den eigenen revolutionären Vorstellungen, die im erwähnten (Miß-)Verhältnis zwischen Intellektuellem und Volk als falsche, groteske Projektionen entlarvt werden[568]. Haches unerfüllte Träumerei vom Rousseauschen Ideal der "primitiven Einsamkeit"[569] schlägt – mit Zuspitzung der sozialen Konflikte – ins Gegenteil einer Verachtung des Herkunftslandes um. Dieses unterliegt nun der negativen Stereotypisierung im "bestialisch Bösen"[570]. Hache begegnet ihm mit der Attitude des mondänen Ästheten, mit der Valdés im übrigen bereits 1981 der Persiflage des "exil"-kulturellen Lebensgefühls vorausgriff. Gleichwohl belegt der allerdings von Ironie durchsetzte Ästhetizismus des "poète maudit" den Standpunkt des Autors, der sein Exil in einem kulturellen Bedürfnis begründet sehen will.

Wie weit die Auseinandersetzung mit der exotischen Revolutionserwartung geht, deutet sich unter anderem in der nahezu vollständigen

Rücknahme der Beschreibungen eines sensuellen Weltempfindens an, die in den Arbeiten vor der Emigration noch die Sehnsucht nach alternativer, natürlicher Harmonie übermittelten[571]. Der Sensualismus muß nun der sozialpsychologischen Analyse des tagträumenden Ichs weichen.

Moyanos Protagonisten ähnlich, jedoch unmißverständlicher auf die Frage nach dem authentischen Selbstbild bezogen, baut sich Hache in der Einsamkeit eine stimmige Phantasiewelt auf, die nur er allein regiert[572]. Der uneingeschränkten Macht im Reich der Phantasie entspricht das Erlebnis der Ohnmacht als Pragmatiker. Beide Welten, die der imaginären Vorstellung und die der empirischen Wahrnehmung, sind für Hache unvereinbar. Haches Gefühlsleben schwankt zwischen Euphorie und Pessimismus, Omnipotenz und Ohnmacht.

Hier zeigt sich, nebenbei bemerkt, eine weitere Parallele zur Dichterpsychologie Marcel Prousts. Tatsächlich nimmt Valdés in der Figur des Hache eine Grundlegung der psycho-sozialen Bedingungen vor, die ihn zur Niederschrift des Romans bewogen haben[573].

Häufig sind Verlustängste der Anlaß zu Tagträumereien. In der Phantasie sucht Hache seine Ängste zu beschwichtigen, indem er sie vordenkt[574]. Im praktischen Leben wirken seine Antizipationen jedoch häufig handlungslähmend, und Hache erfährt die tatsächliche Erlebniswirklichkeit als inauthentisch. Die Enttäuschung am Realen begründet sich in der Erkenntnis, daß die wahrgenommene Welt den Gesetzen der vorgestellten Kohärenz nicht folgt. Auch Haches persönliches, existentielles Welterlebnis ist durch Heterogenitäts- und Dispersionserfahrungen geprägt: "Cada bloque (de la vida de Hache, Anm. P.S.) se conformaba o iba conformándose como un hecho casi completamente nuevo o independiente del resto; ... En cada momento frente a cualquiera de los bloques, se estaba siempre en el comienzo"[575]. Ist die Phantasiewelt erst einmal entzaubert, so zerfällt das Leben in zusammenhang- und substanzlose Erscheinungen. Ihnen begegnet der Protagonist, nun ein Fremder, zunächst mit gelangweilter Gleichgültigkeit. Mit Zuspitzung der persönlichen, kreativen und ideologischen Krise, die in "A partir" in die Zeit der Militärdiktatur fällt, sucht er dann jedoch, wie wir schon in der erzähltheoretischen Analyse sahen, all sein sensitives Wahrnehmungsvermögen auf eine Welterkenntnis hin zu konzentrieren. Sein einst projektives "Ideal-Ich" gerät in einen Zustand hyperbewußter Wachsamkeit[576]. Unter dem Zwang stehend, sich selbst ganz durchschauen zu müssen, erliegt Hache dem Gefühl einer Ich-Dissoziation, die sich – dies wiederum zeigte sich in der Emigrationsszene – zum Verfolgungswahn steigern kann.

Die in der sozialen Realität als vernichtend erfahrene Ich-Entgrenzung stellt zugleich eine Voraussetzung zur kreativen Persönlichkeitsdoppelung dar. In der Regel können Valdés' Protagonisten ihre Authentizitätsgefühle nur im Nachspielen der Wirklichkeit wiederherstellen[577]. Ihre als

Leid und Genugtuung erfahrene Weltfremdheit ermöglicht es ihnen, entlarvende Beobachtungen zu machen und diese mit unverfrorener Offenheit auszusprechen. Die Fixierung der Beobachtungen ist notwendig, um die schützende Distanz zwischen Ich und Welt erneut zu sichern.

Dieser existentielle Konflikt kehrt in allen Arbeiten des Autors wieder[578]. Dem autobiographischen "Tejas Verdes" entnehmen wir jedoch, daß er sich durch die besonderen Erlebnisse während der Militärdiktatur und infolge des ideologiekritischen Bewußtseins der ausklingenden 60er Jahre besonders verschärft hat.

Zwar wird die revolutionäre Exotik politisch verworfen, im existentiellen Lebensentwurf bleibt sie jedoch erhalten und begleitet Hache ins Exil. Sie ist für die innere Einstellung des ewig jungen Abenteurers grundlegend, welcher der Gewißheit seiner Freiheit (Bindungslosigkeit) bedarf, um sein Dasein stabil zu empfinden: "... en que todo quedaba cortado hacia atrás, inconexo, y el futuro se ofrecía como una completa aventura"[579]. Nur wenn sich das Leben auf der Projektionsfläche eines völligen Neuanfangs ohne jede Beziehung zum Vorangegangenen darbietet, scheint es erfüllt zu sein.

Der in der Figur des Hache beschriebene Weg durch Chile ist die Geschichte einer Trennung. Sie dient der eigenen Rechtfertigung, warum ein Leben in diesem Land unerträglich geworden war. Aus dem gleichen Grunde können wir in Hache aber auch einen Prototyp der kollektiven Geschichte dieses Landes sehen. In seiner existentiellen Bestimmung erkennen wir die Merkmale der Geschichtslosigkeit und der Verwaisung wieder, die sich schon im historischen Interpretationsansatz zeigte. Ebenso spiegelt sich Haches Neigung zu Tagträumereien in der "manía poetizante y verbalizadora del país ... esa necesidad de anticipar con las palabras la realidad, como había sido el caso cada vez que la deseada realidad no existía ..."[580]. Das Bindende ist zugleich das Trennende. Weil Hache ein so mustergültiger Nachfahre der Kompradorenbourgeoisien der Jahrhundertwende ist, muß er sein Glück immer wieder anderswo suchen und lebt im ständigen Verkennen der eigenen Wirklichkeit.

6.3.4 Die Faszination des Bösen – "La vida entera"

Im Gegensatz zu den anderen Autoren, deren Vorstellungswelt aus Bildern einer fragwürdigen, idyllischen Ruhe und Ordnung besteht, inszeniert Martini in "La vida entera" ein "primitives" Passionsspiel von Liebe, Haß und Eifersucht mit mehr oder weniger bewußtem Mut zur Häßlichkeit[581]. Gerade Martinis Arbeiten werden jedoch vom Ansinnen der Selbstverwirklichung in einer neuen spirituellen Ordnung bestimmt.

Die dörfliche Villa del Rosario, einer der Schauplätze des Romans, hat die Spuren eines geistigen Lebens bewahrt; das Geschehen unterliegt hier jedoch einem physiologischen Schrumpfungsprozeß; der Spieler- und Prostituiertenkleinstadt, Encarnación, fehlt es an jeglicher Gesetzmäßigkeit und Integrität. Ihr Kennzeichen ist eine expandierende, sich in ihren individuellen Formen auflösende Leiblichkeit, die aus Martinis Szenarium ein vortreffliches Beispiel des Grotesken im Sinne Bachtins macht[582]. Die physische Korpulenz, die Feuchtigkeit des schwitzenden, all seine Poren öffnenden Leibes inmitten eines dekadenten Luxus, ist Insignum einer einst machtvollen Größe. Sie trägt nicht nur die Zeichen der Gewalt und des Zerfalls in sich, sondern auch die Sehnsucht nach Läuterung von lasterhaften Übeln:

> Las luces pierden intensidad, languidecen de pronto en una secuencia de tonos amarillentos y dorados cada vez más tenues, como el último resplandor de una llama que se apaga, las voces bajan, el espacio ahora es una incertidumbre, y un soplido estridente de trombones cambia el ritmo para marcar un compás expectante ...[583].

In den von Menschen und visuellen wie akustischen Reizen zerberstenden Spektakelszenen der Bars und Nachtklubs (una selva humana) soll uns eine Vorahnung vom Inferno vermittelt werden. In ihm nimmt Martini im übrigen den "Totentanz der Masken" vorweg, in dem die Exilmetaphorik einen ihrer Höhepunkte finden wird. Wir wissen nicht, ob die Welt von "La vida entera" soeben das Ursprungschaos verlassen hat oder darin zurückzufallen droht. Die ereignisreiche Phantastik des Grotesken ist Transportmittel von Sehnsüchten, in denen sich der Heimkehrgedanke in der erwähnten Form eines stilisierten Absolutums kundtut.

Trotz der exuberanten Metaphorik bleibt Martini in "La vida" dem Weltbild seiner früheren Arbeiten treu, in denen die Mächtigen in ihrer grenzenlosen Sucht nach Besitz und Reichtum als Gesetzesbrecher entlarvt wurden[584]. Im Grunde ist auch Martinis Auffassung von Identität auf diesen Gedanken zu reduzieren. Die (Selbst-)Verwirklichung einer Identität ist in seiner Literatur unmittelbar an das Anhäufen materieller Besitztümer gebunden[585]. "Identität besitzen" heißt zugleich auch "Macht besitzen", was nach dieser Logik wiederum die Ausübung des Faustrechts legitimiert[586].

Für beide Emigrationsarbeiten ist jedoch die Verallgemeinerung der sonst sozialrealistisch behandelten Thematik in der archaisierenden Metaphorik des Gründungsthemas festzustellen. Das Problem wird nun aus der Perspektive einer existentiellen Bedrohung der Mächtigen (oder nach Macht strebenden) aufgerollt – eine Konfliktsituation, die im übrigen schon in dem 1979 geschriebenen Roman "El cerco" voll entfaltet ist. Auch hier ist Kontinuität im "exil"-literarischen Schaffen angezeigt. Martini führt uns vor Augen, daß Macht, besonders in dem ihr innewohnenden Totalitätsprinzip, nicht von ewiger Dauer sein kann. Durch diese (die historischen Umstände offensichtlich verfehlende) Humanisierung des

Mächtigen kann die Problematik der Revision der eigenen Arbeit im Exil untergeordnet werden.

Aus Eifersucht, so die bei Martini meist recht stereotype Fabel, verwandelte el Alacrán, der mächtige Begründer Encarnacións, sein Land in die Stätte des schnellen Geldes und des Lasters. Die Macht- und Intrigenkämpfe, die sich um seinen schon zu Romanbeginn angekündigten Tod ranken, werden in die Metapher des "machismo" projiziert, unter dem wir wiederum den Kampf um das Besitzrecht über die Frau zu verstehen haben[587]. Die Ausübung männlicher Vorrechte begründet die Phantasie des grotesken Leibes, in dem das Geschehen zu einer metaphysisch-tellurischen Vision abhebt, die derjenigen von Moyano vergleichbar ist:

> ... como la doliente memoria de la llanura, la sangre mana y mana, se desliza por sus muslos, por sus piernas, enrojece sus pies, el suelo, la madera, la tierra, sangra a la vista de todo el mundo mostrando por dónde se sangra, ... Sola, estremecida sangra[588].

Über den Spektakelszenen steht das Bild der "mujer que sangra" – Synonym für die "vergewaltigte Mutter(-Erde)" und eine ziellos verschwendete Fruchtbarkeit, durch welche die männlichen Protagonisten um die Erfüllung ihres eigentlichen Begehrens, die Selbstverwirklichung in einem leiblichen Ebenbild (Erben), betrogen werden. Am Ende seines Lebens verfügt el Alacrán über keinen legitimen Erben, der die Fortsetzung seiner Macht über den Tod hinaus gewährleisten würde. Wir ahnen hier schon den moralisierenden Appellcharakter der Texte Martinis, die sich mit der Mahnung zu Recht und Ordnung an den Leser wenden. Zugleich zentriert sich in diesem Motiv die Frage nach der Genese einer neuen spirituellen Ordnung.

Gemäß der Reduktion auf eine archaisierende Konfliktebene wird alles Geschehen durch fragwürdige Instinkte vorangetrieben. Martinis eigentliche Protagonisten, el Oriental, der Gegenspieler des Alacrán in "La vida", oder auch Juan Minelli aus "Composición" sind Suchende. Da sie sich in den Beziehungen zu anderen und in der Objektwelt zu spiegeln haben, entbehren sie jeder Wesenhaftigkeit, und wir erhalten keine ausdrücklichen Informationen zu ihrem existentiellen Weltempfinden: "Es un personaje enigmático usted ... Se equivoca. Lo único que pasa conmigo es que se me meten cosas en la cabeza. Entonces lo único que me interesa es eso. Nada más"[589]. Von einer instinktiven Unruhe gedrängt, geben sich el Oriental und Juan Minelli rätselhaft verschlossen. Auf den ersten Blick scheint ihnen der existentielle Zweifel fremd zu sein. Anders als der Protagonist in "A partir", dessen Allmachtstreben von vornherein als imaginäres ausgewiesen wurde, öffnen sich Martinis diabolische Abenteurer der "Vorágine"[590]. Ihr Begehren nach Herrschaft treibt sie zur Exaltation des Bösen[591], das ihre Identitätssuche auslöst und zum Leidensweg macht. Flüchteten Moyanos Protagonisten auf ihrer Heilssuche noch ins verschmähte Reich des Kitsches, so ist den Abenteurern Martinis nur im orphischen Gang durch die Unterwelt Aussicht auf Erlösung anheimgestellt: "... una danza que ya no es ritual, ni salvaje siño pura"[592]. Diese rückt jedoch in der Beschwörung der absoluten Reinheit und Echtheit sogleich wieder in unerreichbare Ferne. Martinis Antihelden bleibt am Ende nur diese Möglichkeit: Sie sind zu ständiger Befragung der sie umgebenden Erscheinungen und Trugbilder aufgerufen. Die ideologiekritische Intention der Literatur des Autors ist an dieser Stelle zu einer existentiell begründeten Teufelei zu verallgemeinern.

"Sin contestar me fui a la puerta de la calle, ... me pasé la tarde gritándoles putos a los chicos más chicos que se quedaban mirándome como a Frankenstein ... Señora el chico está en la calle, señora el chico dice malas palabras ... no voy a darles el gusto, no voy a salir, no voy a hablar, ..."[593]. Bereits in dem autobiographischen Selbstportrait von 1972 weist sich der Ich-Erzähler gegenüber der Gesellschaft die Rolle des "diablo" zu. Mit der Humanisierung der Motivwelt knüpft Martini im Exil an die jugendliche Identifikation mit seiner Thematik an. Dies geschieht jedoch nicht, um damit einer individuellen Opposition nachzugeben oder die Stimme zu direkter Anklage zu erheben. Wohl aber dürfte es darum gehen, die einstige Faszination von der Motivwelt zu hinterfragen, um sie in ein kollektives Bekenntnis zur Rolle des argentinischen Schriftstellers im Exil überführen zu können. Die thematische Schaltstelle hierzu bildet der Leitgedanke der Selbstverwirklichung, in dem sich der kollektive Mythos Amerika, ein verheißenes Land für Kolonisten, mit dem persönlichen literarischen Projekt der Genese eines Selbstbildes in der Literatur vereint.

6.4 Die Nähe der Ferne: Zum Verhältnis von Subjekt und Objekt

Die Suche nach Identität gestaltet sich für die Protagonisten nicht mehr in der Zeit, sondern im Raum. Hierbei spiegelt sich in den labyrinthisch verzweigten Szenarien ein Weltempfinden, dessen auffälligstes Merkmal die Bindungslosigkeit ist. Der zu Beginn der Arbeit erwähnte Schwebezustand des Exils, die Weltdistanz sowie das Moment des Heimlich-Unheimlichen bekräftigen sich in den szenischen Evokationen in einer Aussage zum Exil.

In den Arbeiten von Martini und Valdés veranschaulicht der (lateinamerikanische) barocke Scheinraum die existentielle Lage der Protagonisten[594]. Dem projektiven Charakter dieser Abenteurer entsprechend wird das Subjekt-Welt-Verhältnis in einem (kolonialen) Emigrationsraum verwirklicht. Von außen kommend nehmen die Protagonisten die Örtlichkeiten in Besitz. Die sich vor ihnen ausbreitenden Freiräume gleichen einer imaginären Leinwand, auf die sie Entwürfe projizieren können[595]. Folglich werden die Dinge auch nicht in ihrer Nützlichkeit wahrgenommen, sie haben einzig den Zweck, gedankliche Assoziationen auszulösen. Sie sind von Sein erfüllt, weil sie auf Sehnsucht antworten[596]. Eine ähnliche Weltnähe aus der Distanz ist in den Kinderfiguren Peri Rossis angezeigt. Sie beziehen ihre Beobachterposten jeweils auf Bäumen, am Rande des Meeres oder im Garten – in Grenzbezirken also zwischen Natur und Kultur.

Dieses Weltempfinden steht nicht im Widerspruch zu der in den Emigrationsszenen beschriebenen Subjekt-Objektrelation. Obwohl dort den Dingen noch eine determinierende Bedeutung für das Identitätsgefühl zugesprochen wurde, war die emigrationsbedingte Distanzierung bereits wirksam.

Mit dem Eindringen der Protagonisten in die Intimität der Häuser beginnen sich die Räume endlos auszudehnen. Die Subjektivität wendet sich zur ebenso gesuchten wie gefürchteten Objekt- oder Weltlosigkeit. Zugleich ist dies der Augenblick, da die sinnerfüllte Nähe der Distanz in Entfremdung umschlägt, und die faktische Übermacht der Objekte vom Subjekt Besitz ergreift[597].

In der nun wahrgenommenen Tatsächlichkeit des Daseins reduzieren sich die Dinge auf ihr bloßes, substanzloses Erscheinungsbild ohne sinnvollen Zusammenhang untereinander. In der Umkehrung des bei allen Autoren ähnlich gelagerten Sein-Scheinproblems wird der Raum zum Spiegel des Wahnsinns, zum Exil.

Unterschiedlich sind lediglich die Reaktionen, mit denen die Protagonisten der Entfremdung entgegentreten. Valdés' Hache sieht sich, wie schon erwähnt, zum Versuch herausgefordert, die Welt des Scheins ein letztes Mal mit dem Mittel des Verstandes zu bewältigen. Ebenso suchen Martinis Protagonisten, die Trugbilder im Hinblick auf eine (unsichtbar bleibende) Wahrheit zu überschreiten. Ähnliches gilt auch für die Antihelden Moyanos, die allerdings an dem Versuch, die sinnlos gewordene Welt verstandesmäßig zu fixieren, scheitern und im Wahn oder der Metamorphose enden[598]. Vor allem den Kinderfiguren Peri Rossis gelingt es, ihre Sonderstellung unter den scheinbaren Tatsächlichkeiten aufrechtzuerhalten und das System der irrationalisierten Ratio mit seinen eigenen Mitteln, dem Verstand, zu entwaffnen. Da hier die Hoffnung auf Verwirklichung eines wie auch immer zu verstehenden Absolutums der Identität aufgegeben wurde, kann die Welt in ihrem Spektakelcharakter genossen werden.

6.5 Das Scheitern an der Welt des Anderen: Liebesallegorien

> Der Mensch ist das einzige Wesen, das sich einsam weiß ... Seine Natur ... ist ein einziges Streben, sich selbst im anderen zu verwirklichen, so ist der Mensch Sehnsucht und Suche nach Kommunion.
>
> Octavio Paz[599]

Die Liebe - Sehnsucht nach Vereinigung mit und in dem Anderen - ist die von allen Autoren bevorzugte Metapher, in der vom Wunsch nach Heimat gesprochen wird.

Exilnostalgien offenbaren sich in den Gedichten Peri Rossis in der Anrufung der abwesenden Geliebten[600]. Die (Vaterlands-)Liebe kann im Exil jedoch auch – so die Kurzgeschichte "Historia de amor"[601] – zur erdrückenden Pflichtübung werden. Wie in Osmose verschmilzt der Körper der imaginären Geliebten mit dem des "ewigen Wanderers" und zwingt ihn in eine Zweisamkeit, die keine Bewegungsfreiheit beläßt.

Die Dialektik von Liebe und Einsamkeit, Entfremdung und Kommunion, die Octavio Paz schon 1950 in seiner Reflexion der "Mexikanität" ansprach, ist in den vorliegenden Texten auch für die Bestimmung des "hombre americano" grundlegend. Da die Sehnsucht nach dem Anderen häufig unerfüllt bleibt, dient die Liebe der Thematisierung der Entwurzelung.

Direkt hält sich Moyano in seinen Kurzgeschichten von "María Violín" an die von Paz dargestellte Dialektik. Die Abwesenheit von solidarischer Kommunion kommt einem lebendigen Tode gleich, in dem sich die Menschen ihrer Einsamkeit erst richtig bewußt sind.

Vor allem Martini und Valdés verbinden ihre Liebesallegorien mit dem Epos einer gescheiterten Selbstverwirklichung des Amerikaners in der Neuen Welt[602].

Mit Einführung der Prostitution hat die Gesellschaft in "La vida entera" ihre Chance der Gründung einer gesetzesmäßigen Ordnung verwirkt, die durch Heirats- und Verwandschaftsregeln gesichert wird[603]. Im literarischen Topos der Prostitution, Sinnbild einer veräußerten zwischenmenschlichen Intimität, wird nicht nur moralisierend Kritik an einer Gesellschaft geübt, welche die Integrität ihrer Mitglieder gewaltsam mißachtet[604]. Martini bleibt auch der Thematik des lateinamerikanischen Romans der 60er Jahre verpflichtet, indem er den Niedergang der alten exportoligarchischen Ordnung in einer familiären Reproduktions- oder Fortpflanzungskrise schildert. Ausführlich hat Víctor Farías diese Ästhetisierung verkürzter soziopolitischer und ökonomischer Kreisläufe in einer biologischen Fortpflanzungskrise für "Cien años de soledad" nachgewiesen[605]. Auch in "La vida" ergibt sich diesbezüglich eine Reihe von Analogien, wie beispielsweise die Gleichsetzung von: argentinischem Exportgut,

Rindfleisch = Frauenfleisch (ganado de primera); unerschöpflicher männlicher Potenz = Reichtum an Bodenschätzen und sinnlose Verschwendung von beiden, physiologisch-geistiger Rückentwicklung, besonders der politischen Führerkaste = Mißgeburten, Bastardentum. Der gesellschaftliche Zerfall muß auf diese Weise allerdings, wie auch der Titel des Romans – "La vida *entera*" – zu verstehen gibt, als unabänderlich, da naturgegeben, erscheinen. Der Roman setzt sogar eine negative Exotisierung der lateinamerikanischen Realität im Fremdstereotyp einer dämonischen amerikanischen Natur fort[606].

In der Parallele von sexueller und räumlicher Penetration (Emigrationsraum) sowie in der Gleichsetzung von Frau und Land spiegelt sich die Gegenwart der politischen Gewalt in dem amerikanischen Urkonflikt, der Inbesitznahme und Unterwerfung der indianischen Frau/Erde durch den weißen Eindringling, Eroberer und "Macho". In "A partir" liebte Hache, in dem an nationaler Souveränität orientierten Geschehen, die falsche Frau, eine Ausländerin. Im Dorf La Ligua, in das er wie ein Konquistador eindringt, wird er des Mordes an einem Bauernmädchen (mit vagen indianischen Zügen[607]) bezichtigt. In "La vida" entzieht sich den männlichen Protagonisten die weite Landschaft der Pampa ebenso wie sich ihnen die schöne Mestizin Salamanca verweigert. Etwas lakonisch heißt es dazu in Moyanos "El libro de navíos": "Regresamos desencantados porque nos fallaron las Indias después de dos siglos de machacar muy duro"[608]. Die große Völkersymbiose ist nicht erfolgt. Der "hombre americano" konnte in dem fremden Boden der Neuen Welt keine Wurzeln schlagen. Aus der Liebesmetaphorik spricht das Wissen um eine nicht aufgelöste kulturelle Bipolarität; sie ist Synonym für die gescheiterte Suche nach dem historischen Anderen in der Neuen Welt.

Andererseits heißt Schreiben, sich der Versuchung der Welt des Anderen im "acto de amor" zu öffnen: "el modo de hacer el amor entre sonidos o el modo de meterme entre tu pelo"[609]. Von daher ist das Liebesabenteuer eine immer neue Herausforderung, und die Welt des/der Anderen wird zur Reflexion der Suche nach Identität.

6.5.1 Die Suche nach dem "kleinen Unterschied"

Das in der Liebesallegorie zum Ausdruck gebrachte Begehren nach der Welt des Anderen ist in den Texten von Peri Rossi besonders interessant, da es hier um die Erkundung einer gleichgeschlechtlichen Beziehung geht, das Fremde also unmittelbar das Eigene ist. Ebenso haben wir die in der Liebesmetapher wiedergegebene Sehnsucht nach der fremden Welt des Eigenen als ein persönliches literarisches Anliegen wörtlich zu nehmen. 1978 erklärte Peri Rossi die Entdeckung und Beschreibung einer weiblichen Ästhetik noch zum Ziel ihrer schöpferischen Arbeit[610].

Cuando te veo
miro desde antiguo
rostros de Fra Angélico
torsos de Bellini[611]

Bereits 1979, in "Lingüística general", deutet sich jedoch ein Rückzug von der feministischen Position an. Die Beschäftigung mit dem Eigenen hat, so entnehmen wir auch dem zitierten Gedichtausschnitt, zunächst in der Vergegenwärtigung des fremden Blicks auf das Eigene zu bestehen. Über Jahrtausende hinweg haben männliche Künstler das Bild der Frau erschaffen, so daß heute kaum noch von einer weiblichen Literatur und Ästhetik gesprochen werden kann.

1982 gibt Peri Rossi in ihrem Aufsatz "Die Arten des Seins von Mann und Frau sind vielseitig"[612] das einstige Vorhaben endgültig auf. Sie besteht aber weiterhin darauf, den kulturellen Widerspruch, in dem sie schreibt, kenntlich zu machen. Weibliches wird in ihren Texten meist aus der Sicht eines larvenförmig angedeuteten männlichen Erzähler-Ichs evoziert. Ebenso können wir das Beharren auf dem "non-lieu" der Kindheit als Versuch deuten, feste Rollenparadigmen aufzubrechen und für sich selbst eine freie Konvertibilität der Rollen zu beanspruchen. Das Ende der "Jugendphase" in der Exilrevision fällt mit der Aufgabe der feministischen Position zusammen[613].

Die in der zweiten Emigrationshälfte aufgenommene androgyne, anonymisierte Figurenkonzeption (Ich-Modus) entspricht dem Eintreten für eine literarische Bisexualität, das im übrigen mit der zunehmenden Relativierung der Welten einhergeht. Die Auseinandersetzung mit den kulturell überlieferten Bildern des Weiblichen ist ferner ein Grund des Interesses an Europa. Schließlich war es in dieser "cuna de la civilización", in der auch der lateinamerikanische Paternalismus seinen Ausgang nahm[614].

6.5.2 Die Frage nach dem Gesetz des mythischen Urvaters

> C'est dans le nom du père qu'il nous faut reconnaître le support de la fonction symbolique qui, depuis l'orée des temps historiques, identifie sa personne à la figure de la loi.
>
> Jacques Lacan[615]

Führt die Suche nach dem Eigenen Peri Rossi zunächst zur Bestandsaufnahme des Fremden, so gelangen die anderen Autoren zu dem Schluß, daß die Beschäftigung mit dem/der Anderen nur die Spiegelbilder des Eigenen zurückwirft:

> El amor era eso: una cuestión estrictamente privada y solitaria, que necesitaba de otros sólo para inspirarse. Qué tenía que ver lo que sintiera Eva?[616].

Die Liebe? Nichts als Eigenliebe! Nur in der Einsamkeit gelingt Hache die volle Entfaltung seines (Liebes-) Empfindens für Eva. Dabei richten sich seine Gefühle jedoch gar nicht auf die Geliebte, sie ist nicht "Objekt seines Begehrens". Ähnlich wie die Gegenstände hat Eva die Funktion, ichbezogene Gefühle zu stimulieren.

Mit der Einsicht, daß die Sehnsucht nach der Welt des Anderen im Grunde die Verliebtheit des Narziß in sein Spiegelbild ist, rückt der Mann und Vater in den Mittelpunkt der familiären Triade.

In Kapitel 5 haben wir schon davon gesprochen, daß sich in der Vaterfigur die Frage nach der Konstitution des Symbolischen konzentriert. Der Vater oder der mythische Urvater ist, wie auch das einleitende Zitat Lacans unterstreicht, mit dem Gesetz, der symbolischen Ordnung der Sprache, zu assoziieren. Hierbei wurde aber auch klar, daß sich die Vaterschaftsproblematik vor dem historischen Hintergrund der Militärdiktatur unter dem Gesichtspunkt einer abwesenden, symbolischen Ordnung darstellte, und dies ein wesentliches Merkmal des Totalitarismus war.

Es sind vor allem Martini und Moyano, die die Vaterschaftsproblematik zum Leitmotiv ihrer Suche nach lateinamerikanischer Identität gemacht haben.

Bei Moyano bleibt der Konflikt noch in einem einfachen Identifikationsmechanismus vermittelt. Er ist auch weniger auf direkte Rezeption psychoanalytischer Kulturtheorie als auf Kafka-Lektüren zurückzuführen. In Kafkas Vater-Sohn-Konflikt versinnbildlichte der übermächtige, zum Christentum konvertierte Vater – bei allerdings noch verfügbarem Wissen von der jüdischen Religion – das Problem einer kulturellen Bipolarität[617]. Obwohl Moyano im Exil verstärkt von diesem Konflikt inspiriert ist, er gleichsam einen Schlüssel zu seiner literarischen Welt liefert, kann er dennoch nicht schematisch auf seine Literatur übertragen werden. Moyanos Vaterfiguren können sowohl amerikanischer, das heißt indianischer, als auch europäischer Herkunft sein; sie können in der Rolle von schutzbietenden Paternalisten, aber auch in der Funktion todbringender Richter auftreten[618]. Entscheidend ist das Moment des Verkennens der Väter durch die Söhne, durch das die Paternität mit dem Makel der Abwesenheit behaftet ist. Die abwesende Vaterschaft bildet den Ausgangspunkt für den Konflikt des falschen "sí mismo", unter dem Moyanos Figuren leiden und der sie zu den Antihelden der lateinamerikanischen Identitätssuche macht. Moyanos Protagonisten sehnen jedoch noch die Unterordnung unter eine vorgegebene symbolische (göttliche) Macht herbei, und die Einsicht in deren Absenz treibt sie in jene hoffnungslose Selbstaufgabe.

In der Vaterschafts-/Erbschaftsmetaphorik Martinis wird dieser Konflikt durch Einbeziehung der Konzeption eines Liebes-/Machtbegehrens folgerichtig zu Ende geführt. Freilich streben Martinis Antihelden nicht mehr nach Unterwerfung unter eine fremde symbolische Ordnung. Da ihnen der Herrschaftszwang selbst innewohnt, sind sie viel eher als Vertreter eines Egozentrismus anzusehen, der keine fremden Götter neben sich anerkennt, sondern die göttliche Vormundschaft in sich selbst begründen will. Hierin zumindest hält sich Martini an die idealistische Prämisse einer Autogenese des Subjektes, überführt sie allerdings in dem ihr eigenen Totalitätsanspruch in einen "circulus vitiosus" des Absurden.

Wurde das Vaterschaftsproblem in "La vida entera" noch narrativ in einem gesellschaftlichen Intrigenkampf behandelt, so bedingt die metaphorische Verkürzung des Themas im Liebesbegehren in "Composición de lugar", daß es nun auch als Metareflexion des literarischen Kreationsvorganges eingesetzt werden kann. In der europäischen Emigration sucht der Historiker Juan Minelli nach einer imaginären Erbschaft bei seinem italienischen Vorfahren Guido Micelli. Die verschiedenen Frauen, denen er auf seinem Weg begegnet, sind als Allegorien des literarischen Kreationsvorganges lesbar[619]. Mit seiner Geschichte, die eine Rekonstruktion des unerfüllten Begehrens nach Familiengründung ist[620], will Minelli ein "Zeugnis" für den Richter – "algo para contarle al Juez"[621] – ablegen. Aus der metaphorischen Erbschaftssuche, dem "Akt der Zeugung"[622], soll ein Zeugnis, eine Botschaft des Juan Minelli, entstehen. In dem Roman ist der Versuch einer Lektüre der Beweggründe (Gesetzmäßigkeiten) des Machtbegehrens angelegt. Ausschlaggebend hierfür ist Martinis Entwurf eines "amour fou".

Martinis Protagonisten streben nach vollständigem Besitz ihrer Selbst, einer absoluten Verwirklichung ihrer Macht. Sie wollen auch die Vereinigung dessen, was nach heutigem Denken getrennt ist. Der Gegensatz Prostituierte-Mutter weist bereits darauf hin, daß es hier um Besitz einer geistigen Ordnung auf dem Wege der physischen Unterwerfung und Zerstörung geht[623]. Der Wunsch nach Liebesvereinigung, Geburt im doppelten Sinne, schließt den Wunsch nach Überschreitung der Grenze des Anderen, Tod und Zerstörung, mit ein. In den Worten der pessimistischen Kulturtheorie des späten Sigmund Freud, ließe sich von der Spannung zweier inkompatibler, gleichwohl elementarer Triebe, dem Liebes- und Todestrieb, sprechen[624]. Beide hindern sich gegenseitig an vollkommener Erfüllung. Wir erkennen, daß die Identitätssuche Martinis weniger in einer unmittelbaren Verarbeitung von erlebter Erfahrung als in der Veranschaulichung eines gedanklichen Axioms besteht.

Juan Minelli und el Oriental suchen nach dem Anfang ihrer Geschichte (Geburt), der jedoch die Evokation ihres Endes (Tod) mit sich bringt und umgekehrt[625]. In der Omnipotenzphantasie, dem Wunsch nach Vereinheitlichung des Paradoxalen, deutet sich eine Transzendenz des Daseins an, in welcher der repräsentanzlose Tod zur Symbolisierung gelangen könnte. Anfang und Ende, Tod und Auferstehung, bilden das gedankliche

Axiom beider "Exil"-Arbeiten. In "La vida" geht es aus der Metaphorik der sich auflösenden Formen hervor; in "Composición" liefert es die Grundlage für die chiastische Romanstruktur, in der die Identitätssuche ihre symbolische Form findet.

Martinis Antihelden sind jedoch zu sehr dem Nihilismus der Moderne verhaftet, als daß ihnen diese Transzendenz Ruhe und Sicherheit geben würde. Da die Behauptung des Einen stets die des Anderen nach sich zieht, setzt jede Wunscherfüllung das Begehren nach Steigerung der vorausgegangenen frei und präsentiert sich als Differenz und Abweichung: "... cuando en lo más secreto del vientre del infierno el fin de pronto se abre como un nuevo abismo ... más allá del fracaso de toda búsqueda ..."[626]. El Oriental und Juan Minelli sind verurteilt, im permanenten Selbstentzug zu leben. Wir aber kehren nochmals zu der schon in Kapitel 4 skizzierten Alteritätsauffassung zurück, derzufolge der Mangel dem Subjekt strukturbildend innewohnt. Martini überläßt seine machthungrigen Abenteurer der kafkaesken Reduktion: Sie müssen leiden, denn sie sind zu Gefangenen ihres Herrschaftswillens geworden[627]. Jener begründet sich, hier geht Martini wohl mit Nietzsche konform, im Teufelskreis eines unstillbaren menschlichen Verlangens.

"Ainsi le symbole se manifeste d'abord comme meurtre de la chose, et cette mort constitue dans le sujet l'éternisation de son désir"[628], schreibt Lacan, dessen Schriften vielfach als kulturtheoretische Grundlegung der Literatur des Argentiniers zu Rate gezogen werden können. Das Liebes-/Herrschaftsbegehren ist nicht nur wegen seiner Zweideutigkeit nicht verbalisierbar, Sprache und Tod gehören nach diesem Denken untrennbar zusammen[629]. Die ersten Worte der symbolischen Ordnung des Vaters kündeten bereits vom Tode: "Le premier symbole où nous reconnaissions l'humanité – dans ses vestiges, est la sépulture"[630]. In der Tat begibt sich Juan Minelli am Anfang seiner Reise zum mythischen Urvater an ein Grab. Martini knüpft in seinen Texten an die Todesnostalgie des romantischen Schriftstellerkultes an: "toda muerte, es el miedo a la muerte, la fascinación de la muerte"[631] – Lieben und Schreiben schließen die Konvokation des eigenen Todes ein. Er würde die Identität zur vollständigen Objektivation in einem Bilde bringen. Da dies jedoch zugleich das Ende aller Identität bedeutet, können sie vom Subjekt nicht anerkannt werden. Dazu aufgefordert, am Ende seiner Reise das verstorbene Double, den Engländer, zu identifizieren, weigert sich Minelli, ihm ins Gesicht zu schauen.

Wieder also zeichnet die Paradoxie für die Unerfüllbarkeit einer sprachlichen Legitimation des Begehrens verantwortlich. Dies ist jedoch auch der Schnittpunkt, an dem die Zirkelschlüsse der "literatura del poder" in eine "literatura contestataria del poder" münden[632]. Es gibt kein (sprachliches) Gesetz, das die Verwirklichung von Macht und Gewalt in einer symbolischen Repräsentation rechtfertigen könnte. Und hier kehrt auch der Schriftsteller Martini der von ihm erschaffenen literarischen Welt den Rücken, indem er – bestärkt durch das Wissen von der Ambivalenz des Begehrens – aus seinem Schaffen eine unentwegte Befragung der sie konstituierenden symbolischen Bedeutungen macht:

> ... asi fuimos creciendo, digo nosotros, los componentes de mi generación o degeneración, más o menos en el medio de los nacidos en los años treinta y asumidos como históricamente impotentes y de los nacidos en los años cincuenta que ya van sabiendo que no son los heredores legítimos de nuestros prócederes, y da por pensar de tanto en tanto que fuimos el silencio entre dos esperas[633],

schrieb Martini zum Erbschaftsproblem schon 1972, in seinem autobiographischen Essay "Decreto de honores". Das Zitat zeugt nicht nur von der werkimmanenten Konsistenz seiner literarischen Anliegen und Themen, sondern auch von Wandel. Aus dem Zweifel am legitimen, elterlichen Erbe der eigenen Schriftstellergeneration ist mit dem Exil ein selbstbewußtes Eintreten für die Verantwortung des Schriftstellers gegenüber dem Herkunftsland geworden. Unter den gegebenen historischen Umständen kann es selbstverständlich nicht vorbehaltlos, ohne Zögern, erfolgen.

6.5.3 König Ödipus und literarische Autogenese

Wenn sich Minelli am Ende von "Composición" weigert, das ermordete Double, den Engländer, zu identifizieren, so hat dies einen guten Grund. Bereits bei seinem Besuch der Grabstätte des Urvaters wurde er beschuldigt: "Has hecho uso de un derecho que no tienes"[634]. In den figuralen Spiegelungen wird eine ödipale Konfliktsituation nahegelegt, welche die Einlösung der maternellen Liebesbeziehung verhindert.

Selbstbewußter werden inzestuöse Ansprüche auf die Mutter von den Kindern Peri Rossis vorgetragen[635]. In der Überschreitung des Inzestverbotes, das ja am Beginn der kulturellen Ordnung steht[636], ist nicht nur der Wunsch nach Rücknahme derselben angezeigt. Es stellt auch einen symbolischen Akt der Weigerung gegenüber "väterlichen Vorbildern" dar. In der Phantasie der Selbstzeugung erhebt das schreibende Ich Anspruch auf den Entwurf einer eigenen symbolischen Ordnung, der, vor allem in dem Vaterschaftskonflikt bei Martini, zum Streben nach einer eigenständigen symbolischen Repräsentation Lateinamerikas in und durch die Literatur verallgemeinert werden kann.

Andererseits ist damit auch das Problem einer kulturellen Verwaisung des lateinamerikanischen Schriftstellers angesprochen, das wir in den Texten Moyanos und Valdés' wiederfinden.

Das Exil als Geburtsstätte "aus dem Nichts" rückt damit in den Mittelpunkt der Auseinandersetzungen.

6.6 Exil als metaphorische Grundsituation

In den Aussagen über das Exil geht es weniger um die Beschreibung sozialer Erfahrungen – etwa des Exils in Spanien – als um die Veranschaulichung einer Welt- und Lebensauffassung. In der Metapher "Exil" knüpfen die Autoren an die (philosophische) Ursprungs- oder Herkunftsfrage an, suchen sie jedoch zugleich auf die soziokulturellen Eigenheiten des lateinamerikanischen Südkegels zu beziehen. Lateinamerika ist der eigentliche symbolische Bezugspunkt der Exilerfahrungen.

Bindungslosigkeit und Entwurzelung festigen sich in einer negativen Bestimmung von Identität, in deren Zentrum Absurdität und Agnostizismus stehen.

6.6.1 Seefahrtsmetaphorik und agnostische Lebenshaltung

Mindestens ebenso schillernd und traditionsreich wie die Liebes- und Kindheitsallegorien ist das Bild des Schiffbruchs, in dem das Exil eine erste metaphorische Synthese erhält[637]. Dieses Bild einer Katastrophe, in der der Mensch einer übermächtigen Naturgewalt ausgesetzt ist, eignet sich besonders gut für eine dramatische Inszenierung der Gefühlssituationen der Einsamkeit und des "trastorno de identidad". In "El libro de navíos y borrascas" lesen wir:

> Hay que aislar el naufragio. Conociendo su naturaleza, cualquier barco, por débil que sea, podrá flotar alegremente entre las olas sin necesidad de que el agua sea buena ... El mar aturde con su cantidad para ocultar su calidad ... Hablar de mar es como intentar la descripción de una persona de la que sólo conocemos el nombre. ... Nos metemos en el mar como en el cuerpo de una mujer para sentirnos protegidos, buscando un rumbo[638].

Formend ist der Gegensatz zwischen der unbekannten Weite des Meeres und der Zerbrechlichkeit des von Menschenhand erschaffenen Schiffs: "bateau ivre, Sandokán". In "El libro de navíos" dient die Seefahrtsmetapher zur Umschreibung der politischen Auseinandersetzungen und schließlich der Niederlage, die im Exil endet[639]. Das Schiff hat sich von der Macht des Meeres verführen lassen und dabei seine eigene Kraft überschätzt. Der Untergang, so Rolando, ist nicht dem Meer anzulasten, schuldig ist einzig der Mensch, der sich zum Herren der Meere erheben wollte: "Y el pecado, aunque ellos no lo supiesen, era el deseo de navegar"[640]. Die Bootsmetapher ist also mehr als nur eine Kondensation von Gefühlen der Verlassenheit.

Peri Rossi, die seit "Descripción de un naufragio" fortlaufend auf dieses Motiv zurückgegriffen hat, führt uns in die agnostische Grundstimmung der Seefahrtsmetaphorik ein: "Cuando comprendemos que se trata de un viaje sin retorno y sin arribo, se produce una gran confusión. Se oyen lamentos, súplicas, preguntas sin respuesta ..."[641]. Das Exil ist eine unendliche Reise, ohne festgelegten Kurs. Die existentielle Bestimmung, die aus diesem hervorgeht, ist die des Geworfenseins, des ziel- und sinnlosen Treibens. Um die Hoffnung nicht ganz zu verlieren, setzen die Exilanten die alten Gewohnheiten und Konventionen auf der unbestimmten Reise fort: "Esto pareció ser el agrado del orador, quien contemplaba complacido cómo los demás cumplían las funciones necesarias para mantener una apariencia de orden"[642]. Hier ist das der Gnosis eigene Denken in Umkehrungen wirksam: Die Heimat ist das Exil, oder: Das Leben in der Fremde – die Heimat. In ihrem Roman "La nave de los locos" hat Peri Rossi diesen Gedanken einer Irrfahrt durch die modernen Zeiten[643] im Motiv des "Narrenschiffes" aus der mittelalterlichen Possen- und Satirendichtung zusammengefaßt. Nicht dem Exil gebührt der Sonderstatus, Exil ist die Gesellschaft mit ihrer verlogenen Heuchelei, ihrem Lug und Trug, im allgemeinen.

Die Seefahrtsmetapher hat einen apokalyptischen Indexwert. In den Aphorismen und Erzählungen Peri Rossis paart sie sich mit Zivilisationskritik, wobei uns die Autorin gerne schon vorhandene Bilder vom Untergang ins Gedächtnis zurückruft, zum Beispiel die surrealistischen Visionen des "Europa nach dem Regen", die Max Ernst in seinem New Yorker Exil malte[644].

In "El viaje inconcluso" vergleicht Peri Rossi die Katastrophe, der die Exilanten in wohl bedachtem Unwissen entgegentreiben, mit dem Untergang der Titanic. Zu diesem führt sie in ihrem Aufsatz "Naufragios y otras catástrofes" weiter aus: "Hay hechos que se vuelven tan significativos que alcanzan a convertirse en símbolo de una época: el Titanic, su veloz e imprevisible naufragio en medio de la fiesta, fue uno de los signos de identidad de la primera cuarta parte de nuestro siglo"[645]. Das apokalyptische Bild vom Exil ist durch das Motiv des großen Welttheaters zu ergänzen. In Peri Rossis "La nave" finden wir es in einer kabarettistischen Transvestitenshow mit Hinweisen auf das Berliner Revuetheater der 20er Jahre, in Moyanos "El libro de navíos" in der Maskerade und Zirkuseinlage beim Überqueren des Äquators wieder. Die Analogie zu den Goldenen 20er Jahren ist nicht zu übersehen. Die überschwängliche Affirmation eines Fortschrittsglaubens inmitten von Kriegsvorbereitungen und Wirtschaftskorruption leitete einen intellektuellen Desillusionsprozeß in Lateinamerika und anderswo ein, der sich bis heute fortsetzt.

Wie der Tellurismus der "madre tierra" verweist auch die Meeresmetapher auf einen mütterlichen Ursprung. In diesem Sinne ist in der Untergangsvision eine Verdammung der Gesellschaft zu sehen, die Ausblick auf einen ebenso ersehnten wie gefürchteten Freiraum öffnet. Heimkehrwünsche können – in der Literatur zumindest – nur noch in der Metamorphose ausgesprochen werden[646]. Sie signalisieren das Bedürfnis einer grundsätzlichen Rückkehr zum Ursprung allen Seins, aus dem dann erst ein neuer Anfang entstehen könnte.

6.6.2 Tango und Exil: Das Absurde als nationale Idiosynkrasie

> El barco, como se dice, del que descendemos los conosurenses. Vapor, raza y origen. Barco que vale tanto como un imperio incaico y una civilización azteca[647].

Was dem Mexikaner die Maya, dem Peruaner die Inka, sind dem "conosureño" das Schiff oder der Zug – "Si mal no recuerdo tú y yo crecimos en un tren"[648] –: Geburtsstätten des "entwurzelten" Menschen im Exil. Ob nun als negatives Image einer Konquistadorenidentität – "tatsächlich ist Chile das Land der Freiheit nur für Kolonialisten ... und Abenteurer europäischer Herkunft"[649] – oder in der gemäßigteren Version der Söhne und Töchter des utopischen Traumes vom untergegangenen Atlantis[650], in jedem Falle bindet sich die Schiffsmetaphorik an die soziokulturellen und ethnischen Eigenheiten der Länder des lateinamerikanischen Südkegels. Die ehemaligen Einwandererstaaten für europäische Emigranten haben in anderen Ländern ihren heimatlichen Ursprung. Die Sehnsucht nach dem "más allá" ließe sich auch sozio-ethnographisch erklären.

Ausdruck dieses Lebensgefühls der "conosureños" ist der Tango, in dem das Nationale nun doch zu idiosynkratischer Bestimmung gelangt. Der Tango ist ein Beispiel für die besondere historische Dialektik, in die sich dieses Exil einschreibt. Er ist eine europäische Emigrationskultur, die im Zuge des Heimischwerdens im La Plata in der letzten Hälfte des vorigen Jahrhunderts entstand. Nun werden die alten Tangoweisen von den Nachkommen der südeuropäischen Emigranten in Madrid, Barcelona oder Paris mit dem Wunsch nach kultureller Rückbindung erinnert. Dies mag zur Erklärung der Verbreitung, welche die Tangos der "tiempos de Gardel" im Exilzeitraum gewannen, genügen. Auf den revolutionären Indio-Lateinamerikanismus der 60er Jahre folgte als kosmopolitische Reaktion die Tangonostalgiewelle.

Ohne Zweifel ist der Tango Bestandteil der Kindheitssehnsüchte dieses Exils, denn ins Gedächtnis zurückgerufen werden vorzugsweise jene Lieder, mit denen man in Buenos Aires, Montevideo oder Santiago de Chile aufgewachsen ist.

Zu literarischer Bearbeitung gelangt der Tango in Form von Texteinblendungen hauptsächlich bei den beiden Argentiniern. Von Peri Rossi – in literarischen Bezugnahmen auf das National-Typische auch beim Tango eher zurückhaltend – liegt uns eine kultursoziologische Interpretation zu "Tango und Exil" vor. Valdés erwähnt die "tiempos de Gardel" in einem Epochenvergleich der Gegenwart mit der Zeit der 30er Jahre [651].

In der Tat steht das Charakteristische des Tango der bisher beschriebenen "exil"-kulturellen Welthaltung nicht sonderlich fern. "Im Tango ist immer etwas verloren gegangen. Und dieses Etwas ist unwiederbringlich", schreibt Peri Rossi in erwähntem Aufsatz und leitet daraus einen Vergleich zur psychischen Situation des Exils ab: "... es gibt ein verlorenes, idealisiertes Gut und äußere Umstände, Hindernisse, die dem Wiederfinden, der Rückkehr, der Heimkehr im Wege stehen. Der Tango besteht aus diesem Verfehlen, aus dieser Unmöglichkeit"[652]. Tango, so Peri Rossi, wird von negativierenden Sehnsüchten bestimmt[653]. Mit seiner "Metaphysik des Vergänglichen"[654], seinem Verlangen nach ewigem Anderswo ermöglicht der Tango die Stilisierung des Nationalen im Stereotyp des verfehlten, unter Mangel leidenden Menschen.

In Moyanos Erzählungen "Golondrinas" und "En la atmósfera" zeigt das Tangozitat noch die melancholische Grundstimmung des "tarde gris de tango" an. Tango ist aber auch ein Äquivalent für die große Lebenslüge, der man in der Kindheit bezüglich einer besseren Zukunft aufsaß, er gehört zum Spiel der Enttäuschungen in den "Exil"-Idyllen des Autors und muß vor dem Hintergrund der 30er Jahre gesehen werden. In dieser Zeit war ja der Glaube, Argentinien (Lateinamerika im allgemeinen) könne sich mit natürlichen Reichtümern und mit einem in sportlicher Meisterschaft kanalisierten Nationalstolz die Welt erobern, noch lebendig: "... así que además de ser el país más rico y más valiente éramos de paso el origen del hombre. Con razón éramos buenos en todo, desde la guerra hasta el fútbol"[655].

Daß sich dieses Selbstverständnis nicht auf Argentinien begrenzen läßt, zeigen die ähnlichen Interpretationen jener Epoche in Valdés' "Tejas Verdes"[656].

Das mit der Tangomythologie verbundene Bar- und Prostituiertenmilieu, der im "compadrinaje" angelegte "machismo", bilden einen kulturtheoretischen Anknüpfungspunkt zur Interpretation von Martinis "La vida entera"[657]. Im Grunde ist das Land den "Kinderschuhen" der ursprünglich instabilen Einwanderersituation nie entwachsen. Das dem Immigranten gegebene Glücksversprechen einer Selbstverwirklichung in der Neuen Welt ist zur alptraumartigen Selbstsucht geworden. Vom einst glorreichen, kosmopolitischen Argentinien ist allein der fotorealistisch gezeichnete Gardel übriggeblieben. Und gerade er erscheint angesichts der veränderten Situation als die eigentlich unglaubwürdige Figur des Romangeschehens: "... como si hubiese llegado a destiempo ..."[658].

"Jeder Begriff des Absurden", schreibt Wolfgang Fritz Haug in seiner Grundlegung des Absurden am Beispiel des Frühwerks Sartres, "... setzt ein Doppeltes voraus: Trennung (zwischen Körper und Geist, Subjekt und Objekt, Anm. PS) und das Bedürfnis nach Vereinigung. ... "Absurd" wäre demnach die Unmöglichkeit einer Vereinigung"[659]. Im vorangegangenen Abschnitt konnte bereits gezeigt werden, daß Martinis Figurenkonzeption diese Bestimmung des Absurden in exemplarischer Form erfüllt. In ihrem Anspruch auf Realisierung eines Absolutums strebten die Abenteurer nach der Vereinigung des Unvereinbaren, und aus diesem Grunde erleben sie ihr Dasein als ständigen Mangel. "Der Ausweis für die Absurdität ist Weltverlust: Das Absurde stellt sich dar als Akosismus"[660]. Absurd ist, so auch Peri Rossi und Moyano, was dem funktionalen Sinn zuwiderläuft und dem Mechanismus des Reihendaseins folgt[661]. Vor allem aber ist das Absurde ohne das Wissen um den ursprünglichen Verlust undenkbar: "In der tragischen Welt waren es der Reihe nach die Götter, das Fatum, der Gott der Christen, die Natur, die mit der Vernunft gestaltete und sich vollziehende Geschichte gewesen, die die Zwangssituation auferlegten. In der grotesken Welt gibt es kein Absolutum mehr, das man für das Scheitern verantwortlich machen könnte. Das Absolute ist absurd und sorgt für ständige Enttäuschung"[662].

Die Chiffre des Absurden ist der Mythos des Tantalos, dem die Welt bei jedem Zugriff entrückt. Gibt es zur Illustration dieses Mythos ein anschaulicheres Bild als das des fliehenden Horizontes der Pampa ("mar y pampa se confunden"[663]), der dem menschlichen Auge keinen Einhalt bietet und sich je dem Wunsch nach Verwurzelung entzieht? In den Bildern des zerbrochenen Tellurismus gerät das Absurde zur nationalen Idiosynkrasie[664]. Daß diese Vorstellungen bereits in einem Traditionszusammenhang argentinischen (und lateinamerikanischen) Denkens stehen, sei in dem Hinweis auf die existentialphilosophischen Essays der 30er und 40er Jahre von Eduardo Maella oder Martinez Estrada angedeutet. Enttäuscht waren auch diese Autoren von der sich zunehmend verschlechternden Situation ihres Landes und zeichneten in "La Argentina invisible" oder "Radiografía de la Pampa" den Argentinier mit Wesenszügen eines sich verleugnenden Menschen ohne innere Stabilität[665].

Gleichwohl läßt sich das Absurde auch in dem weltlosen Tagträumer wiederfinden, der in der tatsächlichen Welt nicht leben kann und sich deshalb auf ständiger Flucht ins Anderswo befindet.

6.6.3 Exil als Paradoxie und ewige Wanderschaft zwischen den Welten

Man kehrt niemals zu den alten Zeiten und Orten zurück – schon gar nicht, wenn der Entschluß zu gehen, den Verlust zu akzeptieren, niemals gefaßt wurde:

> No volvemos,
> ni acabamos de irnos[666].

Emigrationspsychologisch interpretiert besagt dieser Aphorismus Peri Rossis zunächst, daß der Exilant niemals in das Herkunftsland zurückkehren wird, weil er es noch gar nicht verlassen hat, sondern in seinen Gedanken und Träumen dort verweilt. Das Land, das man zurückließ, wird man nie wiederfinden, denn jede Rückkehr erfordert einen neuen Anfang. Moyanos Erzähler Rolando bestätigt diese nüchterne Einschätzung der Exilsituation: "... nunca nadie vuelve a nada. Como todo se borra, volver es como no haber salido. La única posibilidad cierta de volver parece que es no salir. Cuando se sale se entra en el movimiento, que es como un borrón"[667].

Doch aus der Einsicht in die Unmöglichkeit einer Rückkehr folgt die Erkenntnis, zu ewigem Gehen verurteilt zu sein, und hierin erschließt sich die eigentliche Bedeutung des einleitenden Aphorismus: Man ist stets auf der Flucht. Auf der Flucht vor wem oder was? Die Antwort hat sich im Absurden verloren, das seinem "Wesen" nach ja "grundlos" ist.

Zwar beharrt Peri Rossi in ihrer absurden Einstellung, die sich aus den Reflexionen der Exilsituation entwickelt hat, nicht auf nationalen Symboliken, ihre Texte aus der zweiten Emigrationshälfte sind jedoch vortreffliche Einübungen in das Denken von ausweglosen Paradoxien.
So zeichnet sich im Exil auch die eigentliche Grundsituation des menschlichen Daseins ab, in der sogar eine neue Metaphysik erkennbar wird:

> Comprender que el estado de transición es la condición metafísica del hombre por excelencia nos ahorraría todos los precios que pagamos por certidumbres falsas, neuróticas y, finalmente, inservibles[668].

Das fortwährende Übergangangsstadium beliebig austauschbarer Situationen beinhaltet eine Aufwertung der Vorstellung vom Unendlichen, die wiederum so etwas wie Transzendenz in Aussicht stellt. Doch diese Art von Transzendenz muß, da ihr die Orientierung an einem konkreten Anderswo fehlt, im Zirkelschluß des Paradoxen gefangen bleiben.

Peri Rossi und Moyano fassen die Situation der ewigen Wanderschaft im Bild des Wander-Vogels zusammen. Damit geben sie einerseits ein Bekenntnis zur uneingeschränkten Freiheit des Menschen ab[669]. Andererseits ist nicht zu übersehen, daß der Vogel im Käfig eines Zwangsmechanismus sitzt:

> Del viajero tenemos / la geografía insensata / el acaso del vuelo / – pájaro acosado – / Perdemos lo que ganamos / y lo ganado / se perdió en el vuelo[670].

Gemäß der Gleichsetzung von Folge-Kausalbeziehungen oder Gegensätzen besteht die Wanderschaft des Exils im endlosen Wechsel von Gewinn- und Verlusterfahrungen, die stets auf den ursprünglichen Verlust zurückweisen. Die einmal begonnene Reise durch das Exil ist nicht mehr aufzuhalten.

Mit dem Exil wurden, so Peri Rossi, die Möglichkeiten freier, individueller Wahl erheblich eingeschränkt[671]. Die Alternativlosigkeit zwingt zum Leben im Schwebezustand des Weder/Noch: "ni aquí / ni allá":

> De país a país / el exilio / es un río / ciego. / Vagan por las calles, / no aprendieron todavía el idioma / nuevo / escriben cartas / que no mandan; / un año / les parece / mucho tiempo[672].

Die exiltypischen Grundsituationen – das ziellose Vagabundieren, die Inkommunikation, die end- und teilnahmslose Bewegung, das Warten – münden in die Konstatierung eines Lebens zwischen den Welten, geprägt vom Bewußtsein, weder der einen noch der anderen ohne Identitätsprobleme angehören zu können. Der gerade von Peri Rossi immer wieder betonte Relativismus und Pluralismus der Welten erweist sich als ein Vakuum, das einem Zeitstillstand gleichkommt. Die Beschreibungen dieser aporetischen Situation, weder etwas beenden noch wirklich weitermachen zu können, sind zahlreich. Jedes Nicht-mehr-Sein ist gleichbedeutend mit Noch-nicht-Sein, einem Unterwegssein in der ewigen Kreisbewegung des Exils: "Quién por su rabo ya moriría habiéndolo alcanzado?"[673]. Es siegt das irrationale Prinzip der Mutter, die den Faden auf der Stricknadel hin- und herlaufen läßt, ohne ihm einen richtungweisenden Sinn geben zu können. Die "ida y venida", das "tanguinear entre inmovilismos"[674] ist auch in Moyanos Aussagen zum Exil bestimmend. Wir können sie als existentielle Grundsituation des historischen Exils und als globale Bewertung der gesellschaftlichen Verhältnisse, die die Erkenntnis eines geschichtlichen Fortschritts nicht zulassen, interpretieren. Ausgehend von dieser Perspektive, tritt jede Bewegung in Wirklichkeit auf der Stelle.

Fraglich bleibt allerdings, inwieweit der Entwurf einer geliehenen Identität des Exils auf Dauer aufrechtzuerhalten ist. Sicher bietet das desillusionierte Denken einen gewissen Selbstschutz. Wer die Hoffnung aufgegeben hat, eine Heimat zu finden, ist vor der Enttäuschung neuer möglicher Verluste sicher. Im Alltag zumindest ist ein Leben im Widerspruch zur umgebenden Welt langfristig wohl nicht durchführbar.

Wir konnten im Verlauf dieses Kapitels immer wieder darauf hinweisen, daß die vorgestellten Motive nicht nur emigrationssoziologisch erklärbar waren. In ihrer Ambivalenz gingen sie auf eine Vielzahl von Umständen zurück: auf politische Verhältnisse, literarische Kontexte und Traditionen, auf die Schreiberfahrungen und -bedürfnisse der Autoren. Das historische Exil stellte darunter nur eine Determinante dar. Wenn diese Faktoren dennoch in einer schlüssigen Aussage zum Exil zusammengefaßt werden konnten, so erklärt sich dies aus der doppelten Bedeutung des "Exils" im Sinne einer historischen Erfahrung und einer generellen Position des Schriftstellers in der modernen Gesellschaft.

In der Idee des nicht endenden Exils bleibt immerhin eine Gewißheit gewahrt: die einer nicht verjährenden Suche nach Sein, einer nicht versiegenden Kreation in der Welt der Kunst.

7 Die Welt als Zeichen: Sprache und Struktur der Literatur aus dem lateinamerikanischen Exil

> ...si bien supuse que todo andar conduce a alguna parte, el mío sólo me conducía al interior de las palabras, donde me siento segura[675].
>
> Cristina Peri Rossi

In diesem Kapitel werde ich mich der stilistischen Gestaltung der Texte zuwenden. Zu diesem Zweck möchte ich noch einmal an die These des deutschen Emigranten Lionel Feuchtwanger erinnern, daß sich das Exil verändernd auf die "inneren Strukturen", das heißt, auf die sprachliche Gestaltung der in ihm entstandenen Arbeiten auswirke. Läßt sich in den vorliegenden Texten solch ein grundlegender stilistischer Wandel nachvollziehen? Können wir gar von der Ausbildung einer "authentischen", ästhetischen Struktur der "Exil"-Literatur sprechen?

Besonderes Augenmerk hat der Konstitution einer Botschaft im literarischen Diskurs zu gelten. In den vorangegangenen Kapiteln wurde schon angedeutet, daß dieser Frage keine eindeutigen Antworten beschieden sind. Es wird darum gehen, die verschiedenen Diskursformen aufzuzeigen, mit denen sich die Autoren ihr nähern. Sie sind ferner zu dem Anspruch eines Ausgleichs sozialer und existentieller Mängel durch das Schreiben von Literatur in Beziehung zu setzen.

Die Faszination, die Stilfragen seit je auf Autoren wie ihre Interpreten ausübten, ist mit der Annahme verbunden, daß die Sprachgestaltung mit ihrem Gestalter, das Erzählte mit dem Erzähler, in intimer Wechselbeziehung stehen. So bezeichnet der in den Anfängen der Stilforschung entworfene Begriff des immanenten Werkstils einen umfassenden wie speziellen Formungsakt, der alle am Aufbau der erzählten Welt beteiligten Kräfte einbezieht: "Jede Dichtung stellt eine einheitlich geformte Welt dar"[676]. Dieses Stilverständnis ist vor allem am Kriterium des "Stilvollen" orientiert. Die Frage nach den Kohärenzstrukturen der literarischen Texte stellt sich durch unser Material selbst. Die Autoren legen auf die Erschaffung einer in sich geschlossenen Komposition ihrer Texte Wert. Im Rahmen unseres Themas können wir uns allerdings nicht mit der Feststellung eines – wie auch immer zu bestimmenden – Kriteriums des Stilvollen begnügen, sondern haben die stilistisch-ästhetischen Eigenarten der Textgestaltung auf die soziale Situation zu beziehen, aus der heraus sie entstanden sind.

Daher lege ich den folgenden Ausführungen eine weitere Bestimmung des Begriffs Stil zugrunde. Roland Barthes definiert Sprache und Stil[677] als eine Funktion: Sie bedeutet die Beziehung zwischen "dem Geschaffenen und der Gesellschaft" und ist "die in ihrer menschlichen Intention ergriffene Form"[678]. Dem Traditionsbegriff Stil hält Barthes die Bezeichnung Rede- oder Schreibweise entgegen. Meine Analyse der ästhetisch-strukturellen Gestaltung der Arbeiten ist an der Frage nach dieser Funktion des "fiktionalen Machens" ausgerichtet. Ich begreife die ästhetisierte Sprachäußerung als eine Mitteilung.

7.1 Der Wusch zu schweigen: Bildpoesie und Appellfunktion

Die Autoren beantworten unsere Frage nach einer identitätskonstitutiven Botschaft der Texte mit einem Hinweis auf die Poesie der Bilder. Dieser aber ist vorerst lediglich der Wunsch zu entnehmen, auf das gesprochene Wort ganz zu verzichten, zu schweigen:

> A estas cosas habrá que fijarlas con imágenes y recordarlas con imágenes, nunca con palabras, porque para estas cosas las palabras son como gatos: todo lo ven en gris[679].

Bilder und die Moyanos Erzählern vertraute Musik haben gegenüber dem gesprochenen Wort den Vorteil, sich in erster Linie an die Sinne, nicht den Intellekt zu wenden. Sie erstatten der Identität eine Evidenzerfahrung zurück, die ihr in der intellektuellen Auseinandersetzung verlorengeht. Malerei und Musik sind zunächst lebensfähig ohne direkten Sinnbezug[680]. Das "Bild haben" ist bei vorliegendem manischen und zugleich immer wieder enttäuschten Identifikationsbedürfnis lebensnotwendig. Daher wird der Appell an die schweigende Sprache der Bildpoesie angeregt durch die Hoffnung auf Begründung einer Seinsimmanenz in der Sprache. Sie soll die zerbrochene Beziehung zur Welt ersetzen.

Dies ist auch der Grund des idealistischen Beharrens auf dem Mythos der ewigen Kindheit: "No siempre entendía las palabras, no siempre estaba seguro de comprender el significado de su pensamiento, pero le parecía muy importante que él (el padre, Anm. P.S.) le hablara y le agradecía ... que para hacerlo, no simplificara su lenguaje ..."[681]. Kinder haben an der Sprache teil und verstehen die Welt, ohne die Sprache zu beherrschen. Sie begreifen, indem sie sinnlich-intuitiv empfinden[682].

Es sind vor allem Moyanos Erzähler, die sich bemühen, die durch das Exil erlittenen Verluste in einer immanenten Sprache des Elementaren auszugleichen. Der Maler Contardi in "El libro de navíos" ist Vertreter der abstrakten Malerei. In der Reduktion der Sprache auf "reine" Farben und Formen sucht er die Urkraft des Seins und das verlorene Zentrum, das in Moyanos kafkaesker Metaphysik gleichbedeutend ist mit dem "verlorenen göttlichen Wort"[683].

Moyanos Protagonisten realisieren diesen Anspruch einer reinen Bildersprache, indem sie ihre Kenntnisse des alternativen Kommunikationsmediums Musik zur Wirkung bringen.

Die anderen Autoren geben in ihren Sprachpoetiken den Gesichtspunkt einer Kontingenz unserer visuellen Wahrnehmungen zu bedenken (Überschneidungen der einzelnen Positionen sind vorhanden). So schreibt Peri Rossi in ihrer Rezension der Bilder Francis Bacons, einem Mitbegründer der modernen Auffassung "Kunst als Spiel": "... esas pinceladas como licuadas que crean la distorsión de la figura constituyen un intento ... de agregar movimiento (o sea la dimensión del tiempo) a la estática convencional del lienzo. En base a intuición Bacon ha descubierto la necesidad de licuar una experiencia para cargarla de sugestión"[684]. Bilder haben keine Inhalte statisch festzuhalten, sie haben zu wirken, indem sie sich bewegen. Schon den Ausführungen Peri Rossis zur Phantasietätigkeit[685] konnten wir entnehmen, daß die Poesie für sie in prägnanten Synthesen zu bestehen hat, welche die Welt nicht ab-bilden[686], sondern den Betrachter/Leser zu eigenen Gedanken und Vorstellungen anregen soll: "La apariencia tiene que ser suficientemente ambigua como proporcionar desenvolvimientos abiertos y complejos[687] ... la capacidad de síntesis que debe lograrse, aunque el objetivo sea la ambiguidad, como en este caso, la provocación, el estímulo de la imaginación"[688]. Der willkürliche Augenblick ist für einen Moment anzuhalten und zu vertiefen. Hierzu muß das Bild in seiner semantischen Oberfläche möglichst offen sein, um die Aufmerksamkeit vieler Betrachter auf sich ziehen zu können.
Von der Begeisterung Peri Rossis für die "Mobilität der Bilder" eines Francis Bacon ist der Weg nicht weit zum Kino, in dem Martinis Erzähler den einzigen Lebenssinn vermuten[689].

Valdés erhärtet die gesellschaftspolitischen Absichten dieser Bild-/Botschaftsfrage: "... el hecho de conocer ese sistema y su funcionamiento no bastaba para definir la propia libertad; el mundo no estaba dividido tan simplemente como antes entre opresores y oprimidos en pugna; los oprimidos, ahora, vivían su opresión con las características simbólicas o racionales de la libertad, y ellos formaban parte del juego ..."[690]. Der Unfreiheit ist nicht mehr mit Botschaften der Freiheit zu begegnen. Das Spiel der falschen, ambivalenten Repräsentationen/Bedeutungen ist zu akzeptieren, um das Versagen des Systems aufzuzeigen – "había que encontrar una salida, demostrar la falacia"[691] – und den eigenen, inneren Freiraum zu sichern: "... uno tiene que decir las cosas al margen de él (el rostro, Anm. P.S.) ... acostumbrarse a reconocer su propio reflejo en otra superficie, interna, tan cambiante como es la vida de uno ..."[692]. Der Sinn des Bildes liegt anderswo, am Rande der Erscheinungsfläche des (Gesichts-)Spiegels. Angesprochen ist hier, was Wolfgang Iser eine "implizierte Appellfunktion" nannte[693]. Botschaft/Sinn ist in den Bildern nicht einfach enthalten, sie müssen von einem Dritten, dem Betrachter, erst erschlossen werden.

Wir sehen, daß die verschiedenen Momente der Alterität, die wir im Laufe der Arbeit kennengelernt haben, in der Botschaftsfrage zusammenfließen: die Konnotationen der "sobrentendidos", der Traum als Zeichensprache mit Sinnlatenz, das Heimlich-Unheimliche, der Schwebezustand des Exils.

Gewiß sind die Appelle an die Schweigsamkeit der Bilder zunächst als Eingeständnis eines Scheiterns zu bewerten. Erneut entzieht sich die Welt dem Zugriff eines selbstbewußt Sinn zu- und aberkennenden Subjekts: "Ser como un cuadro" – selbst ein Bild sein, um von anderen gedeutet zu werden.

Dennoch ist die implizite Appellfunktion nicht ohne ethisch-politische Bedeutung. Erinnern wir uns daran, daß das "desaparecido"-Problem den Hintergrund der Botschaftsfrage bildet. Den Verschwundenen definiert – "ni muerto(s) ni vivo(s). Pero esto no significa que no tenga(n) realidad"[694] – eine vorläufig in ihrem Sein suspendierte Existenz. In dem offenen Sinngefüge liegt die Herausforderung, einer unsagbaren Realität Geltung zu verschaffen. Poesie und Ethik – und in einem weiteren Sinne Poesie und Politik – bilden in dem hier vorgestellten "exil"-literarischen Diskurs eine untrennbare Einheit.

7.2 Ordung in der Unordung: Fragmentstruktur und Reihe

Dem Wunsch zu schweigen und der Kontingenzerfahrung der Subjektivität entspricht ein Reduktionsverfahren im strukturellen Aufbau der Texte. Die Kurzgeschichte, in Form des Tableaus (Moyano, Peri Rossi) oder synthesenhaften Gleichnisses (Peri Rossi), vor allem der fragmentierte, in Einzelepisoden zerfallene Roman zeugen von der pluralen, heterogenen Welterfahrung und der durch innere wie äußere Umstände "dezentrierten" Subjektivität. Nur durch eine bruchstückhafte Schreibweise ist die Welt noch erfaßbar, denn: "cualquier armonía supone la destrucción de los elementos reales que se lo oponen ..."[695]. Kohärenz und Harmonie grenzen Widersprüchliches aus und führen zum Exil.

In ihrem episodenhaften Aufbau erwecken die Texte den Eindruck grundsätzlicher Offenheit und Beliebigkeit. Die Reihe, jenes Ordnungsprinzip der Unordnung unter militärischer Herrschaft, ist somit auch für die ästhetische Gestaltung der Texte maßgebend[696].

Obwohl es angebracht erscheint, in der Dekomposition der Textwelt einen ursprünglichen künstlerischen Ausdruck der Exilerfahrungen zu sehen, besitzt diese Schreibtechnik bereits literarische Tradition, und die Autoren selbst machen uns auf den Tatbestand aufmerksam. Vorrangig erinnern sie an "Rayuela", in der Julio Cortázar schon 1963 eine Theorie des destrukturierten Romans vorlegte. Martini knüpft in der Figur der Joyce aus "Composición", die im "James" die Gedächtnislücken erklären will, eine Beziehung zur modernen Irrfahrt des "Ulysses" von James Joyce. Martini und Peri Rossi verweisen in den Leitmotiven ihrer Emigrationsromane – der satirischen Narrendichtung Sebastian Brants und dem "orphischen Gang durch die Unterwelt" – auf den Episoden- und Abenteuerroman des Mittelalters. Der Bezug auf das Mittelalter erfolgt im übrigen mit der doppelten Bedeutung einer Heils-(Identitäts)-suche und desillusionierten Begegnung mit dem gefallenen Paradies. Das Thema der Negativ-Utopie ist damit erneut zur Sprache gebracht, es bildet die symbolische Grundstruktur der Emigrationsromane[697].

Die Reihe ist ein Gliederungsprinzip der Heterogenität, dem eine implizite Ordnung zugrunde liegt. Die literarische Dekomposition geschieht also nicht völlig willkürlich. In ihrer Fragmentierung sind alle Texte auf einen externen Punkt bezogen. In Peri Rossis "La nave de los locos" wird er noch im Schöpfungsteppich aus dem 7. Jahrhundert in der Kathedrale von Gerona repräsentiert, womit der Gedanke "des Buches (Museum) als Weltschöpfung" ausgedrückt ist. Die Reise des Equis durch die Moderne findet in diesem Gemälde ihr Orientierungszentrum und stellt zugleich eine Widerlegung der biblischen Schöpfungsgeschichte dar.

In den Texten von Martini, Valdés und Moyano ruht das Orientierungszentrum allein im Bewußtsein der Erzähler-Protagonisten: "Hache debe explicar que su vida es así: una fabricación incesante de bloques y compartimentos estancos que se van apilando según su propia suerte ... Debe explicar que tiene una relación radical con su propia vida; una comunicación privilegiada y directa con cada bloque ..."[698]. Das Subjekt errichtet seine eigene autoritär-vertikale Bedeutungsstruktur in und zu dem Textgeschehen, das allein in seinem Bewußtsein einen Zusammenhalt findet.

An dieser Stelle beginnt das eigentliche Wagnis des Erzählens (und des Lesens). Aus der scheinbar willkürlich zerfallenen Textwelt gilt es einen Sinn (eine Ordnung) herauszufiltrieren[699]. Wir kehren zur Frage des autobiographischen Zeugnisberichtes zurück. Die Verlogenheit sinnerfüllter, das heißt, stimmiger Selbstbilder ist zu vermeiden, indem man den Diskurs zerstört und so (möglicherweise) ein unbekanntes Ich an den Bruch- oder Nahtstellen der Rede erkennbar wird. Schreiben setzt wiederum eine Auseinandersetzung mit den Motiven des Schreibens voraus.

Allen Romanen liegt der Leitgedanke der utopischen Reise durch die Emigration oder die Herkunftsländer zugrunde. Wir wissen jedoch bereits: Es handelt sich um imaginäre Reisen durch die Literatur, das Bewußtsein, deren Spiegel die Landschaft eines filigranen Gewebes der Textkomposition ist. Im folgenden wird es darum gehen, wie sich diese Reise aus dem Bewußtsein heraus auf der mikrostrukturellen Ebene der

Syntax entwickelt und welche Veränderungen dieser durch das Exil widerfahren sind.

7.2.1 Beredtes Schweigen im textuellen Mikrokosmos: Syntax und innerer Monolog

Ein weiterer Grund für die Textfragmentierungen ist das spontane Wiedererleben von Vergangenheit während des Schreibens. Das Emigrationserlebnis setzt bei Moyano, Martini und Valdés ein erhöhtes persönliches Mitteilungsbedürfnis frei. Dem Erinnerungsvorgang gebührt der Vorrang vor der sachgerechten Vermittlung der Geschichte. Es gibt kaum einen besseren Gradmesser für diese Emotionalisierung des Erzählens als die Syntax.

Obwohl den Texten insgesamt eine große Variationsbreite an syntaktischen Strukturen zugestanden werden muß, besteht ihr auffälligstes Merkmal in einem Schwanken zwischen zwei Extremen: den langen Satzperioden und dem syntaktischen Pointilismus, der bis zur Zerstückelung des Satzbaus reichen kann. Beide lassen auf eine Rücknahme der logischen Vermittlungsstrukturen der Sprache zugunsten einer einfachen parataktischen Reihenstruktur schließen.

In der Parataxe bietet sich die Möglichkeit, die Sätze/Gedanken beliebig aneinanderzufügen, so daß der Satz neben seinem normalen horizontalen Verlauf einen vertikalen Aufbau erhält. Häufig ersetzt das Komma den Punkt und verschmilzt mehrere Sätze in einem unterschiedlich wirkenden Satzstrom, der von der Hast zeugt, mit der die Notierungen niedergeschrieben werden mußten.
Beispielhaft greife ich einen der Endlossätze aus "A partir" heraus:

> Recuerdo que Eva está conmigo otra vez, siento que se ha sentado bruscamente en el lecho y cuando entreabro los ojos reconozco su torso donde los viejos colores del sol han empalidecido tras los meses de invierno, encuentro sus ojos que me buscan y más que preguntar afirman y cuyo verde también se ha descolorido y sí, digo que sí con la mirada mía, venciendo espontáneamente el desamor, los turbios rencores que se han venido acumulando, qué pueden importar ya estas cosas, estableciendo tan fácilmente, como si ese trueno fuera la consigna para situarnos en otro plano, una fraterna y sombría complicidad ...[700].

Den stets analytisch bleibenden Erzähler von "A partir" kennzeichnet eine auf den ersten Blick kompliziert erscheinende syntaktische Verästelungsstruktur, in der sich, von der zentralen Satzachse der parataktischen Reihungen ausgehend, eine hypotaktische Relationsstruktur entwickelt, die höchst unterschiedliche Satzglieder miteinander verbindet. Das Syntagma beginnt in einer einfachen Hauptsatzparataxe und verzweigt sich dann in Einschüben, Interjektionen, Relativsatzerweiterungen und Gerundivbestimmungen. Die vom Erzähler so geliebten Konjunktionen "y" und "que" der Nebensätze reihen die höchst unterschiedlichen Sätze in einem gleichförmigen Redefluß. Die schon bekannte Inhaltsaussage einer strukturellen Heterogenität des Lebensgefühls wird also im Satzbau mitbegründet[701].

Gegenüber Valdés' Versuch, die Pluralität der Szenarien, Gedanken und Sätze in einem Redefluß zu integrieren, bleibt die Parataxe in Martinis "La vida" gleichförmiger, erreicht jedoch ebenfalls in den sich über mehrere Seiten hinwegschiebenden Endlos-Sätzen einen Höhepunkt[702]. In "La vida" unterstreicht die verschachtelte Syntax den Grundtenor des Romans, daß sich die Geschichte in Legenden und Mythen endlos fortschreibe. Gleichfalls haben wir die biographische Situation des Autors, seine Ängste vor Sprachverlust und sein Erproben bewußtseinsmäßiger Erzähltechniken zu berücksichtigen.

In den kurzen Perioden können die Sätze in einem reinen Nominalstil zusammenfallen. Das Erzählen in Wort-/Gedankenfetzen ist besonders typisch für Moyanos "El libro de navíos", ein Roman, der aus der Spontanität des Schreibens heraus entstand und der dem Autor selbst eine "Entdeckung neuer Sprachmöglichkeiten" bedeutete:

> Barco ausente, tapado por galpones. Ni siquiera los mástiles. El barquito de papel yéndose por la acequia, bateau ivre. Sandokán lejanísimo. Piratas sin piernas y con garfios. Navegar a palo seco[703].

Dieser Satz leistet in seiner nominellen Reihenstruktur der Assoziation auf "barco ausente" Folge. In "A partir", vor allem aber in "El libro de navíos", kann der ganze Hauptsatz zu einem nominellen Gedankensplitter zusammenschrumpfen und sich der eigentliche Satz aus den Beifügungen und Erweiterungen entwickeln[704]. Bleibt in "A partir" und in den Endlossätzen von "La vida" ein traditionelles Satzgefüge gewahrt, suchen Moyanos Erzähler, die logischen Strukturen der Sprache ganz aufzulösen. Ihre Spontanität führt sie zum sprachlichen Automatismus, wie wir noch sehen werden.

Der literarische Schweigeappell erweist sich an dieser Stelle bereits als äußerst beredt. Je mehr die Erzähler auf die Grundlagen der Sprache, ihre Funktion Welt zu benennen, verzichten, sind sie zum Rückgriff auf Wörter gezwungen. Die Beobachtung, daß das Exil das sprachliche Repertoire der Autoren bereichert hat, bestätigt sich abermals[705]. Auch hier sind die Veränderungen im übrigen mit einem Anstieg des mündlichen Sprachgebrauchs zu erklären.

Überwiegend gereihte, lockere Strukturen des Satzbaues haben den Vorteil hoher Flexibilität. Nimmt der Gedankengang – wie häufig bei der Unruhe des Erzählens der Fall - plötzlich eine andere Richtung, ist die Syntax geschmeidig genug, die Wendung mitzuvollziehen. Exemplarisch dafür ist der häufige Gebrauch von Interjektionen der primären Evidenz

("Eva es así, el sentía eso") und deiktischen Pronomina, die ein noch ganz im Rohbau befindliches Denksprechen andeuten.

Ist in der Parataxe ein Indiz für ungehemmtes Erzählen aus dem Unterbewußtsein heraus zu sehen? Zwei Argumente sprechen gegen diese Vermutung. Zum einen ist auch das assoziative Erzählen nicht völlig strukturlos. Zum anderen ist das intuitive Schreiben nicht zwingend an Endlossätze oder syntaktischen Pointilismus gebunden.

Hier ist die Entwicklung Peri Rossis anzuführen. Zwar lassen sich in den Texten Peri Rossis die erwähnten Stilmerkmale (anaphorische Reihungen, Nominalstil) wiederfinden[706], kennzeichnend für die Veränderungen des Satzbaus ist jedoch, daß die assoziative Reihung der uruguayischen Arbeiten im Exil zugunsten einer hypotaktischen Verknüpfungsstruktur zurückgeht[707]. Der Grund liegt in der etwas anderen intellektuellen Entwicklung der Autorin. Wie schon aus dem Kindermotiv ersichtlich wurde, geht es Peri Rossi darum, gegen das herkömmliche Sinnverständnis auf denkend-argumentativen Wegen vorzugehen. Das syntaktische Relationsgefüge ist eine Vorausetzung für die Absicht eines Zerschreibens der Sprache auf der Grundlage der Logik. Auch Martini wendet sich im übrigen mit "Composición" von den Endlossätzen ab und seinem eigentlichen Redestil in der kurzen Parataxe zu[708].

Die dominante Redesituation der bisher erarbeiteten Stilkriterien ist der innere Monolog[709]. In dem Selbstgespräch bestätigt sich die Aussage einer existentiellen Einsamkeit der Protagonisten. Es betont ferner die Intention, durch Vergegenwärtigung der Geschehnisse die Gedankenwelt in Ordnung zu bringen[710].

Eine Differenzierung der individuellen Gestaltung des Monologs ist angebracht. In Moyanos Texten liegen uns überwiegend erinnerte Erlebnisberichte vor, das Ich ist auf vergangene Ereignisse bezogen. Bei Valdés grenzt das Zwiegespräch an das moderne "Brainstorming", es werden unmittelbare Bewußtseinsinhalte niedergeschrieben[711]. Schwierig ist die Einstufung des inneren Monologs in Martinis "Composición", da die Redesituation im Rahmen der traditionellen Er-Erzählung bleibt und das implizite Erzähler-Ich in seinen Projektionen auf die Objektwelt extrem versachlicht ist[712]. Die Bezeichnung innerer Monolog ist nur gerechtfertigt, wenn man den Erzählvorgang berücksichtigt. Ebenso können die Erzählungen Peri Rossis nicht ohne Einschränkungen dem Monolog zugerechnet werden. Selbst da, wo die Autorin im Ich-Modus schreibt[713], handelt es sich nicht um erinnernde oder bewußtseinsmäßige Erzählungen. In den Arbeiten Peri Rossis ist jedoch ein Anstieg essayistischer Reflexionen zu beobachten, die mit dem inneren Zwiegespräch vergleichbar sind und die auch von Moyano und Valdés in das Reden zu sich selbst integriert wurden.

Der innere Monolog ist an der Vergegenwärtigung der Vergangenheit ausgerichtet mit dem Ziel, eine Ordnung in die Gedanken- und Erlebniswelt zu bringen. Wir haben an dieser Stelle zunächst einen Blick auf die ästhetische Ordnung zu werfen, in der der Erinnerungsvorgang gestaltet ist.

7.2.2 Das Kreisen des Gedächtnisses: Die Collage

Der Zusammenbruch der chronologischen Zeitordnung ist ein weiterer Grund für die Fragmentstruktur der Texte. Das freie Erzählen aus dem Bewußtsein läßt kaum noch eine Vermittlung in übergeordneten Zeitabläufen zu. Es erfolgt punktuell-situativ, aus dem Augenblick heraus. Betont wird die Zeit in ihrem Andauern, nicht mehr in ihrem Vergehen[714]. Der Eindruck einer bildhaft glatten Oberfläche entsteht nicht zuletzt aus dem Verzicht, Zeitabläufe wiederzugeben. Wie im Traum steht die Zeit still.

Die eigentliche Erzählabsicht, nämlich die Rekonstruktion eines Handlungsverlaufs, der über die Motive des Erzählens Aufschluß geben könnte, wird damit verfehlt. Die Zeitlücke, die einem Aussagesuspens gleichkommt, stellt das für unser herkömmliches Denken so wichtige Kausalitätsgesetz in Frage. In Martinis und Valdés' Texten ist der Bruch mit der chronologischen Zeitvorstellung besonders offensichtlich. Die Episoden der beiden zeitlichen Ebenen werden kontrapunktisch (vorher/nachher) entwickelt.

An die Stelle eines linearen Handlungsverlaufs ist die strukturelle Tiefe des Augenblicks getreten[715]. "Composición" und "A partir" gehen von relativ kurzen historischen Erzählzeitspannen aus (3 Tage = "A partir"; 7 Tage = "Composición"), in die jedoch ein längerer Zeitabschnitt hineinkomponiert wurde (3 bzw. 7 Jahre). Der Augenblick ist Schnittpunkt mehrerer Augenblicke. Hieraus ergibt sich die Collage der Komposition.

In der Erzählung "El laberinto" von Peri Rossi wird ein Moment aus dem familiären Zusammenleben geschildert, der eine Zigarettenlänge andauert. In das Bild sind jedoch zwei weitere Szenen eingesetzt: der Museumsbesuch des Vaters und des Sohnes; das Spiel des Kindes mit jungen Mädchen im Haus. Einzelne Worte übernehmen die Funktion von Schaltstellen beim Übergang von einer Szene zur anderen: "... a lo lejos veo el mar y el mar es quieto y gris, parecido *a un cuadro. A un cuadro* que vio en una exposición"[716]. "Cuadro" leitet vom häuslichen Schauplatz über zum Museum, wo der Sohn sein Interesse für Mädchen entdeckt. Mit "No era la primera niña que iba *a su casa*"[717] verlagert sich das Geschehen wieder ins Haus und geht schließlich in der Situation des Anfangs auf.

Die Erzählung beschreibt einen Kreis, in den sich mehrere kleine Kreise einfügen: "Memoria que vuela de anillo en anillo, de fragmento de vida en fragmento de vida"[718]. Kreisend verschieben sich die Erinnerungsbilder, deren Bewegung der Erzählverlauf nachvollzieht.

In dem Maße, wie die Lektüre voranschreitet, gruppieren sich die Situationen um eine mehr oder weniger explizite Mitte. In den Romanen koinzidiert sie mit der Ankunft des Protagonisten am "Ort seiner Bestimmung". Das Erzählen aus dem Bewußtsein erlangt die symbolische Dimension der "Negativ-Utopie".

7.2.3 Identitätssuche in Form der Reise: Der Spiegel im Kreis

Trotz der Zeitsprünge können wir den Texten ohne weiteres die Zusammenstellung eines Lebens- oder Reiseweges entnehmen. Dieser Eindruck entsteht durch den in allen Episoden gleichbleibenden Protagonisten und die räumlichen Verschiebungen. Die Reise schließt, im Gegensatz zum Exil, die Rückkehr ein. Mit ihren drei Momenten Aufbruch, Ankunft und Rückkehr bildet sie das erzählerische Gerüst der Texte. Auf der Reise vollzieht sich die Bewegung eines Kreises, und der Kreis ist auch ein Kennzeichen der Utopie.

Anfang und Ende sind in den Texten jedoch asymmetrisch aufeinander bezogen, bzw. behandeln die Erzähler die im Reiseweg enthaltene Asymmetrie (hin – her) gleichwertig. Am Anfang von "Composición de lugar" steht das historische Ende der Reise Minellis nach San Sisto, an dem dieser an den Ausgangspunkt seines Weges zurückkehrt: der Erzählzyklus kann (von neuem) beginnen. Im ersten Kapitel von "A partir" ahnt Hache schon das Ende seiner Reise durch Chile voraus, das in Kapitel 2 erzählt wird: "Vom Ende an". Den Auftakt der Reise des Equis in "La nave de los locos" bildet in Kapitel 3 die Verkündung "El hombre es el pasado de la mujer". Der Roman endet mit der Evokation der Schöpfungsgeschichte der Frau. Der Reisebeginn bezeichnet ein symbolisches Ende, wie auch das Ende der Reise einen symbolischen Anfang markiert.

In der Umkehrung von Anfang und Ende erkennen wir die Einsicht wieder, daß das Ende der lateinamerikanischen Geschichte schon zu Anfang geschrieben stand. Aber auch die Idee des Zeitstillstandes, in dem Kommen und Gehen zu unterschiedslosen Bewegungen geworden sind - "vuelve o se va"[719] -, ist hierin erfaßt.

Wichtiger noch als diese symbolischen Bedeutungen erscheint mir die Tatsache, daß die Inversion von Anfang und Ende einen regressiven Erzähl- und Leseverlauf zur Folge hat. Wie sich auch schon in der punktuellen Tiefenstruktur der Collage zeigte, ist dieses Schreibverfahren mit dem Vorgang der Bewußtwerdung in der Psychoanalyse vergleichbar. Der Traumarbeit ähnlich stellen sich die Einzelbilder der Erinnerungskette ein und werden kurz benannt; erst sehr viel später erfüllen sie sich in einem szenischen Vorgang. Tatsächlich erreicht das Schreiben hier die "représentation auto-symbolique", die dem Anspruch eigener Bildkraft gerecht wird. Die Romanstruktur ist symbolische Konfiguration der Identitätssuche.

Die Regression entspricht der Genese einer Urszene (mögliche Erklärung aller gegenwärtigen Traumata), die jeweils mit der Ankunft der Protagonisten am Ort ihrer Bestimmung (Selbsterkenntnis) zusammenfällt. In ihr erfüllt sich scheinbar der Wunsch einer Rückkehr zu den Anfängen der (lateinamerikanischen) Geschichte und einer Reintegration der Identität in einen mythischen Urzustand. Equis gelangt zur utopischen Insel des "paraíso perdido"; Hache erreicht das Dorf La Ligua, und Minelli begegnet seinem Alter ego an einem dem Erzählgeschehen enthobenen Ort der Unterwelt.

Durch die Verschiebung der Szenen auf eine implizite Mitte fügt sich ein weiteres Symbol in den Romanablauf ein: der Spiegel. Er stellt die zentrale Achse des Textgewebes dar, da er das Geschehen meist in zwei aufeinander bezogene Hälften teilt. Der Spiegel, Symbol der Suche nach Identität, markiert den Schnittpunkt, an dem die alte Identität abgelegt und eine neue symbolisch hinzugewonnen wird. Häufig ist er mit dem Motiv der Namensgebung verknüpft. Besonders ersichtlich ist dies in Moyanos "El libro de navíos", wo in Kapitel 8, dem Romanmittelpunkt, das Schiff Cristóforo Colombo in Zámpano, einen Zirkusanimateur, umbenannt wird. Der historische Akt der Gründung einer lateinamerikanischen Geschichte durch Kolumbus wird im Wechsel der Namen revidiert. Rolando zieht es vor, die im Exil neu zu gestaltende Wirklichkeit mit einem Wort zu benennen, der ihre clownesken (und grotesken) Züge betont.

Der symbolische Tausch der Namen ist gleichbedeutend mit Tod und Auferstehung. In der Spiegel-Kreissymbolik deutet sich eine literarisch konstruierte Transzendenz an. Sie ist jedoch nicht als erfüllte Heilssuche zu verstehen, sondern beruht auf dem paradoxen Zirkelschluß der asymmetrischen Verweisstruktur.

In Kapitel 8 von "A partir", ebenfalls Romanmitte, finden wir die Provokation "intelectuales pequeño burgueses suicídense"[720]. Von diesem Punkt an wird der Roman in variierter Form noch einmal erzählt, und Hache begibt sich an den "Ort der Selbsterkenntnis", das Dorf La Ligua. Verstrickt sich Hache im ersten Teil des Romans immer tiefer in die Entfremdungen seiner Geschichte (Identitätsverlust = Tod), gewinnt er im zweiten Teil seine (illusionäre) Identität (Auferstehung) zurück. In dieser Wiedergeburt lebt die Vergangenheit vor dem Militärputsch auf und weist als politisches Fehlverhalten zurück auf die Entfremdung während des Putsches (Teil 1). Sie muß in den letzten großen Kreis einmünden: das Ende des Exils in Chile und die Hoffnung auf Neuanfang im europäischen Exil.

Es ist vor allem Martini, der die optische Asymmetrie des Spiegelbildes wörtlich nimmt und sie zum Gesetz seiner Romankomposition erhebt. Die

Idee eines im Ende angezeigten Anfangs und umgekehrt läßt sich bis in jede Einzelheit des Textes nachvollziehen[721]. Dies heißt allerdings auch, daß die Identitätssuche bei Martini über die Inszenierung eines gedanklichen Axioms nicht hinausgelangt und allenfalls noch in der Reflexion des Schreibens eine semantische Erfüllung findet.

Die Spiegel-/Kreissymbolik sowie die syntaktische Parataxe, die die Gedanken nicht nur horizontal miteinander verknüpft, sondern vertikal schichtet, bilden ein Gerüst, von dem ausgehend das symbolische Gewebe der Rede und eine Appellfunktion entfaltet werden können. Welche sprachliche Gestaltung diese bei den einzelnen Autoren findet, wie sie funktional in ihren Texten eingesetzt wird, beschäftigt mich in der folgenden, nun wieder auf den Mikrokosmos der Texte bezogenen Analyse.

7.2.4 Semantisches Gewebe der Rede: Stereotypie und Analogie

Collage und assoziative Verknüpfungen einzelner Wörter zu Wortbändern sorgen für den semantischen Zusammenhalt des Textgewebes.

Ihr Einsatz ist wiederum individuell unterschiedlich. Zu reicher Anwendung gelangt die assoziative Verknüpfungstechnik in Martinis "Composición" und Moyanos "El libro de navíos". Valdés macht von ihr in "A partir", worin unmittelbare Erlebnisrealität verarbeitet wird, nur spärlichen Gebrauch[722]. Peri Rossi setzt die assoziative Collage vor allem in "La rebelión" ein. Ebenso ist die Art der textuellen Verstrebungen unterschiedlich. Martini und Valdés verfahren nach dem Prinzip der Wiederholung, Peri Rossi und Moyano nach dem der Analogiebildung. Überschneidungen sind auch hier gegeben. Exemplarisch stelle ich einen Ausschnitt aus Martinis
"Composición" vor, dem Text, in dem es um die Verbalisierung des dem Ich abgründigen Begehrens geht:

> a) Juan Minelli sieht die Prostituierte "Aída" – seine einzige und wahre Liebe, die er um der Reise nach "San Sisto" willen nach kurzer Zeit wieder verläßt – zum ersten Mal.
> La mujer plateada fumaba con el cigarrillo entre los labios, el hombro izquierdo apoyado en *una columna*, los brazos cruzados, el peso del cuerpo sobre *una pierna* y la otra extendida hacia el costado – realizando un breve y continuo movimiento *para golpear rítmicamente*, sin fuerza, el suelo de grandes lajas azuladas con el taco del zapato –, el diminuto *bolso* colgando de una de sus manos y *reflejando como un espejo el blanco y rabioso sol* de las primeras horas de la tarde.
>
> Bajo aquel *arco* de la *plaza porticada*, con un aire inútil ... la mujer plateada giró la cabeza, detuvo *la pierna* en el aire y contempló su forma *larga y sus curvas* ... la mirada derivando ...

b) "La mirada" und "forma larga y sus curvas" sind Motiv für die Szene, in der Minelli seine Aufmerksamkeit erneut der eigenen Person zuwendet.

Minelli desvió los ojos. *Rectas, decaídas*, las palmeras *ascendían hacia un cielo turbio. La espuma de su cerveza se había desvanecido* ... Descansó los codos en los brazos ... observó *sus botas, el cuero sucio y despellejado de las punteras y contrafuertes.*

c)"Punteras" bildet hier die assoziative Brücke zur nächsten Szene, in der sich der Blick erneut auf Aida richtet. Sie hat ihre aufreizenden Bewegungen aufgegeben.
... la punta del *zapato entre la unión de dos lajas*, y se miraba en el *pequeño espejo* ... con un *ligero cisne blanco*, se empolvó la cara[723].

Bestimmte Wahrnehmungen kehren periodisch wieder, so daß wir die paradigmatischen Notierungen "espejo-piernas-zapatos" festhalten können. Aufgrund des Spiegel-Blick-Momentes sind Abschnitt a) und b) asymmetrisch komponiert. Die paradigmatischen Notierungen künden eine Oppositionsbildung in Minelli/Aída an. Durch sie läßt sich der gesamte Text auf ein Struktur-Gewebe reduzieren. Minelli kennzeichnet: dunkel, undurchsichtig (cuero sucio y despellejado, cielo turbio, espuma de cerveza desvanecida), Hinweise auf eine unterschwellige Gewalt (botas: puntera/contrafuertes); Aída: aufreizend und abweisend (taco del zapato/golpear rítmicamente; espejo/blanco y rabioso sol).
In Abschnitt a) erfährt "piernas" eine Analogiebildung zu "columnas-arco", die in "contempló su forma larga y sus curvas" und "palmeras rectas y decaídas" zum Leitmotiv wird, das sich in Abschnitt c) in "zapato-unión" intensiviert. Das Moment "espejo/blanco y rabioso sol" in a) hellt sich in c) zu "espejo/cisne blanco" auf, mit der bemerkenswerten Doppelbedeutung: weiße Puderquaste und weißer Schwan der Dichter.

Entgegen der überschwenglichen metaphorischen Darstellung des Liebes-Gewalt-Begehrens in "La vida" beschränkt sich Martini hier ganz auf die Indikation seiner Absicht in einzelnen Sprachmomenten. In dem Spiegelmotiv zusammen mit der anziehend-abstoßenden Farbe Weiß (cisne – sol) erahnen wir den Wunsch, das unbestimmte Begehren in der Literatur/Sprache zu vergegenwärtigen, um der undurchsichtigen Gefühlswelt – "cielo turbio" –Klarheit zu verschaffen.

Die in "arco-unión" angekündigte Vereinigung verwirklicht sich am Ende der Episode im Liebesakt (comunión). Die anderen Motive (botas, blanco usw.) setzen sich in ihr fort. Das Paradigma Beine-Schuhe bildet das im ganzen Roman wiederkehrende Leitmotiv der Identitätssuche, das zugleich auf die durch Gewalt zerbrochenen Bindungen schließen läßt: "Se miró las botas despellejadas y pensó que se había equivocado[724]. ... llevaba adheridas a las suelas de sus botas las inmundicias de aquel suelo"[725].

Martini kommt in "Composición" mit überraschend wenigen Motiven aus, die in variierter Form im Roman wiederkehren und sich zu Leitmotiven zusammenschließen. Durch die Wiederholungen ist es dem Leser möglich, sich in dem Textgeschehen allmählich zurechtzufinden. Erst durch die Rückbindung der einzelnen Sprachmomente in einen Motivzusammenhang gewinnen die Wörter eine Bedeutung, die sich jedoch erst an der Peripherie ihrer Konnotationen ergibt. Indem die Sprachbilder gegenseitig auf sich verweisen, übernehmen sie die Funktion von Signalen, Indizien eines latenten Sinns, an den sie appellieren. Die paradigmatische Reihung stellt ein zentrales Stilmittel zur Erzeugung des Effekts des Heimlich-Unheimlichen dar. Darüber hinaus bemerken wir, daß das unglaubwürdig gewordene Wiedererkennen im sozialen Umfeld durch ein textinternes "déjà-vu"-Erlebnis ersetzt wurde. Kaum verwunderlich ist, daß die Benennung geographisch-historischer Räume überflüssig wird. Der Text existiert aus seinen eigenen Sprachmomenten heraus.

Die Häufigkeit, mit der sich die Wörter wiederholen, grenzt an einen zwanghaften Sprachgebrauch, und es ist berechtigt, von einer Sprachstereotypie zu sprechen. Nur wenig hat diese noch mit der parodistischen Bearbeitung der nationalen Stereotype in "La vida" zu tun. Das wiederkehrende Welterlebnis des Protagonisten verdichtet sich hier vielmehr zur Indikation eines obsessiven und deshalb bedeutungsträchtigen Handlungszwanges, der wohlgemerkt nicht direkt benannt, sondern nur angedeutet werden kann. Variierende Wiederholungen strukturieren auch in "A partir" einen möglichen Sinnzusammenhang. Alle Episoden werden zweimal erzählt, und der Protagonist verrät sich durch sein in abgewandelten Kontexten ähnliches Verhalten[726].

Die Sprachstereotypie ist nicht gleichzusetzen mit einer Vereinfachung der Sprache. Durch die Erschaffung immer neuer Analogiebezüge zielt sie auf eine Erweiterung des Bedeutungsreichtums ab. In dieser Polyvalenz besteht sowohl ihre Herausforderung als auch ihre Gefahr: Herausforderung, weil sie sich einfachen Identifikationen entzieht; Gefahr, weil es sehr leicht zur Verselbständigung der assoziativen Sinnbezüge kommen kann und dem Ich am Ende der eigentliche Bedeutungszusammenhang wieder verloren geht. Die Behauptung der "eigenmächtig gewordenen Sprache", aus der dann häufig der Schluß der Auflösung des Subjektes gezogen wird – "... volvió a preguntarse por qué aceptaba sus palabras desprovistas de sentido ..."[727]: Nicht Ich spricht, Ich wird gesprochen – hat in dem assoziativen Schreibverfahren ihre Ursachen.

Zu solch einer Verselbständigung der poetischen Verknüpfungen – "las palabras ... funcionan en el quimismo de las células"[728] – kommt es vor allem in den Texten Moyanos. Hatte die poetische Assoziation in früheren Arbeiten des Autors noch die Aufgabe, die Vorstellung eines (religiösen) Weltbildes aufzubauen, so muß ihr spätestens in "El libro de navíos" eine andere Funktion zugesprochen werden. Dem Erzähler Rolando geht es in erster Linie um ein Ausprobieren seines wiedergefundenen Schreib- und Redeflusses. In einem weiteren Sinne ist die in "El libro de navíos" völlig freie Assoziation zum Versuch zu zählen, die verlorene Welt durch sprachliche Gegenständlichkeit zu kompensieren:

> In der Emigrationsszene erinnert sich Rolando seines Briefe schreibenden Großvaters. Das Motiv wird entwickelt:
> Con sus dedos cuarteados de tanto escarbar tierras salitrosas esforzaba las impecables plumas "cucharita" escribiendo largas *frases torcidas* de dudosa comprensión. Se *esmeraba* en el sobre, y ahí *los renglones* salían derechitos, *apoyados en una línea que trazaba antes con lápiz y regla* ... y entonces las letras, *cuidadosamente ovales*, se alineaban decorosamente ...
> Im folgenden verschmilzt das Bild der Erinnerung mit dem des auslaufenden Schiffes in Buenos Aires.
> Los *óvalos* del abuelo *sobre las olas*, hacía Villanueva de la Serena ... *Cacharro flotando* por sí mismo, igual que los *óvalos* al *borrarle la línea de sostén* ...[729].
> Später fällt das Bild der Schrift mit einer weiteren Erinnerung, der in der Schule gemalten Landkarte Argentiniens, zusammen.
> Se nos va a *borrar* el contorno marrón del continente como las líneas que *borraba* el abuelo debajo *de sus óvalos*. Y para Villanueva de la Serena vamos a salir todos, *flotando* alineaditos sobre el azul oscuro que acaba en el borde de la hoja[730].

Die anhaltende Stimmung dieses Erzählers beruht auf dem Gefühl des "flotar". In abgewandelten Formulierungen versucht er, es beim Namen zu nennen (se esmeraban en el sobre, flotando por sí mismo, se nos va a borrar usw.). Über dieses Wortband legt sich eine metaphorische Annäherung. Der Zustand "flotar" vermischt sich mit Erinnerungsbildern (an den Briefe schreibenden Großvater), die ihn gegenständlich festhalten sollen. Nicht unerheblich hierbei ist, daß die Veranschaulichungen ihrerseits aus einem Schriftbild bestehen, das in "ovalos" mit den Gesichtern der Zurückgebliebenen (vgl. Kapitel 2) zusammenfällt und in dem auf eine Notenschrift angespielt wird. Obwohl die unterlegten Stimmungen schwanken können, schaffen die Metaphern einen Sprachzusammenhang, der einer Notenlinie der Gestimmtheit ähnlich ist. Das so entstandene Wortband wirkt nicht wie die Leitmotive des vorangegangenen Textes. Die Metaphern vertreten die fehlenden Dinge in der Welt der Erzählung. Die Textstelle ist für Moyanos Absicht, die Sprache im Exil ganz in einem musikalischen Spiel aufzulösen, vorbildlich. Die wiederholte Aufnahme des Grundmotivs in unterschiedlicher Kombination mit anderen Wort-Bild-Motiven kann mit einer musikalischen Reprise verglichen werden. Bei jeder Wiederaufnahme signalisiert das Bild eine Stimmungslage, wodurch die reprisenhafte Bildstruktur wie ein unterschwelliger Rhythmus mehrere Sprachmomente trägt und verklammert.

Setzt Moyano das poetische Schüttelprinzip musikalisch um, so nutzt es Peri Rossi zur Umbenennung (oder Demaskierung) der durch Konventionen verfälschten Bedeutungen. Die Kinder Peri Rossis lesen das Lexikon mit philosophischer Haltung. Lexikon und Museum sind nach dem Muster der Reihe aufgebaut. Da eine solche Abfolge zumeist willkürlich festgesetzt wurde, kann sie beliebig und nach eigenem Bedarf neu gestaltet werden. Durch Ent- und Rekontextualisierung der Wörter wird ein neuer Sinnzusammenhang entdeckt. So erhält der Begriff "Infinito" in der Erzählung "Vía láctea" zunächst eine nähere Bestimmung in einem sozialen Kontext, den Peri Rossi satirisch in Szene setzt. "La noche en que Mauricio miró el cielo, descubrió la noción de infinito, sintió un vértigo y luego se desmayó"[731]. "Infinito" wird nun bestimmt als Unendlichkeit sozialer Konventionen: "Posteriormente la vida le depararía otras emociones, preservadas desde antiguo por la tradición, tales como: la primera comunión, el colegio ..."[732]. Die Unendlichkeit gesellschaftlicher Förmlichkeiten wird in der Nahaufnahme des Familienlebens weiter benannt, um dann von dem Lexikon-belesenen Kind in einer Bedeutungsrückführung auf den lexikalischen Traditionszusammenhang neutralisiert zu werden: "El diccionario decía: "Infinito": Que no tiene ni puede tener fin ni término ... Dicidió hacer la prueba"[733]. Der Enzyklopädismus Peri Rossis erweist sich hier als ausgesprochen nominalistische Sprachauffassung. Die zahlreichen Begriffsdefinitionen erfüllen die Funktion, die Worte zunächst in ihrer Traditionsbedeutung zu fixieren, um sie dann in einen neuen Kontext einzufügen[734]. In der genannten Erzählung stellt die Collage eine Analogie her zwischen der strickenden Mutter – "La lana corría, y sino corría, la lana se quedaba estacionada en un lugar, *celeste y cálida*"[735] –, dem Kind, das den Begriff "Infinito" durch Sternezählen erproben will – "La franja *de espacio* a observar debía ser cuidadosamente delimitada"[736] –, und dem Zeitung lesenden Vater: "Sobre el texto leído, infinidad de otros textos podían leerse, al azar ..."[737]. Aus "azar" entwickelt sich die neue Bestimmung des Unendlichen, indem die drei Kontexte durcheinander geschüttelt werden:

> las estrellas ... se deslizaban hasta penetrar en la atmósfera más próxima de las casas ... trescientas cuarenta y ocho, "ha devaluado su moneda en un 389 por ciento en un año, las gallinas comenzarían a chillar ..., el diario lleno de puntas estrellas, "militares especializados matan ...", la lana yendo y viniendo ...[738].

Das Sprachspiel bleibt intentional an der Entlarvung der Fehlleistungen der Militärregierungen ausgerichtet.

7.2.5 Das interkulturelle Gewebe der Rede

In engem Zusammenhang mit der Erschaffung eines Geflechts an innertextuellen Beziehungen steht der Aufbau eines interkulturellen Referenzgewebes.

Obwohl schon eine Reihe von im- oder expliziten Bezugnahmen auf andere Literaturen und Texte in den vorliegenden Arbeiten ermittelt werden konnten, möchte ich an dieser Stelle den emigrationsspezifischen Aspekt des interkulturellen Referenzgewebes hervorheben. Tatsächlich verzeichnen die "Exil"-Arbeiten Moyanos, Peri Rossis und Martinis eine Zunahme an Referenzen auf Symbole oder Identitätszeichen anderer Kulturen, so daß wir hier von einer emigrationsbedingten Eigenart ausgehen können. Angebracht erscheint mir im übrigen auch, von einer interkulturellen Referentialität und nicht von Intertextualität zu sprechen, denn es handelt sich nicht nur um Hinweise auf andere Texte, sondern um Bezüge auf Kultursymboliken schlechthin[739]. Gebrauch und Funktion der interkulturellen Referentialität sind wiederum von Autor zu Autor verschieden. So erfüllt das reiche Referenzspektrum in Moyanos "El libro de navíos", das sich allerdings vorwiegend auf Lateinamerika bezieht, den Zweck einer Rückbindung an die lateinamerikanische Kultur: "... todo esto ya lo dijo Gardel[740]; Onetti que le dice chau a Montevideo, se va para Santa María"[741]. Rolando ordnet die ihm noch völlig unbekannte Situation in die Skala schon vorhandener kultureller Embleme ein, um sie sich vertraut zu machen. Häufig reicht dabei die Nennung des Namens schon aus, um im Gedächtnis den entsprechenden konnotativen Widerhall zu erzeugen. Den poetischen Hinweiswörtern ähnlich übernehmen die Kulturembleme eine Signalfunktion, die weitergehende Erinnerungs-/Assoziationsketten zu entfalten vermag.

So sind auch die breitgestreuten, universellen Referenzen in den Arbeiten Peri Rossis zu verstehen, in denen diese sogar im Motiv der Kulturreise zusammengefaßt werden können. Genauso wie die Worte immer wieder auf andere Worte verweisen, stimulieren die Kultursymbole das imaginäre Reisen in die Vergangenheit. Das interkulturelle Gewebe unterstreicht den Gedanken eines kollektiven Gedächtnisses, das die Reise in Bewegung setzt, es dient aber auch ganz pragmatisch dazu, eine spezifische Art der Vertrautheit mit fremden Ländern herauszustellen. In beiden Fällen, Peri Rossis wie Moyanos, sind die Referenzen als Spuren lesbar, welche die Emigration in ihren Texten hinterlassen hat.

In Martinis "Composición" begegnen wir einer wiederum stärker metasprachlich ausgerichteten Referentialität: "Con el Inglés, como siempre, hablaban en inglés. Sin embargo Minelli no podía dejar de traducir, en uno y otro sentido"[742]. Minelli sieht sich fortlaufend zur Übersetzung anderer Texte und Sprachen ins Spanische veranlaßt. Dem Übersetzen aber liegt die Einsicht eines sich in Kulturtraditionen einschreibenden und verschiebenden Sinngefüges zugrunde[743]. Die interkulturelle Referentialität öffnet sich der Dimension eines "exil"-literarischen Dialogs.

7.3 Das Eigentliche und das Reden in der uneigentlichen Eigentlichkeit

Durch die assoziative Verknüpfungstechnik werden einzelne Sprachmomente über die anderen Requisiten der Erzählung herausgehoben. Die allegorisch-metaphorische Eigenart der Texte ist somit nicht nur in den Sachzwängen des Exils begründet, wie wir noch in Kapitel 5 und 6 annahmen, sondern auch in dem poetischen Schreibverfahren.

Nicht immer ist den signifikanten Hinweiswörtern sogleich der Rang von Symbolen beizumessen (besser ist es, von Emblemen zu sprechen), wohl aber gelangt die Sprache durch sie zu einem gewissen objekthaften Eigenleben. Es erstaunt daher auch kaum, daß die Autoren ihre ontologisch-existentiellen Ansprüche an das literarische Schaffen zunehmend auf die Sprache selbst beziehen, die nun in ihrer Materialität greifbar geworden zu sein scheint. Die Suche nach dem Eigentlichen hat in und mit den Wörtern zu erfolgen. Doch das Eigentliche, wir wissen es schon, umfaßt in erster Linie das Uneigentliche: das Nicht-mehr-Gewußte, die Alterität. Der so erneut aufgeworfene Unsagbarkeitstopos führt in einen Diskurs am Rande der Bedeutungen: Das eigentlich Gemeinte kann nur auf dem Umweg der Paraphrase, der aufbauenden Negation, der Metapher und der Metonymie benannt werden. Wie die Autoren diese stilistischen Mittel im Rahmen ihrer bildästhetischen Sprachauffassung umsetzen, will ich im folgenden skizzieren.

7.3.1 Der magische Laut: Metapher und Musik

Das Plädoyer für eine Sprache abstrakter Formen und Farben durch den Maler Contardi ließ bereits erkennen, daß Moyano als einziger der vier Autoren an einer substantiellen Sprachauffassung festhält. Möglich ist ihm dies unter anderem durch seine Erfahrungen in der Musik, die er im Exil nutzt, um aus der inhaltlichen Beziehungslosigkeit einen Ausweg zu suchen. Über die Reflexionen des musikalischen Welterlebnisses gelangt Moyano (teilweise) zu einer Entsemantisierung der Sprache. Im Lautempfinden soll das "Wesen" der Dinge aufgespürt werden.

Zwar finden sich Überlegungen zu Sprache und Musik schon in den argentinischen Arbeiten[744], nie wurde darin jedoch der Versuch unternommen, musikalisches Denken und Empfinden aus den narrativen Aussagezusammenhängen heraus und in der Sprache aufzulösen. Erst die Erfahrungen des Exils bekräftigten diesen Entschluß.

Am weitesten gediehen ist die sprachästhetische Bearbeitung musikalischer Strukturen in der Erzählung "María Violín", wo über Lautassonanzen und Betonungen die Monotonie von Quena und Regentropfen nachgespielt wird[745], und im ersten Kapitel von "El libro de navíos", in dem Moyano seine Idee, eine sprachliche Ouvertüre zu komponieren, verwirklicht. Alle Themen und Motive des Romans klingen in dieser Einleitung an und sind in den genannten assoziativen Verstrebungen orchestriert.

Entscheidend für die neuen literarischen Gehversuche im musikalischen Medium ist allerdings zunächst die Selbstthematisierung der Sprache unter musikalischen Gesichtspunkten. Hierbei ist nicht unerheblich, daß sich Moyano nun hauptsächlich von der lateinamerikanischen Musikfolklore der 60er Jahre inspirieren läßt[746]. Moyanos "Exil"-Folklorismus geht nicht nur auf musikalische Sprachintentionen zurück, aus ihm ist auch ein musikalischer Spiritualismus abzuleiten, der dem der Liedermacher der "nueva canción" ähnelt und in dem sogar der sonst verworfene "telurismo" eine Aufwertung erfährt.
Der Gitarrenbauer Fede in "El libro de navíos" braucht sein Instrument nicht mehr mit den Folkloreemblemen La Riojas zu verzieren. Es wurde im Einklang mit der Natur des Landes erschaffen und bewahrt daher den "Geist der Region" in seinem Resonanzkörper auf: "... todo eso ya lo tenían las maderas"[747].

Von zentraler Aussagekraft für den musikalischen Spiritualismus ist das Motiv der Trommel, das beide Bedeutungen vereint, die Moyano der Musik beimißt. Einerseits versinnbildlicht die Trommel, zum Beispiel als Rhythmusinstrument von Militäraufmärschen, den falschen, repressiven Zwang, der auch aus den Beschreibungen der Musikerziehung hervorgeht. Andererseits ist sie ein Symbol für vitale Lebensenergie und als solche vergleichbar mit dem Herzen, dem "Zentrum" der Lebenskraft schlechthin[748].

Die Zusammenhänge von motorisch-rhythmischer Bewegung, Sprachentwicklung und Sprachpoesie sind von psychoanalytischer, musik- und literaturwissenschaftlicher Seite oft analysiert worden. Allgemeinverbindlich ist in diesen Arbeiten die Erkenntnis, daß auditive (musikalisch-rhythmische) Wahrnehmungen ein affektives Welterleben ermöglichen[749], das nach Verlusterfahrungen eine gefühlsmäßige Einheit wiederherstellt[750]. Aus diesem Grunde kommt gerade dem "sobrentendido cultural", in dem vor allem emotionale Faktoren wie Wort-/Satzmelodien, Bedeutungsresonanzen mitwirken, in der Emigration eine hervorragende Rolle bei der Bestätigung des kollektiven Identitätsgefühls zu. Auch der Sprachduktus in Moyanos "Exil"-Arbeiten ist durch eine besondere Affektivität geprägt. Bezüglich der vereinheitlichenden Kraft lautlicher Wahrnehmungen lesen wir in einer Reflexion über den Regen: "Cómo era, cómo será la lluvia? Una verdadera maravilla. Algo que casi no tiene nombre porque ella crea su propio ruido, es su propia palabra"[751]. Der Regen ist Laut und Körper in einem, ebenso wie der Musiker, so Moyano an anderer Stelle, den Klang in seinem Gestus verkörpert und den Akt des künstlerischen Begreifens und Gestaltens zu vereinen weiß[752].

Hinter dem Regressionsbedürfnis in die "fötale Wortunion" verbirgt sich ein recht naiver Realismus. Durch den Laut soll das Wesen der Dinge greifbar gemacht werden oder nach kindlicher Denkart – "man ist, was man ißt" – ausgedrückt: Sprache (Denken) und körperliches Befinden (Essen/Sein) bilden einen untrennbaren Zusammenhang[753]. So heißt es in einer kleinen Episode aus "El libro de navíos", in der vom ersten Umzug und Heimatverlust in der Kindheit erzählt wird:

> La mudanza, dice el titiritero, es sobre todo el ruido de las cacerolas sin embalar y mal colgadas en las barandas del camión ... Y de todo, lo que más existencia tiene para el titiritero y es lo que se lleva por los mares, es un tin tin infantil de tenedores, un tan tan de cucharas crecidas, un gong destemplado y gangoso de sartenes en la selva[754].

Häufig zeugt die Musikparaphrase vom Rückzug in den Infantilismus der vitaleren Vorsprachlichkeit. Zwischen dem Eßbesteck, der Oralität, und der Sprechblase des kindlichen Brubbellautes, in dem das Wort ganz auf die Materialität seines lautlichen Daseins reduziert ist, besteht eine enge Verbindung. Von der Sprechblase, dem entsemantisierten Laut, ergibt sich wiederum eine Analogie zu den Noten der Tonleiter. Der Musiker Rolando erinnert die Wörter von ihrem Klangbild und nicht von ihrem Signifikanten her. Das Klangbild gibt Anlaß zur Paraphrasierung des "Wort-Körpers": "... Todas las palabras llanas, al final de una expresión, se quedan cortas. La última sílaba siempre sobra. Decir faro es exactamente igual que decir "fa". Las palabras agudas, en cambio, siempre están pidiendo más sonido ..."[755]. Gemäß ihrer körperlichen Materialität können die Wörter schmerzlich oder lustvoll empfunden werden.

In dem Versuch einer Selbstthematisierung der Sprache findet auch das graphische Schriftbild Beachtung. Zwei Beispiele für das Bewußtsein der graphischen Konkretion der Sprache wurden schon genannt: die kalligraphischen Reste der Indiosprache in La Rioja[756], das Schrift-Notenbild der Briefe des Großvaters[757]. In "El libro de navíos" wird der Textverlauf durch Notentranskription ganz unterbrochen. Wie die Lautparaphrase erfüllen die Schriftbilder den Zweck, die Inhaltsaussage durch die Anschauung des sich hinter den Bedeutungen verbergenden Wesens der Dinge zu ersetzen.

Daß Moyanos Erzähler hier im Grunde wieder an sich selbst Verrat üben, indem sie ihre Sprache in der Art eines verbalen Kannibalismus zerstören, ist mehr als augenscheinlich. "El vuelo del tigre" legt diesen repressiven Aspekt der Entsemantisierung offen dar. Folter und Verhöre werden aus der Perspektive eines Sprachverlustes reflektiert, durch den sich die Protagonisten auch körperlich zurückentwickeln[758]. Da jedoch alles stets zwei Seiten, die Negation eine Affirmation zur Folge hat, gelingt es den Protagonisten in "El vuelo", auf den physisch-mentalen Entzug mit der "magischen" Erfindung einer eigenen Gefangenen-Lautsprache zu antworten. Aus dem Entwurf der asemantischen Sprache ist das ethisch-religiöse Erkenntnisinteresse der Kunst abzuleiten: Sie hat eine Kunst/Literatur der Namensgebung, der "búsqueda de la palabra difícil a nombrar" zu sein[759]:

> No miro el mar para violarlo, lo escudrino porque el mar me lleva y en estos casos es bueno saber a qué atenerse. Trato de ir con él, de acompasarme, no saltear compases para que la música suene bien. Hasta ahora lo único que he hecho ha sido afinar con él, oír el "la" del mar para que después las notas, tanto las de él como las mías, tengan las mismas relaciones ... Como parece no entiende nada de palabras ... hay que buscarle la vuelta por el lado de los sonidos ...[760].

Gemäß des Nervalschen "l'emplongement de l'apparence dans le songe réel"[761] sucht Rolando seine eigene Tonalität ganz auf die des Meeres, Symbol des unbegreifbaren Gewaltbegehrens, einzustimmen. Die Musik ist ein zu mathematischer Präzision verpflichtendes Klangmedium, und jeder Musiker hat die Aufgabe, diesen technischen Zwang seines Mediums zu überwinden – nicht etwa nur, um seinem subjektiven Ausdruck Geltung zu verschaffen, sondern um den eigenen Klang mit dem des Anderen zur Fusion zu bringen: "... hacer coincidir la realidad con el deseo"[762], heißt es in der Fede-Episode. Die Musik, die höchste Konzentration (Verinnerung) verlangt, ist das magische Medium, in dem die Schwelle des Ich überwunden und das Begehren zum Einklang mit dem Weltatem der Natur gelangen kann. Ich-Entgrenzung ist notwendig, so Moyanos Appelle an die Musik, damit eine wirkliche Erkenntnis des Anderen gewährleistet ist[763].

Eine zentrale Bedeutung kommt in der musikalisch-magischen Sprachauffassung dem metaphorischen Bild zu: "Porque los músicos no tocan nada, ellos mismos son un instrumento de los que se vale la música, que no puede ser vista, para corporizarse. Y así ellos se convierten en la posibilidad de mirarla"[764]. In abermaliger Umkehrung der Relationen bringt nicht der Musiker das Instrument zum Klingen, der unsichtbare Klang beflügelt den Musiker und gelangt in seinem Gestenspiel zur Anschauung. Ebenso hat das metaphorische Bild die mystische Union in die visuelle Erfahrung zu überführen. Moyanos Metaphern erwecken den Anschein des Konkreten. Meist sind sie den Wortfeldern des natürlichen Wachstums oder des Alltags entnommen. Es handelt sich um einfache, vertraute Dinge.

Die Objektwelt wird jedoch auditiv und nicht nur visuell erfaßt; folglich verselbständigen sich die Dinge und führen ein animistisches Eigenleben, das die Konkretion sogleich wieder zunichte macht und außerdem das "Wunder" in die Moyanosche Sprachwelt einführt:

> Enormes llaveros colgando de gruesos cinturones. Ruidos de llaves en las madrugadas. A esa hora no tintinean: roncan. Hurgando dentro de las cerraduras con ruidos de órganos internos perturbados ... Llaves con horarios y hombres fijos ...[765].

Der Gegenstandsbereich wird vermenschlicht, dem Menschlichen (besonders den Erlebnissen des Ich) widerfährt durch gleichen Akt magischer Verzerrung eine Versachlichung. Die metaphorischen Anschauungen sind nicht empirisch gemeint. Spielerisch entwickelt wird gerade der Effekt der Immaterialität der Bilder: so zum Beispiel in den poetisierten Erinnerungen, die sich durch sichtbare Distanz auszeichneten[766]; den verkitschten Idyllen, in welchen eine identifizierende Wunderwelt aufgebaut wurde, um sie dann in ihrer Aussagekraft wieder zu reduzieren[767]. Die "aufbauende Negation", die Hans-Thies Lehmann in den frühen Texten Franz Kafkas analysiert[768], gehört zu den charakteristischen Sprachwendungen der "Exil"-Arbeiten Moyanos. Gesprochen wird über das, was eigentlich keine Gültigkeit mehr beanspruchen kann oder aus einer gesellschaftskritischen Perspektive demaskiert und zerstört werden muß. Der äußerst artifizielle Charakter der Sprache Moyanos – "soy un narrador de agua dulce"[769] – resultiert aus dieser zum "als ob" reduzierten Welt. Die empirische Welt wird allenfalls noch zum Schein eingeführt. Über sie erhebt sich das Gebäude an Worten, die immer wieder neue Symbiosen eingehen. Einerseits wird die Referenz auf die gegenständliche Welt auf ein Minimum reduziert, andererseits gelangen die Texte erst an diesem Nullpunkt der Signifikanz zur Entfaltung ihrer assoziativen Verwebungen. Moyanos Texte reihen sich ein in die Poesie der Sinnestäuschungen, an die sich auch bei den anderen Autoren der Appell ans Unsagbare binden wird.

Die Dimensionsverzerrungen bauen die affektreiche Märchenwelt auf, tragen aber auch zur spezifischen Komik der Texte bei: "me balanceaba entre miedos ...[770] ... devolver parte de mi historia personal al continente ...[771], ... mi nariz ya se había ido, anticipando nostalgias de vinas ..."[772]. Mittels Wortalchemie ist eine möglichst pfiffige Melange zur Provokation des Lacheffektes zu finden. Die Komik entspringt dem Wunsch, der eigenen Betroffenheit durch Selbstherabsetzungen an Pathos zu nehmen und die Ängste im Humor des Makabren zu bannen. Häufig gründet sie jedoch in (Selbst-)Stigmatisierungen[773], in denen die musikalische Emphase erneut in eine Ästhetik des Grotesken umschlägt. Unschwer ist hinter dem Komiker, Moyano, der Melancholiker zu erkennen:

> Una canción como una tregua. Y con cuatro estrofas todo dicho, como en la vidala. Porque si yo me muero, con quién va a andar mi sombra, tan

chiquita, tan callada? Se irá hundiendo en la tierra, con las hojas de la parra, achatadita y callada ... Contar, como quien canta la una vidala[774].

Nachdringliche Fragen und Wiederholungen, die pessimistische Grundstimmung in den Analogien der natürlichen Vegetation, eine verniedlichende Rührseligkeit machen hier die melancholische Getragenheit aus. Sie erfüllt einen sozialen Zweck, sieht sich doch der Erzähler vom Riojaner Liedgut, der Vidala, und der "mansedumbre atontada" ihrer "vidaleros" inspiriert. Bei ihnen sucht er nach Rückbindung seiner sprachlichen Identität.

So wird Moyanos Animismus letztlich durch den Abschiedsgestus bewegt. Für einen Augenblick kann das Verlorene noch einmal zum Leben erweckt werden. Den Erzählern gelingt es noch, ihre Gefühle in der affektiven Sprache zu ventilieren. Die Aussprache der Worte, die buchstäblich über die Zunge gleiten reicht schon aus, um dem Ich eine Existenzberechtigug zurückzugeben und es dem Zugriff durch andere (unliebsame Verfolger) zu entziehen: "Quiero seguir mirando yo la historia del barquito, de ningún modo deseo que la historia me pueda ver a mí"[775].

7.3.2 Die Metapher als synthetischer Gedanke der Welt

Eine Vorliebe für das Klangbild der Worte oder den kindlichen Sprachduktus finden wir auch in den Texten Peri Rossis. Nur werden mit ihr ganz andere Aussageintentionen und stilistische Wirkungen verfolgt. Die Absicht, vorgegebene Wahrheiten zu zerschreiben, führt Peri Rossi in den Parabeln und Sentenzen der zweiten Emigrationshälfte zu einer Argumentationspoesie, in der auf dem Wege einer Logik des Unsinns (und umgekehrt) das Unmögliche demonstriert werden soll.

Wurde die Opposition gegen die Welt des "bon sens" in den Kindererzählungen noch aus der Perspektive des Außenseiters geübt, so zeigen sich die Erzähler dieser Texte, insbesondere die aus "El museo de los esfuerzos inútiles", "entfremdungskonform". Die offensichtliche Falschheit der Welt wird (scheinbar) als gegeben hingenommen; auf dem Wege des Argumentierens in logischen Apriorien und Zirkelschlüssen gilt es, sie von innen heraus zu zerreden. Vielfach stellen diese Texte eine Weiterentwicklung und narrative Umsetzung der in den Kindererzählungen vorerst theoretisch überdachten Sachzwänge dar. Ebenfalls liegt nahe, hierin einen besonderen Berührungspunkt mit der Literatur Kafkas zu sehen. Er besteht jedoch eher in dem widerspenstigen Festhalten am logisch-paradoxen Denken als in der (sich hinter dieser Logik verbergenden) vitalistischen Sehnsucht (Moyano). Immer deutlicher wird in der zweiten Emigrationshälfte, daß Peri Rossi mit ihrer Literatur eine didaktische Belehrung ihrer Leser anstrebt. Sie kommt nicht nur im Gebrauch der entsprechenden literarischen Gattungen, Sentenz und Parabel, zum Ausdruck, das ironisch schulmeisternde Reden verfestigt sich in einer erzählerischen Manie, in der – hier wiederum fallen die Erzählmotivationen Peri Rossis mit denen Moyanos zusammen – allein schon durch den Gebrauch der Worte eine Existenzbreite gesichert werden soll:

> ... estaba a punto de lanzar un amplio discurso acera de las libertades, el individualismo, los derechos humanos y la noción de autoridad ... Sólo pretendía instruirlos un poco – se justifica Equis ...[776].

Den altklugen Kindern ähnlich, allerdings mit sehr viel pointierterer Ironie, sehen sich die Erzähler dazu herausgefordert, dem Leser eine Vorlesung zu halten. Mag die Logik auch sonst mit dem wirklichen Menschen wenig zu tun haben, so können durch sie doch eine gewisse Überlegenheit und Widerstand demonstriert werden, weil sie mit der (scheinbaren) Überzeugung, gesichert zu sein, dargelegt werden muß.

Der aus dem Kindermotiv bekannte Verzicht auf Abstraktionen, der naive Empirismus, spielt in der Literatur der zweiten Emigrationshälfte in Form von wörtlich ausgespielten Metaphern eine zentrale Rolle. Wörtlich, das heißt gegenständlich, für bare Münze genommen, wird zum Beispiel die Metapher des "punto final" in gleichnamiger Parabel[777] oder das Bild von Schwert und Wand in der ebenfalls so bezeichneten Erzählung[778]. Peri Rossi entfaltet in diesen häufig nur eine Seite umfassenden Parabeln ihren Grundsatz einer "synthesenhaft-suggestiven Literatur"[779]. Aus den metaphorischen Bildern, die schon im Titel genannt sind, entwickelt sich die gedankliche Beweisführung. Durch den Verlust des "punto final" wird eine Paarbeziehung zur unerträglichen Gewohnheit. In "Entre la espada y la pared" kämpft das Ich zugleich gegen eine eiskalte Wand und ein lebensbedrohliches Schwert.

Im Gegensatz zum objektsprachlichen Gebrauch der metaphorischen Bilder bei Moyano betont Peri Rossi gerade deren semantische Vieldeutigkeit, durch die sie im übrigen die Bezeichnung Synthesen kaum noch verdienen. So kann "Entre la espada y la pared" als Betrachtung des Exils (Schwert = Verfolgung, Mauer = Fremdenfeindlichkeit) oder als universelles Gleichnis für Situationen der Bedrängnis ausgelegt werden. In der Regel wandelt sich die Bedeutungssuggestion – je nach Erfahrungsspektrum des Lesers – im Laufe der Geschichte, ohne daß die Erwartung eines einfachen Rückbezugs auf ausschließlich einen Referenzkontext erfüllt würde. Hinter der offensichtlichen Gegenständlichkeit verbirgt sich ein hoher Grad an Abstraktion. Die emigrationsspezifische Erfahrung mit dem konnotativen "sobrentendido cultural", das jedoch nicht mehr regionalsprachlich verstanden werden darf, spielt in dieser Literatur der offenen Bedeutungen gewiß eine zentrale Rolle. Die Polyvalenz hat den Vorteil einer beeindruckenden Allgemeingültigkeit, die sich semantisch oder geographisch nicht mehr festlegen läßt.

Die Position der nun literarisch verwirklichten Nicht-Allianz ist auch in den Sentenzen nachvollziehbar, welche die Prosa der zweiten Emigrationshälfte entschieden mitbestimmen. In Aphorismen werden gewöhnlich besondere Beobachtungen zu allgemeinen Grundsätzen erhoben – daher auch ihre traditionelle Bedeutung eines Lehrsatzes. In den Texten Peri Rossis sind solche Generalisierungen in der Verwendung von Personalpronomina oder des typologischen "los exiliados" gegeben. Aphoristisches Denken zielt auf einen offenen, besonderen Gedanken ab, der sich in kein System zwängen läßt[780].

Führen wir uns zur Verdeutlichung dieses Sachverhaltes noch einmal die Sentenz "No volvemos ni acabamos de irnos" vor Augen –, eines der, wie ich meine, gelungensten Beispiele für das paradoxe Denken der Autorin. Die Konjunktion "ni" = auch nicht/weder noch suggeriert eine formale Gleichheit, wo eigentlich Gegensätzliches gemeint sein oder sogar eine Kausalbeziehung ausgesagt werden müßte. Formell gleichwertig behandelt werden zwei unterschiedliche Bewegungen: die der "Rückkehr" und die des "Weggehens"; verschwiegen wird uns ferner, in welche Richtung wir weggehen sollen. Gehen wir fort, um zurückzukehren, oder ist gar das Gegenteil der Fall: wir befinden uns auf der Flucht vor der Rückkehr? Warum sind wir ständig im Begriff fortzugehen? Unter der Voraussetzung einer Auslassung dieser für unser Denken wichtigen Prämissen, läßt der Leitsatz eine Reihe von Interpretationsmöglichkeiten offen. Wir kehren nicht zurück, weil wir nicht aufhören, von dem Ort, an den wir eigentlich zurückkehren wollen, fortzugehen. Schon an dieser Stelle verstrickt sich unsere Überlegung in einen ausweglosen Zirkelschluß: Man kann nicht von einem Ort weggehen und gleichzeitig zu ihm zurückkehren. Möglich wäre aber auch dies: Wir kehren nicht zurück, weil wir stets und von jedem Ort der Welt aus fortgehen. In diesem Falle beabsichtigen wir mit unserem Weggehen vielleicht eine Rückkehr, sie verschiebt sich jedoch bei jedem Schritt von neuem, da wir ja fort-gehen und nicht zurück-kehren. Die formale Gleichsetzung erlaubt, die kreisende Bewegung des Tantalos nachzuvollziehen, ebenso wie die Paradoxie der beiden Bewegungen unser Denken einer unendlichen Spirale immer neuer Schlußfolgerungen überläßt[781].

Die Grundfigur der Reflexionen in der zweiten Emigrationshälfte ist die Tautologie. Inhaltlich spielt sie auf eine ausweglos gewordene existentielle Lage an (Exilmetaphorik). Die Inhaltsaussage ist jedoch nebensächlich, allein zählt die Darbietung, die Logik der Argumentation, die einen Grund benötigt, an dem sie sich entzünden kann. Solche Vorwände werden zu großer Zahl gefunden, wenn man die vertrauten Denkvorsätze umkehrt. Peri Rossi gibt die substantielle Sprachauffassung auf, in der das Wort-Zeichen mit seinem Inhalt-Sinn in Äquivalenzbeziehung stehen und auf die Moyanos kindliche Sprechblase noch zurückging. Wahrheit und

Sinn sind nur noch durch Schreiben im Medium eines Anderen konstituierbar. Schon für die Kindheitserzählungen war diese Bedeutungsumkehrung des eigentlich Gemeinten strukturbildend. Die Wahrheit der Erwachsenen offenbarte sich im Spiegel der Kinder und umgekehrt. Die Titelgeschichte zu "El museo de los esfuerzos inútiles" zeigt die Kontinuität der Verfahrenstechniken: Nicht die erfolgreichen Versuche der Menschen, Geschichte zu machen, werden im Museum recherchiert und klassifiziert, sondern ihr Gegenteil. Über den falschen Ausgangsprämissen erhebt sich dann die logisch richtige Argumentation.

Sehr anschaulich gestaltet ist das Schreiben im Medium des Nicht-Gemeinten in den Erzählungen "La Sesión", in der das Erzähler-Ich allmählich in die Rolle seines Psychoanalytikers schlüpft, und "Cartas"[782], in der ein namen- und adressenloses Subjekt bei der Post seine Briefe reklamiert:

> No pretendo modificar el orden de las cosas ni el funcionamiento de la administración pública (orden que seguramente cuesta mucho esfuerzo mantener y funcionamiento que sin lugar a dudas es el adecuado, aunque sólo sea para un par de personas), ni fue mi intención provocar un conflicto ... cosa que muy correctamente le expuse (al cartero, Anm. P.S.) ...[783].

Das gewöhnlich für sinnvoll Gehaltene – nur mit fester Adresse kann man Briefe empfangen – wird negiert oder als Symptom eines Mißverständnisses behandelt. Dann legt der Erzähler mit rational abwägenden Argumenten (Vergleiche, Konditionalbestimmungen, Schlußfolgerungen) die Zwecklosigkeit seiner Beanstandung der fehlenden Briefe dar. Mechanische Verneinungen können sich dabei zu überraschenden Paradoxien steigern und in schockartigen Pointen gipfeln. Durch die Umkehrung der Sender-Empfängerlogik (identifizierbarer Empfänger – anonyme Verwaltung) wird das aufgebaut, was eigentlich zerstört werden soll: die verneinende Kraft eines Verwaltungsapparates. Das Ich/Subjekt begibt sich in die Position namenloser Negativität, die jedoch bejahend ist, denn es hält an dem Vorhandensein seiner Briefe fest. Der jedoch nach Maßstäben positiven (richtigen) Denkens funktionierende Verwaltungsapparat erscheint in der Stellung des vernichtenden Aggressors. Am Ende dieser Parabel steht die Positivierung des Negativen[784].

"Cartas" ist ein Beispiel für die von Peri Rossi in der zweiten Emigrationshälfte vertretene Haltung einer negativierten Subjektivität[785], mit der jedoch – "siendo el sujeto lo fundamental"[786] –, sozusagen aus dem Hinterhalt, eine Rettung des Subjekts angestrengt wird.

Der stilistische Modus dieses Redens in der uneigentlichen Eigentlichkeit ist die Ironie. Im vorangegangenen Textausschnitt unterstreichen die einschmeichelnde Höflichkeit und der elegante Formalismus der Wendungen die Überspanntheit, mit der rhetorisch um Sicherung der Existenz gerungen wird. Aggressivität und Abwehr verbergen sich hinter der Eloquenz, durch die das schreibende Ich einen Schutzwall um sich errichtet.

"Dale margaritas a los cerdos"[787], formuliert Peri Rossi provokativ in einer ihrer Parabeln: Man muß die blumenreichen Wörter gebrauchen, so lange es sie gibt, auch wenn sie am Ende nur im Futtertrog indifferenter Tiere landen.

7.3.3 Die Leerstelle des Ich und Metonymie

Das Argumentieren aus der Position einer subversiven Subjektivität bei Peri Rossi bildet in den Arbeiten von Valdés und Martini die Voraussetzung der Text-/Sinnkonstitution. Nicht das, was man weiß, ist "wesentlich", sondern das Andere: die unsichtbare Folie des Nichtwissens:

> No basta decirse que ése es él; para restablecer su identidad y su voluntad personal de caminante tiene que recurrir a la violencia; a la provocación ... Tiene que nombrar al vacío que lo pone a salvo[788].

Um seine persönliche Integrität wiederherzustellen, schreitet Hache zur Provokation in der Anrufung des Nichts, die gleichbedeutend ist mit Aussageverweigerung. Bei Valdés ist die herausfordernde "Abdankung des Subjekts" noch als ent-täuschte Reaktion auf das Scheitern an der Sprachauthentizität zu bewerten, die Moyanos Streben nach neuer Substantialität sehr ähnlich ist. Moyano besaß hierbei die Möglichkeit, auf einen alternativen Kode, die Musik, auszuweichen, Valdés Erzähler stehen vor der Schwierigkeit, das Ich in den herkömmlichen, abgenutzten Wörtern zur Sprache bringen zu müssen. Das Problem einer schriftstellerischen Wahrhaftigkeit kehrt in allen Arbeiten des Autors wieder und steht im Zentrum der literarischen Bemühungen. In dem non-verbalen, kindlichen Spiel des Drachensteigens findet es in "A partir" eine mit Moyano wiederum vergleichbare Lösung:

> ... allá arriba era él, frotándose en el viento, susurrando burlonamente todo lo indecible. Pero a la vez seguía siendo el que pulsaba la tensión del hilo, el que transmitía hacía las alturas su informe pasión[789].

Die narzißtische Einheit von Sender und Adressat, das Ich im Spiegel seiner pulsierenden Gesten, die es zugleich in das Universum integrieren, hat sich erfüllt.

Auch die stilistischen Eigenheiten des Textes sind mit diesem Streben nach sprachlicher Wahrhaftigkeit, eines absoluten Kontaktes mit sich selbst in den Worten, zu erklären. So materialisiert sich in den Endlos-Sätzen und variierten Benennungen die Anstrengung, das Ich möglichst genau in seiner ganzen Pluridimensionalität zu verfassen; die deiktischen Ausrufe motiviert der Wunsch nach primärer Evidenzerfahrung. Andererseits kann gerade durch die Stilanalyse das Scheitern dieses Unterfangens nachgewiesen werden. Für mehrere aufeinander folgende Gedankenblitze steht allein zeitlich nur ein Wort zur Verfügung, so daß immer nur Splitter des eigentlich beabsichtigten gesagt werden können. Die Bewußtseins-Phänomenologie der Ich-Sequenzen, in der sich die Aufmerksamkeit ganz auf die primären körperlich-sensitiven Regungen konzentriert, führt zu entfremdenden Dissoziationen. Da sich das Ich in seinen Beobachtungen selbst zum Gegenstand des Bewußtseins macht, erlebt es sich im Selbstentzug, in der Entzweiung von Sprache und Gefühl, Absicht und Wirkung. Es bestätigt sich die Lacansche Beobachtung: "Ich denke so bald ich nicht bin, ich bin dort, wo ich nicht denke"[790]. Denkend ist der Mensch nicht bei sich selbst, er entfernt sich vielmehr von sich. Automatisch muß der Anspruch absoluter Subjektivität in Entfremdungserfahrung umschlagen: die Sprache wird zur Differenz und Abweichung von jenem anderen Zustand ursprünglicher Ich-Evidenz[791].

"A partir" markiert insofern einen Einschnitt in der Entwicklung des Autors, da erstmals die Unhaltbarkeit der sprachlichen Authentizitätsansprüche einsichtig wird. Im folgenden Roman werden sie aus der existentiellen Perspektive schon nicht mehr erörtert[792]. In einer Art Trotzreaktion schließt sich Erzähler Hache aus "A partir" der bei Martini schon lange unabänderlichen Erkenntnis an:

> Tú me mientes. Díme por qué ... No busque el sentido de las cosas. No lo tienen. La vida suele ser sólo un gesto[793].

Worte sind Lügen oder leere Hülsen ohne jeden Inhalt. Da sich in ihrer Eigenschaft, Identität zu objektivieren, der Tod ankündigt, ist ihre Bestimmung eine grundlegende Differenz vom Ich.

Martinis ausdrückliche Arbeit am Sprachklischee resultiert aus dieser Endvision einer substanzlosen Sprache, in der die Worte zu austauschbaren Zeichen geworden sind. Seine Position der Negativität ist bis ins kleinste Detail der literarischen Gesamtkonzeption nachvollziehbar. Sie geht aus dem Entwurf des abwesenden Erzählers hervor, der sich in seinen Projektionen auf der Suche nach dem Nicht-Ich zu spiegeln hat; sie veranlaßt zu den gedanklichen Paradoxien des Identitätsthemas, in dem es um die (Liebes-) Vereinigung des Getrennten (Begehren) geht.

Indem Martini die metasprachlichen Überlegungen über das Schreiben in den Vordergrund stellt, gelingt ihm die von Moyano und Valdés vergeblich angestrebte Einheit von Zeichen und Bezeichnetem, Sprache und Gestus. Alles ist dieser Wiedergabe des literarischen Kreationsvorgangs untergeordnet (von der allegorischen Fabel bis zum strukturellen Aufbau). Schreibend über das Schreiben zu schreiben heißt, die Identitätssuche in ihrem Charakter eines Handlungsvollzugs offenzulegen und den Wort-Zeichen zu einer Selbst-Repräsentation zurückzuverhelfen. Freilich kann es dann auch keine andere Bedeutung, kein der Suche übergeordnetes Ziel, mehr geben als das der Suche selbst. Martinis Neigung, gedanklichen Axiomen den Vorrang vor der Auseinandersetzung mit erlebter Realität zu geben, hat hier ihre Ursachen.

Die Bedeutung der Worte kann allenfalls aus dem Kontext erschlossen werden. An der Peripherie der Differenz zu anderen Worten ist das Noch-nicht-Benannte erfahrbar. Der Fragment- oder Lückenstruktur kommt folglich eine sinnkonstitutive Aufgabe zu. In "La vida entera" wird die Ausblendung (omisión) noch direkt in Form einer in die Textaussage eingeschriebenen Lücke behandelt:

> Entonces el Arabe llega junto a Doris, se sienta a su lado, la mira con insistencia ... "Soy el encargado de este local y quiero hablar con usted ..." – "Ah sí?" Doris observando de nuevo el escenario ...
>
> Von dem Blick der Doris ausgehend, S. 156, setzt sich die Beschreibung der Barszene fort, um auf S. 160 zum Ausgangspunkt zurückzukehren. Nun allerdings ist das Gespräch bereits beendet:
>
> "De todas maneras recuerde que puede venir cuando quiera a hablar conmigo ..." – "Siempre?"

Sobald eine Mitteilung erfolgen müßte, blendet das Kameraauge die betreffende Szene aus. Die Textlücke, auf die auch andere Embleme, zum Beispiel ein fehlendes "O" in Hotel, hinweisen, soll die Aufmerksamkeit des Lesers für die im Roman enthaltenen Leerstellen schärfen.

Die Textlücke, die eigentlich als Gedächtniszäsur zu bezeichnen ist, ergibt sich natürlich aus dem Zusammenbruch der Zeitchronologie. Zwischen den Episoden des Vorher-Nachher klafft jeweils eine Leerstelle. Auf dem Aussage-/Gedächtnissuspens baut die makellose Gliederung von "Composición" und "A partir" auf. In "Composición" begründet die Auslassung die chiastische Spiegelstruktur, die sich im Romanganzen (Anfang-Ende), der Konstruktion der Kapitel und Sätze (Schema A-B) bis hin zu den adverbialen Bestimmungen im Oxymoron des "claro-oscuro" nachweisen läßt.

In "A partir" hingegen liegt die Betonung auf der zusammenhanglosen Fragmentierung als solcher. Gerade aufgrund des Übergewichtes infrastruktureller Raumbeschreibungen, in denen sich das Bewußtsein des Betrachters spiegelt, scheint es angebracht, im Textbild des Romans ebenfalls eine graphisch-räumliche Versinnbildlichung der Bewußtseinsstruktur zu sehen.

In "Composición" wendet Martini das Verfahren der Textlücke erstmals konstruktiv im Sinne einer Aussagegenese an. Der Bruch im Sinngefüge des Textes wird nun mit der Technik des metonymen Bedeutungswandels verknüpft, womit – den wechselnden Bildern im Film ähnlich – die Gedächtniszäsur hintergangen werden soll:

> Descendía Frank, más allá de la media noche, y el traqueteo monótono y continuo del tren lo adormecía. Sin embargo él estaba empeñado en continuar. La lluvia? El horror? La oscuridad? Tenebrosos olvidos? No, nada ya

> podía cambiar su decisión ...
> Es folgt ein Szenenschnitt: Reanimado entonces siguió tras él y sólo se detuvieron nuevamente cuando llegaron a la primera casa ... Guido golpeó a la puerta[794].

Alle zentralen Szenen, in denen sich der Protagonist seiner Geschichte bewußt wird, spielen im Zug, ein weiteres Sinnbild der sich nach dem Platztausch (it's moving[795]) auf immer andere Ebenen verlagernden Erzählung. Die Personalpronomina verwischen individuelle Identität und stellen interpersonelle Äquivalenzen her. Die Szene verschiebt sich von Frank zu Minelli, von diesem zu Guido, der Minelli zum Ort der Erkenntnis führt.

Geht man von der Bestimmung der Metonymie in der Freudschen Traumanalyse aus, so ist diese mit einer Spaltung der Aussage auf einen oder mehrere Bedeutungsträger zu erklären. Die normalerweise für die Ausblendung verantwortliche Traum- oder Gedächtniszäsur kann so überwunden werden: "In diesen Fällen ist die Zusammenziehung verschiedener Personen zu einem einzigen Vertreter im Trauminhalt sinnvoll"[796]. Tatsächlich legt Martinis Erzählkonzeption (Spiegelung des Ich in verschiedenen personellen Projektionen) sowie auch die inhaltliche Textaussage eine solche Bestimmung der Metonymie nahe. Das Gesetz der Wiederholung ist auch hier in Kraft. In den unterschiedlichen Personenkonstellationen wird der gleiche Konflikt erzählt (Rivalität um Frauen). Trotzdem läßt der Text selbst die Annahme einer völligen personellen Identität nicht zu. Wir haben uns mit der Feststellung zu begnügen, daß über die metonyme Bedeutungsverschiebung eine Textaussage konnotativ nahegelegt werden soll.

Bedeutungsverschiebungen sind auch in "A partir" für die Konstitution der Textaussage bestimmend. Die Begegnung mit der mütterlichen Chilenin in Kapitel 1 wandelt sich in Kapitel 2 in die Begegnung mit der emanzipierten Schwedin. Das implizite Reden veranlaßt ferner dazu, daß in der eigentlichen Erzählung anderes miterzählt wird. So sieht sich Hache in Kapitel 4 nicht nur von Eva gezwungen, sich am ersten Putschtag einer verräterisch schreienden Katze zu entledigen, in Wirklichkeit beinhaltet die Szene eine allegorisch verklausulierte Beschreibung der Rolle des Intellektuellen in der Revolution. Die Katze verweist wiederum zurück auf die personelle Metonymie in Kapitel 1 und 2.

Die Bedeutungsinkongruenzen bleiben in "A partir" überschaubar und erlauben einen Rückbezug in ein allgemeines Sinngefüge. In "Composición" ist dies nicht der Fall. Die assoziativen Wortketten zusammen mit den Verschiebungen der Aussagestruktur drohen, sich zu verselbständigen. Auch wenn die Wiederholungen die Bildung von orientierenden Leitmotiven zulassen, ist davon auszugehen, daß die einzelnen Glieder einer Wortkette niemals völlig identisch, sondern durch Bedeutungsabweichungen geschieden sind. Wenn es Peri Rossi gelang, mittels vielseitiger metaphorischer Bilder die eindeutige Identifikation zu sprengen, so erzielt Martini mit seinen sich zwar wiederholenden, aber doch in ihren kontextuellen Sinnbezügen schwankenden Signalwörtern eine ähnliche Wirkung. In den Sequenzen 12, 20, 21 verdichtet sich "Café" zu einem Motivstrang. Durch die Einbettung in unterschiedliche Erzählkontexte weicht eine Notierung nicht nur von der anderen ab, es wird auch eine immer größere semantische Streuung erzielt[797]. Der Leser steht vor einer überwältigenden Aufgabe: der eigentliche Sinn des Textes würde sich erst dann erschließen, wenn wir jedes Hinweiszeichen in der Multiplizität seiner Bezüge und Abweichungen bestimmt hätten. Es deutet sich die Möglichkeit eines offenen Textes an, in dem die Lektüre zu einem Spiel mehrerer Lektüremöglichkeiten geworden ist.

> Cuál es su verdadero nombre?", había preguntado él mientras contemplaba, de pie frente a la ventana, con las manos en los bolsillos de la chaqueta negra, los jirones de una bandera que flameaba al viento, bajo la lluvia y las sombras de la plaza porticada en una noche de febrero[798].

Das sprachliche Regelsystem wird hier nicht mehr angegriffen. Die kurze, möglichst präzise an äußerlichen "señas de identidad" festhaltende Sprache hat das Unsagbare zu fixieren. Blieb die Stereotypie in "La vida" noch auf eine larvenförmige Vorlage bezogen und konnte als Parodie verstanden werden, so hintergeht die Sprache in "Composición" die Intentionen ihres Autors: In der Polyvalenz und der Negation, irgendetwas zu bedeuten – "Yo no sé. Le pareció entonces que todo quedaba muy claro. Era una ilusión"[799] – gewinnt das Klischee die ungebrochene Suggestivkraft des Mythischen zurück.

Alle Texte beziehen aus dieser Negation von Sinn ihre rhetorische Überzeugungskraft, zu der Ronald Daus in einer Rezension von "A partir" anmerkt: "Seine Texte sind Übungsstücke für eine bestimmte Wirklichkeitswahrnehmung: der Leser soll zwanghaft angesteckt werden vom prinzipiellen Zweifel seiner eigenen Erkenntnisfähigkeit"[800]. Diese identifizierende Ansteckungsgefahr des Negativen resultiert aus der Notwendigkeit, daß Literatur, trotz der Verweigerung einer extratextuellen Mimesis, auf die Reinszenierung von Wirklichkeit angewiesen ist und hierzu der mit traditionellen Bedeutungen besetzten Wörter bedarf. So wird auch in "Composición" der alte Schicksalstopos von Liebe, Gott und Vaterland, von Blutsverwandtschaft und Bodenständigkeit, noch einmal in Szene gesetzt. Die Identitätszeichen dieser allerdings zerbrochenen Nationalität sind über den gesamten Text verstreut. Gerade weil sie vor der Negativ-Folie des Unsagbaren stehen, kommt ihnen sehnsuchtserfüllte Bedeutungsschwere zu. Dieses Schwanken zwischen klischierter Wirklichkeitsdarstellung und Bedeutungsnegation macht Martinis Texte zu Melodramen. In "Composición" ist die Melodramatik zum Träger der neuen

Exilnostalgien des Autors nach der "tierra natal" geworden. Was es eigentlich zu vermeiden galt, die kompromittierenden herkömmlichen Bedeutungen – "(una) fórmula menos comprometida ... que, si lo involucraba, lo hiciese desde una lejanía ..."[801] –, stellt sich am Ende als ohnehin schon immer evidenter Sinn wieder ein: "Creyó, también, que conocía por fin el sentido de aquella historia, un sentido que siempre había sido evidente"[802]. Den alten, abgegriffenen Worthülsen, ihren schon immer dagewesenen Bedeutungen, ist nicht zu entgehen.

Auch aus Valdés' Arbeiten spricht identifizierende Überzeugungskraft. Sie kommt jedoch durch die Authentizität seiner Texte zustande, in denen sich stets ein wahrnehmendes, fühlendes, leidendes Ich in actu mitteilt. Gleichwohl unterliegt auch dieser Unmittelbarkeit eine ironische Selbstdistanz, die bis zur zynischen Selbstdenunziation reichen kann[803]:

> Así, los transeúntes ya comenzaban a mirarle con curiosidad y algunos niños iban acercándose para examinar su lecho afirmado en el árbol; no faltaría el alma caritativa y perversa, era de temer, que vendría a preguntarle si se había extraviado o si le habían desalojado, de modo que para concluir sus reflexiones sobre el barrio se preguntó si no había estado disimulando, como suele pasar, las propias debilidades y contradicciones con el examen de las ajenas[804].

In dem Zynismus setzt sich die Doppelzüngigkeit, die Valdés' Texten zueigen ist, und damit auch das Reden in der uneigentlichen Eigentlichkeit fort. Wie in der Ironie wird behauptet, was eigentlich verneint werden soll. So zollt der anonym bleibende Erzähler seiner Figur zunächst uneingeschränkte Sympathie, indem er sogar ihr unsoziales Verhalten für gut heißt und es erst am Ende als Selbsttäuschung entlarvt. Diese Art zwiespältigen Redens ist schon durch den Erzählmodus gegeben, der zwar zu weitgehender Übereinkunft des Erzählers mit dem Denken seiner Figur verpflichtet, aber auch die Möglichkeit beläßt, unterschwellig Distanz zu üben. Zwangsläufig ruft die zynische Sympathie auch beim Leser eine Ablehnung des Protagonisten hervor, da ihm die Falschheit seines Verhaltens erst recht vor Augen geführt wird. Der Zynismus ist wohlgemerkt mit Sozialkritik verbunden, in ihm wird ein erster Schritt der Distanzierung von der Vergangenheit des vorrevolutionären, bürgerlichen Schriftstellers vorgenommen.

Eine Frage ist bislang ungeklärt geblieben: Zwar haben wir festgestellt, daß das Reden in der uneigentlichen Eigentlichkeit und den bedeutungsstiftenden Signalworten innerhalb der kommunikativen Situation des inneren Monologs erfolgt. Nicht erwähnt wurde jedoch, welche (Sprech-)Handlungsintentionen hinter den Selbstgesprächen stehen.

7.4 Die intersubjektive Dimension des Erzählens im Exil

7.4.1 Poetik und Kriminalistik: Das Dialogprinzip

Wer hat Frank, den Engländer, umgebracht? Minelli? Das Mädchen Tina? Ist Hache ein Verräter an der chilenischen Revolution und damit des Mordes am Bauernmädchen aus La Ligua mitschuldig? Welchem Komplott ist er in seinem späteren Exil in England zum Opfer gefallen? Trägt Equis allein schon aufgrund der Tatsache, daß er männlichen Geschlechts ist, Schuld am Unheil seiner heimlichen Geliebten Lucia? Und Rolando – ein unschuldig Schuldiger?

Im Hintergrund des Geschehens steht eine Intrige, ein Komplott oder eine Straftat. Um sie rankt sich das Gewebe verschiedener Handlungs- und Zeitebenen. Mehrfach ist schon auf die besonderen Beziehungen der Literatur Martinis zum Kriminalroman hingewiesen worden. Die Feststellung trifft jedoch nicht nur auf die Texte dieses Autors zu. Eine Betrachtung der vielfältigen Bezüge, die sich zwischen der analysierten Literatur und dem Genre des Kriminalromans ergeben, ist für die Beschreibung der kommunikativen Redesituation der Texte hilfreich.

Gewöhnlich ist im Kriminalroman[805] ein Ränkespiel zu lösen, in dem Legalität überschritten wurde. Hier ergibt sich eine erste Übereinstimmung mit den historischen Interpretationen der lateinamerikanischen Situation. Die Machtübernahme der Militärs ging aus einem konspirativen Zusammenspiel gesellschaftlicher Kräfte hervor. Sie beinhaltete ein gewaltsames Überschreiten des bestehenden Rahmens der Legalität. Die Romane von Martini und Valdés kreisen um diese Frage einer heimlichen Verschwörung der Mächtigen. Wohlgemerkt behandeln sie den Konflikt selbstreflexiv in metasprachlichen Überlegungen zum Prozeß narrativer Geschichts-/Identitätskonstitution[806]. Die sich anschließende Frage des richtigen Bezeugens (testimoniar) von Geschichte knüpft ebenfalls an die Kriminalistik an, stellt aber zugleich auch ein zentrales Merkmal des Autobiographischen dar.

Darüber hinaus lassen sich auch stilistische Gemeinsamkeiten mit dem Kriminalroman herausarbeiten. Die oft mit sadistischer Genauigkeit geführte Bestandsaufnahme eines begrenzten Weltausschnitts (häusliches Interieur) ist mit einer situativ geführten Beweisaufnahme vergleichbar. Hinter dem "esse est percipi" steht häufig ein nachdrückliches Fragen. Die bedeutungsstiftenden Hinweiswörter können als Spurensicherung eines möglichen Tatmotivs verstanden werden. Poesie verbindet sich mit kriminalistischer Wahrheitsfindung[807]. Das wichtigste Kriterium einer Übereinstimmung liegt in dem regressiven Erzählverlauf. Wie im Kriminalroman steht das Resultat der Handlungskette, die Tat, von Anbeginn fest, im weiteren Geschehen ist der Tathergang zu ermitteln und das Tatmotiv zu beweisen[808].

Anders als in der kriminalistischen Untersuchung verteilen sich die Rollen des Detektivs und Täters nicht auf unterschiedliche Figuren, sondern fallen in der Person des Protagonisten zusammen. Dieser Umstand ist für die in den Texten inszenierte Redesituation von äußerster Wichtigkeit. Eine der Methoden strafrechtlicher Ermittlungen ist der Dialog in Form eines Verhörs.

Eine Dialogsituation innerhalb des Monologs ist in allen Texten stilistisch nachweisbar. So ließ der kontrapunktische Satzbau bei Martini und Valdés (Schema AB: Ich-Anderer) auf eine indirekte Dialogsituation schließen. Moyanos Texte brechen zuweilen ohne Vermittlung in Zwiegespräche des Ich mit seinem (vergangenen) Gegen-Ich auf. Der Dialog im Monolog ergibt sich aus der Doppelung des erzählenden Ich. Durch die Erfindung eines oder mehrerer Gegen-Ich erhält der Schreibende die Gelegenheit zum Gespräch. In der literarischen Rede ist also die Struktur einer sozialen Kommunikation angelegt.

Es liegt sogar die Vermutung nahe, daß das literarische Dialogprinzip die Funktion des Ausgleichs für die andernorts als Mangel und Einsamkeit beschriebene Exilsituation übernimmt. Eine solche Annahme muß jedoch revidiert werden, wenn man die Zielfunktion des Zwiegesprächs überprüft. Das Gegen-Ich tritt nicht in der Rolle eines konsensstiftenden Gesprächspartners auf, es übt die Funktion eines Über-Ichs aus, welche das handelnde Ich, einem Polizeispitzel ähnlich, in allen seinen Regungen beschattet und zum Selbstverhör zwingt.

Mit Ausnahme der Arbeiten Peri Rossis laufen alle Texte ihrer Intention nach auf die Abfassung einer Anklageschrift hinaus. In der reinszenierten Verhörsituation ist im übrigen auch einer der Gründe für das erhöhte Konfessionsbedürfnis zu sehen, das wir in den Texten Martinis, Valdés' und Moyanos zu vermerken haben. Trotzdem kann das Geständnis nicht unbefangen abgelegt werden. Warum nicht?

Das Streben nach dem Nicht-Ich ist in Martinis Arbeiten gleichbedeutend mit der Suche nach dem Gesetz des mythischen Urvaters und Richters. In der absurden Welt gibt es keine Götter, die über Recht und Unrecht befinden könnten. Da die Anklage grundlos geworden ist, müßte auch die Rechtfertigung eigentlich überflüssig sein. Die Schuldfrage verlagert sich zwangsläufig in das Subjekt, das nun unter einem selbstzugeschriebenen Gefühl der Schuld leidet oder zumindest an seiner moralischen Integrität zweifelt. Seine Verhandlung suchend setzt Minelli ganz nach kafkaesker Manier den eigenen Prozeß in Gang.

Eine aus dem Bewußtsein der Abwesenheit eines Gott-Vater-Richters resultierende Schuldsituation wird vor allem in Moyanos Erzählung "Carta al carcelero"[809] analysiert. Moyano greift direkt auf das kafkaeske Briefmotiv zurück. Im Exil sucht das Ich mit seinem ehemaligen, namen- und adressenlosen Kerkermeister/Vater in brieflichen Kontakt zu treten.

Etwas anders stellt sich die Anklage-/Verhörsituation in den Parabeln Peri Rossis dar, in denen die Erzähler ausdrücklicher zu ihrer Selbstverteidigung gegenüber einem unbekannten Feind antreten. Dies kann jedoch nicht darüber hinwegtäuschen, daß auch hier eine Schuld im Hintergrund steht, von der sie sich auf dem Wege tautologischer Zirkelschlüsse und Paradoxien freisprechen.

Daß das Exil psychologisch ein besonders günstiges Substrat für die Freisetzung von Schuldgefühlen ist, wurde in Kapitel 2 schon erwähnt. Die konkreten Anlässe hierfür reichen vom Bewußtsein der politischen Niederlage, der Verantwortung gegenüber den unrechtmäßigen Opfern der politischen Gewalt bis zur Auseinandersetzung mit eigenen Verhör- und Foltererlebnissen. So ist zum Beispiel die zwanghafte Frage nach dem Denunzianten und dem eigentlichen Grund der Inhaftierung in den Arbeiten von Valdés durchaus biographisch zu erklären[810]. Ebenso stellt die Ich-Doppelung und die sich daraus ergebende hypernervöse Selbstbeobachtung nicht nur ein rein literarisches Stilmittel dar, sondern muß als eine psychologische Reaktion und Verarbeitung des Gefangenschaftserlebnisses gedeutet werden. Gleiches gilt für die Auseinandersetzungen mit einer möglichen Schuld in den Texten Moyanos.

Gerade Moyanos Literatur zeigt aber, daß die Autoren bei diesen Versuchen einer kreativen Vergangenheitsbewältigung auf schon bestehende Traditionen in der modernen Literatur zurückgreifen können. Die mehr oder weniger explizit in die Erzählungen eingearbeiteten intertextuellen Hinweise auf die Prozeßverfahren in der Literatur Camus', Kafkas oder Dostojewskis bestätigen diesen Tatbestand. Ihnen allen ist gemein, daß das Ich im Namen der Gesellschaft gegen sich selbst ein Prozeßverfahren eröffnet.

So geht es auch weniger um die Ermittlung einer individuellen Anklage als um die Beschreibung einer kollektiven Schuld. In der Betonung der sozialen Aspekte der Verantwortung liegt einer der wichtigsten Unterschiede zum traditionellen Kriminalroman, der ja eine individuelle Intrige zum Thema hat[811].

Juan Minelli wird in "Composición" von seinem Alter ego zu den Stätten des kollektiven Verbrechens, den von der Militärdiktatur verschleppten und später für tot erklärten Personen, geführt. Durch die Verschiebungen des Aussagekontextes kann in der gegenwärtigen menschlichen Tragödie die archaische Dimension des ödipalen, vaterrechtlichen Konfliktes angerissen werden. Auch in "A partir" liegt in der Urszene des Tathergangs eine Anspielung auf den Archaismus paternalistischer Gewalt in Lateinamerika vor.

Der Anfang der lateinamerikanischen Kolonialgeschichte, der mit der Übertragung europäischen Vaterrechts zusammenfällt, ist vom Tode gezeichnet. Das Gesetz des Vaters/Richters ist ein Gesetz des Todes. Erneut werden wir also auf das Problem der Schrift und der mit ihr verbundenen besonderen Schuldsituation des lateinamerikanischen Intellektuellen verwiesen:

> Todavía no sé qué palabra podría pronunciar yo para detener la acción suya o la de mi tío. Es una palabra que desapareció hace mucho tiempo del corazón de los hombres. Porque antes desapareció del corazón de Díos. Porque Díos mismo desapareció: cuando mi tío mató la perra ya se había ido[812].

Schuldig ist der Erzähler aus "Carta al carcelero", weil er das Wort, das Leben bedeutet, nicht kennt. Die Gewissensnot ergibt sich aus dem Bewußtsein, in einer bikulturellen Situation zu leben, ohne diese zur Synthese in einer neuen Identität gebracht zu haben. Ob seiner Ahnung von der anderen Welt ist der (lateinamerikanische) Schriftsteller darauf angewiesen, sich in den Worten der herrschenden Kultur auszudrücken. Andererseits steht kein anderes Mittel zur Verfügung als das der Sprache, mit dem gegen Herrschaft vorgegangen werden könnte. Gegenüber dem traditionellen autobiographischen Selbstzeugnis, das auf Vorspiegelung eines makellosen Selbstbildes zum Beweis eigener Unschuld hinausläuft, bietet das Zwiegespräch des Selbstverhörs den Vorteil, die Zäsuren des Rechtfertigungsbestrebens zu hintergehen[813]. Es wird eine Mitschuld an den kollektiven Gesetzesvergehen nahegelegt. Nur bleibt es bei dieser Suggestion eines Geständnisses. Über die Signalworte kann lediglich ein möglicher Motivzusammenhang für die Tat ermittelt werden. Ein Tathergang ist den Protagonisten durch die zerschriebenen kausalen Sinngefüge ihrer Handlungen nicht mehr nachweisbar.

Hierin ist einerseits eine sachliche Wiedergabe der kollektiven Schuldsituation zu sehen, an der wir alle durch unser Wissen beteiligt sind, ohne jemals selbst tätig geworden zu sein. Andererseits ist offensichtlich, daß sich das geschriebene Wort abermals in seiner Schutzfunktion behauptet, denn mit ihm können Spuren verwischt werden, ohne die Wahrheit gänzlich zu verschweigen.

Das dominante kulturindustrielle Genre, der Kriminalroman, wird somit – ganz im Brechtschen Sinne – zu einem Antidiskurs von Herrschaft umgestaltet. Steht am Ende des traditionellen Krimis die beruhigende Lösung der Intrige, so lassen uns die Autoren dieser "Exil"-Literatur mit dem befremdenden Rätsel zurück.

Minelli ein Mörder? Hache ein Verräter? Equis und Rolando Schuldige? Wir wissen es nicht, und die Erzähler bemühen sich redlich, in diesem Geheimnis die Immunität ihrer Protagonisten zu bewahren. Ein Versuch des Widerstandes gegenüber der ethische Integrität mißachtenden Gewalt? Vielleicht.

7.4.2 Transsubjektivität und Interdependez der Herrschaft: Das Blickmotiv

Die Sehnsucht nach dem Anderen, seinem bejahenden Verständnis, ist unermeßlich. Zugleich bildet gerade die Sehnsucht einen Nährboden des Schuldgefühls. Der Andere ist die Grenze, an der Ich seine Entfremdung erfährt. Diese Dialektik von Sehnsucht nach Kommunion und Entfremdung gibt das beliebte Motiv des Blicks zu verstehen:

> Tenía los ojos claros, celestes, de un niño pequeño. Después, con la vida, los ojos oscurecen ... Entonces los niños dejaban de serlo y se volvían hombres de ojos oscuros, que no reflejaban nada y no se podía mirar hacia adentro. A ella le gustaba asomarse a esas aguas. Veía túmulos, animales, piedras ...[814].

Seit der Renaissance gilt das Auge – herausragende Metapher unserer bildorientierten Identitäts-/Erkenntnis-Philosophie – als Spiegel der inneren Vorstellungen der Person. So gebraucht Peri Rossi das helle, klarsichtige Kinderauge sinnverwandt mit See und Traum, in denen das Ich ganz einzutauchen wünscht: "En tus ojos acuosos hubiera navegado toda una vida si no fuera que no tienen orillas"[815]. Das Motiv des Auges resümiert die Sehnsucht nach Entgrenzung in der Welt des Anderen. Es ist somit nicht nur bedeutungsähnlich mit innerem Wesensspiegel, sondern vergegenwärtigt im Gegenteil die Vorstellung von einer intersubjektiven Ordnung: "... te llamaré por mi nombre y tu contestarás alegre, mi igual, mi hermana, mi semejante"[816]. In der Allheit der Identitäten/Alteritäten könnte auf dem Wege des freien Tausches der Identitätszeichen Ich zum Anderen und Anderer zum Ich werden. Die Subjektivität würde sich in der Vielheit alternierender Spiegelungen auflösen. Wir hätten die Begriffe Charakter und Person, die in unserem heutigen Sprachgebrauch individuelle Tiefe konnotieren, durch "Figur" oder "personae" zu ersetzen, in der ursprünglichen Bedeutung von "Masken", durch die es/man sich vernehmen läßt[817].

In ihrer Literatur suchten die Autoren diese Vision einer neuen Intersubjektivität zu verwirklichen. Sie kam in der Alteritätserfahrung des schreibenden Ich zum Ausdruck. Die Motive des kindlichen Abenteurers zeugten ihrerseits von der Rücknahme der Vorstellung von individueller Identität, die das figurale Spiel des Einen-im-Anderen erst möglich macht. Die Analyse des formalen ästhetischen Aufbaus der Arbeiten ergab, daß die intersubjektive Vielheit in einer Vereinfachung der strukturellen Gliederung der Texte beruht. Sie schematisierte jedoch die Welt nicht bloß, sondern schuf Zugang zu komplexen Erfahrungen.

Einer der Gründe für diese Mannigfaltigkeit des Einfachen liegt in der historischen Erfahrung, daß die herkömmlichen Vermittlungsparadigmen der Identitätskonstitution, Raum, Zeit und Nationalität, zum Beispiel durch Kolonialismus und Exil, an Aussagekraft verloren haben. Ohne diese ideologischen Orientierungsraster ist das Subjekt auf der Suche nach Selbstbestimmung auf sich verwiesen und erfährt sein Dasein zwangsläufig als grundlos. So scheint nun der zweite Grund für die Einsicht in die Auflösung des Subjekts in unserer Konzeption von Subjektivität/Identität selbst angelegt zu sein, die vorwiegend in dem Gedanken einer Vor-Stellung (Repräsentation) des Ich zentriert ist. Unser Denken (Sprechen, Vorstellen) setzt Anderes als Vorlage voraus, an der es sich entwickeln kann. Ein denkend auf sich selbst gerichtetes Bewußtsein würde wie gesagt immer wieder auf ein weiteres Bewußtsein, das es denkt/vorstellt, verwiesen sein[818].

Ist davon auszugehen, daß die Vision der intersubjektiven Ordnung am Ideal eines freiheitlichen Miteinanders der Ich/Anderen orientiert ist, wie dies Jürgen Habermas vorschlägt[819]? Die Grundlage einer solchen demokratischen Freiheit hätte das Gespräch zu sein, das den Verständigungsprozeß über das Ich im Anderen und vice versa einleiten würde. Wir werden sehen, daß die Hoffnung auf einen sprachlichen Verständigungsprozeß gewissermaßen als letzte Appellfunktion in den Texten enthalten ist.

Vorerst haben wir jedoch zu bedenken, daß das transsubjektive Ideal in den hier besprochenen Texten weniger an der Entwicklung einer freien kommunikativen Kompetenz ausgerichtet ist (die Ausbildung einer kognitiven Individuation voraussetzen würde), sondern sich aus der Sehnsucht nach Verschmelzung mit einer magisch-kosmischen Allheit nährt[820].

Das Auge des Anderen markiert somit auch die Grenze, hinter der sich das Ich in der Vorstellungswelt des Anderen unerreichbar weiß: "Sé que está ahí, detrás de sus ojos, esa visión secreta, quizás comunicable, sobre mí, pero incomprensible para mí. Sé que ahí, detrás de sus ojos, yo soy otro ..."[821]. Selbst wenn es zum Gespräch über das Bild, das der Andere von uns hat, kommen sollte, ist eine Verständigung noch nicht gewährleistet, denn unser Nicht-Ich ist in der Welt des wirklichen Anderen eingespannt in ein Geflecht von Erfahrungen und Emotionen, die uns nicht zugänglich sind. Das intersubjektive Miteinander wendet sich zum Gegeneinander, aus dem Bruder wird der Feind, die "Hölle des Anderen" (Sartre). Da Intersubjektivität hier von dem manischen Bedürfnis nach identifikatorischer Entgrenzung getragen wird, welche die künstlich aufrechterhaltene Distanz des Ich zur Welt zurücknehmen und "echtes Leben" erfahrbar machen soll, ist eine Vertiefung der Abhängigkeitsbeziehungen des Einen vom Anderen die Folge. Mehr noch: Die auf magisch-kosmische Transsubjektivität zielende Entgrenzung gründet in einer masochistischen Einstellung, durch die sich die Beziehung Ich-Anderer in ein Herr-Knechtverhältnis mit unendlichen Spiegelungen verwandelt.

Schon Hegel, einer der Wegbereiter der modernen Identitäts-/Alteritätsphilosophie, beschrieb die Herr-Knecht-Relation in einer Dialektik

gegenseitiger, interdependenter Anerkennung. Der Verbrecher erkennt in seinem Opfer das eigene, von ihm zugerichtete Wesen, das Opfer findet im Verbrecher seine (Selbst-) Bestätigung[822]. Jean-Paul Sartre hat die Hegelsche Dialektik in seiner Phänomenologie des Anblicks verarbeitet: "Ainsí, être vue me constitue comme un être sans défense pour une liberté qui n'est pas ma liberté. C'est en ce sens que nous pouvons nous considérer comme des "esclaves", en tant que nous apparaissons à autrui"[823]. Mit dem Auftauchen des Anderen an unserem Wahrnehmungshorizont beginnt für uns "das Gefängnis seiner Freiheit", denn der Andere schränkt uns in unseren Wahlmöglichkeiten ein. Auch Sartres Phänomenologie des Anblicks schließt ein Miteinander der Subjekte aus. Automatisch, ohne jeden Vermittlungszusammenhang, konstituiert uns die fremde Wahrnehmung als Objekt, wie wir unsere Freiheit zurückerlangen, indem wir den Blick erwidern. Diese masochistische Öffnung im Erblicktsein entspricht einer Identifikation mit dem Feind: "En mot, je m'identifie totalment a mon être regardé"[824].
Sie ist besonders in den Figuren Moyanos gegeben, deren existentielles Lebensgefühl durch die Fremdwahrnehmung völlig ausgelöscht werden kann. Darüber hinaus benötigen Moyanos Erzähler das fremde Schauen gar nicht mehr, um sich ihrer Unfreiheit bewußt zu werden. Sie haben den Blick des Anderen verinnert und sind damit selbsttätig in den Zwangsmechanismus einer Identifikation eingebunden[825]. Moyanos Motiv des Augenraubes oder auch des Verlustes des Horus-Auges der Selbsterkenntnis zusammen mit der rekurrenten Vorstellung der Beinamputation kann als kollektives Kastrationssymbol ausgelegt werden; beide gehören in die Metaphysik des "deus absconditus". In "Carta al carcelero" findet das Erzähler-Ich in dem ehemaligen Peiniger den verlorenen Vater wieder, dem es seine abhängige Liebe gesteht: "Tampoco podía rechazarlo u olvidarlo: así negaba mi origen. Por eso mis actitudes de diálogo ... Quizás para usted hubiera sido más natural mi odio o mi desprecio, pero yo no podía odiarlo, era lo único que tenía ..."[826]. Auch im Exil noch sieht sich der Gefangene an den Henker-Vater gefesselt und will sein Schweigen in monologisierenden Briefen durchbrechen. Er ist es, der die Vorstellung vom "Zentrum des Lebens" besetzt hat, und vor dem das Ich flieht, indem es ihn sucht.

Gefangenschaft, Verhöre und Folter laufen in ihrer psychologischen Strategie darauf hinaus, den persönlichen Widerstand zu brechen. Die Anerkennung des Kerkermeisters stellt häufig das einzige Mittel einer Bewältigung der Lage dar. Ausführlich wird diese Erfahrung in Valdés' autobiographischem Bericht "Tejas Verdes" beschrieben[827]. Dennoch führt die Einsicht in die Notwendigkeit einer Unterwerfung hier nicht zur gleichen bedingungslosen Selbstaufgabe wie in den Texten Moyanos. Die in der Alterität implizite Negation des Subjekts läßt vielmehr die Möglichkeit einer Umkehrung des Herrschaftsverhältnisses erkennen.

Schon Sartre stellte seine Phänomenologie des Anblicks in den größeren Zusammenhang einer Analyse der Liebesbeziehung. Der gesellschaftliche Herrschaftsmechanismus wird uns auch in den vorliegenden Texten im intimen Reflexionsspiegel der Liebe dargelegt. Schließlich schreibt ja bereits die dualistische Bestimmung des Begehrens eine Dialektik von Herrschen und Beherrschen vor. Der Indikation eines verhüllten Liebesbegehrens ist das Blickmotiv in Martinis "Composición" untergeordnet. In ziemlich direkter Umsetzung der Phänomenologie Sartres signalisiert die schwankende Bewegung von Blick zu Anblick (durch die Andere) den sich im zwischenmenschlichen Bereich abspielenden Wechsel von Subjektkonstitution und Objektivation[828].

Der absurde Entwurf der Figuren Martinis eignet sich besonders gut zur Verdeutlichung der gegenseitigen Abhängigkeit beider Parteien: "Admiró emocionado la belleza de un cuerpo inolvidable. El, pensó, era un esclavo"[829]. Da es einen vollständigen Besitz des/der Anderen nicht geben kann, ist der Herr zum Sklaven seines Machtbegehrens geworden. Aber nicht nur dies: Die Anerkennung in der Rolle des Herrn, die das Opfer ihm zollt, offenbart seine eigentliche Unterwerfung: "Y ella obedeció y dijo – feroz, implacable, reinante, vindicatoria, tiránica, sangrienta, señora de horca y cuchillo –: "Si mi amo"[830]. In der Bejahung des Herrn widersetzt oder entzieht sich das Opfer erneut dem Machtbegehren, so daß am Ende nur eine Schlußfolgerung aus der negativen Dialektik noch zu ziehen ist: Im Akt der Anerkennung erfindet sich der Sklave seinen Herrn, um sich in und mit ihm allzeit zu verewigen: "... en tiempos como aquellos la víctima creaba a su verdugo y con él se eternizaba"[831].

Die Liebe des Feindes bietet Selbstschutz und die Gelegenheit seiner Entmachtung. Diese Auffassung geht auch aus zahlreichen Parabeln Peri Rossis hervor: "... perdonar a nuestros enemigos, si éstos no desean ser perdonados, es una afrenta. Constituye una violación al deseo íntimo del ofensor"[832]. Es ist auch Peri Rossi, die die Zirkelschlüsse der negativen Dialektik am deutlichsten in eine positive Appellfunktion umzukehren weiß.

In der kabarettistischen Darbietung am Ende von "La nave", die eine Anspielung auf das Revuetheater des Präfaschismus in den 20er Jahren beinhaltet, tritt Lucia in der Rolle der Charlotte Rampling auf, diese imitiert ihrerseits Helmut Berger und er Marlene Dietrich, die sich als Mann verkleidet hat. Irgendwer – "... uno que había cambiado sus señas de identidad para asumir la de sus fantasías ... y no quien estaba determinado a ser"[833] – hat die Rolle der Dolores del Río, einer beherzten Mexikanerin, übernommen. Im Gegensatz zur sozialen Rolle, die das Ich in einen Verhaltenskodex zwängt, eröffnet das intersubjektive Rollenspiel der Kunst die Gelegenheit zur freien Wahl der Identitäten. Der gleichsam nach den Regeln der freien Marktwirtschaft zum Tauschobjekt reduzierte Masken-Mensch[834] erlaubt die anarchistische Subversion herkömmlicher Rollenvorlagen. Hinter der Vorstellung einer ausschließlich für Männeraugen inszenierten Liebespantomime kann das Ritual eines lesbischen Liebesaktes vollzogen werden[835]. Wie der Herr allmählich in der Rolle des Sklaven und der Sklave in der Rolle des Herrn aufgeht, kann sich das Weibliche nur in der Maske des Männlichen behaupten. Ebenso sieht sich das erzählende Ich in "Cartas" gezwungen, aus der Position der Anonymität heraus die negierende Aggressivität positiven (Identitäts-) Denkens zu denunzieren und sich mit ethischen Appellen in der Rolle des Moralisten zu exponieren: "Me pareció completamente injusto que alguien pudiera decretar la inexistencia de mis cartas sólo porque yo no las había recibido aún, a pesar de mi firme voluntad de leerlas ..."[836].

Indessen läßt auch Peri Rossi einen grundlegenden Zweifel offen: "Hay un hueco en el pensamiento contemporáneo acerca del bien y del mal"[837]. Die Frage nach der Moral der Geschichte kann heute nicht mehr einfach nach den Kriterien von gut und böse entschieden werden. Unmißverständlich bleibt der ethische Auftrag des literarischen Schaffens an den Aussagesuspens, das Wissen über das Nicht-Wissen, gebunden.

7.4.3 Ausblick auf das Unendliche und Selbstparodie

"Imágenes a su vez de otras imágenes ..."[838] – Bilder nichts als Bilder, die immer schon Spuren anderer Bilder in sich tragen. Das Wort hat an semantischer Gewißheit verloren. Wir betreten das Spiegelkabinett einer Kunst der Sinnestäuschungen. Dem ästhetischen Scheinen der Kunst gebührt der Vorrang in der "exil"-literarischen Rede. Seine Wichtigkeit besteht in der verweisenden Kraft, welche die Dinge in ihrer unwirklichen Wirklichkeit nur noch anreißt, ohne ihnen Beständigkeit zu geben.

Ist der Anspruch einer Identitätssuche damit endgültig aufgegeben? Dient das literarische Schaffen im Exil einzig der ästhetischen Verarbeitung (und Reproduktion) von Nostalgien? Auch hier haben wir zu bedenken, daß sich das Eintreten für die Poesie der Trugbilder sinnvoll in den Diskurs des Unsagbaren einfügt. Traum, Museum, Theater sind bedeutungsgleich mit der Reise in die zeitlos gewordene Vergangenheit. Sie allein erstattet ein Gefühl für Zeit zurück: "esa rara belleza de las cosas que subsisten fragmentadas, vacías de finalidad, desprovistas de función ... eso era la decadencia ... guardaba una relación con el tiempo ... Los asientos no "estaban" precisamente. Es decir: no se los veía con los ojos, porque ya no eran corpóreos, pero indudablemente estaban de alguna manera, porque en cuanto uno miraba el podio circular se daba cuenta de ellos"[839]. Der ästhetische Schein und das Fragment vermögen eine Ahnung von der anderen Welt, dem Unendlichen, zu vermitteln. Es verwundert kaum, daß uns die Autoren ihre Stellungnahmen zum "desaparecido"-Problem in poetischen Sinnestäuschungen nahebringen: in der Metapher eines Leuchtturmes, der allmählich verlischt und in diesem Vorgang die Dunkelheit sichtbar macht (Moyano)[840], in der Figur des Percival, der, umgeben von der bruchstückhaften Dekadenz eines Parks, das Leben bedrohter Tiere schützt (Peri Rossi)[841], im metonymen Bedeutungswandel schließlich, der für sich bereits den "espejismo de la muerte" belegt (Martini)[842]. Desgleichen deutete sich in der paradoxen Bezogenheit von Anfang und Ende in Martinis "Composición" der Gedanke einer Transzendenz an, die allein im künstlerischen Schöpfungsvorgang ruht. Unendlich sind die Sprachzeichen miteinander kombinierbar, unendlich die Möglichkeiten, eine Vision von der anderen Welt zu erzeugen.

Die Spielregel der Negation verbietet, den Appell an die Ästhetik wörtlich zu nehmen. Das letzte Wort des "exil"-literarischen Diskurses gehört der Parodie des Schriftstellers in der Rolle des Ästheten und Dandys. Durch sie kann die nostalgische Getragenheit erneut gebrochen werden, und das dichterische Wort reflektiert noch einmal – mit sozialkritischer Absicht – auf sich selbst zurück. Die Persiflage des Intellektuellen der Jahrhundertwende hat eine Ironisierung der Position des "l'art pour l'art" zum Ziel, die, wie wir uns überzeugen konnten, die Ästhetik der Autoren mitbestimmte, von ihnen jedoch hinsichtlich politischer Fragestellungen pointiert wurde.

Stilistische Brüche (Ambivalenzen), wie sie auch der parodistischen Rede zugrunde liegen, konnten wir bei allen vier Autoren schon feststellen: Peri Rossi und Valdés bedienten sich der Ironie und des Zynismus; Moyano und Martini tendierten zum Tragikomischen oder Melodramatischen. Die soziale Rolle des Dandys verlangt einen bestimmten Sprachduktus, durch den sie dem Leser erst glaubhaft vorgespielt werden kann. Er zeigt sich zum Beispiel in Wendungen des sogenannten "afrancesamiento" und des Akademie-Spanischen sowie in der skurrilen Eleganz antiquierter Redeformen.

Der Dandy ist, wie das Kind, ein Nonkonformist, der den Einspruch gegen das soziale System in seiner äußeren Erscheinung kundtut, ohne die Grundlagen desselben anzugreifen[843]. In diesem Opportunismus besteht die Zweideutigkeit seiner sozialen Rolle. Der Bohemien flüchtet in die Kunst, weil er an der sozialen Rebellion gescheitert ist, und sein Ästhetizismus entspricht einer Abwehr gegenüber dem gemeinen Volk. In dieser faschistoiden Haltung brechen die Züge des Grotesken wieder auf, das erlaubt, eine Distanz zur eigenen Rolle zu beziehen.

7.5 "Exil"-Literatur zwichen Authentizität und Universalität: Der "vielzitierte" Leser

> Hay algo que ningún hombre puede contar
> Minelli, y esta es la clave de
> su historia[844].

Die unausgesprochene Anklage beinhaltet die Aufforderung zu richten. Oder: Immer fällt etwas der Verschwiegenheit anheim, und dieses "etwas" kann ein Impuls für den neuen Roman, die nochmalige Lektüre sein. Diese Gewißheit des Ungewissen ist die Gewähr der nicht versiegenden Schöpfungskraft der Kunst. In der Anfang-Schluß-Bindung öffnen sich die Texte der eigentlichen intersubjektiven Projektion ihres Dialogs: dem Appell an die Lektüre.

Im Futur der Vergangenheit des letzten Kapitels von "A partir" zeigt sich, daß die soeben gelesene Reise des Hache erst noch zur Literatur werden muß: "tendría que escribir punto por punto esta historia"[845]. Der offene Schluß versetzt Leser wie Erzähler zurück an den Romananfang, da der Protagonist seinen zufälligen Weg durch die Erinnerung begann. Erst durch diese zweite Lektüre, die schon von einem Vorwissen ausgeht, kann der kontingente Weg des Hache zur Geschichte werden, die von den Entstehungsbedingungen des Romans und der Notwendigkeit, ihn zu schreiben, erzählt[846].

"Entro al teatro y en lugar de sentarme frente al escenario ... aparezco en plena escena, como un actor más, pero con el inconveniente de que no sé la letra. Son sueños muy angustiantes. Yo los llamo los sueños de la representación ... sigo mirándome como si fuera yo y otra al mismo tiempo"[847]. Erst der niedergeschriebene Repräsentationsspiegel der Literatur verschafft Zugang zur Welt- und Lebenserfahrung. Nur in und durch Kunst gelangt die symbolische Geste des Wiedererkennens zur Erfüllung.

Das "déjà-vu" der metaliterarischen Lektüreappelle ist jedoch nicht mehr mit selbstentfremdender Identifikation gleichzusetzen. Die Worte haben die Distanz zum erlebenden Ich hergestellt; im literarischen Konterfei tritt ihm ein Nicht-mehr-Ich, ein Anderer, entgegen: "Ella no se había sentido identificada con la protagonista. Minelli le preguntó: "Por qué no?" Ella respondió: "Tuve la sensación de que estaba leyendo mi vida" ... Quizás no hubiese nada original en esas palabras, pero eran ciertas"[848]. In dieser letzten Negation einer Wiederspiegelung des Ich liegt der Erkenntnisgrund der Wahrheit. Beharrlich hält Martini seine negative Dialektik bis zum Ende ein.

Allen Lektüreappellen ist diese doppelte Bedeutung zu eigen. Sie heben die der literarischen Kreation innewohnende Erkenntnisfunktion hervor und appellieren an den weitergehenden Lektürezirkel, in dem die

Geschichte mit den Augen eines wirklichen Anderen gesehen und gedeutet werden könnte. Der Leser – ohnehin war er in diesem Kapitel indirekt immer präsent – ist aufgerufen, aus der gescheiterten Textwelt einen Sinn herauszuinterpretieren. Hierin besteht die eigentliche ethische Bestimmung der schriftstellerischen Arbeit. In ihr hätten sogar Autor und Leser gemeinsam der zerfallenen (Text-) Welt gegenüberzutreten und das intersubjektive Gespräch der Verständigung einzuleiten.

Da sich alle Autoren auf den "vielzitierten Leser" berufen, sei gefragt, ob sie ihren Gesprächspartner auch einem bestimmten geographischen Raum zuordnen. Wieder sind die Antworten unterschiedlich. Moyanos Erzähler bitten um das Verständnis des europäischen Publikums, indem sie ihre eigene Geschichte in seine Legenden und Bilder – geliehene Worte – kleiden. Martinis Erzähler hingegen sind unmißverständlich auf die argentinische Leserschaft bezogen. Die nicht eingelöste Frage von Schuld und Unschuld des Juan Minelli ist ein vehementer Aufruf an die argentinische Gesellschaft, im "desaparecido"-Problem Rechtsprechung zu üben. Vordergründig wendet sich auch Erzähler Hache an den chilenischen Leser. Er setzt die verinnerte Korrespondenz mit dem Zensor des chilenischen Militärstaates fort, in dessen Händen die andere Hälfte des Romanfragments verblieben ist[849]. Die wirkliche Bedeutung des Textes würde sich erst aus dieser doppelseitigen Lektüre von Autor und Zensor ergeben. Das intersubjektive Verhältnis Autor-Leser wird damit erneut in die Dialektik Verfolger-Verfolgter überführt und der im Dialogappell angedeutete Verständigungsprozeß in Frage gestellt. Allerdings ist ein intersubjektives Gespräch, wie Hache zu bedenken gibt, ohnehin nicht zu verwirklichen. Schreiben und Lesen von Literatur bleiben zwei isolierte kommunikative Handlungen, das Gespräch ein Selbstgespräch. Der Schriftsteller ist, so Peri Rossi in "Cartas", ein einsamer Produzent von Briefen ohne Adressaten: "las mejores cartas del mundo han sido escritas sin enviarse nunca"[850]. Die weiten publizistischen Verbreitungsmöglichkeiten spanischsprachiger Literatur unterstützen die These Peri Rossis, der Schriftsteller habe bei der Niederschrift von Literatur überhaupt keinen genau definierten Leser vor Augen[851]. Hinter den Lektüreappellen ist die in der Sprache selbsttätige Alteritätsfunktion zu vermuten, und in diesem Falle können wir sie sogar mit dem "ungeschriebenen Gesetz einer literarischen Schreibweise" näher bestimmen.

Sind die in diesem Kapitel analysierten stilistischen Veränderungen "authentische" Verarbeitung von Exilerfahrungen? Können wir von der Ausbildung einer eigenständigen Schreibweise der "Exil"-Literatur sprechen? Oder ist das Gegenteil der Fall? Das Exil hat zur Anpassung an ungeschriebene Normen einer international anerkannten Literatur geführt? Das vorangegangene Kapitel hat gezeigt, daß beide Aspekte, Authentizität und Anpassung, einander nicht unbedingt ausschließen. Die "exil"-typische Ästhetik steht im Rahmen einer schon vorhandenen Literaturtradition.

Nochmals möchte ich an dieser Stelle daran erinnern, daß das Exil eine besondere Herausforderung für den Schriftsteller bedeutet, will er sich nicht mit der Etikette eines am Lokalkolorit festhaltenden Heimat- oder Exilautors begnügen. So können die Betonung des formalen ästhetischen Aufbaus, vor allem das Kriterium der semantischen Offenheit mit dem exilspezifischen Druck erklärt werden, sich vor der anderen (europäischen) Öffentlichkeit literarisch rechtfertigen zu müssen. Der Rückzug in die Materialität der Sprache und die Bedeutungsvielseitigkeit implizieren eine Entkontextualisierung der literarischen Welt, die der Anforderung einer Allgemeinverständlichkeit nachkommt. Moyano suchte in der poetischen Wortalchemie und der musikalischen Sprachparaphrase noch einen Ausweg aus der referentiellen Krise, in die seine Literatur mit dem Exil geraten war. Peri Rossi setzte die poetische Schreibtechnik schon bewußt im Sinne einer größeren Breitenwirkung ein. In den offenen Metaphern wurde sie ihrem ausdrücklichen Vorsatz des literarischen Universalismus einer "Literatur im Niemandsland" gerecht.

Allerdings vereinfachte man das Problem erheblich, würde man die ästhetischen Veränderungen allein als blinde Anpassung an fremde Marktgesetze einschätzen. Die Modifikationen des literarischen Redestils standen auch in der Kontinuität eigener kreativer Auseinandersetzungen, in der es zur Akzentuierung einiger schon vorhandener Grundtendenzen kam. Wiederum sind die Entwicklungen von Peri Rossi und Moyano in dieser Hinsicht beispielhaft. In ihrem literarischen Redestil fand eine Akzentverlagerung zu den sozialen Kommunikationsformen statt, die mit dem Exil nicht mehr ausgeübt werden konnten (dozierender Intellektualismus bei Peri Rossi; musikalische Orchestrierung der Sprache bei Moyano).

Das Exil kann zur inhaltlichen Pointierung der ästhetischen Schreibfertigkeiten herausfordern. Eine solche Entwicklung zeichnete sich in der Literatur Martinis ab. In der impliziten Anklageschrift des Juan Minelli verarbeitete Martini erstmals seine bisher experimentell eingesetzten Erzähltechniken in der inhaltlichen Fragestellung einer Suche nach ethischen Bindungen an das Herkunftsland. In dem allerdings nach wie vor überwiegenden Aspekt der ästhetischen Form unterscheidet sich sein Ansatz von der Literatur Valdés', in der ästhetische Stilfragen direkter in die inhaltliche Auseinandersetzung mit Vergangenheit integriert sind.

Neben dem Sachzwang einer anderen Öffentlichkeit ist zu berücksichtigen, daß die Eigenarten der ästhetischen Gestaltung in enger Übereinstimmung mit den Erfahrungen der lateinamerikanischen Situation und des Exils sowie der sich aus beiden ergebenden Identitätsproblematik stehen. Hier muß also doch auch von einer eigenständigen literarischen

Verarbeitung dieser Erfahrungen gesprochen werden. Der politische Hintergrund der dezentrierten Diskursformen, des Unsagbarkeitsmythos oder des Dialogprinzips blieben die Verhältnisse in Lateinamerika.

Können wir hieraus den Schluß ziehen, daß das Schreiben von Literatur die sozialen Mängel des Exils ausgleiche oder gar kompensiere? Die in den Texten angelegte Dialogstruktur schien zunächst eine Lösung anzubieten. Vieles deutete dann jedoch auf das Gegenteil einer Vertiefung der Entfremdungserfahrungen. Das Zwiegespräch erwies sich als ein durch das Exil bestärktes Selbstverhör. Auch in dem großen intersubjektiven Dialogangebot blieb es bei der Indikation eines Redebedürfnisses. Der Bruch mit den sozialen Mitteilungsabsichten, ein im Exil bewahrtes historisches Erbteil der modernen Literatur, entzog dem Gespräch die Grundlagen einer Erkenntnis. Schreiben/Sprechen ist an so elementaren Bedürfnissen wie die Existenzvergewisserung, Selbstanklage oder Verteidigung ausgerichtet. Die Identitätssuche verselbständigt sich schließlich in der Inszenierung von Sehnsucht nach Identität. Heimatbedürfnisse sind in der literarischen Rede nicht mehr in Bezug auf Welt zu konkretisieren. Vor dem Hintergrund dieser Exilproblematik müssen wir die Appelle an die textinternen Bedeutungsambivalenzen, die Spiegelungs- und Trugbilder der Kunst als Ausdruck unbewältigter Nostalgien bewerten. Nicht Behebung des Mangels ist im Endeffekt gefragt, sondern seine Perpetuierung, denn er ermöglicht den "ewigen Schwebezustand einer Wanderschaft zwischen zwei Welten", im Exil der Literatur.

8 Von alten Klischees befangen: Die Verarbeitung des Spanien-/Europaaufenthaltes

Welche Spuren hat der Spanien/Europaaufenthalt in der Literatur des Exils hinterlassen? Welche Bewertung erlangt das Eigene in der Begegnung mit dem Fremden? Läßt sich dabei ein spanienspezifisches Exilkulturbewußtsein feststellen? Mit diesen Fragen werde ich mich in dem abschließenden Kapitel auseinandersetzen. Zum besseren Verständnis des Landesspezifikums "Lateinamerikaner in Spanien" werde ich die Stellungnahmen zum Emigrationsland durch einen Exkurs über die ideengeschichtliche und emigrationssoziologische Tradition der hispanoamerikanischen Beziehungen ergänzen.

Das Mißtrauen gegen althergebrachte Länderklischees, auf das ich schon in den vorangegangenen Kapiteln hinwies, ist vorab auch für die Äußerungen zur Emigration in anderen Ländern zu vermerken. Dennoch werden wir im folgenden der Frage nachzugehen haben, inwieweit das Exil zur Reproduktion der Traditionsklischees verleitet und diese bei den Versuchen einer Bestimmung des Fremden und Eigenen letztlich Bestätigung finden.

8.1 Besonderheiten der Exilsitualtion in Spanien

8.1.1 Die schon gelesene Reise und symbolische Heimkehr

Bereits vor dem historischen Exil gab es bei den Autoren ein Wissen vom Exil. Auch die Reise in die europäische Emigration war bekannt, bevor man gezwungen wurde, sie anzutreten. Schon in der Kindheit ist Moyanos Exilant Rolando in der Heftchenliteratur des "Billiken" nach Madrid und Toledo gereist[852]. Peri Rossi hat in ihren Arbeiten immer wieder auf die Besonderheit des "viaje leído", einer kulturell vorgeprägten Reiseerwartung, verwiesen:

> ... he leído todos los viajes posibles en los libros ... este viaje ya lo leí más que cinco veces[853].

Reisen, Emigrationen, Exile führen nicht ins eigenschaftslose Unbekannte. Literatur, mündliche Überlieferungen, Massenmedien bewirken, daß wir uns schon ein Bild von der Fremde gemacht haben, ehe wir sie kennenlernen.

Dies gilt um so mehr, wenn die Reisenden exilierte Schriftsteller aus dem lateinamerikanischen Südkegel sind, die sich durch Bildung und familiäre Bindungen zu den ehemaligen südeuropäischen Emigranten und Exilanten in ihren Ländern schon eine besondere Beziehung zur spanischen/europäischen Kultur erworben haben. Die Möglichkeit, auf ein Vorwissen über die Fremde zurückgreifen zu können, das weit über die Tatsache einer sprachlichen Bindung hinausgeht, gehört zu den Eigenheiten des lateinamerikanischen Exils in Spanien. Dieses Vorwissen bedingt, daß die Emigration von einer ganz bestimmten Erwartung ausging. Es leitete die Wahrnehmung der Fremde, in der man etwas Vertrautes wiederzufinden hoffte.

Ungeachtet aller Bedenken gegen die manipulativen Effekte des Wiedererkennens in der sozialen Kommunikation, bewahrt die in der spanischen/europäischen Emigration entstandene Literatur die überlieferten und klischierten Vorstellungen von fremden Ländern. In der Situation der Unsicherheit des Exils ist es wichtig, über Anknüpfungspunkte in der Fremde zu verfügen. Aus selbem Grunde konnten die Topoi fremder Länder im Laufe der Geschichte weitergetragen werden. Das gerade auf Reisen und Emigration freigesetzte "kollektive Gedächtnis der Kulturen" bewahrheitet sich in einer buchstäblich konservierenden Funktion.

Rolando erinnert sich beim Auslaufen aus dem Hafen von Buenos Aires an all diejenigen, die aus Europa nach Argentinien kamen. Außer dem Stilmittel der Anfang-Ende-Bindung ist hierin jene typische psychologische Reaktion des Emigranten angezeigt, der sich die Fremde vertraut macht, indem er sie seinem Vorwissen unterwirft.

Aus diesem Blickwinkel erweist sich das lateinamerikanische Exil in Europa nicht nur als eine sozio-politische Problematik, es ist auch der Vollzug eines traditionellen Reiserituals. Man kehrt zu den Stätten der leiblichen und symbolischen Vorfahren zurück. Die Suche nach einer imaginären Erbschaft (Botschaft) führt Juan Minelli in "Composición" zu den Ahnen in Italien[854]. Die Tangomythologie ist ebenfalls Bestandteil dieser ritualisierten lateinamerikanischen Europareise. Man folgt dem Weg all derer, welche die europäischen Metropolen schon einmal erobert hatten oder aus diesen in der Hoffnung des "hacerse la América" ausgewandert waren[855].

Im Gestus einer symbolischen Heimkehr ist die Wiederbelebung des Ideals einer hispanischen Brudergemeinschaft angezeigt, die das eigentliche Landesspezifikum des Exils in Spanien darstellt. Auf dem parallelen Schiffchen der Phantasie verfolgt Rolando die Reise des extremenischen Großvaters nach Argentinien zurück. Die bikulturelle Identität der Argentinier, Chilenen und Uruguayer bietet gerade in diesem Punkt Gelegenheit zum Spiel mit Sinnestäuschungen und zur Situationskomik des enttäuschten Denkens. Da das Fremde in diesem "exil"-literarischen Diskurs die bejahende Zustimmung einer Eigenbenennung findet, fällt es Rolando leicht, in die Rolle des "hembrón hispánico" zu schlüpfen. Als Spanier,

Enkel und Urenkel der europäischen Utopisten, kehrt er in die "madre patria" heim:

> España, que siempre se desangra, estaba por recuperar nada menos que setecientas vidas ... Somos descendientes de los antiguos criados de vuestro venerable bisabuelo, Alteza. Somos ellos, que regresan ... Somos casi los mismos, la misma sangre si vuestra alteza lo permita[856].

Der koloniale Mythos der altruistischen "Mutter Spanien", erster und letzter historischer Anknüpfungspunkt des literarischen Gründertopos, gelangt zur Aufwertung, da er dem Bedürfnis nach Schutz entgegenkommt. Aus der hispanischen Pose spricht ferner die Erwartung, in Spanien das "kleine" Argentinien, Uruguay oder Chile wiederzufinden. Auch so kann das Bedrohliche der Fremde entschärft werden, indem man sie dem Eigenen einfach gleichsetzt: "Encontraré allá tierras salitrosas (de la Rioja, Argentina, Anm. P.S.)?"[857]. In Wirklichkeit kehrt Rolando nicht nach Spanien, sondern nach Argentinien heim: "si lo sé que no vengo"[858].

Valdés macht im Zusammenhang mit einer soziokulturellen Zuordnung zu Großgruppen konkrete Merkmale geltend. Zu seinem Englandaufenthalt bemerkt er:

> ... (ich) lebte dort fast zwei Jahre, ohne daß es mir gelungen wäre, das zu überwinden, was ich mit sensueller Unverträglichkeit bezeichnen möchte. Nämlich die totale Unterdrückung aller Gefühle und Leidenschaften bei den Briten. Genausowenig konnte ich den klimatischen Schock bewältigen oder den Kult des Individualismus ertragen, den man dort bis zum Äußersten pervertiert[859].

Das Bekenntnis zum großen Kollektiv des Südeuropäischen erfolgt abermals durch Fremdabgrenzung. Gegenüber der Gefühlsarmut und Kälte der Briten (Nordeuropäer) liegt Barcelona:"... im Gleichgewicht zwischen lateinamerikanischen und angelsächsischen Lebensbedingungen. Man findet dort die Landschaft, das Klima und die Eßgewohnheiten wieder, an die man seit seiner Kindheit gewöhnt ist ..."[860].

Die Emigrationssituation in Spanien veranlaßt zur Erinnerung an die Kindheit. Diese Kindheitserinnerungen prägte das politische Ereignis des spanischen Exils, das in den 40er Jahren in Lateinamerika eine neue Bleibe suchte. Bis dahin selbst ohne eigene Emigrationstradition, öffneten die im Rufe der Gastfreundschaft stehenden lateinamerikanischen Nationen den politisch Verfolgten aus Europa ihre Grenzen:

> América Latina abrió sus puertas de par en par, sus Universidades, sus claustros, sus periódicos, sus fábricas y talleres para albergar a los perseguidos políticos (españoles, Anm. P.S.). Recibieron el saludo fraterno de obreros ... artistas, estudiantes y profesionales ... Rápidamente se integraron a los nuevos países, donde obtuvieron documentos, trabajo y, especialmente, la posibilidad de vivir ... de enseñar y de estudiar la contrahistoria[861].

Das republikanische Exil Spaniens bildet das eigentliche Bindeglied zum konservativen Mythos der "madre patria". Es wird von den Autoren beispielhaft für die Verwirklichung einer "hispano-amerikanischen Reziprozität" erwähnt, die allen Mitgliedern der spanischen Sprachgemeinschaft gleiche Rechte gewährt[862]. Das damalige spanische Kulturgut konnte so in die geistige Entwicklung Lateinamerikas aufgenommen werden. Eine wechselseitige kulturelle Beeinflussung der Länder zu beiden Seiten des Atlantiks hatte im Grunde schon lange vor der Emigration stattgefunden.

Auf diese Einheit der hispanischen Welt- und Lebensauffassung wird in der Figur des galizischen Kochs in "El libro de navíos" angespielt. Der Altexilant erteilt dem in der Emigration unerfahrenen Rolando väterliche Ratschläge und behauptet sich in der Rolle eines gestandenen Humanisten und Vertreters der Nation Don Quijotes und Calderón de la Barcas, die im Rufe poetischer Träumerei und des Absurden steht: "Y lo tuyo, como puede verse ..., es soñar la realidad en un mundo ficticio que dura o se mantiene sobre la impaciencia de la pólvora ... Sueña y sigue, eso puede valer de momento"[863]. Der belesene und politisch engagierte "gallego" ermutigt Rolando, in seiner "realistischen" Exilhaltung des "vida es sueño" angesichts der unwirklichen Wirklichkeit fortzufahren.

Wir haben zu bedenken, daß der Hispanismus zu den externen Projektionen eines lateinamerikanischen Spanienklischees gehört. Hinter ihm steht die Erwartung, daß auch in Spanien das Gesetz hispanischer Reziprozität gegenüber Lateinamerikanern eingehalten werde. Dies aber war in der Realität, in der Arbeitslosigkeit und juristische Einschränkungen die Regel waren, nicht der Fall. Insofern ist die rhetorische Funktion der Berufungen auf die hispanische Brudergemeinschaft seitens lateinamerikanischer Exilanten nicht zu unterschätzen. Indirekt, ohne das kulturelle Selbstverständnis des Emigrationslandes zu verletzen, konnten die sozialen Mißstände des Exils angeklagt werden. Trotzdem rührt die Besonderheit des lateinamerikanischen Exils aus diesem externen Spanienbild, in dem die Vorstellung einer gemeinsamen Tradition an kulturellen Bindungen, einer "geistigen Gemeinschaft" mit Spanien, weiter wirkt. Diesen Traditionen und der Bedeutung, die Spanien durch die Wiederbelebung seines Traditionsimages im europäischen Emigrationskontext zukam, ist der folgende ideengeschichtliche Exkurs gewidmet.

8.1.2 Exkurs: Hispanismus – Traditionen und Kontexte

Die verschiedenen Begegnungen zwischen Intellektuellen beider Seiten des Atlantiks haben für die Aufrechterhaltung des Ideals einer hispanischen, in weiterem Sinne auch südeuropäischen Völkergemeinschaft gesorgt. Unter der Bezeichnung liberaler Hispanismus kam es zu Höhepunkten in intellektuellen Begegnungen nach dem endgültigen Verlust des spanischen Kolonialreichs (kubanische Unabhängigkeit 1898), im republikanischen Exil Spaniens in Lateinamerika (1936) und während des Zeitraumes des lateinamerikanischen Exils in Spanien.

a) Der liberale Hispanismus und das Ideal des Südländischen

Die Bezeichnung "liberal" verdient das Ideal der hispanischen Völkergemeinschaft vor allem, weil es in den spanischen liberalen Kreisen des 18. Jahrhunderts seinen Ausgang nahm. Diese fühlten sich durch ihre antimonarchistische Gesinnung mit den lateinamerikanischen Unabhängigkeitsbestrebungen verbunden, glaubten jedoch, die Konflikte zwischen Madrider Zentralgewalt und Kolonien durch eine Imperiumsreform lösen zu können[864]. Der zu diesem Zeitpunkt formulierte Gedanke einer föderativen, parlamentarischen Organisation des Kolonialreichs bei gleichzeitiger regionaler Selbstverwaltung (nach Art des Commonwealth) stellt auch heute noch das oberste, verfassungsmäßig verankerte Ziel der spanischen Lateinamerikapolitik dar[865]. Liberale Initiativen[866] suchten es im Laufe des 19. Jahrhunderts durch eine Wiederbelebung der mit der Unabhängigkeit weitgehend abgebrochenen kulturellen und wirtschaftlichen Beziehungen in die Wege zu leiten[867].

Der liberale Hispanismus[868] des vorigen Jahrhunderts gehört zu den zahlreichen europäischen Pan-Bewegungen[869], die im Zuge der kolonialen Reorganisation der Welt verschiedene Nationen auf ein gemeinsames Kulturlegat zurückführten und unter einer Sendungsidee zusammenfaßten. In der Berufung auf die griechisch-lateinischen Ursprünge der hispanischen Welt unterscheidet sich der laizistische Hispanismus kaum von dem zu gleicher Zeit von Frankreich in Lateinamerika mit großem Erfolg propagierten Ideal der Latinität. So lassen sich erste Belegstücke für den Namen "Lateinamerika" in saint-simonistischen Veröffentlichungen finden, die anläßlich der französichen Intervention in Mexiko in der Zeitschrift "Revue des races latines" (Januar 1861) erschienen. Zeitgleich damit wurde der Ausdruck von lateinamerikanischen Intellektuellen in Paris aufgegriffen, die dem Kontinent eine einheitliche kulturelle Bestimmung geben wollten[870].

Kernstück der latinistischen Hispanität der Jahrhundertwende ist die Eigenbestimmung der kulturellen Identität in Abgrenzung gegenüber einer anderen Großgruppe. Man konfrontierte die lateinisch-südländische "Rasse" mit der nordeuropäisch-angelsächsischen Welt. Jene zeichnete sich durch Spiritualität, Sinn für Schönheit, Lebensfreude, Müßiggang und Arbeitsscheue aus, dieser schrieb man die Eigenschaften Pragmatismus, Rationalität, Durchsetzungsvermögen zu[871].

Der ideengeschichtliche Hinweis auf die nach wie vor gültigen Merkmale des Süd-/Nordländischen wäre unverständlich, ließe man die allgemeine politische Situation außer acht, in der sie auf lateinamerikanischer wie spanischer Seite entstanden. Den entscheidenden Anstoß zur hispanischen Renaissance der Jahrhundertwende gab die kubanische Unabhängigkeit, in der Spanien durch das Eingreifen der USA besiegt worden war. 1898 wurde endgültig klar, daß die eigentliche Bedrohung der lateinamerikanischen Nationen nicht mehr von Spanien, sondern von der aufstrebenden Großmacht im Norden ausging. Nahezu gleichzeitig setzte auf beiden Seiten des Atlantiks eine Bestandsaufnahme der nationalen Mißstände ein. Spaniens Schriftsteller wandten sich der Revision der nationalen Dekadenz zu, die sie auf allen Gebieten des gesellschaftlichen Lebens feststellten und für den Untergang des Imperiums verantwortlich machten[872]. Auf lateinamerikanischer Seite setzte sich die Einsicht durch, daß man von der Verwirklichung einer materiellen und politischen Unabhängigkeit weit entfernt war und diese auch zukünftig durch den Interventionismus der USA in Frage gestellt sein werde[873]. Das neu erstarkte Bewußtsein einer Einheit der hispanischen Welt geht also, wie auch Roberto Fernández Retamar hervorhebt, auf die Gewißheit einer in Spanien und Lateinamerika ähnlichen Unterentwicklung zurück[874].

Mit der Propagierung einer "intimen", sprachlich-familiären Defensiv-Gemeinschaft, die ihren vereinheitlichenden Stamm in der "madre patria" fand, konnte sich Spanien in Lateinamerika ein neues Profil verschaffen[875]. Wie van Aken bis ins 18. Jahrhundert hinein nachweist, gehören die spanischen Hispanisten zu den Wegbereitern einer antiimperialistischen Gesinnung in Lateinamerika, die sich allerdings auf einen personifizierten Feind, den "Yankee", bezog[876].

Der Exaltation der Sprache und des Schöngeistigen kommt jedoch nicht nur eine politisch-ideologische Bedeutung zu. Hispanismus und Latinismus stehen im Kontext einer antipositivistischen Wende des intellektuellen Denkens. Sie bilden den politisch-ideologischen Rahmen der ersten Blüte lateinamerikanischer Literatur im Modernismus. Die sich fortan in Spanien und Lateinamerika entwickelnde essayistische Literatur, welche die Bestimmung nationaler Eigenheiten zum Gegenstand hatte, ist der Beginn einer kontinentalen Identitätssuche, die das geistige Leben auch ein dreiviertel Jahrhundert später noch bewegen wird[877]. Den verlorenen Anschluß an den technischen Fortschritt galt es, mit der Perfektionierung kultureller Fertigkeiten zu kompensieren[878]. Dies erklärt, warum die soziokulturellen Selbstcharakteristiken des Südländischen, die in dem ideologischen Nord-/Süd-Konflikt der Jahrhundertwende ihren Höhepunkt fanden, heute noch mit dem literarischen Weltbild übereinstimmen.

b) Die historische Gegenlehre des 36er Exils: Die altruistische Alterität Spaniens

Es gehört in die Tradition der hispano-amerikanischen Beziehungen, daß man ihr Bestehen immer dann feierlich beteuerte, wenn ein Mitglied der

Gemeinschaft benachteiligt oder bedroht wurde. Ansonsten aber gab es (bis zu den 50er Jahren) kaum ein ordentliches Fundament an Übereinkünften, das sie in offizielle Bahnen hätte lenken können[879]. Es blieb bei der rhetorischen Versicherung "spiritueller Bindungen", die sich gewiß durch Reisen, Emigrationen, Exile auf individuellem Wege bestätigten[880].

Auch das spanische 36er Exil fand in diesem Glauben an die "comunidad de espíritu" einen Rückhalt, der ihm half, das Erlebnis des Fremdseins zu überwinden. Im Gegensatz zu den lateinamerikanischen Exilanten in Spanien, deren hispanische Identität Ausdruck einer Selbstdistanz und der Enttäuschung am Eigenen ist, führte der Hispanismus die Spanier zur Idealisierung des Herkunftslandes, das sie überall in Lateinamerika wiederzusehen meinten[881]. In ihren Lehren der "contrahistoria" stellten Spaniens Historiker und Essayisten die iberischen Bestandteile des Hispanitätsgedankens in den Vordergrund. Zwei Aspekte der Geschichtsrevision, die von den 36er Exilanten mit relativem Erfolg in Lateinamerika betrieben wurde, seien hervorgehoben.

Die Spanier verschafften der heterodoxen Kulturtradition ihres Landes neue Geltung, die sie vorbildlich in der iberischen Frühgeschichte verwirklicht sahen, als auf der Halbinsel drei Religionsgemeinschaften, Christen, Hebräer, Mauren zusammenlebten[882]. Hieraus leiteten sie die These einer ökomenischen, demokratischen Bestimmung ihres Landes ab. Spanien hatte sich in diesem Zeitraum erstmals in seiner Rolle der "puente" zwischen Europa und den extrakontinentalen Kulturen behauptet[883] – eine Mission im übrigen, die Spaniens Exilanten in den ersten Emigrationsjahren zur ihren erklärten. Sie wollten in Amerika eine Brücke zu der untergehenden eropäischen Kultur schlagen[884].

Mit der Begründung der nationalen Einheit durch Personalunion der Regenten und dem folgenden Gesetz der Blutsreinheit und Glaubenseinheit begann für Spanien die 500jährige Geschichte der Exile und Emigrationen[885]. Sie wird im Topos der "dos Españas" zusammengefaßt: Der uneingeschränkten Zentral-Gewalt auf der einen entspricht eine um geistige Freiheit und Unabhängigkeit ringende Peripherie auf der anderen Seite[886].

Auf der Grundlage eines aufgewerteten Spanienimages im "Geiste der Ökumene" konnte die Revision der "leyenda negra" vorgenommen werden, die seit der Aufklärung auf Spanien lastet. Nach der Devise "ni tan leyenda, ni tan negra" gab man die Grausamkeiten, die während der Kolonisation an den Indianern verübt wurden, zu, erinnerte aber gleichzeitig an den Dominikanerpater Las Casas und die "leyes indias", um die humanistische Dimension des kolonialen Unternehmens herauszustreichen[887].

Wir bemerken, daß sich der Hispanismus der spanischen Exilanten in einigen Punkten mit der heutigen Sicht lateinamerikanischer Probleme deckt, so vor allem in der Dichotomie "dogmatisches Zentrum – kulturelle Pluralität, Exil".

Tief verwurzelt unter den spanischen "pensadores" ist auch der Gedanke einer Alterität ihres Landes. Sie gaben ihr jedoch eine atruistische Ausrichtung[888], aus der sie die Rechtfertigung der Kolonisation und spanischen Präsenz in Amerika ableiteten. Spanien zeigte sich anderen Kulturen gegenüber nicht nur offen und integrativ, es hat sich im Anderen, Lateinamerika, selbstlos überschritten, indem es diesem seine Kultur und Sprache weitergab. Unabhängigkeit und Trennung waren notwendige Voraussetzungen dafür, daß sich beide Parteien in der "spirituellen Gemeinschaft" wiederfinden konnten: "Sólo hay presencia de alguien en algún lugar cuando ése se encuentra fuera de lugar"[889]. Auch hier gilt: Nur in der Abwesenheit ist der Andere wirklich gegenwärtig und erfahrbar[890]. Diese Auslegung von Alterität beinhaltet freilich eine nostalgische Verklärung der imperialen Vergangenheit, die in den Rang einer immerwährenden und inoffensiven Transzendenz erhoben wird[891].

Es gibt kaum ein Land, in dem die Frage nach der nationalen Essenz, der "señas de identidad", einen so großen Raum in der öffentlichen Diskussion eingenommen hat, wie in Spanien. Auch die spanische Identitätsdebatte ist vergangenheitsbezogen und zwar ausgesprochen nostalgisch. Sie entspringt der Enttäuschung über den nationalen Zerfall und weist ebenfalls die Tendenz zur Stilisierung des Nationalen im Mythos des Absurden auf. Spaniens Intellektuelle personifizierten ihn in der tragikomischen Figur des Don Quijote, in dessen Träumereien von der wundersamen Ritterwelt, von Reichtum und Ruhm, Cervantes den nationalen Untergang vorhergesehen hatte: "España tiene el genio de la absurdidad ... Gracias a ese imposible, describe una trayectoria heróica ... y cae constantemente en situaciones trágicas"[892]. In seinem Streben nach absoluter Verwirklichung des religiösen Dogmas verschloß sich Spanien den geistigen Neuerungen des restlichen Europas. Mit seinen in Amerika angehäuften und sinnlos vergeudeten Reichtümern finanzierte es die Entwicklung der nord- und mitteleuropäischen Handelsbourgeoisien. Noch einmal behauptete sich Spanien in seinem Ruf der "puente", nun aber, um den anderen europäischen Ländern den Nutzen aus seiner Entdeckung, Amerika, zu überlassen.

Ohne auf die viel diskutierte Frage einzugehen, ob die Literatur und Ideentradition der spanischsprachigen Welt nun "eine" ist oder nicht, möchte ich hervorheben, daß sich aus der ähnlichen soziopolitischen Situation der Länder zu beiden Seiten des Atlantiks eine Reihe von Parallelen in der geistigen Entwicklung und Welthaltung ergeben. Sie haben zur Ausbildung jenes unaussprechlichen Gemeinschaftsgefühls beigetragen.

c) Hispanismus und das demokratische Spanien

Spaniens Politiker knüpften an die Lehren des republikanischen Exils an, als es 1975 notwendig wurde, dem demokratischen Übergang ihres Landes eine erste außenpolitische Dimension zu geben[893]. Hispanismus legitimierte nun die von Spanien vorgetragene Offerte eines demokratischen Reformismus für Lateinamerika[894].

An die Tradition hispanischer Ökumene erinnernd, setzten sich besonders der spanische Monarch und der spätere Regierungschef Felipe González für das Selbstbestimmungsrecht der Völker und die Wahrung der Menschenrechte ein[895]. Sie verwiesen ferner auf die in Spanien gerade erprobten Möglichkeiten eines friedlichen Übergangs zur Demokratie[896].

Madrid entwickelte sich in diesem Zusammenhang zu einem Zentrum der großen, meist von sozialistischer Seite unterstützten Solidaritätsveranstaltungen und Diskussionsforen. Diese Begegnungen wurden politisch möglichst offen gehalten und sollten einen freien Meinungsaustausch fördern[897].

Vor allem rechtfertigte die Ideologie der hispanischen Brüderlichkeit den von der sozialistischen Internationale eingeleiteten Nord-Süd-Dialog, laut Fernando Morán, Spaniens Außenminister im Jahre 1983, immer noch ein "factor de identidad latinoamericana"[898]. In Anbetracht der drängenden Probleme wirtschaftlicher Verflechtung zwischen Erster und Dritter Welt, ging es nun nicht mehr allein um kulturelle Selbstdefinition. Die spanischen Sozialisten ebneten den Weg für einen dialogbereiten Reformkurs bei ihren lateinamerikanischen Brudernationen[899]. Die Theorie der "Dependencia", mit der man in den 60er Jahren noch den Ausbruch Lateinamerikas aus der westlichen Wirtschaftshemisphäre gefordert hatte, verkürzte sich zur These der "Interdependencia", mit der man auf die nicht mehr aufhebbare gegenseitige Abhängigkeit beider Welten aufmerksam machte[900]. Abermals präsentierte sich Spanien als Brückenkopf der wiederbelebten Defensiv-Gemeinschaft, indem es im Nord-Südkonflikt in einer Vermittlerrolle auftrat und sich anbot, durch Vertiefung der kulturellen und technischen Zusammenarbeit mit Lateinamerika der Gefahr kultureller Überfremdung entgegenzuwirken[901].

Im Hinblick auf die Lateinamerikaner in Spanien ist die offizielle Politik jedenfalls nicht ohne Widerspruch. Während die spanischen Politiker im lateinamerikanischen Ausland einen betont progressiven Kurs einschlugen, setzte in Spanien die ausländerfeindliche Politik ein[902]. Für die Exilanten zerschlugen sich die mitgebrachten Hoffnungen in die "madre patria" bald an der Härte und Not des Exils. In der Literatur behauptet sich Spanien in seinem anderen, negativen Image einer "madrastra" der lateinamerikanischen Nationen.

8.2 Die spanische "madrastra"

... schließlich wurde man ja schlecht empfangen:

> No sólo nadie los estaba esperando en este país - o en algún otro - sino que más bien fueron mal recibidos[903].

Im Hafen von Barcelona wartete niemand mit Solidaritätsplakaten zur Begrüßung. Das Passagierschiff "Cristóforo Colombo", das allwöchentlich Bewohner des Südkegels ins europäische Exil brachte, wurde im Hafen von Barcelona versehentlich als Lastschiff angekündigt. Die Illusionen familiärer Vertrautheit verlieren sich schnell in der Wirklichkeit der Stätten einstiger Vorfahren: "Sitios antes familiares, brillaban en la penumbra mediterránea, vacíos de gente, como algo que no sirviese para nada"[904].

Auch in Spanien wurden die Erfahrungen einer referentiellen Leere und des Fremdseins gemacht, die ohne weiteres auf andere Länder übertragbar wären. Die Autoren berücksichtigen diese Einsicht, indem sie auf geographische Hinweise oder Milieubeschreibungen verzichten. Die wenigen Arbeiten, die mehr oder weniger direkt vom Exil in Spanien handeln, sind die Erzählungen "La influencia de Edgar A. Poe en la poesía de Raimondo Arias"[905] von Peri Rossi und "María Violín"[906] von Moyano; "Composición de lugar" spielt zu Teilen im Hafenviertel Barcelonas, ohne daß dieses namentlich erwähnt würde oder seine Beschreibung ausdrückliches Anliegen des Autors wäre. Moyanos Erzählung "Al otro Lado del mar"[907] kann als metaphorische Aussage zum Exil in Spanien bewertet werden.

Wird auf Spanien Bezug genommen, so geschieht dies wiederum in vertrauter Form eines Klischees. Die Autoren verarbeiten ihre negativen Erfahrungen der Arbeitslosigkeit[908], des juristischen Papierkrieges[909] und der Kontakte mit dem (post-)franquistischen Kulturleben[910] im Topos des mittelalterlichen Spaniens.

Peri Rossi entwirft in ihrer Satire "La influencia de E.A. Poe" das Bild eines Exil-Dschungels, in dem jeder gegen jeden kämpft, und es ein rechtes Fortkommen nicht gibt:

> Mucha gente caminaba en dirección opuesta a la mía, tanta, que era difícil dar un paso y otro en seguida ... Una vez tuve esa oportunidad pero un hombre ... adelantó su enorme pie cuadrado y alcanzó el mosaico antes que yo[911].

Nur mit Brachialgewalt gelangt das Exilantenkind Alicia zu einem Recht. Diese frühe Erzählung über das Exil in Spanien ist eine der wenigen Arbeiten der Autorin, die sich in dem Motiv des Indianers zentriert. Der Carrollschen Logik der Umkehrung von (geographischen) Spiegelungsverhältnissen folgend, wiederholt sich für Alicia in Spanien das existenzbedrohende Erlebnis der Kolonisation.

Dieses steht auch im Hintergrund von Moyanos Erzählung "María Violín", in der der Exilant Manuel gegen die Todesfantasmagorie der "señora muy blanca, muy más blanca que la nieve fría" aus dem "cancionero español" ankämpft. In "Al otro lado del mar" wird die Exilgegenwart direkt in dem historischen Thema der Verschleppung eines Indianers in das Spanien der Inquisition verdoppelt.
Anspielungen auf das in Spanien noch immer präsente Mittelalter entnehmen wir besonders Martinis "Composición". Es wird sogar eine Umwertung jener spanischen Kulturleistungen vorgenommen, die unter Lateinamerikanern gewöhnlich Gefallen finden. In dem Flamencotänzer spiegelt sich der legendäre spanische Stolz, der im Aussagezusammenhang des Romans einen fremdenfeindlichen Kastengeist anzeigt[912]. Auch wird nicht versäumt, den Stierkampf zu erwähnen[913]. Er verleiht der Gewaltatmosphäre Nachdruck, die in den Gäßchen und "tascas" der Barceloneser Altstadt gegenwärtig ist. Die Embleme der imperialen Hispanität Spaniens sind Insignien des männlichen Identitätsbegehrens.

Nun veranschaulicht aber gerade Martinis "Composición", daß die Wahrnehmung des Fremden immer schon im Filter eigener ästhetisch-literarischer Neigungen bereinigt ist. Das Hafenviertel von Barcelona, das im Exilzeitraum mit seinem Drogenhandel, Straßenverkauf und der Prostitution zu den aufsehenerregenden Knotenpunkten einer lateinamerikanischen Subkultur gehörte, fügt sich nahtlos in die literarische Mythologie des Autors ein. Es verwundert nicht, daß er diese Zone der Stadt als Schauplatz seines Romans ausgewählt hat.
Darüber hinaus wissen wir, daß auch der Negativ-Topos des Spanischen auf das eigene Land übertragbar ist. Unter der Columbusstatue sitzend, erkennt sich Minelli im "caballero luchando contra un animal fabuloso"[914] wieder. Eine Distanzierung scheint hier nicht angebracht zu sein, denn das Fremde ist zugleich das Eigene.

Statt im Land der Wunder zu leben, verkauft Alicia auf Spaniens Straßen "maravilla"-Seife. Das Milieu der fliegenden Händler, die auf der unteren Ramblahälfte Zigaretten und "mittelalterliche Kriegerpüppchen" zum Verkauf anbieten und im Gebrauch des "vos" ihre argentinische Herkunft verraten, ist in "Composición" ebenfalls präsent. Equis, eigentlich ein Literaturprofessor, ist grundsätzlich zu jeder Arbeit, sei es als Kolporteur oder Straßenfeger, bereit: "Son tiempos difíciles y la extranjeridad es una condición sospechosa"[915]. In der sozialen Marginalisierung, die vielfach zur Entwicklung kreativer Fähigkeiten am Rande des gesetzlich Normalen herausforderte, liegt der Hauptgrund für die "crisis de lo sudamericano en España" (El País[916]).

Die Wiederbelebung eines kolonialzeitlichen Verhältnisses zur "madre patria" schließt eine weitere Exilerfahrung ein: die der Fremdstigmatisierung im Exotikum des "Sudaca".

8.2.1 "Sudaca" und das Exotismusproblem im europäischen Kontext

Häufig führt die Begegnung mit anderen kulturellen Gruppen zur Aufhebung individueller, und das heißt differentieller Identitätsmerkmale. In "María Violín" ist der Exilant Manuel weder Hispano- noch Lateinamerikaner, Chilene oder Argentinier; er ist zu "Manuel, el sudamericano" geworden. Aus der Sicht der Europäer/Spanier verschmilzt er im "melting pot" des Südamerikanischen, das gleichbedeutend ist mit "indio", ein Begriff, der seit Kolonialzeiten all das bezeichnet, was aus Lateinamerika nach Spanien kommt[917].

Aus der für sich bereits spektakulären Stereotypie des Südamerikanischen ist eine Wortneuschöpfung hervorgegangen: "Sudaca", Abkürzung für "sudamericano" und lautverwandt mit dem ebenfalls indianischen "curaca", der sich auf "paria-ca, nava-(ja)-ca, vaca" beliebig variieren läßt[918]. Der pejorative Unterton dieser Lautmalerei ist nunmehr unüberhörbar. 1983 war "Sudaca" in den Schlagwortkatalog der publizistischen Medien aufgenommen worden. Kurz zuvor hatten in Madrid lebende lateinamerikanische Liedermacher für seine öffentliche Bekanntmachung gesorgt, indem sie auf das Stereotyp ein Musical kreierten. Ihnen folgten die spanischen Cineasten, die den "Sudaca" in ihren filmischen Interpretationen recht unverhohlen bestimmten als: instinktiv, erotisch, kriminell[919]. Auch hier drängt sich ein Vergleich mit den "tiempos de Gardel" auf. Aus dieser Zeit stammt das Klischee des "latin lovers", in dem sich Erotik und Sehnsucht nach einer fremden und deshalb gefährlichen Natur verbinden[920]. Diese wenigen Hinweise auf extraliterarische Zeitkontexte mögen zur Verdeutlichung der in Spanien ansatzweise vorhandenen Ausländerfeindlichkeit genügen.

Auf sie wird auch in der Literatur Bezug genommen. In "La Ciudad" von Peri Rossi lesen wir über die Europäerin Luisa: "... experimentaba un fuerte sentimiento de rechazo por cualquier país no europeo, convencida ... de que más allá del océano comenzaba un mundo diverso, lleno de pestes malignas, comidas envenenadas ... como si Luisa quisiera defenderse de un peligro muy grande..."[921]. Aus der exotischen Sehnsucht nach der anderen Welt ist ein Stigma geworden. Das Exotische erhält seine ursprüngliche Bedeutung eines europäischen Vorurteils gegenüber der Neuen Welt zurück. Die Europäer haben die fremde Welt, Amerika, erfunden, um auf sie ihre Ängste zu projizieren und selbst in Ruhe leben zu können[922].

Anlässe für das Gefühl, von den Europäern stigmatisiert zu werden, gibt es genug. Valdés macht sie an der Sensationslust der englischen/europäischen Öffentlichkeit gegenüber den "Exil-Opfern" aus der Dritten Welt fest[923]. Martini spielt auf den Malvinenkrieg an, der Argentinien mit dem ehemaligen englischen Kolonialherren direkt konfrontierte: "No me provoques, sudamericano, porque te arrepentirás ... Tú, pestilente intelectual entérate, nos atacaron ..."[924].

Doch einfach ist die Grenzlinie zwischen Fremdem und Eigenem nicht mehr zu ziehen. Das Eigene spiegelt sich im Fremden, und das Fremdstereotyp kann ein grotesker Zerrspiegel eigenen Verhaltens sein. Auch hier ist Interdependenz angesagt. In "La influencia de E.A. Poe" bettelt Alicia, mit einem indianischen Faschingskostüm bekleidet, auf Spaniens Straßen um Almosen. Sie versucht, aus den falschen Lateinamerikavorstellungen der Europäer zu profitieren, um die Not ihres Exils zu lindern: "La diferencia acentuaba enormemente el parecido"[925]. Peri Rossi läßt sich die in der Szene angelegten Möglichkeiten des Grotesken nicht entgehen: "Cogió los pinceles y comenzó a pintarse la cara, procurando que las muecas resultaran muy horribles. La salsa de tomate era muy eficaz"[926]. Mit groben Pinselstrichen wird das ohnehin Fremde noch einmal entstellt[927].

Die Fremdstereotypie ist der verinnerte Blick des Anderen, dessen man in der Begegnung mit der europäischen Gesellschaft automatisch gewahr wird. Dies entnehmen wir den Äußerungen von Valdés[928], vor allem aber den Texten Moyanos. Gegenüber der Spanierin Nieves fällt es Rolando schwer, seine "südamerikanischen Hemmungen" abzulegen; schließlich brüstet er sich aber doch in der Rolle des "latin lovers"[929]. In "María Violín" wird Manuel beim Anblick einer Engländerin – in gewohnter Selbstherabsetzung – zum "sapo y hace glo glo glo"[930]. Moyanos Sprachkannibalismus entspringt folglich auch dem Bewußtsein, sich vor einer anderen Gesellschaft exponieren zu müssen.

Der Vorwurf der Exotisierung richtet sich somit keineswegs an die Adresse Spaniens allein. Genauso wie die Argentinier, Chilenen und Uruguayer im Schmelztigel des Südländischen versinken, löst sich die differenzielle Identität der Spanier, Engländer, Deutschen im großen Mischtrog des Europäischen auf. Kann in Anbetracht dieser Tatsache noch von einem spanienspezifischen Exilkulturbewußtsein gesprochen werden?

8.3 "Cosmopolitismo sí – pero señas de identidad esparcidas"[931]

Spanien ist ein Schauplatz der dort entstandenen Literatur, aber nicht der einzige. Soweit mir bekannt ist, hat Peri Rossi Barcelona, der Stadt, in der sie 13 Jahre im Exil lebte, nie eine vollständige Erzählung oder ein Gedicht gewidmet, dafür zeugen ihre Texte von Reisen nach Italien, Holland und der Bundesrepublik. Spanien scheint so sehr zur Heimat geworden zu sein, daß es literarisch nicht mehr inspiriert[932]. Martini greift in "Composición" jenen anderen Mythos der lateinamerikanischen Europareise auf, die

Begegnung mit der "Wiege der Zivilisation" in Italien. Valdés stützt sich in "La historia subyacente" auf Exilerfahrungen in England. Es bestätigt sich die schon mehrfach belegte Feststellung, daß der Aufenthaltsort eines Autors die geographisch-kulturelle Ausrichtung seiner Literatur nicht zwingend determiniert. Das Reisen in der Literatur erfolgt jenseits der Landesgrenzen, kann sich über diese hinwegsetzen. Am Untersuchungsgegenstand Literatur versagt der Schematismus der Emigrationssoziologie, die eine Gleichsetzung von geographischen Räumen und kultureller Lebensäußerung annimmt.

Richtig erscheint hingegen die Beobachtung von Ronald Daus: "Es gibt keine typisch 'chilenische' oder 'argentinische' Exilliteratur und auch keine typische Literatur der Chilenen oder Argentinier von 'Barcelona', 'Paris' oder 'Berlin'. Es gibt nur das allgemeine Genre 'Exilliteratur' von Lateinamerikanern in Europa, je nach persönlicher Erfahrung und Gusto, den etablierten Gattungsregeln entsprechend, produziert"[933]. Gibt es das "allgemeine Genre Exilliteratur"? In dieser Arbeit habe ich die Brüche aufgezeigt, die auch diese Bezeichnung aufweist[934]. Mehr noch als dieses oder jenes Land, in dem der Autor – häufig zufällig und vorübergehend – seinen Wohnsitz aufschlägt, fällt der allgemeine Umstand, im Ausland leben zu müssen in der ästhetischen Gestaltung und inhaltlichen Aussage der "Exil"-Literatur ins Gewicht.

Sieht man einmal von der Besonderheit kolonialgeschichtlicher Berührungspunkte zwischen Lateinamerika und Spanien und der sich daraus ergebenden Tatsache ab, daß die hispanische Identität ein Bestandteil des lateinamerikanischen Selbstverständnisses ist, so spricht aus den hier analysierten Texten ein betont länderübergreifendes, kosmopolitisches Exilbewußtsein:

> Generaciones de niños nacidos en Suecia y en Holanda, en Francia y en España, en Alemania y en Andorra y hasta Hungaria por qué no[935].

Der Blick richtet sich auf die große europäische Landkarte. Wie wurde das Europa jenseits der Pyrenäen literarisch verarbeitet? Zeichnen sich auf dieser gesamteuropäischen Landkarte nun doch Grenzlinien unterschiedlicher Kulturräume im Sinne der Emigrationssoziologie ab? Wenden wir uns zur Beantwortung der Fragen noch einmal der "schon gelesenen Reise" zu.

8.3.1 Die "postal antigua" – Spiritualismus und lateinamerikanische Europamythologie

Dachkammern verarmter Schriftsteller in "Madrid - Puerta Acalá" oder einer anderen europäischen Altstadt, die Einsamkeit des allerdings wenig lateinamerikanischen Pavese in Rom, der Tod Vallejos im Paris der argentinischen Tangos, der ewigen Studenten und Romane des 19. Jahrhunderts[936] – in jedem Falle bleibt die romantische Reiseroute durch das Europa einer dekadenten Kulturmythologie gewahrt. Ihr Reiz liegt in der poetischen Kraft des Vergangenen.

Immer tiefer führt Rolandos Gang durch Madrid in die Altstadt hinein, die heute das pittoreske Madrid touristischer Sehenswürdigkeiten repräsentiert:

> La Plaza de la Cebada tampoco me convence, suena a mercado lleno de camiones con verduras y pescados. Mejor nos vamos a la Plaza de Cascorro, que queda ahí nomás, y bajamos para Lavapies, que es más romántico y está en la canción de Augustín Lara. Han entrado por la calle del Oso en tiempo de verbena, por ahí suena un organito, y en el momento en que empieza a lloviznar han llegado a la del Mesón de Paredes, abarrotada de barcitos[937].

"Madrid-castañera, Madrid-copa de vino antigua": Moyano läßt seine Vorliebe für verkitschte Romantik in den Evokationen des Europäischen besonders gerne durchblicken. Er wie im übrigen auch Peri Rossi wählt für seine Europa-Bilder einen ganz bestimmten Rahmen: "Un traje con chaleco de muchos botones, de bigotito, con sombrero, con inocente aspecto de postal antigua?"[938], Rolando posiert vor der Madrider Kulisse als feiner Herr aus Amerika nach Art der Post- und Visitenkarten, die lateinamerikanische Europareisende des 19. Jahrhunderts in die Heimat verschickten[939]: Erinnerungen an das Eigene im Fremden auf antiquarischem Papier. Die Zeitdistanz nimmt den Dingen an ordinärer Alltäglichkeit. Referiert werden – auch hier – Ansichten, die andere gesehen, festgehalten, unzählige Male dupliert haben: "Desde Copenhague me envías la postal con un abrazo tuyo y uno del otro"[940]. Weil wir heute nur noch über Bilder von Bildern einer immer schon selektierten Wirklichkeit verfügen, kann die Reise durch Europa kaum mehr als Nachvollzug einer rituellen Handlung sein; nur leise ist im Lakonismus der Sentenz Enttäuschung vernehmbar.

Im Europa der prestigereichen Namen verfeinert sich das Klischee zum interkulturellen, literarischen Zitat. Der ewig verregnete Himmel Madrids wird mit den Augen El Grecos betrachtet: "el cielo ceniza, ceniciento del Greco"[941]. Das frivole Spiel mit Regenschirmen zwischen Rolando und der Spanierin Nieves entwickelt sich zum "delicioso juego cortaziano de sombrillas"[942]. Der Hinweis auf die Ironisierung der Pariser Kultur in der Episode der Berthe Trépat aus Cortázars "Rayuela" setzt der eigenen Idylle einen kritischen Akzent auf und gibt zugleich das Stichwort für den Grundtenor der Negativ-Utopie, der auch im europäischen Postkartenidyll vorherrschend ist.

"Rayuela" ist einer der letzten Romane vor dem Exil, der von der Dichotomie des Himmels-Europa und der Hölle-Amerika inspiriert ist. Im Mekka europäischer Kultur, Paris, suchte sein Protagonist nach spiritueller Daseinsberechtigung, aber er fand am Ende nur das Grabmal-Europa, das ihn unmittelbar in die Hölle-Amerika zurückführte. Europa, das sind – unabhängig von den einzelnen Ländern – Orte einer verschrifteten, dokumentierten Geschichte. So ist das Himmel-Hölle-Spiel Cortázars auch in diesem Exil noch einmal zu erproben, wird Europa zur Kulisse einer Suche nach lateinamerikanischer Identität. Der inzwischen zu "Mr. Hache" gewordene Protagonist aus "La historia" will seinen Englandaufenthalt nutzen, um in den dortigen Bibliotheken die ansilanische (chilenische) Geschichte zu recherchieren, und Juan Minelli sucht in den Inschriften und Legenden europäischer Kirchenmauern nach der Erbschaft/Botschaft seiner Geschichte[943].

Martini übernimmt die Himmel-Hölle-Dichotomie relativ direkt. Er kontrastiert die italienische "ciudad blanca" – dieses Reich der europäischen Intelligenz – mit der "ciudad de los altos campanarios", jener Welt der primitiven hispano-argentinischen Gewalt. Die "Mujer Plateada", Sinnbild einer in Spanien wiedergefundenen argentinischen Heimat, wurde wegen der imaginären Erbschaft in der Welt des Geistes verlassen.

> Fabrizio escribía un libro "sopra il cinquecento" ... María se había despistado ... al final de Abacab de Genesis ... (Joyce) se sentaba frente a la máquina del tiempo perdido[944].

Während man in Kreisen der Prostitution im Labyrinth von Barcelona dem Konsum billiger Drogen erliegt, delektiert sich die italienische Intelligenz am Haschisch und feiert im Rausch dieser Droge ihre Selbstfindung. Die bündige Aufzählung der Betätigungen deutet jedoch bereits an, daß auch dieser Versuch einer Flucht in die "cuna de la civilización" vergebens war. Noch einmal bewahrheitet sich der Gedanke einer im Exil verlorenen Zeit in der Doppelbedeutung einer physisch wie geistig unerreichbaren Heimat. Von den aufwühlenden Diskussionen, die Cortázars Oliveira im Paris der 50er Jahre noch führte, ist in Martinis "ciudad blanca" kaum etwas zu spüren:

> Había comprado una lámpara imposible y otro reloj Art Deco, y ya no tenía ni un centavo, después de cinco meses de trabajo infernal traduciendo "Die Stunde der wahren Empfindung" de Peter Handke[945].

Alles versiegt in Langeweile. Selbstfindung paart sich mit Konsum teurer Kosmetika und Antiquitäten, Gefühl ist Geschäft. Der über allem stehende Feminismus indiziert verknöcherten Theoretisierungseifer und narzißtische Bespiegelung einer über sich gebeugten europäischen Kultur: "... se sometieron a la dialéctica perversa, barroca, perfumada, venérea europea, académica, decadente, narcisista, femenina, anal y complaciente"[946]. Nach bewährtem Schema steht am Ende der Reise die Desillusionierung. Die Suche nach dem europäischen Himmel führt zum Grabmal und zwar im dreifachen Sinne einer geistig erstarrten europäischen Gesellschaft, des symbolischen Beginns paternalistischer Schriftkultur und eines real denkbaren Anfangs (Endes) der lateinamerikanischen Europareise. Wo anders sollte man noch ein Zeugnis der längst verstorbenen Vorfahren finden als auf dem Kirchhof?

Aus "Composición de lugar" spricht die Distanzierung von den europäischen Emigrationsträumen, zu denen sich Martini vor dem Exil durch die hier entstandene lateinamerikanische Literatur hatte anregen lassen. Aus der Einsicht in die geistige Unbeweglichkeit Europas leitet sich das Bekenntnis zur ersten Liebe in der zwar bedrohlichen, aber vitalen hispano-argentinischen Welt ab: "Y aunque no quise el regreso, siempre se vuelve al primer amor"[947].

Unterscheidet sich die Beschreibung des mediterranen Raums von der Betrachtung der nord- und mitteleuropäischen Gesellschaft? Ziehen wir hierzu vergleichend Valdés' Emigrationsroman "La historia subyacente" zu Rate. Valdés bricht insofern aus der Route einer romantischen Kulturreise aus, als er sich auch in seinen Englandnotizen vor ausführlicheren Milieubeschreibungen nicht scheut und über das interkulturelle Zitat hinausgeht. Obwohl sich das Geschehen ebenfalls in akademischen Kreisen zuträgt, führt uns Valdés auch in die schäbige Realität der Londoner Arbeitervorstädte. Er sieht in England vornehmlich die Wiege der industriellen Revolution mit ähnlichem ästhetischen Interesse an der Architektur des 19. Jahrhunderts, wie wir es aus seinen Betrachtungen chilenischer Städte kennen. In der inhaltlichen Aussage weichen die szenischen Bearbeitungen des Englischen wenig von der schon erwähnten autobiographischen Meinung ab. Die Briten charakterisiert weiterhin Konformismus, Unpersönlichkeit, Stumpfsinn. Verbindlich für die Zuordnung differentieller Merkmale ist nach wie vor der kulturelle Nord-Süd-Konflikt; die Welt des englischen Puritanismus wird mit den Augen des "Latino" gesehen[948].

Zugleich zeigt sich an dieser Stelle die Fragwürdigkeit soziokultureller Zuordnungskriterien[949]. So unverkennbar englisch (und nicht minder klischiert) uns das Milieu, das Valdés beschreibt, auch erscheinen mag, es unterscheidet sich in der inhaltlichen Bewertung recht wenig von Martinis Sicht der italienischen Gesellschaft. Die den englischen Schauergeschichten entlehnte Atmosphäre des Bedrohlichen findet sich in den Evokationen südländischer Szenarien wieder, und der Regen – pars pro toto des Englischen – verdunkelt den Himmel in ganz Europa von Berlin bis Rom. Er stellt ein genuines Stilmittel zur Inszenierung von Exilnostalgien dar. Die Landesspezifika sind austauschbar, weil sie in übergeordneten und uniformen literarischen Aussagezusammenhängen (hier: Einsamkeit des Exils) stehen.

Es ist vor allem Peri Rossi, die in der Welt der europäischen Kunstschätze verweilt und aus ihr die schöpferische Nostalgie ihres sonst eher analytischen Erzählwerkes bezieht:

> Conozco un poeta que llena sus versos / con nombres y lugares prestigiosos / y jamás ha salido de su cuarto, / en un barrio suburbano" / te dijé, caminando por el Bois de Boulogne / "Ni creo que haya visto un Van Eyck verdadero" / proclamé / "pero sus poemas están lleno de su atmósfera" / Tú te inclinabas ceremoniosa ante la paleta de Pizarro[950].

In der Tat hätte es einer Ortsveränderung nicht mehr bedurft. In die Metapher der imaginären Kunstreise ist die europäische Geographie gänzlich zur musealen Kulisse eines nutzlosen modernistischen Dekors[951] geworden. Der von Peri Rossi beschworene Ritualcharakter des Reisens besteht vor allem im ästhetischen Genuß, der sich von den Gemälden eines Breughel, van Ruysdael, Max Ernst oder durch wohlklingende Städtenamen anregen läßt:

> Venecia tiene nombre de agua de mujer y de vidrio, Rímini de campanarios – / la sola palabra viaje convoca reminiscencias antiguas[952].

Der ästhetisierende Blick vermag nur noch das Momentane, Fragmentarische zu erfassen, hier rechtfertigt sich der Rückgriff auf das Postkartenmotiv. Gleichwohl entstehen aus der poetischen, verweisenden Kraft der angesehenen Namen das universelle Lebensgefühl und das infrakulturelle Vergangenheitsbewußtsein.

Auch hier haben wir zu berücksichtigen, daß die Ästhetizismus Peri Rossis durch die weitergehenden Beschäftigungen mit dem von europäischen Künstlern geschaffenen Bild der Frau bedingt ist. Dies erklärt, warum für die Autorin – allen Einwänden gegen eurozentrisches Denken zum Trotz – der Ursprung von Kultur untrennbar mit der Alten Welt, genauer ihrer griechischen Antike verbunden ist.

Ein Grundwiderspruch, der das gesamte Erzählwerk durchzieht, ist indessen nicht zu lösen: das Schwanken zwischen offensichtlichem Gefallen an den vergangenen Kunstdarbietungen und dem Verwerfen ihrer inhaltlichen Werte[953]: "Está dicho / es sabido / mal hacen los Homeros, / los Góngoras y Quevedos / a las púberes efebas"[954]. So sieht sich auch Peri Rossi am Ende zur Profanisierung der männlichen Götzenbilder aufgerufen. Die erhabene Reisezeremonie ist zunächst zu vollziehen, um sie dann in einer schockartigen Wende mit dem banalen, enttäuschten Denken zu entemphatisieren.

In Anbetracht der Verschmutzung mediterraner Strände kann das Mittelmeer nicht mehr in seiner kristallinen Transparenz besungen werden[955]. Über Europa schwebt die apokalyptische Vision des "Europa después de la lluvía": "Raro que te ame / en una ciudad europea / bajo nubes de polución / densas como pampas, / rara pátina de gas / que cubre Notre Dâme"[956]. Da diese Art von Regression jedoch ein letztes Prinzip Hoffnung verkörpert, bildet sie das Scharnier, an dem der Ästhetizismus in die Nostalgie einer "Infrageschichte" umschlägt. Nicht Glanz und Glorie der europäischen Kultursymbole interessieren, sondern der Schmutzfilm des Grau, der die Denkmäler überzieht und die Bilder wieder zum Verschwimmen bringt.

> Ich war schon einmal hier, in einer fernen Zeit unwiederholbar voller fließender Trugbilder ... Vielleicht wollte ich damals schon bleiben vor der grauen Mauer einer halb zerfallenen Kirche ... mich in der Zeit auflösen, eine Vergessene der Luft[957],

schreibt Peri Rossi anläßlich ihres Berlin-Aufenthaltes. In der Kontemplation des Gegenwärtigen kann ein subjektives Vergangenheitsbewußtsein (Gefühl) hergestellt werden, das es möglich macht, sich überall ein wenig wiederzufinden und den Wunsch nach Verweilen zu verspüren. Auch Martinis Juan Minelli ist diese Fähigkeit gegeben, überall in Europa verstreut eigene "señas de identidad" wiederzufinden, ohne sie in einer neuen Identität vereinen zu können[958].
Da dem "déjà-vu" eine innere Distanz zu eigen ist, hat dieses Wiedererleben an fester Referenz verloren. Das vertraute Fremde kann nicht als Gewohnheit akzeptiert werden. Es verdeutlicht im Gegenteil, nicht zu den gesehenen oder erinnerten Orten zu gehören: "He visto este puente en otra parte ... no importa, me dijo Bert ... siempre se cree estar en otro lado"[959].

Das in Namen und Kultursymbolen angezeigte Weltbürgertum dieser Literatur im Exil bestärkt letztlich das allseitig bestimmende Gefühl, als Irgendwer im Nirgendwo zu leben.

8.3.2 Die verfehlte Universalität und die vielen Gesichter des Fremden

Außer den klischierten Landesemblemen gibt es keine besonderen Kennzeichen, welche die Beschreibung der unterschiedlichen nationalen und kulturellen Topographien leiten könnten. Prägend für das Exilerlebnis ist die wenig pittoreske Urbanität des 20. Jahrhunderts, in der die Länder mit ihren überall gleichen Stadtbildern austauschbar geworden sind[960]:

> Se sentaron frente a una mesa roja, en un abominable bar americano que Equis detestó de inmediato ... La música era estridente, y además, el lugar estaba lleno de máquinas tragamonedas. Las paredes olían a aceite, a sudor y por todas partes había relucientes fotografías de hot-dogs y patatas fritas[961].

Das Whimpy an der Ecke, Musikretorten, grelle Werbeplakate, vertraute Anonymität auf Flughäfen, in Zügen und Hotelzimmern bestimmen die andere, unromantische Version des kosmopolitischen Exilempfindens. Die Welt versinkt in der schmutzigen Sterilität einer nordamerikanischen Kulturindustrie.

Diese Erfahrung eines Exils inmitten namenloser Urbanität liegt Martinis "Composición de lugar" zugrunde, einem Roman, in dem auf alle Angaben des identitätskonstitutiven Raum-/Zeiterlebnisses verzichtet wird und die auswechselbaren Schauplätze der Städte in der inneren Geographie des Gedächtnisses verschmolzen sind. Sie bildet den Hintergrund zu der sentenzartigen Kurzprosa Peri Rossis, mit der diese das Exilerlebnis in der überall gleichen Konsumgesellschaft aufzubrechen suchte.

Dem literarischen Ideal eines intersubjektiven Weltbürgertums kann die gleichschaltende Universalität gewiß nicht gerecht werden. In Wirklichkeit sind sich die Welten nicht näher gerückt, Unterschiede und Widersprüche wurden nur vertieft. Die Flughäfen – große weite Welt im Kleinformat – sind zur Heimat der Identität in Suspension geworden: "...les gusta (a los viajeros, Anm. P.S.) sentirse suspendidos entre una ciudad y otra, entre un horario y otro diferente"[962]. Ortsveränderungen erübrigen sich allein deshalb, weil sich die "viajeros que nunca viajaron" in immer gleichen Bahnen eines vorgeschriebenen Reisewegs von Flughafen zu Flughafen bewegen[963]. In der häuslichen Abgeschiedenheit begeben wir uns via Satellit an die unterschiedlichen Schauplätze der Welt; wir haben teil am Geschehen, ohne wirklich dabei zu sein. Die Aufhebung der Entfernungen vergrößert die innere Distanz zur Welt. Einsamkeit ist nun erst recht erfahrbar geworden.

Wir müssen uns mit diesem Fazit der Reise durch einen Mikrokosmos der im spanischen Exil entstandenen lateinamerikanischen Literatur begnügen: Ihr eigentliches Sujet war und ist eine Darlegung der verschiedenen Zustände des Fremdseins. Im Grunde wurde in allen Kapiteln unterschwellig vom Fremdsein gesprochen. Über die Beschreibung des Facettenreichtums dieses universellen Lebensgefühls gingen die Autoren in ihrer Literatur nicht hinaus.

In sozialer Hinsicht bestärkte das Bekenntnis, ein Fremder in der Welt zu sein, gegen Ende des Exils die Erkenntnis, daß der lateinamerikanische Schriftsteller in der europäischen Kultur und Gesellschaft keinen Platz finden und sein Verhältnis zu diesen nur das eines Eindringlings sein kann. Die Welt des Geistes in Italien bleibt für Juan Minelli unerreichbar, und auch die englische Gesellschaft läßt keine fremden Beobachter zu. Enttäuschung spricht aus Rolandos Worten in "El libro de navíos": "No, los que vamos aquí somos peoncitos, medios actores, medios músicos, ... medios novelistas ... Ni siquiera intelectuales, para eso lo tenemos a Borges ..."[964]. Während der politisch umstrittene Borges Spanien im Exilzeitraum bereiste, und ihm im Rahmen der Affirmation hispanischer Brüderlichkeit mehrere Preisverleihungen zuteil wurden, ist man selbst nur "halber", nicht anerkannter Intellektueller geblieben.

Der namenlose Universalismus der Vereinzelung verleitet zur narzißtischen Selbstbespiegelung. Dem Ego- und Eurozentrismus der italienischen Intelligenz enstspricht ein Provinzialismus in Spanien, wie Peri Rossi in einem Gleichnis auf die während des Exilzeitraums bekräftigte "Nabelschau" des Barceloneser Kulturlebens anmerkt[965]: "La principal ocupación de los habitantes de la ciudad consiste en mirarse el ombligo ... Los diarios, las revistas ... que conciben los habitantes de la ciudad B. son de carácter ombliguista: versan sobre las cosas que sucedan en sus ombligos ..."[966]. "Nos desconocemos", schreibt Peri Rossi auch in einer autobiographischen Notiz und in Wiederholung eines schon klassischen Topos der Enttäuschung von dem hispano-amerikanischen Zusammenhalt. Zehn Jahre des Zusammenlebens in einem geographischen Raum haben nicht ausgereicht, um zwischen spanischen und lateinamerikanischen Schriftstellern einen Verständigungsprozeß einzuleiten. "... 10 años de aparente coexistencia en los límites geográficos de un mismo país no alcanzaron para conocernos, ni ejercer influencias recíprocas, ni establecer un diálogo irreversible"[967]. Das Exil läßt Befremden zurück, auch bei der Person, die nachweislich eine Integration im spanischen Kulturleben erfahren hat.

Vor allem ist das Fremdsein jedoch eine philosophische Lebenshaltung, ein literarischer Modus vivendi:

> Supermarkt
> Die Kassiererin von Kaisers, Konstanzer Straße,
> betrachtet mißbilligend den zerknitterten
> 10-Mark-Schein, den ich ihr gebe.
> Sie reckt ihn, bügelt ihn, wendet ihn (?) sorgfältig,
> dreht das Bild von Dürer nach oben, als ob es sich um
> Papier handelte wie zum Einwickeln von Keks.
> Sehen Sie mich nicht so streng an,
> ich würde mich entschuldigen. Ich möchte Sie gern fragen,
> was für ein Schiff das ist auf der Rückseite,
> aber ich habe heute schon zu viele Unkorrektheiten begangen.
> Ich schrieb verschiedene Gedichte,
> vergaß mich zu kämmen.
> Es regnet, und ich gehe ohne Schirm[968].

Die anonyme Massenkultur des Supermarktes, die abweisende, fremdenfeindliche Kassiererin, die Melancholie des Regens, das im Selbstgespräch versiegende Kommunikationsbedürfnis - die große Kultur der Alten inmitten der Pıofanität der Waren - und schließlich auch die kleinen Anzeichen einer Übertretung sozialer Konventionen: die Symbole des Fremdseins ließen sich wohl kaum eindringlicher zusammenfassen.

Dennoch ist es hier gar nicht einmal die Zurückweisung durch die Einheimischen, welche den Ausländer zum Fremden stempelt. Dem Dichter selbst haftet das Stigma des Außenseiters an, da er seiner "Natur" nach ein Grenzgänger ist: Er fühlt sich verpflichtet, den Mythos einer Identität zu zerstören, die sich in gesellschaftlichen Förmlichkeiten versteigt. Er weiß hingegen, daß seine Identität als literarisches Subjekt nur in und durch Entfremdung, in der das Ich die Grenze zum Anderen hin überschreitet, konstituierbar ist. Schließlich benötigt er innere wie äußere Weltdistanz, um sein Urteils- und Wahrnehmungsvermögen zu schärfen. Das literarische Bewußtsein um das Fremdsein führt unausweichlich zur anhaltenden schmerzhaften Selbsterkenntnis. Da einzig dem Außenseiter die Fähigkeit zu sehen wirklich gegeben ist, so Peri Rossi in ihrer Parabel "Las estatuas o la condición del extranjero", ist nur er in der Lage, sein Fremdsein in der Teilnahmslosigkeit der Anderen – Statuen, in denen sich Selbstgenügsamkeit verewigt hat – zu erkennen[969].

Hier aber sind nun auch der Anonymität schon wieder Reize abzugewinnen, hält sie doch den für "Exil"-Nostalgien notwendigen Freiraum offen:

> No se trata de volver a ninguna parte. Ni de ir a otra. Quizás, los que no son extranjeros no llevan una ciudad adentro ...[970].

Der literarische Fremde ist an keinem Ort dieser Welt beheimatet, auch hat er für seinen zukünftigen Weg – in absehbarer Zeit – kein benennbares Ziel ins Auge gefaßt. Er selbst trägt die fremde Stadt – Utopie einer Heimat – in sich.

Berücksichtigt man die biographische Situation der Autoren, so werden mit dem Bekenntnis zum Fremden unterschiedliche Versuche einer Abgrenzung unternommen. Bei Martini dient es der Distanzierung von Europa, aus der noch eine Hinwendung zum Herkunftsland folgt. Valdés sieht sich zunächst gezwungen, mit der Identität des Fremden einen Abstand zu den chilenischen Erlebnissen herzustellen, diesem schließt sich bald die Distanzierung von der englischen/europäischen Gesellschaft an. Sein Weg weist in die von Peri Rossi und Moyano eingeschlagene Richtung einer Heimat im Exil: "En realidad, ésa (el exilio, Anm. P.S.) es la verdadera condición del hombre"[971]: "porque el hombre no es fijo, también es migratorio como esos pájaros"[972].

Im Exil leben heißt, die Freiheit eines ungebundenen Wander-Vogels auf der Reise zwischen den Welten anzunehmen, auch wenn es sich hierbei, auf Dauer gesehen, um die Bürde eines nicht mehr abzustreifenden Käfigs handeln sollte und das Ziel der Reise ungewiß bleibt.

Anmerkungen

1 Mit der Bezeichnung lateinamerikanisches Exil beziehe ich mich ausschließlich auf die Emigration aus dem Südkegel des Kontinents. Die Präsenz von Militärdiktaturen hatte dort zwischen 1973 und 1976 die stärkste Emigrationswelle im lateinamerikanischen Raum ausgelöst. Die Exilanten aus diesen Ländern stellten auch in Spanien die größte Emigrantengruppe dar. Als ehemalige Einwanderstaaten für Südeuropäer besitzen Chile, Argentinien und Uruguay zudem einen gemeinsamen ethnokulturellen Hintergrund. Aus diesen Gründen schien es mir gerechtfertigt, die drei Länder in einer Studie zusammenzufassen. Soziologische Erhebungen zur lateinamerikanischen Emigration in Spanien vgl. Lutz, Roiz 1983 zur Veröffentlichung; Informe del Fondo Internacional de Intercambio Universitario 1978. In diesen Studien kalkuliert man, daß zwischen 1979 - 1980 ca. 120.000 Lateinamerikaner in Spanien lebten. Davon kamen ca. 88.000 aus dem lateinamerikanischen Südkegel. Unter Einbeziehung der Dunkelziffer an nicht offiziell registrierten Personen dürfte die Zahl wesentlich höher gelegen haben.

2 Bock in: Greverus 1978, S. 11

3 Walter in: Arnold (Hg.) 1974, Bd. 2, S. 347

4 Der Tatbestand, daß aus Lateinamerika zum Zeitpunkt meiner Recherchen noch keine Forschungsansätze zur Literatur im Exil vorgelegen haben, hat dazu geführt, daß ich von einer ausführlichen Darstellung und Analyse der bisherigen Methodendiskussion in der Exil-Literaturforschung Abstand genommen habe. Das methodentheoretische Vakuum erklärt den relativ eigenständigen Weg, der in dieser Arbeit beschritten wurde. Ein bloßes Überstülpen europäischer Methodenansätze auf die Literatur des lateinamerikanischen Exils erschien mir ein fragwürdiges Unterfangen. Trotzdem sei die Entwicklung der europäischen Exil-Literaturforschung an dieser Stelle kurz umrissen. Eine solche Forschungsrichtung hat sich bisher vor allem in Spanien, der BRD und der DDR konstituiert. In Spanien beschränkte man sich auf die Kenntnisnahme der im Ausland entstandenen Literatur im Rahmen einer breit angelegten Grundlagenforschung. Erwähnt sei hier das Standardwerk Abelláns (Hg.) 1974, Bd.1. Die Grundlagenrecherche wurde dort von keiner Methodendiskussion begleitet, wie dies besonders in der BRD der Fall war. Hier war man in den 60er Jahren von der soziologischen Fragestellung einer Erforschung der Wechselwirkungen von Literatur und Gesellschaft ausgegangen. Der bundesdeutschen Exil-Literaturforschung kommt dabei sogar die Pionierrolle zu, eine Öffnung der Literaturwissenschaft gegenüber sozialwissenschaftlichen Disziplinen bewirkt zu haben. Zugleich aber zeugen die Debatten, die um den Begriff "Exilliteratur" geführt wurden, von besonderen Legitimationsschwierigkeiten, die diese Forschungsrichtung und ihr Untersuchungsgegenstand anfänglich hatten. Über den Nachweis der Existenz eines eigenständigen Genres "Exilliteratur", das sich vor allem durch die spezifischen politisch-sozialen Umstände, unter denen es entstanden war, rechtfertigte, sollte der Untersuchungsgegenstand akademische Anerkennung finden. Aus heutiger Sicht ist der sozialwissenschaftliche Ansatz der Exil-Literaturforschung allerdings in einigen Punkten zu kritisieren.

Vornehmlich hat er zur Überbewertung der sogenannten objektiven Entstehungsbedingungen von Literatur geführt. Zwei Kritikpunkte der bisherigen wissenschaftstheoretischen Diskussion seien erwähnt: a) das Problem der Grundlagenforschung: So notwendig eine möglichst vollständige Erfassung der im Exil geschriebenen Texte auch ist, die Materialfülle hat sich eher lähmend auf den wissenschaftlichen Erkenntnisprozeß ausgewirkt. Untersuchungen, wie Walter 1978 oder auch Abellán 1974, gelangen über die Zusammenstellung bibliographischer Daten nicht hinaus, und es gelingt den Autoren nicht mehr, ein eigenes Forschungsanliegen zu formulieren. b) die inhaltsanalytische oder ideologiekritische Reduktion der literarischen Texte im Hinblick auf politisch-soziale Begleitumstände: Einerseits grenzen jene Untersuchungen, die ihre Repräsentativität mit der exemplarischen Bedeutung der vorgestellten Texte begründen, vgl. Wegner 1967, das Material von vornherein auf exiltypische Texte, etwa den Emigrationsroman, ein. Ungewollt stilisieren sie den Forschungsgegenstand zugunsten des wissenschaftlichen Erkenntnisinteresses, hier Legitimation des Gattungsbegriffs "Exilliteratur". Andererseits geraten die fiktionalen Texte, sofern sie überhaupt zur Kenntnis genommen werden, allzuschnell zur einfachen Datenquelle und zum Dokument, das von den gesellschaftlichen Verhältnissen Zeugnis ablegt. Im einen wie anderen Fall werden die ästhetischen Eigenschaften von Literatur im Exil nahezu völlig vernachlässigt. Vgl. hierzu den landesspezifischen Ansatz von Müssener 1974, aber auch Walter 1978, Bd. 1 - 4. Obwohl Walter die bundesdeutsche Diskussion entschieden mitprägte und auch heute noch ihr führender Vertreter ist, wird er in seinem bisher allerdings noch nicht abgeschlossenen Standardwerk dem Anliegen einer Untersuchung der Wechselwirkungen von Literatur und Gesellschaft nicht gerecht. Auch diese materialreiche und detaillierte Studie bleibt vorerst bei der Darstellung der historischen Verhältnisse stehen und dringt nicht zu ihrem eigentlichen Untersuchungsgegenstand, Literatur, vor. Eine der wenigen Ausnahmen diesbezüglich bildet die Arbeit von Trapp, Trapp 1987, in der der Autor gerade die ästhetische Komponente des literarischen Schaffens im Exil in den Vordergrund stellt.

Beispielhaft für die Übergewichtung politischer Aussagen ist die Exil-Literaturforschung in der DDR zu erwähnen. Die besonderen politischen Entstehungsbedingungen der Literatur im Exil dienen hier nicht, wie in der BRD, der wissenschaftlichen Legitimation des Untersuchungsgegenstandes, sondern der ideologischen Würdigung des deutschen Antifaschismus. Vgl. Bock, Hahn (Hg.) 1979

Zur Kritik an den bisherigen Ergebnissen der Exil-Literaturforschung vgl. Laemmle in: Arnold (Hg.) 1974, Bd. 2, S. 357 - 365 und vor allem Trapp 1987, Einleitung

5 Peri Rossi (1968) 1974

6 Peri Rossi 1971

7 Peri Rossi (1965) 1976

8 Peri Rossi (1970) 1981

9 Peri Rossi 1975

10 unveröffentlicht

11 Valdés (1966) 1973

12 Valdés 1971

13 Martini (1973) 1975

14 Martini (1973) 1975
15 Martini (1966 - 1968) 1983
16 Martini 1977
17 Moyano 1966 (franz. Aufl. 1960)
18 Moyano 1968
19 Moyano 1974
20 Zur Entwicklung Spaniens seit den 50er Jahren bis 1976 vgl. Les Temps Modernes 1976, Nr. 357
21 Zur von Franco eingeleiteten Demokratisierung vgl. Guerra, Esteban u.a. 1977, Kap. 2 und 3
22 Zu den sozio-ökonomischen Schwierigkeiten der spanischen Demokratisierung sei nur die hohe Arbeitslosenrate, die 1981 bereits bei 2 Mio. lag, erwähnt. Erste soziale Restriktionen zeichneten sich im Moncloa-Pakt ab, ein Vorläufer der heute in allen westlichen Ländern praktizierten Sparprogramme. Zu der bis 1983 noch ziemlich instabilen politischen Situation ist der Militärputschversuch im Februar 1981 zu nennen. Zur sozioökonomischen Krise Spaniens vgl. García Villarejo 1977; eine gute Dokumentation der politischen Entwicklung in: Iberoamericana 1978 - 1983, Nr. 1 - 19/20, Chronik Spanien
23 Zur franquistischen Ausländergesetzgebung vgl. Fondo Internacional de Intercambio Universitario (FIIU) 1978
24 Zwischen 1976 und 1978 setzte die große Immigrationswelle aus dem Cono Sur in Spanien ein. Durch den Militärputsch in Argentinien kamen nicht nur Argentinier nach Spanien, sondern auch die bis dahin in Argentinien lebenden Uruguayer. Parallel hierzu begann eine zweite Immigrationswelle der Chilenen, die durch Hilfsorganisationen über ganz Europa verteilt worden waren und nun in eigener Initiative ein Emigrationsland suchten; vgl. Lutz, Roiz 1983 zur Veröffentlichung
25 Viele lebten daher im Status "turista", d.h. sie reisten alle drei Monate ins Land aus und ein, um den erforderlichen Stempelvermerk im Paß zu bekommen. Daher ist auch eine sehr hohe Dunkelziffer an nicht registrierten Emigranten anzunehmen.
26 Was allerdings nicht ausschließt, daß der Einzelne seine Situation regeln konnte.
27 FIIU 1978
28 Wenn Lateinamerikaner an spanischen Universitäten unterrichteten, so in den meisten Fällen nur als "Profesores No Numerarios", d.h. mit begrenzten Verträgen und geringerer Bezahlung. 1979 sollte die Einstellung ausländischer Professoren sogar ganz suspendiert werden; vgl. C. Rama in: Iberoamericana 1979, Nr. 7, S. 77 - 85. Gleiches gilt auch für das äußerst verschlossene System der "colegios", die Approbationen für akademische Berufe erteilen, vgl. FIIU 1978
29 Peri Rossi (1976) 1985
30 Peri Rossi 1980
31 Peri Rossi 1983
32 Peri Rossi 1984
33 Peri Rossi 1976
34 Peri Rossi 1979
35 Valdés 1978
36 Valdés 1981

37 Valdés 1984, im folgenden zitiert nach deutscher Ausgabe, Valdés 1986
38 Martini 1981
39 Martini 1984
40 Moyano 1981
41 Moyano 1983 a
42 Moyano 1983 b zur Veröffentlichung
43 Peri Rossi 1979, S. 75
44 Moyano 1983 a, S. 25, 32 und 33
45 Zu bedenken ist, daß die Szene im Exil nachträglich rekonstruiert wurde. Wie auch in den folgenden Kapiteln zu zeigen, spielt das Moment der Trauerarbeit gerade in Moyanos Literatur eine zentrale Rolle. Vgl. Kap. 4 und 6 in dieser Arbeit
46 Moyano 1983 a, S. 34
47 Peri Rossi 1975, S. 87
48 Peri Rossi 1975, S. 27
49 Peri Rossi, Testimonio personal, S. 2, unveröffentlicht, fotokopiertes Exemplar wurde mir freundlicherweise von Autorin übergeben.
50 Peri Rossi hat immer wieder den antizipatorischen Charakter der in Descripción ... beschriebenen Emigrationsszenen betont, vgl. Peri Rossi, Testimonio ... a.a.O., S. 2
51 Valdés 1981, S. 243 - 244
52 ebenda, S. 250
53 ebenda, S. 247 und 252
54 Martini 1984, S. 65 - 66
55 González-Dagnino in: Araucaria 1979, Nr. 7, S. 118
56 Grinberg 1984, S. 189
57 Den Texten Peri Rossis und Valdés' konnten wir entnehmen, daß es sich hierbei um eine psychologische Drucksituation, resultierend aus Verfolgungsängsten, handelt. Zu den verschiedenen Reaktionsformen auf die Emigration vgl. Grinberg 1984, S. 107
58 Vgl. Vasquez, Richard, Delsueil in: Esprit 1979, Nr. 6, S. 10 - 11. Auch der politische Gefangene wird seiner vertrauten Umgebung entrissen und muß sich im Gefängnis einem fremden, rigiden Lebensrhythmus anpassen. Eine ausführliche Dokumentation dieser mit dem Exil vergleichbaren Situation liegt u.a. von Colectivo latinoamericano de trabajo psico- social (Colat) vor. Vgl. La carrera moral del prisionero latinoamericano, Psicopatología de la represión y la tortura, unveröffentlicht, fotokopiertes Exemplar liegt vor; vgl. auch Peri Rossi in: Viejo Topo April 1979, Nr. 31, S. 43 - 47; Valdés 1978
59 Peri Rossi, Testimonio ... a.a.O., S. 3
60 ebenda, S. 2. Die kollektive Schuldsituation geht auch aus den literarischen Äußerungen aller anderen Autoren hervor; vgl. Kap. 7 in dieser Arbeit
61 Peri Rossi, Testimonio ... a.a.O., S. 2. Die Emigrationspsychologie spricht hier auch vom Überlebenssyndrom, vgl. Grinberg 1984, Kap. 16
62 Grinberg 1984, S. 188 - 189
63 Grinberg 1984, S. 189
64 ebenda, S. 189
65 Valdés 1981, S. 248; Peri Rossi schreibt in ähnlichem Zusammenhang: "El viajero ... arma su maleta ... y la metáfora es apropiada: la maleta se arma es decir, se provee de recursos que podrán asistirnos frente a la incertidumbre e inquietud de lo diferente ... desde el cepillo de dientes familiar que forma

parte de nuestra identidad hasta el pequeño fetiche privado escondido entre las camisas y las pastillas para el sueño ...", Peri Rossi in: El País, 24. Jun. 1985, S. 9. Die Reiseutensilien haben eine schützende Verteidigungsfunktion gegenüber dem Unbekannten.

66 Moyano 1983 a, S. 13

67 An dieser Stelle ist der Aspekt des Abschieds- oder Trauerrituals besonders evident: Die Geige muß in der Erzählung von "Navíos " im wahrsten Sinne des Wortes erst begraben werden, bevor Rolando seinen Bericht über die Reise ins Exil beginnen kann. Zum Zusammenhang von Identitäts-/Selbstgefühlen und Objektbeziehungen vgl. Grinberg 1984, S. 39. Das Textbeispiel zeigt im übrigen auch bereits, daß die Bestimmung von Identität nicht ohne Bezug auf Anderes, von dem sie sich unterscheidet, auskommt, vgl. hierzu auch Kap. 4 in dieser Arbeit.

68 Moyano 1983 a, S. 9 - 11; vgl. auch Grinberg 1984, Kap. 4

69 Peri Rossi in: El País 24. Jun. 1985, S. 9

70 ebenda

71 Wiederholt kommt Moyano auf die Metapher des Zentrumsverlustes zu sprechen, welche die Unterbindung dieser Relationsfähigkeit beschreibt. So in: Carta al carcelero, in: Moyano 1983 b und Moyano 1981, Kap. 13

72 Peri Rossi in: Nexo Nov./Dez. 1981 Nr. 9, S. 4

73 Zur Bedeutung des potentiellen Raumes als Möglichkeit des Entwurfes von neuen Projekten in der Emigration vgl. Grinberg 1984, S. 25 - 36

74 Moyano 1983 a, S. 103

75 Die Selbstverständlichkeit, mit der hier Begriffe wie soziales Umfeld, Projektion, Reflektion, Identität gebraucht werden, zeigen bereits an, wie sehr die sozialwissenschaftliche Identitätsdiskussion in den allgemeinen Sprachgebrauch eingegangen ist. Zur allgemeinen Einordnung sei angefügt, daß die sozialwissenschaftlichen Identitätstheorien, die hauptsächlich in den USA entwickelt wurden, in zwei große Richtungen unterteilt werden können. Die sozialpsychologische Identitätstheorie beschreibt die Genese von Identität im kindlichen Entwicklungsprozeß (Sozialisation). Sie stützt sich, in einer allerdings abgewandelten Form, auf die Freudsche Psychoanalyse. In der Soziologie steht die Beziehung von Individuum und Gesellschaft im Vordergrund. Hier geht es um die Beschreibung eines normierten Rollenverhaltens. Zum allgemeinen Überblick der sozialwissenschaftlichen Identitätsdiskussion vgl. Levita 1971 und Drews, Brecht 1975. Ich möchte außerdem darauf hinweisen, daß sich in der sozialwissenschaftlichen Identitätsdebatte im Grunde die frühere philosophische Diskussion um das Subjekt fortsetzt. Beide Disziplinen stimmen vor allem in der Auffassung überein, daß Identität nicht aus sich selbst heraus erklärbar und konstituierbar ist, sondern hierzu von "anderem" abhängig ist. Zu diesem die Neuzeit kennzeichnenden Gedanken der Abhängigkeit vgl. Frank 1983, Vorlesung 4. Der Abhängigkeitsgedanke wird uns auch im weiteren Verlauf dieser Arbeit noch beschäftigen. Richtig hat Odo Marquard darauf hingewiesen, daß das Abhängigkeitsdenken besonders in der frühen soziologischen Identitätsdiskussion zur Auflösung des Identitätsbegriffs in der Annahme eines "gesellschaftlich institutionalisierten Rollenverhaltens" geführt hat. Vgl. Marquard in: Poetik und Hermeneutik 1979, Nr. 8, S. 347 - 369. In diesem Aufsatz gibt Marquard einen Überblick zur Identitätsdiskussion in Sozialwissenschaften und Philosophie.

76 Zitiert nach Erikson in: Greverus 1978, S. 242 - 243. Die Identitätstheorie der Migrationsforschung wurde von Erikson maßgeblich beeinflußt. Erikson, selbst Emigrant in den USA, entwickelte seine genetische Identitätstheorie u.a. aus Beobachtungen nordamerikanischer Indianer. Erikson geht davon aus, daß Ich-Identität eine erfolgreiche Variante der Gruppenidentität darstellt. Die Schriften des Anthropologen und Psychoanalytikers Erikson haben vor allem auch die bundesdeutsche Identitätsdiskussion wesentlich mitbestimmt. Vgl. hierzu Habermas: "... sie (die Ich-Identität, Anm. P.S.) besteht in einer Kompetenz, die sich in der sozialen Interaktion bildet. Die Identität wird durch Vergesellschaftung erzeugt, d.h. dadurch, daß sich der Heranwachsende über die Aneignung symbolischer Allgemeinheiten in ein bestimmtes soziales System erst einmal integriert, während sie später durch Individuierung, d.h. gerade durch eine wachsende Unabhängigkeit gegenüber sozialen Systemen gesichert ist und entfaltet wird." Habermas 1982, S. 68. Zwar spricht Habermas nicht mehr von soziokulturellen Gruppen, sondern von anonymer Vergesellschaftung; er stellt außerdem den Aspekt der symbolischen Interaktion in den Vordergrund. Gleich bleibt aber der Rückgriff auf das gesellschaftlich-soziale Umfeld zur Erklärung des Identitätsbildungsprozesses. Greverus hat darauf hingewiesen, daß gerade auch in der Identitätstheorie der Migrationsforschung der Aspekt der symbolischen Interaktion im Vordergrund steht, derzufolge "Menschen aufgrund von Bedeutungen handeln, die ihre Umgebung für sie hat, und daß diese Bedeutungen soziale Produkte aus menschlichen Interaktionen sind", Greverus 1978, S. 243. Vgl. hierzu auch Kap. 2 in dieser Arbeit. Ebenso ist der von Habermas angesprochene Aspekt der Individuierung in der frühen Identitätstheorie Eriksons enthalten, vgl. Erikson 1970, S. 17

77 Die Emigration führt in erster Linie zur Verunsicherung des Gefühls personeller Sicherheit. Zum Begriff des Ich/Weltvertrauens vgl. auch Erikson 1970. Die Tradition des Gedankens eines spontanen, nicht kognitiv geleiteten "Mit-uns-vertraut-Seins" hat von philosophischer Seite aus Manfred Frank aufgezeigt. Auch für Frank sind diese spontanen "Evidenzerfahrungen" (Ich bin Ich) eine wesentliche Voraussetzung, um uns in unseren Erfahrungen, unserer Umwelt, zurechtzufinden. Vgl. Frank 1986 und Frank 1983

78 Greverus 1978, S. 240; Erikson spricht hier auch von Identitätsdifusion; d.h. einer Schwächung der Unterscheidungs- und Entscheidungsfähigkeit.

79 Die Migrationssituation stellt hier – gewiß nur im kleinen, aber nicht minder anschaulichen Rahmen – ein Beispiel für die auch andernorts festgestellte Situation gesellschaftlichen Wandels dar. In ihr verlieren die reglementierenden Gesellschaftsinstanzen, Politik und Ökonomie, wechselseitig an Autonomie mit der Konsequenz von kulturellen Werte- und Legitimationskrisen. Zum Zusammenhang von moderner Identitätsdebatte und gesellschaftlichem Wandel vgl. Habermas 1973

80 Vielfach ist dieses Identitätsmodell als Anpassungskonzept kritisiert worden, da es das Ideal einer Individuation (Identitätsdefinition oder Autonomie) ausschließlich am sozial normierten, vernünftigen Verhalten mißt. Im weiteren Verlauf der Arbeit werden wir sehen, daß nicht nur der rigide Raum-Zeitbegriff heute problematisch geworden ist, sondern auch das Ideal einer individuierten Selbigkeitserfahrung. Zum politischen Gesichtspunkt der Identitätsdebatte vgl. auch die Position von Habermas, der bewußt an der idealisti-

schen Prämisse einer Identitäts-/Subjektautonomie im Sinne der politischen Utopie des befreiten Menschen festhält. Dazu Habermas 1982, Kap. 4

81 Moyano 1983 a, S. 50

82 Hier ist natürlich davon auszugehen, daß derartige idealtypische Konstruktionen in der Realität immer nur annähernd erlebt werden können. In den Ausführungen Peri Rossis wurde diese Relativität des Erlebens im übrigen angesprochen.

83 Peri Rossi in: Nexo a.a.O., S. 4. Diese Oppositionsbildung, Identität – Anonymität, Sicherheit – Angst, Aktivität – Passivität, ist typisch für die moderne Identitätsdebatte. Hier stellt sich mir allerdings die Frage, ob ein solches Schwarz/Weiß-Schema zur Erfassung der Problematik wirklich sinnvoll ist oder ob eine Interdependenzbetrachtung nicht angebrachter wäre.

84 Peri Rossi 1979, S. 18; Moyano 1983 a, S. 51

85 Grinberg 1984, Kap. 6

86 Peri Rossi, Testimonio ... a.a.O., S. 2

87 Moyano 1983 c, persönliches Gespräch, nachträglich von mir fixierte Aufzeichnung liegt vor.

88 Peri Rossi in: Texto crítico Jan./Ap. 1978, Nr. 9, S. 134

89 Valdés in: Die Horen 1983, Nr. 129, S. 80

90 Valdés in: Corino (Hg.) 1981, S. 229

91 Vgl. Martini 1984, S. 132. Dies schließt nicht aus, daß auch Martinis Emigration von politischen Motiven getragen wurde.

92 Peri Rossi, Testimonio ... a.a.O., S. 2

93 Die uruguayischen Behörden verweigerten eine Paßverlängerung.

94 Peri Rossi in: El País 13. Dez. 1982, S. 18

95 Moyano 1983 c

96 ebenda

97 Peri Rossi, Testimonio ... a.a.O., S. 2

98 ebenda

99 Peri Rossi in: El País 13. Dez. 1982, S. 18. Die berufsliterarische Ausrichtung an Spanien bezeugen nicht nur die regelmäßigen Neuerscheinungen literarischer Arbeiten in Spanien und die Präsenz als Journalistin in der Öffentlichkeit dieses Landes, sondern auch die Reedition nahezu aller uruguayischen Arbeiten.

100 Valdés in: Corino (Hg.) 1981, S. 237

101 ebenda, S. 235

102 ebenda, S. 237

103 ebenda, S. 237 - 238

104 ebenda, S. 237

105 Valdés 1978 wurde mehrmals in Spanien verlegt; Valdés 1981 erschien in einem mexikanischen Verlag. Die Bücher von Valdés wurden in mehrere Sprachen übersetzt. Zum Teil gilt dies auch für Arbeiten von Peri Rossi.

106 Martini in: Salimos-Agenda Sep. 1982, S. 31

107 Martini 1980, persönliches Gespräch, von mir nachträglich fixierte Aufzeichnung liegt vor

108 Reedition der beiden aus Argentinien mitgebrachten Kriminalromane, Neuveröffentlichungen

109 Die in den 60er Jahren in Spanien vermarktete lateinamerikanische Literatur spielte in dem kulturellen Leben der letzten Phase des Franquismus eine nicht zu unterschätzende Rolle. Einer der Gründe hierfür dürfte in dem Tat-

bestand zu suchen sein, daß sich die spanische Zensur gegenüber lateinamerikanischen Autoren nachsichtiger zeigte als gegenüber den spanischen: "Aprendimos la palabra" Libertad "con ellos", ist auch heute noch eine unter Spaniern häufig zu vernehmende Bemerkung. Das Moment eines hispanoamerikanischen Kulturaustauschs gegen Ende der 60er Jahre läßt sich mit ähnlich gelagerten Gründen auch für die Liedbewegung feststellen. Hieraus ergibt sich die paradoxe Situation, daß das eigentliche Echo lateinamerikanischer Kultur in Spanien in die dem Exil vorausgehende Phase des späten Franquismus fiel. Zur Rolle der lateinamerikanichen Literatur gegen Ende der 60er Jahre in Spanien: vgl. Conte in: Les Temps Modernes 1976, Nr. 357 bis, S. 351 - 381

110 Die Verlagskrise ist zu großen Teilen durch den Rückgang der Absatzmärkte in Lateinamerika, deren Hauptlieferant Spanien in den 60er Jahren war, bedingt. Vgl. A. Rama, México 1981, Vorwort

111 C. Rama 1979, S. 10

112 Vgl. García Moya in: El País 29. Aug. 1982; C. Rama in: Iberoamericana 1979, Nr. 7, S. 77 - 85; Lastra in: El País 4. Jan. 1980, S. 5; Morán in: El País, 12. Jul. 1981, S. 12. Die Reihe solidarischer Stimmen seitens spanischer Intellektueller zu der Situation lateinamerikanischer Exilanten ließe sich beliebig fortsetzen. Ich verweise in diesem Zusammenhang auf die Solidaritätscampagne, die die 1978 verschärfte Situation unter linken Presseorganen, Parteien und kirchlichen Organisationen auslöste. Zu nennen sind u.a. die soziale Beratungsstelle der katholischen Organisation "Agermanament" (1978), die Informationscampagne in der Tageszeitung Tele express, Barcelona 1978. In diesen Zeitraum fällt auch die Gründung eigener kultureller Exilantenvertretungen wie die nationaler "Casas" in Barcelona und Madrid.

113 Wohlgemerkt handelt es sich hier nicht um spezifische lateinamerikanische Kultureinflüsse. Fraglich bleibt auch, ob diese nicht ohne das Zutun von Lateinamerikanern zustande gekommen wären. Einzig der historische Moment und die sich in ihm ergebende Situation von Angebot und Nachfrage dürften hier eine Rolle gespielt haben.

114 Von den größeren das Exil betreffenden Kongressen und Publikationen seien erwähnt: Jornadas de Intelectuales latinoamericanos en España, Madrid 1979; Encuentro en la democracia, Madrid 1983; der Schriftstellerkongreß, Almería 1979; Diálogos de Madrid con América Latina, Madrid 1982. In Spanien herausgegebene Zeitschriften des Exils gingen auf parteipolitische Initiativen zurück. Vgl. u.a. Testimonio Latinoamericano, Barcelona 1980 - 1983; Araucaria, Madrid 1978 - 1983. Diese Zeitschriften arbeiteten selbstverständlich mit Beiträgen von Autoren aus allen Ländern des Exils. Auf die Region Barcelonas beschränkte sich das Informationsblatt des Casa del Uruguay, monatliche Publikation, Nexo 1978 - 1983

115 Peri Rossi, Testimonio ... a.a.O., S. 2

116 Moyano 1983 c

117 Vgl. auch Kap. 3 in dieser Arbeit

118 Martini in: Salimos-Agenda a.a.O., S. 32

119 Walter in: Arnold 1974, S. 341 - 356 und Laemmle ebenda, S. 357 - 365

120 So in: El Clarín 17.-23. Feb. 1981, S. 12 und El Clarín 11. Jun. 1981, S. 8. Eine ausführliche Rezeption der im Exil entstandenen Literatur mit dem programmatischen Ziel einer "Zusammenführung der gespaltenen Literatur" nahm

in Argentinien die Zeitschrift "Punto de vista" vor. Vgl. John King 1987, Vortrag, zur Veröffentlichung 1988

121 Lionel Feuchtwanger zitiert nach Wegner 1967, S. 12

122 Peri Rossi in: Nexo Nov./Dez. 1981, Nr. 9, S. 3

123 Valdés in: Corino (Hg.) 1981, S. 236

124 Moyano 1983 a, S. 11

125 Peri Rossi in: Agermanament Nov.-Dez. 1978, Nr. 148, S. 28

126 Martini in: Salimos-Agenda, 22.-28. Sep. 1982, S. 31

127 Martini in: El Porteño Sep. 1982, Nr. 9, S. 34

128 Greverus 1978, Kap. I

129 Moyano 1987, Vortrag zur Veröffentlichung 1988

130 Martini 1987, Vortrag zur Veröffentlichung 1988, Fotokopie liegt vor. Eine ähnliche "Kreativitätsblockade" ist in anderem Zusammenhang auch Valdés 1981 zu entnehmen, vgl. Kap. 4 in dieser Arbeit.

131 Martini in: La opinión cultural 1. März 1981 und Moyano 1983 c

132 Moyano 1983 c

133 Peri Rossi in: Agermanament a.a.O., S. 28

134 ebenda, S. 28

135 Martini in: El Porteño a.a.O., S. 34

136 Valdés in: Corino (Hg.) 1981, S. 241

137 Martini in: Salimos-Agenda a.a.O., S. 33; ähnlich auch Moyano in: El País 24. Jun. 1976, S. 21

138 Peri Rossi in: Agermanament a.a.O., S. 29

139 Peri Rossi ebenda, S. 28

140 Natürlich ist der von den Autoren übernommene Begriff des "Faschismus", der die rechtsradikalen Bewegungen Europas in den 30er Jahren bezeichnet, nicht auf die lateinamerikanischen Verhältnisse in jeder Beziehung übertragbar.

141 Peri Rossi, Testimonio personal, S. 3, unveröffentlicht, fotokopiertes Exemplar wurde mir von Autorin zur Verfügung gestellt.

142 Häufig wird die Rolle des zeugnisablegenden Berichterstatters, etwa des Chronisten, in eine fiktive Erzählung integriert. Vgl. hierzu die Erzählsituation in Martinis "La vida entera", Kap. 4 in dieser Arbeit. Einen Abriß zur "Literatura testimonial" vor dem Hintergrund der hispanischen Tradition dieses Genres in Lateinamerika und mit aktuellem Schwerpunkt in der chilenischen Dokumentarliteratur zum Militärputsch gibt Concha in: Araucaria 1978, Nr. 4

143 Valdés 1978, S. 7

144 ebenda

145 Peri Rossi, Testimonio ... a.a.O., S. 3

146 Peri Rossi in: Nexo a.a.O., S. 4

147 Diese Typisierung von Exilerfahrungen kommt allein schon in dem Begriff "der Exilant" zum Ausdruck, den Peri Rossi und Valdés häufig gebrauchen. Von individuellen Erfahrungen wird völlig abstrahiert.

148 Valdés in: Corino (Hg.) 1981, S. 236

149 Peri Rossi in: Nexo a.a.O., S. 4 - 5

150 Valdés in: Corino (Hg.) 1981, S. 233 - 234

151 Zum Begriff des kulturellen Exils als spezifische Erfahrung des lateinamerikanischen Schriftstellers vgl. Karl Kohut (Hg.) 1983, Vorwort

152 Valdés in: Corino (Hg.) 1981, S. 237

153 Valdés in: Die Horen 1983, Nr. 229, S. 80 - 81

154 ebenda, S. 82
155 Peri Rossi und Martini in: El País 17. Okt. 1983, S. 22
156 Peri Rossi, Testimonio ... a.a.O., S. 3
157 Moyano 1983 c
158 Moyano in: Informaciones 2. März 1978, Suplemento Nr. 501
159 Valdés' Argument der kulturellen Unterentwicklung und der daraus folgenden Notwendigkeit zu emigrieren begründet sich in dieser Opposition gegen den "Landschaftsrealismus" einer Heimatkultur.
160 de Moura in: El viejo Topo Extra 1979, Nr. 8, S. 61
161 Ebenso riet man nun in Exilkreisen zur "integración crítica", d.h. zur grundsätzlichen Integrationsbereitschaft bei gleichzeitiger Wahrung der nationalen Identität und einer kritischen Distanz gegenüber den Zielländern, vgl. auch Barudy, Paez in: Colat (Hg.) 1978
162 Peri Rossi in: Die Horen 1982, Nr. 129, S. 106
163 Valdés in: Testimonio latinoamericano Mai-Jun. 1980, Nr. 2, S. 14
164 Martini in: Centro Editor de América Latina März 1982, S. 23
165 Moyano 1983 c
166 David Viñas 1974, S. 138 - 143
167 Garzón Valdés in: Waldman (Hg.) 1982
168 Zur heutigen Bedeutung dieses argentinischen und lateinamerikanischen Grundkonflikts vgl. Kap. 5 in dieser Arbeit.
169 Das kosmopolitische Reisebewußtsein führte die Modernisten zur Rückbesinnung auf die hispanische und amerikanische Kulturtradition. Eine ähnliche Reaktion löste der Auslandsaufenthalt auch bei J.L. Borges aus, vgl. hierzu Ezquerro in: Lendemains 1982, Nr. 27, S. 85 - 88
170 Jitrik resümiert den Wandel der Bildungsreise unter lateinamerikanischen Intellektuellen: "on voyage pour "apprendre" (Echeverréa), ensuite pour "alterner" (Mansilla etc.), puis pour "triompher" (Darío) et finalement pour aller en quête d'inspiration ou bien de nouvelles formes de vie susceptibles de correspondre à un projet littéraire", Jitrik in: Lendemains a.a.O., S 23. Zum Wandel der intellektuellen Bildungsreise vgl. Viñas 1974, S. 138 - 143
171 Die Bildungsreise, begleitet von der Idee der Universalität, beschränkte sich für diese Autoren auf die Entwicklung einer neuen Schreibweise und Literaturkonzeption, mit denen nun die lateinamerikanische Realität beschrieben werden sollte. Vgl. hierzu Ezquerro in: Lendemains a.a.O., S. 87
172 Zur Eingrenzung und sozialen Charakterisierung dieses Exils vgl. auch Garzón Valdés in: Waldmann (Hg.) 1982, S. 179 - 203
173 Frühere Emigrations-Schriftsteller – genannt seien an dieser Stelle nur Carpentier und Neruda – hatten weniger gegen diese exiltypischen, in erster Linie materiellen Probleme anzukämpfen. Neruda hatte schon vor dem Exil wichtige diplomatische Posten in Europa bekleidet. In der unfreiwiligen Emigration setzte er als Mitglied des Weltfriedensrates eine ähnliche Tätigkeit fort. Vor allem aber konnte er den Auslandsaufenthalt nutzen, um seinem schon geschriebenen Hauptwerk, dem "Canto general", internationale Geltung zu verschaffen. Das Exil Carpentiers fiel in den 40er Jahren zusammen mit der Epoche der europäischen Avantgardebewegungen, durch die bekanntlich dem späteren Erzählwerk wesentliche Impulse verliehen wurden. Daß das Exil auch für diese beiden Autoren mit persönlichen Verlusten verbunden war, sei damit nicht in Frage gestellt. Abermals zeigt sich hier jedoch, daß das Exil als soziale Problematik in der Regel erst dann akut wird, wenn

es zu größeren Emigrationen kommt. Die intellektuelle und politische Perspektivlosigkeit gehört vor allem zu den hervorstechenden Merkmalen des Exils in den 70er Jahren. Sie ist mit dem Umstand zu erklären, daß sich die kollektiven Hoffnungen einer politischen und kulturellen Veränderung zuvor auf Lateinamerika gerichtet hatten.

174 Cortázar wurde ebenfalls indirekt vom Exil betroffen (Publikationsverbot in Argentinien).

175 Cortázar in: Araucaria 1980, Nr. 10. Cortázar appelliert vor allem an die kreativen Möglichkeiten des Exils.

176 Peri Rossi in: Nexo a.a.O., S. 5

177 Martini ist nicht ganz dieser Auffassung: "De lejos tal vez no se ve mejor pero se ve de otra manera." Martini in: Salimos-Agenda a.a.O., S. 33

178 Valdés in: Die Horen a.a.O., S. 80

179 Peri Rossi 1979, S. 14

180 Valdés in: Corino (Hg.) 1981, S. 234

181 Peri Rossi, Testimonio ... a.a.O., S. 3

182 Valdés in: Die Horen a.a.O., S. 80

183 Martini in: La opinión cultural 1. Mar. 1981

184 In der Figur des Teofilio, einem postsurrealistischen Intellektuellen, läßt Valdés die Gegensätze von "l'art pour l'art" und politischem Engagement/sozialistischem Realismus aufeinanderstoßen. Enttäuscht über die bürokratische Trägheit kommunistischer Kulturpolitik und verblendet von der Schönfärberei ästhetischer Worte, wird Teofilio zum Handlanger faschistischer Kräfte. Der Gegensatz kehrt in Valdés 1981 wieder in der Konfrontation der linken Intellektuellenzirkel, in denen ein voluntaristischer Aktionismus vorherrschend ist, und der Unidad Popular, die eine konservativ-paternalistische Kulturpolitik betreibt. Auch hier wird der avantgardistischen, bürgerlich-ästhetischen Bestrebungen anhängende Intellektuelle angeklagt, ein Helfershelfer der Faschisten zu sein. Der Elfenbeinturm des Künstlers bedingt das Verkennen und die Verachtung realpolitischer Vorgänge und sozialer Realität.

185 Vgl. hierzu Kap. 5 und 6 dieser Arbeit

186 Moyano 1983 b schließt zudem ein: zwei Erzählungen über das Exil, eine über die politische Repression und eine weitere, die die Exilproblematik aus der symbolischen Perspektive der Verschleppung eines Indianers nach Spanien behandelt.

187 Martini 1978, Vortrag zur Veröffentlichung 1988, Fotokopie wurde freundlicherweise von der Kongreßleitung zur Verfügung gestellt.

188 diese ist satirisch verfremdet

189 Bemerkenswert erscheint mir auch der Tatbestand, daß Martini, Moyano und Valdés planen, das Emigrationsthema in weitergehenden Kompositionszyklen zu behandeln bzw. schon behandelt haben. Der Weg Haches aus Valdés 1981 setzt sich in Valdés 1986 fort; der des Juan Minelli in Martini 1986, einem bereits wieder in Argentinien geschriebenen Roman, in dem die Rückkehr erzählt wird. 1987 wollte Martini seinem Protagonisten noch einen dritten Band widmen. Ebenso gedachte Moyano einen zweiten Roman über das Exil zu schreiben. Bei Valdés und Martini handelt es sich jedoch um drei bzw. zwei selbständige Romane, die keinen Handlungsfortlauf haben und einzig in dem gleichbleibenden Protagonisten einen Zusammenhalt finden.

190 Die urbane Zivilisationskritik stellt allerdings einen latenten Grundzug des gesamten Schaffens der Autorin dar. Zu den weiteren Qualifikationskriterien der mit "El museo de los esfuerzos inútiles" beginnenden neuen Arbeitsphase sind, neben der strengen kompositorischen Kürze, der Einsatz eines projektiven Ich-Modus, die Zunahme an essayistischen Reflexionen, ein allgemeiner Anstieg in der pessimistischen, absurden Welthaltung anzuführen. Demgegenüber bauen die Kinder-Erzählungen meist auf traditionellen auktorialen Erzählsituationen, einem auf poetischer Analogiebildung beruhenden Schreibverfahren, einer noch vitalistischen Welthaltung auf. Vgl. Kap. 6 und 7 dieser Arbeit. Die in Peri Rossi 1983 begonnene Erzählweise setzt sich in variierter Form in den folgenden Veröffentlichungen fort.

191 Da der Paternalismus zu den zentralen Kritikpunkten des Feminismus zählt, liegt hier auch ein Bezug zur lateinamerikanischen Realität vor. Peri Rossi unterscheidet sich – sieht man einmal von einer dezidierteren Verurteilung der sozialen Benachteiligungen der Frau ab – kaum von der antipaternalistischen Gesinnung ihrer männlichen Kollegen. Eher stellt der Feminismus ein latentes Problem ihrer Arbeit dar. Vgl. Kap. 6.

192 Titel übernommen aus: Agermanament Nov./Dez. 1978, Nr. 148

193 Moyano 1986 a, S. 142

194 Peri Rossi 1984, S. 87

195 Ich gebrauche die Begriffe Subjektivität und Identität im folgenden synonym. Dies Vorgehen ist insofern berechtigt, da der Terminus Subjekt/Subjektivität die philosophische Variante zum heute sozialwissenschaftlichen Begriff Identität darstellt. Bevor sich die Sozialwissenschaften der Identitätsproblematik annahmen, war diese eine Domäne philosophischer Reflexion. Vgl. hierzu Marquard in: Poetik und Hermeneutik 1979, Nr. 8, S. 347 - 369

196 Stanzel 1985. Ich beziehe mich in erster Linie auf die von Stanzel entwickelte erzähltheoretische Terminologie.

197 Kayser 1965

198 Selbstverständlich sind hiermit Autobiographie und Dokumentarliteratur nicht auf gleiche Stufe gestellt. Hat die erstere die Darstellung des eigenen Ich, des persönlichen und historischen Lebensweges, zum Gegenstand, so zielt die zweite auf die Darstellung eines soziopolitischen Sachverhaltes ab. Als Gemeinsamkeit ist jedoch die im Moment des Zeugnisablegens bzw. des Augenzeugenberichts offenkundige Erzählmotivation anzuführen. Vgl. hierzu u.a. Concha, der sich in seinen Ausführungen zur Dokumentarliteratur über den chilenischen Militärputsch zunächst auf antike und biblische Traditionen bezieht: "Las incursiones en la tradición literaria permiten situar obras señeras en un grupo al cual es inherente una función testimonial, como la Apología platónica sobre el juicio y la muerte de Sócrates o los mismos Evangelios. Lo esencial parece ser aquí el elemento de testigo, del sujeto que ve y testifica; y no hay que olvidar que testigo, en el griego clásico ... se decía "matyr". Zum konstitutiven Anlaß des "Zeugnisberichtes" gehört: "un suceso que provoca una profunda conmoción en el ánimo del testigo, ya por su fuerza dramática, ya en virtud del efecto de la revelación sobre la fe o la ideología de quien contempla y comunica su mensaje", Concha in: Araucaria 1978, Nr. 4, S. 130 - 131. Außergewöhnliche Umstände als Erzählmotivation spielen auch in der traditionellen Bestimmung des Autobiographischen eine Rolle: "Ein anderer typischer Fall bestand darin, daß jemand in einen schweren, die physische Existenz bedrohenden Konflikt mit seiner Umwelt geriet,

daß er angeklagt wurde oder angeklagt worden zu sein vorgab und nunmehr seine – wirkliche oder fingierte – Verteidigungsrede zum Anlaß oder Mittel einer rechtfertigenden Selbstverteidigung machte", Fuhrmann in: Poetik und Hermeneutik 1979, Bd. 8, S. 685. Ebenfalls auf die Tradition der Apologie des Sokrates zurückgehend hebt Fuhrmann die Selbstrechtfertigung als zentrale Bestimmung des autobiographischen Zeugnisberichtes hervor. Im Hinblick auf das vorliegende Material ist ferner anzumerken, daß in ihm – in formaler Hinsicht – auf den tagebuchartigen Reisebericht zurückgegriffen wird. In diesem liegen autobiographischer Erlebnisbericht und Reflexion von Zeitgeschichte eng beieinander.

199 Peri Rossi 1985, S. 8

200 Valdés in: Corino (Hg.) 1981, S. 240

201 Moyano 1983 b, Golondrinas, S. 1 - 2

202 Moyano 1983 a, S. 294, 292

203 Zur Analyse der Tagebuchliteratur, mit besonderem Schwerpunkt auf den französischen Diaristen, vgl. Hocke 1963. Hocke fragt in seiner materialreichen Studie nach den Motiven europäischer Tagebücher. Besonders hervorgehoben wird der durch Einsamkeit bedingte Drang zum fixierten Selbstgespräch, das dem Ich eine Ordnung der erlebten Ereignisse wieder vor Augen führen soll, nach Hocke 1964, S. 24 - 32; zur Tradition von Tagebuchaufzeichnung und (ethnologischem) Reisebericht vgl. auch Heinrichs in: Mythen der neuen Welt 1982; vgl. ferner Moyano 1983 a, S. 292

204 Der autobiographische Lebensbericht hat die Präsentation des Lebens als "ein Ganzes, als eine überschaubare, in sich geschlossene Einheit" zum Gegenstand, wobei "dieses Ganze und seine Teile der inneren Stimmigkeit und der einleuchtenden Verknüpfung" bedürfen, nach Fuhrmann in: Poetik u. Hermeneutik 1979, Bd. 8, S. 689. Die Notwendigkeit einer stimmigen Präsentation, z.B. der Handlung verlangt die Einhaltung eines chronologisch nachvollziehbaren Zeitverlaufs.

205 Vgl. hierzu 4.3 in dieser Arbeit

206 Vgl. Kapitel 5 und 7 in dieser Arbeit

207 Valdés 1981, S. 169

208 Moyano 1983 a, S. 32

209 Peri Rossi in: Triunfo 4. Feb. 1978, S. 26

210 Martini in: Soriano 1979, S. 8

211 Martini in: El viejo Topo Jan. 1981, S. 58 - 61

212 Allerdings ist bei derartigen Äußerungen zu berücksichtigen, daß sich Autoren häufig in ihren zuletzt fertiggestellten Arbeiten besonders repräsentiert sehen.

213 Peri Rossi in: El País 12. Dez. 1985, S. 13

214 Eine Beziehung der hier behandelten Literatur zur Romantik läßt sich nicht nur in der Absicht nachweisen, Realität/Leben im Medium der Kunst zu reflektieren, womit eine ästhetische Einstellung zum Leben verbunden ist. Vgl. hierzu in allgemeinem Überblick Best und Schmitt (Hg.) Stuttgart 1974. Neben so grundlegenden Themen der Romantik wie Reisen, Vergänglichkeit, Einsamkeit und Todesangst/Faszination ist vor allem auch die Auffassung des literarischen Schaffensprozesses als Traumarbeit hervorzuheben,vgl. 4.3

215 Peri Rossi 1984, S. 21

216 Vgl. u.a. Moyano 1983 b, Carta al carcelero und Moyano 1981, Kap. 13. Zur Zentrumsmetapher in der europäischen Literatur vgl. Bernal 1969

217 Martini 1984, S. 56
218 Moyano 1983 a, S. 213
219 Zur Entwicklung der literarisch-ästhetischen Welterkenntnisansprüche vgl. Jauß in: Poetik und Hermeneutik 1975, Bd. 6, S. 263 - 339
220 Peri Rossi 1984, S. 40
221 Dies, weil wohl jede Art von Beschäftigung als kompensatorisch oder als Flucht angesehen werden kann.
222 Peri Rossi 1984, S. 40
223 Zum Zusammenhang von Regression, Identitätsfindung und Utopie bei G. Márquez, O. Paz und C. Fuentes vgl. u.a. Strausfeld in: Strausfeld (Hg.) 1976, S. 233 ff; Farías 1981; Fuentes 1969; Hölz in: Romanistisches Jahrbuch 1982, Bd. 3
224 Peri Rossi in: Texto crítico Jan.-Ap. 1978, Nr. 9, S. 140
225 Peri Rossi 1979, S. 31
226 Unterscheidet die klassische Psychoanalyse noch relativ direkt zwischen der Traumarbeit als irrationale Wunscherfüllung und einer rationalen Realitätsbewältigung durch das wache Bewußtsein, so deutet die Terminologie des Tagtraumes bereits an, daß die Vertreter der Literatur vielfach eine Synthese der Bereiche Irrationalität/ Rationalität anstreben. "Lo maravilloso es real, alcanza con descubrirlo. Sólo los imbéciles tienen que andar por la vida inventando cosas para parecer muy imaginativos. Con seguridad se pierden toda la fantasía que hay en las cosas, pero ellos no ven.", Peri Rossi 1984, S. 142. Die Literaten betonen die Position des erlebenden Subjektes, wobei die Traumkonzeption (gemäß des Topos "La vida es sueño") zur literarischen Welt- und Lebensauffassung verallgemeinert ist. Es geht um die Entdeckung der Chiffren des "Nichtgewußten", Wundersamen, in der Realität. Ohne hier auf die Einzelheiten der abstrakten Freudschen Kreationstheorie einzugehen, sei darauf hingewiesen, daß nicht zuletzt aufgrund der freien Assoziation Parallelen zwischen der modernen Literatur und der von Freud analysierten Traumarbeit vorliegen. Die Gründe für die zum Teil recht engen Berührungspunkte zwischen Literatur und Psychoanalyse sind u.a. im Tatbestand begründet, daß sich beide immer wieder gegenseitig beeinflußt haben. So bezogen Psychoanalytiker ihre Analysematerialien aus der Literatur (die Freudsche Kreationstheorie ist Resümee der in der Literatur beschriebenen Tagtraumerfahrung seit der Romantik). Ebenso wurde die Psychoanalyse von den Literaten als Bestätigung, wenn nicht sogar als intellektueller Impuls (vgl. Surrealismus) aufgenommen. Zur Freudschen Dichtungstheorie, vgl. Freud 1969, Bd. 10, S. 176 ff. Zur Freudschen Traumdeutung: Sigmund Freud Ffm. 1985. Zur Beziehung von literarischer und psychoanalytischer Traumkonzeption am Beispiel des Surrealismus, vgl. u.a. Bürger 1971
227 Moyano 1983 a, S. 10
228 ebenda, Kap. 9
229 vgl. Kap. 7
230 vgl. 4.4.2
231 Moyano 1983 b, La alegría del cazador
232 Martini 1984, S. 182
233 In diesem Punkte würde sich nach psychoanalytischer Kunsttheorie der künstlerisch produktive Tagtraum, bei dem die Vorstellungstätigkeit bewußt gesteuert ist, von dem des Neurotikers, der sich von seinen inneren Bildern

und Konflikten überwältigt sieht, unterscheiden, vgl. Freud 1969, Bd. 10, S. 176 ff

234 Ich beziehe mich auf Stanzel 1985

235 Vgl. Kap. 2

236 Zum Begriff personale Er-Erzählung vgl. Stanzel 1985, S. 73. Stanzel bestimmt die personale "Er- oder Reflektor- Erzählung" als "Eingrenzung des Wissens- und Erfahrungshorizontes" des Erzählers. Es wird aus dem Bewußtseins- und Wahrnehmungshorizont einer Figur heraus erzählt.

237 Der Protagonist bleibt, ob als Er oder Ich, in allen Szenen der gleiche, d.h. er tritt mit gleicher Haltung gegenüber den Ereignissen auf. Leichte Unterschiede stilistischer Art sind allenfalls in Valdés 1981 festzustellen, wo die Er-Erzählung einen ironisch distanzierteren Ton hat. An ein Vertauschen der beiden Erzählebenen ließe sich hier schon allein aus Gründen des Gebrauchs verschiedener Tempora nicht denken. Bei Moyano hingegen ist das Ich-Er-Wechselspiel völlig beliebig.

238 Valdés 1981, S. 184

239 nach Jauß 1955, S. 62

240 Jauß 1986, S. 111. Das strukturelle Spannungsverhältnis der erzählenden Ich tritt in Valdés' Text durch den Wechsel der Erzählfunktion in einzelnen Kapiteleinheiten direkter zutage.

241 Kant zitiert in: Adorno 1982, S. 145.

242 Zu den weitergehenden Implikationen, die sich aus der Parallelisierung zweier zeitlicher Handlungsstränge ergeben, vgl. Kap. 7

243 Valdés 1981, S. 48

244 Nach dem Modus des "esse est percipí" zählt hier nur das mit den eigenen Sinnen Wahrgenommene.

245 Valdés in: Corino (Hg.) 1981, S. 234

246 Valdés 1981, S. 48

247 ebenda, S. 89

248 ebenda, S. 89

249 ebenda, S. 28 und 32

250 ebenda, S. 241

251 ebenda, S. 241

252 Martini 1984, S. 95

253 Peri Rossi 1976, S. 59

254 Valdés 1981, S. 242

255 Moyano in: Informaciones 2. Mär. 1978, Suplemento, Nr. 501

256 Moyano 1968, S. 161

257 Der Konstruktivismus bestand in der Erschaffung eines engen Geflechtes an poetischen Analogiebezügen, die zwischen einzelnen Personen, Gegenständen und auch atmosphärischen Situationen eine innere Verbindung herstellten. Roa Bastos hat in seinem Aufsatz in: Diario de la Gaceta 1964, die Einflüsse Cesar Paveses auf Moyanos Schreibverfahren und Weltkonzeption herausgearbeitet.

258 Vgl. u.a. Moyano 1983 a, S. 196 und 193

259 Moyano 1983 b, Golondrinas, S. 1 und Moyano 1983 a, S. 17

260 Moyano 1983 b, En la atmósfera, S. 2

261 ebenda, S. 3

262 ebenda, S. 1

263 Valdés 1981, S, 88, 92

264 Eine ähnliche erzähltechnische Doppelungsstruktur liegt im übrigen auch in Valdés 1986 vor, obwohl sie hier nicht mehr in einer Spaltung des Ich-Erzählers zum Ausdruck gebracht wird. Im Ich-Modus werden einige der Episoden erzählt, die sich auf Haches Erlebnisse in England beziehen (Tagebuch), die eigentliche Chronik der lateinamerikanischen Geschichte wird von einem anonym bleibenden Erzähler resümiert. Hin und wieder tritt ferner ein anonymer Erzähler auf, der die im Tagebuch nicht erfaßten Episoden wiedergibt. Er ist, wie es heißt, die eigentliche treibende Kraft, durch die das Buch zustande gekommen ist. Der autoktoriale Erzähler zeigt einen weiteren Schritt der Distanzierung von der vergangenen Person Hache an.

265 Frank 1986, S. 30. Frank führt hier auch die Metapher des geistigen Blicks an, der in der Erkenntnisphilosophie von Anbeginn ein beliebtes Bild ist. Das Reflexions- oder Repräsentationsmodell setzt voraus, daß das Subjekt/Bewußtsein immer auf anderes (die Objekt-Welt) bezogen ist. In der Selbstwahrnehmung wird dieser Akt des "Vorstellens" zur "Vorstellung meiner Vorstellung", Frank 1986, S. 28

266 Vgl. u.a. Habermas mit besonderem Bezug auf die Alteritätsphilosophie bei Hegel, in: Habermas 1982, Kap. 4

267 Der Unterschied zu früheren Alteritätskonzeptionen, etwa bei Kant, dessen Subjektdefinition für alle folgenden Philosophien in positiver oder negativer Form maßgeblich geblieben ist, besteht jedoch darin, daß die Ich-Doppelung heute vielfach als entfremdende Persönlichkeitsspaltung gedacht wird. Kant hingegen ging noch davon aus, daß jede Wahrnehmung von Denken, welches sich selbst gewahrt, begleitet werde, und daß eben gerade dieses denkende Sich-selbst-Vorstellen für die Einheit des Subjektes bürgt. "Es wird dadurch aber nicht eine doppelte Persönlichkeit gemeint, sondern Ich, der ich denke und anschaue, ist die Person, das Ich aber des Objektes, was von mir geschaut wird, ist, gleich anderen Gegenständen außer mir, die Sache", zitiert nach Frank 1986, S. 29. Das heute gern als besonderes Charakteristikum modernen oder auch "postmodernen" Denkens hervorgehobene Alteritätsproblem ist also, wie Frank auch am Beispiel der Frühromantikliteratur nachweist, so neu nicht; vgl. hierzu Frank 1984, Vorlesung 12.

268 Moyano 1983 b, En la atmósfera, S. 31

269 Auch dieser Doppelungscharakter der Wahrnehmungen ist im übrigen in den frühen Subjektphilosophien Descartes, Kants usw. mitgedacht. In der literarischen Vorstellungstätigkeit beinhaltet das Eins-Sein von Schauendem und Geschautem die angestrebte Aufhebung der entfremdeten Subjekt-Objektbeziehung. Vgl. hierzu auch Kesting in: Poetik und Hermeneutik 1975, Bd. 6, S. 386

270 Eva versinnbildlicht zudem die falschen Vorstellungen Haches von der chilenischen Revolution, so daß nicht nur eine soziale Entfremdungssituation, sondern auch der Umstand politischer Manipulation nahegelegt wird.

271 Valdés 1981, S. 236

272 Vgl. Kap. 6 in dieser Arbeit

273 Vgl. dazu auch Sartre 1976, S. 373 - 381. Das "Sein-für andere" schließt bereits eine Kluft zwischen dem sogenannten "Für-sich-sein" (Ich) und dem Typus, den das Ich (Für-sich) in den Augen der Anderen (Gesellschaft) verkörpert, mit ein; mit anderen Worten: Es besteht eine Diskrepanz zwischen Selbstsein und der "Rolle", die wir für die anderen spielen. In einem weiteren Sinne spielt hier natürlich auch bereits die Dialektik vom Individuellen und

Allgemeinen mit hinein. Das Individuelle muß sich im Allgemeinen (der Sprache z.B.) äußern, um anderen überhaupt zugänglich zu sein. Es verliert damit aber seine Einzigartigkeit, vgl. Frank 1977, S. 157 - 247

274 Zum Unterschied von sozialem und ästhetischem Rollenbegriff vgl. Jauß 1977, S. 190 ff. Jauß weist nach, wie sehr die soziologische Identitätsdebatte im Grunde von literarisch-ästhetischen Konzeptionen durchdrungen ist. Er unterscheidet den ästhetischen Rollenbegriff vom soziologischen in dem Moment der "ästhetischen Illusion des Spiels, freiwillig tun zu können, was man sonst im Ernst tun muß", ebenda S. 195. Im Gegensatz dazu erfolgt die Übernahme von sozialen Rollen unter gewissen gesellschaftlichen Zwängen und ist daher stärker an Entfremdung gebunden. Fraglich bleibt allerdings, in Anbetracht der in Valdés 1981 vorgestellten Erfahrungen, ob die ästhetische Rolle tatsächlich immer der "freien Affirmation des Selbstseins im Spiel" dienlich ist.

275 Valdés in: Die Horen 1983, Nr. 129, S. 82

276 Moyano 1983 a, S. 10

277 Die Erzählerrolle des fabulierenden Großvaters verweist auf die in Lateinamerika noch sehr verbreitete Tradition der mündlichen Weitergabe von Geschichte; zudem ist den Großvätern in ihrer Funktion als Märchen- und Fabelerzähler eine ganz spezifische Erzählerrolle zuzusprechen. Hier sehe ich auch einen speziellen Zusammenhang zwischen der von Moyano häufig eingenommenen Rolle des erzählenden Kindes und den populären literarischen Genres.

278 Moyano 1981, S. 8. Der völlig spontane Wechsel der Erzählmodi in Moyanos Texten ist auch auf den im Exil verstärkten Animismus zurückzuführen. Dieser kann sich bis zum Selbstgespräch steigern, das der Erzähler mit seinen Figuren führt; vgl. auch Kap. 7.

279 In Moyano 1983 a wird sogar eine Generalogie der Konfliktbewältigung aufgestellt. Während früher die Literatur, insbesondere die populären Erzählformen, für die Sublimation der Ängste sorgten, sind es heute Psychologie und Psychiatrie, die auf dem Wege der Rationalisierung eine Angstbewältigung anstreben. Es ist unschwer zu erraten, daß Moyanos Erzähler die erstgenannte Lösung vorziehen. Vgl. Moyano 1983 a, Kap. 10 und Moyano 1983 b, La alegría del cazador

280 Moyano 1983 a, S. 61. Auch diese Phantasiewelt erlaubt einen Rückbezug zur Lebensrealität des Autors. Wie weit Moyanos Identifikation mit den Erzählfiguren reicht, verdeutlicht z.B. eine Äußerung zum "Alten" in Moyano 1981: "Este viejo es la suma de todos los viejos que conocí", Moyano 1983 c

281 Moyano 1983 a, S. 207

282 ebenda, S. 294

283 ebenda, S. 179

284 Martini 1981, S. 13

285 Vgl. Martir.i 1975, S. 52

286 Vgl. Kap. 5. Die in Martinis objektiven Deskriptivismus angelegte Infragestellung der äußeren Erkennungszeichen ist relativ direkt auf Einflüsse des Kriminalromans zurückzuführen. Es wird eine Bestandsaufnahme an Indizien vorgenommen, die jedoch nicht mehr zur Problemlösung, sondern zur Infragestellung der Welt führt; vgl. hierzu auch den Martini bekannten Heißenbüttel in: Jochen Vogt (Hg.) 1971, Bd. 2, S. 356

287 Vgl. hierzu Kap. 5

288 Martini 1981, S. 199
289 Vielfach gelangen wir mit Martinis Figurenkonzeption an den charakteristischen "Null-Punkt" der figuralen Identität in der modernen Literatur. Durch die Ausschaltung jeder sozialen Information zur Person sind Martinis Protagonisten Suchende; wobei die scheinbar mit größter objektiver Genauigkeit wiedergegebenen Schauplätze zugleich die Orte ihrer infragestellenden Weltwahrnehmung sind. Die seit Flaubert und dem Nouveau Roman bekannte Technik der Innenperspektive gleich Außenperspektive (Spiegelung der Subjektivität in der Welt der Dinge) ist auch für Martinis Arbeiten prägend. In ihr steht der Charakter des Schreibens als Handlungsvollzug im Vordergrund, denn die Figuren sind Medien einer Weltwahrnehmung und Reflexion.
290 In Martini 1981 ist das Double zu el Oriental, der Hauptfigur, el Oso Leiva; in Martini 1984 ist das Double des Juan Minelli der Engländer namens Frank. Das mythische Alter ego in Martini 1981 ist der allmächtige Großgrundbesitzer el Alacrán; in Martini 1984 der Italiener Guido Micelli.
291 Die Suche nach Identität ist, wie auch in Moyanos Texten, an die metaphysische Frage nach einer neuen Transzendenz, der Verbalisierung eines "Noch-nicht-Gewußten", gebunden; vgl. 4.5
292 Martini resümiert sein Romanprojekt zu Composición: "... (una) novela que intenta enunciar los elementos de una reflexión acerca de las relaciones entre la lengua, la escritura y la historia, a la luz o la sombra, del exilio.", Martini 1987, Vortrag zur Veröffentlichung 1988.
293 Martini 1984, S. 40
294 ebenda, S. 221
295 Die Frage nach der "anderen Seite des Spiegels", die wir in der lateinamerikanischen Literatur häufig im Sinne einer Frage nach dem Jenseits (Más allá) finden, geht im Falle Martinis wie auch Peri Rossis auf den englischen Nonsensdichter Lewis Carroll zurück. Vgl. hierzu auch Martini 1983, S. 347. Im Sinne einer Erkenntnisfunktion wird das Carrollsche Spiegelmotiv in den Kinderzählungen Peri Rossis eingesetzt, vgl. Kap. 6 u. 7 in dieser Arbeit
296 Martini 1984, S. 207
297 ebenda, S. 200 - 201. Daß die Frage nach einer Wahrheitsfindung im Zentrum des literarischen Schaffens im Exil steht, entnehmen wir auch Martinis autobiographischen Äußerungen: "En su juego (él de la escritura, Anm. P.S.) se juega un saber cuyo incitante interés consiste en que la "verdad ... permanece siempre intacta, más allá de las palabras, más allá de las novelas.", Martini 1987, Vortrag a.a.O. Hierbei handelt es sich jedoch um einen Wahrheitsbegriff, der von dem Autor selbst eher als ein Abstraktum gehandhabt wird.
298 Peri Rossi in: Texto crítico Jan.-Ap. 1978, Nr. 9, S. 139
299 Die Idee des Übersetzers thematisiert Peri Rossi erstmals in Peri Rossi 1968: in einem Museum vergnügen sich die Protagonisten, indem sie die Unterschriften der Ausstellungsstücke von einer Sprache in die andere übersetzen. Bereits hier ist der Gedanke der Kunst als Spiel mit schon vorhandenen kulturellen Traditionen ausgebildet. Vgl. Peri Rossi 1974, S. 81 - 84
300 Peri Rossi 1979, S. 38
301 Peri Rossi 1980, S. 22
302 Martini 1984, S. 42
303 ebenda, S. 191
304 Peri Rossi 1979, S. 12

305 Peri Rossi 1979, S. 35
306 Peri Rossi 1981, S. 9
307 Vgl. Kap. 6 und 7
308 Peri Rossi 1974
309 Borges 1961, S. 85 - 95
310 Allerdings hat Peri Rossi in ihren Büchern und autobiographischen Schriften immer wieder auf die ambivalente Beziehung zu Borges verwiesen. Tatsächlich ist hier eher von einer Übereinstimmung beider Autoren in der metaphorischen Synthese des Kunstschaffens zu sprechen. Auch im Exil noch vertritt Peri Rossi die weitaus provokativere Position einer konstruktiven Zerstörung herkömmlicher Denkmuster und Wahrnehmungen, vgl. Peri Rossi 1984, S. 97
311 Peri Rossi in: Die Horen 1983, Nr. 129, S. 129
312 Peri Rossi 1979, S. 36
313 Peri Rossi 1979, S. 75
314 Vgl. Kap. 2
315 Lacans These vom "dezentrierten Subjekt" wird als Schlagwort übernommen. Die Autoren gehen nicht weiter auf das Denken des Franzosen ein. Ohne hier den Anspruch der vollständigen Wiedergabe der Lacanschen Überlegungen zu erheben, sei folgendes präzisiert: Lacan gelangt zu seiner Behauptung der Subjektdezentrierung ebenfalls über die Ansicht des Vorhandenseins einer Doppelungsstruktur des Ich. Er geht davon aus, daß sich das Ich aus einem "Je" in Lacans Worten auch "le sujet véritable" und einem "moi" zusammensetzt. Der "Sujet véritable" hat die Seinsweise des "s'être", ein irreflektiertes Subjekt, das mit dem Freudschen "Es" vergleichbar ist. "Moi" ist ein sich selbst reflektierendes Subjekt. Der "Sujet véritable" ist ohne Doppel, ein wesenloses Sein, wenn Wesen etwas ist, das eigenschaftlich qualifiziert ist. Was immer wir von diesem "Je" sagen, verfehlt sein eigentliches Sein oder Zentrum. Von daher ist "Je" für Lacan "ex-centrisch" und lädt zum Verkennen durch "moi" ein. Dieses Verkennen besteht nach Lacan darin, daß "moi" sich mit dem "Sujet véritable" als sein Gegenüber identifiziert. In diesem "Sich-Verkennen" besteht sogar die eigentliche Funktion des "moi". Vgl. hierzu Frank 1983, Vorlesung 18 und 19. Wir werden auf Lacan, dessen Ansichten oft beachtliche Überschneidungen zur literarischen Welthaltung aufweisen, zu gegebenen Zeitpunkten noch zurückkommen. Zur weiteren Grundlegung des Lacanschen Denkens im Rahmen des klassischen Strukturalismus vgl. Lang 1973
316 Peri Rossi in: El País 12. Aug. 1984, Libros Nr. 251
317 Vgl. Frank 1986 und Frank 1983
318 Dies eben auch aus Gründen der intellektuellen Opposition gegen konventionalisierte Wirklichkeits- und Wahrnehmungsparadigmen, vgl. Kap. 5 und 6
319 Frank 1986, S. 32
320 Demgegenüber gingen die Vertreter des deutschen Idealismus vom Apriori einer Ich-Synthese aus, hatten aber die Schwierigkeit, diese empirisch zu belegen, vgl. hierzu Levita 1971
321 Lacan leitet aus der Konzeption des Begehrens ("besoin") auch seine These der Subjektdezentrierung ab. Das Begehren ist nach Lacan die Antwort des Menschen auf die Einführung in die Ordnung der Symbole (Sprache). Dieser haftet das Merkmal eines ewigen Mangels an, da sie die wirklichen Objekte des Begehrens nur noch vermittelt über Worte meint, nicht aber die Sache

selber ist. Vergeblich sucht das Ich sein Begehren in der Symbolordnung zu fixieren oder zum Ausdruck zu bringen. Die symbolische Ordnung war gedacht als Mittel der Wunscherfüllung, sie ist es jedoch, die das Subjekt des Wunsches von sich selbst trennt. Es existiert jetzt auf zwei Ebenen: als "moi", das sich verzweifelt nach einer Identifikation mit dem Liebesobjekt sehnt, und als sprechendes Wesen, das sich der Ordnung der Sprache, die zugleich die Ordnung der Anderen ist, überantwortet hat. Lacan beschreibt hier den Gedanken einer unendlichen Schöpfung oder Suche nach Selbstrealisation in der sprachlichen Symbolordnung, den wir vor allem in den Arbeiten Martinis und Peri Rossis wiederfinden, vgl. Kap. 6 und 7

322 Auch hier ist weniger von einem direkten Einfluß des Lacanschen Denkens auf die Autoren auszugehen als von einem Berührungspunkt in einem zentralen Thema der intellektuellen Reflexionen.

323 Peri Rossi 1984, S. 46

324 Martini 1984, S. 97

325 Zum Einfluß des Alteritätsdenkens Cortázars auf das Exil vgl. David Viñas in: Iberoamericana 1980, Nr. 2, S. 9 - 35

326 Vgl. u.a. Alazraki 1983; Alazraki hebt zurecht hervor, daß die Alteritätskonzeption im Werke Cortázars unterschiedliche Formen annehmen kann und in verschiedene Richtungen weist. Diese sind jedoch im zentralen Anspruch der Erforschung unbekannter Seinsbereiche der menschlichen Existenz zusammenzufassen. Vgl. hierzu auch Cortázar 1984, S. 105 - 124. Zur existentiellen Suche im Werke Cortázars B. Dellepiane in: Strausfeld 1976, S. 187 - 222

327 Martini 1987, Vortrag zur Veröffentlichung 1988

328 Der Konflikt zwischen autochthon gesonnenen Kreisen und den nach internationalen Allianzen strebenden Eliten wird hier in der Allegorie der Drins und Draus gespiegelt. Obgleich dieser Konflikt in die Frühgeschichte verlagert wird und mit der Vertreibung der Draus aus der Binnenwelt (Paradies) beginnt, stellt auch in Valdés 1986 die Eroberung und Unterwerfung des Landes durch die Engländer den eigentlichen Beginn der Geschichte dar.

329 Vgl. auch Vidal 1976, Franco in: Idologies and Literature Dez.-Jan. 1976, Bd. 1, Nr. 1, S. 5 - 24; Strausfeld in: Strausfeld (Hg.) 1976, S. 233 ff; Farías 1981

330 Fuentes 1969, S. 31 - 32

331 Valdés 1986, S. 36; vgl. ferner Moyano 1981, S. 7 - 8 und 61

332 Die Unmöglichkeit, eine alternative Welt zu definieren, führt zur Kreation von Zirkelschlüssen, aus denen es keinen anderen Ausweg als den völligen Bruch mit dem Bestehenden gibt; vgl. auch Epple in: Texto crítico Jan.-Ap. 1978, Nr. 9, S. 144

333 Zur Bestimmung des "estilo barroco" vgl. Armbruster 1982, Kap. 2. Ausführlich weist Armbruster die ideologischen Implikate nach, die der Barock-Begriff in Lateinamerika hat (Rassen-Kulturmischung, sensuelle Lebensaffirmation, Illusionsräume). Wie wir im folgenden sehen werden, wird das Moment des Barock auch von den hier vorgestellten Autoren in diesem ideologischen Sinn und weniger als kunstgeschichtliche Klassifikation gebraucht.

334 Vgl. Kap. 6

335 Valdés 1981, S. 11

336 ebenda, S. 12

337 Martini 1981, S. 207

338 Vgl. Kap. 7

339 Valdés 1981, S. 204

340 ebenda, S. 204

341 Moyano 1983 b, En la atmósfera

342 Die für die moderne Literatur allgemein charakteristische Inversion von Anfang und Ende hat in dem lateinamerikanischen Kontext die besondere kulturelle Bedeutung eines durch die spanische Kolonisation zerstörten Anfangs der (indianischen) Geschichte. Sie impliziert einerseits die pessimistische Geschichtsauffassung, derzufolge alle weitere historische Entwicklung Lateinamerikas eine zyklische Wiederkehr dieses bereits in den Anfang eingeschriebenen Endes ist. Andererseits verleiht sie der Suche nach dem Anfang, die mit einer Inversion der Zeitchronologie verbunden ist, die besondere symbolische Bedeutung einer Suche nach den eigentlichen Ursprüngen der lateinamerikanischen Kultur- dies mit der notwendigen Konsequenz einer stark nostalgisch geprägten Sehnsucht nach dem verlorenen Anfang; vgl. auch Mutterschaftssymbolik, Kap. 6 in dieser Arbeit; zur Beziehung von Zeit-Inversion bzw. auch Regression und geschichtlicher Bewußtwerdung Kap. 7; zur Symbolik des absoluten Anfangs am Beispiel der Literatur Octavio Paz' vgl. ferner Holz in: Romanistisches Jahrbuch 1982, Bd. 3, S. 336 - 366

343 Zur Umwertung der Stadt-Land-Dichotomie aus dem 19. Jh. in der Literatur der zweiten Hälfte dieses Jahrhunderts vgl. Vidal 1976; Franco in: Idologies and Literature Dez.-Jan. 1976/7, Bd. 1, Nr. 1, S. 5 - 24

344 Nochmals seien in diesem Zusammenhang die Unterschiede zwischen europäischer und der lateinamerikanischer Romantik verdeutlicht. Die europäische Romantik entstand in der Zeit des politischen Übergangs der alten feudalaristokratischen zur bürgerlichen Ordnung. Unter ihren progressiven wie konservativen Vertretern stellte sie eine erste kritische Reaktion auf den Fortschrittsglauben der Aufklärung dar, die sich vielfach mit Enttäuschungen über die nicht eingelösten Ideale der Aufklärung paarte. Den Maßstäben der Vernunft und rationalen Weltbewältigung hielten die Romantiker eine Flucht ins Irrationale und subjektives Welterleben entgegen. Die romantische Wirklichkeitsflucht implizierte eine nostalgische Idealisierung der mittelalterlichen Standesordnung, die eine Hinwendung zu nationalen, volkstümlichen Traditionen als Alternative zur urbanen Massenkultur mit sich brachte. Volk war für die Romantiker gleichbedeutend mit Natur und Heimat. Sie bürgten für Einfachheit und Kontinuität einer nationalen Identität. Zwar wandten sich auch die Lateinamerikaner den national, autochthonen Traditionen zu, die sie in ihre Utopie eines nationalen Aufbaues integrierten. Die gesellschaftspolitischen Ziele dieser Utopie blieben jedoch an der von den Städten ausgehenden europäischen Zivilisation orientiert. Das wohl berühmteste Beispiel dieses lateinamerikanischen, romantischen Denkens ist Sarmientos "Facundo". Die Romantik paarte sich in Lateinamerika mit der Übernahme des Positivismus. Sie stellte keine Kritik am Fortschrittsglauben dar, der im 19. Jh. noch ein konstitutives Element lateinamerikanischer Abgrenzung gegenüber der rückständigen ehemaligen Kolonialmacht, Spanien, war. Erst um 1880 setzte in Lateinamerika im Modernismus eine mit der europäischen Romantik vergleichbare Bewegung ein. Der Modernismus beinhaltete eine erste Kritik am Positivismus; trotz der anfänglich kosmopolitischen Affirmation der Amerikanität, die den Anspruch auf Gleichberechtigung in der Welt geltend machte, wandten sich die Modernisten in der zweiten Phase den iberischen bzw. auch außereuropäischen Traditionen Lateinamerikas zu. Vgl. hierzu Garscha in: Iberoamericana 1978, Nr. 24, S. 18 - 25

und 28 - 36; zur Romantik in Spanien und Lateinamerika und zum Modernismus vgl. Paz in: Litvak (Hg.) 1981

345 Moyano 1981, S. 9

346 Martini kreiert das surreale Bild der "Casa Rosada" (argentinisches Parlament), deren Gemäuer durch einen vorbeifahrenden Zug und wuchernde Urwaldbäume vom Einsturz bedroht ist, Martini 1981, Kap. La casa rosada. Moyano greift auf das Bild des Zuges im Sinne ökologischen Bewußtseins zurück. Der Zug zerstörte natürliche Reproduktionszusammenhänge, vgl. Moyano, 1983 a, S. 25

347 Moyano 1983 a, S. 175

348 ebenda, S. 176

349 Valdés 1981, S. 12

350 Die Maske oder Rolle ist in vorliegenden Arbeiten grundsätzlich mit negativen Konnotationen besetzt, wenn es sich um soziale Rollen handelt. Hingegen besteht in der künstlerischen Betätigung zumindest noch die Freiheit der Wahl der Masken, des Ausprobierens eines Andersseins im freien Spiel, vgl. Kap. 7 in dieser Arbeit.

351 Martini 1984, S. 91

352 Vgl. A. Rama in: Macador, A. Rama 1971, S. 346 - 347

353 Vgl. auch die Tango-Metaphorik in Martini 1981, Kap. 6.

354 Vgl. "Ambos sabían descifrar los códigos de los ojos ... habían aprendido a leer en las aguas de los ojos ... las mistificaciones, los ensueños y la tristeza", Peri Rossi 1985, S. 59

355 Valdés 1981, S. 35

356 Mit diesem Zusammenhang von Welteroberungsgeist und Suche nach Utopia setzt sich besonders Valdés auseinander, vgl. Valdés 1984; vgl. ferner Peri Rossi 1984

357 Moyano 1981, S. 13

358 Vgl. auch Barudy, Paez in: Colat (Hg.) 1977

359 Zur Situation in Uruguay vgl. Behar 1980; in Chile vgl. Cuadernos de Marcha 1980, Nr. 7; in Argentinien vgl. Boris, Hiedl 1978, Kap. 4 und 6; Waldmann u.a. (Hg.) 1982.

360 Vgl. Kap. 6

361 Peri Rossi 1983, S. 89

362 Valdés 1981, S. 166

363 Zu den Tendenzen der neuen lateinamerikanischen Literatur, darunter vor allem auch der Verkürzung der episch-historischen Perspektive vgl. Epple in: Texto crítico Jan.-Ap. 1978, Nr. 9, S. 143 - 164; A. Rama 1981, Vorwort

364 Von den mir vorliegenden 15 Kurzgeschichten aus der ersten Arbeitsphase der Autorin spielen allerdings nur 7 auf politische Situationen an.

365 Proust reflektiert Zeitgeschichte ebenfalls in ihrer unmittelbaren Wirkung auf Personen und Gesellschaft. Er folgt keiner chronologischen Darstellung, sondern erzählt – gemäß des Erinnerungsvorganges – prismenartig und fragmentarisch, vgl. Jauß 1986, Kap. 4 c.

366 Valdés 1981, S. 45

367 Martini 1981, S. 253

368 Hierbei handelt es sich um literarisierte Legenden und Histörchen, ebenso wie auch die Rolle des Chronisten, in der der anonym bleibende Erzähler auftritt, Bestandteil der literarischen Erzählfunktion ist. Es läßt sich jedoch vom gedanklichen Ansatz her – aus Legenden und Anekdoten bestehende

lateinamerikanische Geschichte – eine Parallele zu der historischen Trilogie Eduardo Galeanos "Memoria del fuego" ziehen, vgl. Galeano 1982 - 1984, Bd. 1 und 2. Galeano greift in seiner Trilogie auf die historisch übermittelte Anekdote zurück und literarisiert das Quellenmaterial mit dem Ziel einer lesergerechten Vermittlung. Ist bei Galeano noch die Intention einer historischen Dokumentation im Sinne der "literatura testimonial" festzustellen, so erfüllt die von vornherein als fiktiv ausgewiesene Legende bei Martini allein die Funktion einer Reflexion des eigenen Schreibprozesses und der in diesem vermittelten Absicht einer Wahrheitsfindung.

369 Zu diesen rezeptionsästhetischen Aspekten in Kriminalroman und Pop-Art vgl. auch Smuda in: Vogt (Hg.) 1971, Bd. 1, S. 57. Auch die Vertreter des "nouveau roman" unterzogen den Kriminalroman einer Neubearbeitung, vgl. etwa "Les gommes" (1953), "Le voyeur" (1955) von Robbe-Grillet. Zu den allgemeinen, keineswegs nur auf Martini zutreffenden Einflüssen des Kriminalromans auf die Exil-Literatur, vgl. Kap. 7

370 Martini in: El lacrimal trifulca Okt.-Dez. 1973, Nr. 9, S. 48

371 Vgl. Kap. 7

372 Zur Bestimmung des Allegorischen vgl. Best 1982, S. 22

373 Martini 1981, S. 15

374 Martini in: El Día 4. Nov. 1979, S. 2

375 Vgl. das Glossar in Valdés 1986

376 Moyano 1983 a, Kap. 1, 11, 15

377 Ich beziehe mich auf Barthes 1981, S. 106 - 107. Barthes bestimmt als Essentialisierung das Wiedererkennen von national-typischen Charakteristika in einzelnen, aus ihrem Zusammenhang gerissenen Gegenständen und ihre Generalisierung zu nationalen Wesenszügen. Vgl. das baskische Haus in einem Pariser Wohnort und seine Verallgemeinerung zur Baskität. In einem weiteren Sinne ließe sich hier auch von einer Stereotypisierung und Exotisierung sprechen, wie sie heute in der Werbung häufig zu finden sind.

378 Der metaphorische Sprachgebrauch ist in den vorliegenden Texten sehr vielfältig. So besteht neben dem Rückgriff auf Wortbilder mit einfachen politischen Inhalten die mindest ebenso starke Tendenz, mittels der Metaphern eine vielseitige Textbedeutung herbeizuführen; vgl. hierzu Kap. 7 in dieser Arbeit

379 Peri Rossi 1980, S. 67

380 Für Valdés 1986 gilt dies für den historiographischen Teil des Romans, in dem die Geschichte des Landes "Ansilania" erzählt wird. Der Erlebnisbericht des Hache trägt sich in einem typisch englischen Milieu zu.

381 Die Orte liegen wie die utopischen Inseln oder die Robinsonaden des 19. Jh. im Nirgendwo. Sie stellen verzerrte Modelle der gegenwärtigen gesellschaftlichen Verhältnisse dar. Z.B. "... Hualacato, ese pueblo perdido entre la cordillera, el mar y las desgracias", Moyano 1981, S. 7. Gleiches ließe sich auch von Encarnación in Martini 1981 sagen, eine Stadt, die inmitten der unbegrenzten Pampa liegt. Zur Robinsonade und Utopie in der lateinamerikanischen Erzählliteratur vgl. Franco in: A. Rama (Hg.) 1981, S. 111 - 129

382 Peri Rossi 1983, S. 76 ff.

383 Peri Rossi in: Triunfo 4. Feb. 1978, S. 24 und 26

384 Der politische Führer el Potro aus Martini 1981 ist Gründer einer großen Familie. In Valdés 1986 ist ein englischer Eroberer der leibliche Gründervater eines Teils der Nation. Valdés' erzählerisches Alter-Ego in Valdés 1981

analysiert die Allende-Reden unter diesem spezifischen Aspekt einer Vaterschaftssymbolik; vgl. hierzu ferner die Ausführungen zur Liebes- und Vaterschaftssymbolik in Kap. 6 in dieser Arbeit.

385 Martini 1981, S. 265

386 Peri Rossi 1983, S. 76

387 Valdés 1981, S. 46

388 Barthes 1981, S. 121

389 Vgl. Kap. 7

390 Valdés 1981, S. 175

391 zum Begriff des "assujettissement" im Sinne von Subjektkonstitution und Unterwerfung vgl. Althusser 1977, S. 146

392 Zur imaginären Subjektkonstitution bei Lacan vgl. auch Frank 1983, Vorlesung 18 und 19

393 1978 vertrat Valdés noch den Standpunkt, die chilenischen Ereignisse hätten durch eine allgemeine Volksbewaffnung eine andere Wende genommen.

394 Die Sehnsucht nach der Fusion in der Masse bestimmte schon die Protagonisten in Valdés 1973 und Valdés 1971. In abgewandelter Form kehrt sie im Traum und in pränatalen Symbiosephantasien in Valdés 1981 wieder. Zugleich wird sie nun allerdings einer kritischen Revision unterzogen. Vgl. hierzu vor allem Valdés 1986

395 Emigrationssoziologisch ist hier von einem typischen Exil-Verhalten zu sprechen. Aus Enttäuschung wird das ehemals idealisierte Vorbild zerstört. Eine ähnliche Reaktion findet sich auch in Moyano 1983 a, Kap. 11. In einer nicht minder gefühlsbetonten Gegenansprache sucht Rolando mit seinem Ideal der "Madre tierra" zu brechen.

396 Valdés 1981, S. 181

397 ebenda, S. 181

398 Eine Parallele liegt hier im Vater-Sohn-Konflikt bei Moyano vor. Unabhängig davon, ob es sich um gute oder böse Väter handelt, ordnen sich Moyanos Söhne den Vätern unter, weil sie sich nach Geborgenheit sehnen. Die Identifikation mit falschen Ich-Idealen gehört zu den existentiellen Grundkonflikten der Figuren von Moyano und Valdés. In der Darstellung der Erzählkonzeption beider Autoren wurde sie indirekt schon zur Sprache gebracht, in der Analyse der figuralen Motive wird sie uns weiter beschäftigen; vgl. Kap. 6

399 Moyano 1981, S. 24

400 Peri Rossi 1984, S. 24

401 Bei Martini ist hier wohl schon eher von einer atheistischen "Glaubens"-Problematik zu sprechen, die sich ganz auf eine Suche nach Vergeistigung durch das geschriebene Wort beschränkt. Moyano hingegen legt das Christentum als Religion des Todes aus und macht damit eine kolonialgeschichtliche Interpretationsperspektive geltend. Vgl. besonders Moyano 1983 b, Al otro lado del mar. In der Erzählung begegnet ein in das Spanien der Inquisition verschleppter Indianer den christlichen Todesritualen.

402 Zum kulturgeschichtlichen Zusammenhang von Schrift, Vaterschafts- und Todesproblem vgl. auch H. Lang 1973 und Kap. 6 in dieser Arbeit.

403 Peri Rossi 1980, S. 67

404 Moyano 1983 a, S. 86. Das "Desaparecido"-Problem wurde ab 1978 zur wichtigsten politischen Frage des Exils. Die Militärs drohten, die von ihnen verschleppten Personen ohne jede Angabe zu ihrem Verbleiben für tot zu erklären.

405 Valdés 1981, S. 229 - 230
406 ebenda, S. 231
407 Peri Rossi 1984, S. 174 - 175
408 Moyano 1983 b, La bandita del paraíso
409 ebenda, S. 4
410 Peri Rossi 1984, S. 174
411 ebenda, S. 174
412 Valdés 1981, S. 231
413 Moyano 1983 a, S. 152
414 Zur Tradition des Benennungsproblems unter lateinamerikanischen Schriftstellern vgl. u.a. Carpentier 1979, S. 67 ff; zum kolonialgeschichtlichen Zusammenhang des Problems: Scharlau in: Iberoamericana 1983, Nr. 18, S. 51 - 66; Scharlau in: Mythen der Neuen Welt 1982, S. 92 - 100
415 Valdés 1981, S. 79
416 ebenda, S. 69
417 ebenda, S. 195
418 ebenda, S. 209
419 Hier bewährt sich das Erzählverfahren des Suspens; für den Fortlauf der Handlung bedeutende Informationen werden ausgeblendet. Man erfährt die Geschichte nur noch als "testimonio" durch andere.
420 nach Martini 1981, S. 13
421 Zur emigrationsspezifischen Bedeutung dieses Sprachmißtrauens vgl. Martini 1987, Vortrag zur Veröffentlichung 1988
422 Valdés 1981, Kap. 10.2 und 11.2
423 ebenda, Kap. 5.1
424 Zu dieser weitgehend idealisierten Darstellung des Indianers in Moyanos Arbeiten vor der Emigration und in Moyano 1981: "El problema es que el viejo nunca anduvo bien de los verbos. El se crió en el campo, con gente nada blanca, hablando la lengua original de Hualacato. A él háblenle de caballos o de pájaros, o de entrampar leones ... que es lo suyo ... El es un trasplantado, siempre tratando de adaptarse. Pero le tira el monte, el aire libre, el mundo de sus padres ...", Moyano 1981, S. 61. Moyanos Indianer sind zumeist verschlossene Fremde in der Welt der Weißen. Obgleich sich auf sie die Botschaft der Texte (Bewahrung eines natürlichen Lebenszyklus, regionale Autonomie) richtet, stehen sie am Rande des über die weiße Zivilisation berichtenden Textgeschehens. Sie zeichnen sich durch eine andere Hautfarbe, Friedfertigkeit und vor allem Naturverbundenheit aus. In letzterer besteht auch die ethische Vision einer lateinamerikanischen Identitätsfindung. Neu an dem Indianer in Moyano 1981 ist allerdings seine List und Fingerfertigkeit, mit denen er die weißen Unterdrücker bezwingt. Zu den weiteren Implikationen des Indio-Mythos vgl. Kap. 6.
425 Moyano 1981, S. 172
426 Moyano 1983 a, S. 207 - 208
427 Vgl. Kap. 3
428 Moyano 1983 a, S. 142
429 Vgl. Kap. 6
430 Peri Rossi 1984, S. 77
431 Martini 1981, S. 111
432 ebenda, S. 155

433 Hier ist ein Sprachrelativismus festzustellen. Die einzelnen nationalsprachlichen Varianten werden einander gegenübergestellt.

434 Vgl. Kap. 7

435 Valdés 1981, S. 127

436 Martini 1981, S. 105

437 Wie wir in Kap. 6 sehen werden, ist in der Darstellung von Personen die Offenlegung eines tiefenpsychologischen Charakterbildes so gut wie nicht mehr vorhanden.

438 Martini 1981, S. 157

439 ebenda, S. 253

440 Valdés 1981, S. 177

441 Martini 1981, S. 103

442 Moyano 1983 a, S. 294

443 Diese wird in Moyano 1981 jedoch am Beispiel des Gefangenschaftserlebnisses thematisiert. Moyano überträgt die physische Grausamkeit in die Metapher eines kannibalistischen Kampfes ums Essen. Dieser ist in seiner vitalistischen Sprachauffassung wiederum gleichbedeutend mit einer Zerstörung mentaler Vorstellungen. Mit dem schlechter werdenden Essen entwickeln sich die Protagonisten physisch und in ihrer Sprache zurück; Moyano 1981, S. 56 - 57

444 Moyano 1983 a, S. 51

445 Peri Rossi 1985, S. 35

446 Peri Rossi 1980, S. 37

447 Moyano 1983 a, S. 81

448 Moyano 1983 a, S. 51

449 Peri Rossi 1984, S. 43

450 Vgl. Kap. 6

451 Zu ideologischem Legitimationsschwund und Identitätskrise vgl. Habermas 1973

452 Peri Rossi in: Triunfo 3. Feb. 1979, S. 12

453 Valdés 1981, Kap. 3

454 Moyano 1983 a, S. 94

455 ebenda

456 Peri Rossi 1984, S. 55

457 Peri Rossi in: Triunfo a.a.O., S. 12

458 Zu den regressiven Wünschen nach kindlich-familiärer Geborgenheit im Exil vgl. auch Grinberg 1984, S. 94 - 99

459 Peri Rossi 1984, S. 31

460 ebenda, S. 28

461 Donoso 1981

462 Vgl. Grinberg 1984, Kap. La migración en los mitos

463 Eine ausführliche Analyse der Beziehungen zwischen der sozio-ökonomischen Entwicklung Lateinamerikas und dem Thema der Familienchronik in: Farías 1981.

464 Valdés 1971

465 Peri Rossi 1976 und vor allem auch Peri Rossi 1980, S. 92 ff. Mit der Konstruktion eines hermetischen Spiegelspieles gelingt dem Kind die Zerstörung des musealen Kulturolymps der Diktatur.

466 Wucherpfennig 1980

467 ebenda, S. 172 - 204

468 Bei Kafka spielt die autobiographisch gefärbte Auseinandersetzung mit dem Vater eine zentrale Rolle. In der Literatur Paveses kommt dem Jugendlichen stärker die Bedeutung eines alternativen Ideals zur kritisierten urbanen Gesellschaft zu. In Moyanos Behandlung des Jugendthemas sind beide Aspekte vorhanden. Zum Thema Jugend bei Pavese vgl. Schlumbohm 1982

469 Zum Thema der Stadtgründung und Adoleszenzkrise in Moyanos Arbeiten vgl. Curutchet in: Cuadernos Hispanoamericanos 1967, Bd. 21, S. 405 - 420

470 Genevois, Gonidec 1974

471 Vidal 1976

472 Vgl. Genevois, Gonidec 1974, Kap. 4

473 Vgl. Wucherpfennig 1980, S. 184, 191

474 Zur Übertragung der lebensgeschichtlichen Genese auf völkerkundliche Entwicklungen in Anthropologie und Ethnographie vgl. auch T. Lang 1976, Kap. 7

475 Peri Rossi 1979, S. 18

476 Valdés 1981, S. 15

477 Peri Rossi in: Texto crítico Jan.-Ap. 1978, Nr. 9, S. 133

478 Moyano in: Informaciones 2. Mar. 1978, Suplemento Nr. 501

479 Zur schweigsamen Opposition, die Martini vor allem auch durch seine Lektüren von Kriminal- und Abenteuerromanen übte, vgl. Martini 1983, S. 261 ff.

480 Moyano 1983 b, La bandita del Paraíso, S. 1; Martini 1984, S. 28

481 Valdés 1981, S. 88

482 Peri Rossi 1983, S. 165

483 Valdés 1981, S. 13

484 Das bereits in Kap. 6 erwähnte Motiv der utopischen Insel ist hier die bürgerliche Intimsphäre der Wohnung

485 Haches Wohnung ist eine Art Reflexionsspiegel, zu dem schon Theodor W. Adorno schrieb: "Der Reflexionsspiegel ist in der geräumigen bürgerlichen Wohnung des neunzehnten Jahrhunderts charakteristisch angebracht", nämlich in der Funktion, die Außenwelt "in den abgeschlossenen bürgerlichen Wohnraum hineinzuprojizieren". Vgl. Adorno 1963, S. 77

486 Zum Zusammenhang von labyrinthischer Phantasiearchitektur, literarischer Identitätssuche und Gefängnis vgl. Kesting in: Poetik und Hermeneutik 1975, Bd. 6, S. 377

487 Martini 1984, S. 54

488 Vgl. Kap. 6.4 in dieser Arbeit

489 Martini 1984, S. 55

490 Zur Haussymbolik als Indiz eines zivilisatorischen Trennungsprozesses vgl. Moyano 1981, Kap. 13; Moyano 1983 b, En la atmósfera, La bandita del paraíso, Tiermusik

491 Valdés 1981, S. 94

492 Zur maternellen Regressionsphantasie in der Emigration vgl. Grinberg 1984, S. 166

493 Martini 1981, S. 183

494 Peri Rossi in: Cuadernos de Marcha Mar.-Ap. 1981, S. 53

495 Vgl. auch die "Phantasie vom Garten Eden" in: Valdés 1981, S. 31.

496 Peri Rossi 1980, S. 71

497 Vgl. Wucherpfennig 1980, Kap. 6.3

498 Zur Tradition des Mutterbildes in der europäischen Literatur des 20. Jh. vgl. Wucherpfennig 1980; zum lateinamerikanischen Kult der mythischen Mutter vgl. vor allem Paz 1980, S. 79 - 91

499 Hieran bindet sich die Frage nach einer Erklärung und Rechtfertigung des Todes bzw. dem Überschreiten einer mit dem Tod gesetzten Endlichkeit. Vgl. Moyano 1981, S. 148. Bei Moyano rechtfertigt sich der Tod, wenn dieser zur Geburt neuen Lebens Anlaß gibt. Die Phantasie einer Wiedervereinigung der beiden Pole Tod und Leben liegt auch Martinis "Emigrations"-Arbeiten zugrunde. Vgl. auch Kap. 6.4.3 in dieser Arbeit; vgl. auch Paz 1980, S. 196

500 Vgl. Lepenies 1981, S. 34 - 42; T. Lang 1976, Kap. 4

501 Die Vorstellung vom Paradies einer natürlichen Echtheit ist vor allem auch Gegenstand der ideologiekritischen Auseinandersetzungen im folgenden Roman, Valdés 1986. Im übrigen läßt sich gerade in diesem Punkte eine gedankliche Entwicklung des Autors sehr gut nachvollziehen. Die Natur gehörte in den Arbeiten vor der Emigration noch zu den alternativen literarischen Projektionen. In den Texten des Exils wird sie zunehmend als Lateinamerika-Exotismus entlarvt.

502 Vgl. besonders Moyano 1983 b, Al otro lado del mar. Zu den Bestandteilen des Moyanoschen "madre tierra"-Mythos gehören: a) Respektierung der Natur und sparsamer Umgang mit ihr gemäß der natürlichen Lebensbedürfnisse; dem entsprechend eine einfache Subjekt-Objektbeziehung, in der beide in einer direkten Spiegelrelation stehen; diese kehrt in dem animistischen Denken der Moyanoschen Erzähler wieder; b) Respektierung der gelebten, zyklischen Zeit gegenüber der abstrakten Regelzeit (Arbeitsteilung); c) lebensbejahende Religiosität gegenüber kolonialer Religion des Todes, d.h. Verehrung der Götter zur Freude und Sinnlichkeit der Menschen, Konzeption des Todes als Lebensspender. Alle Punkte bleiben appellativ oder kritisierend auf die Werte der okzidentalen Zivilisation bezogen. In den Fällen, wo sich Moyano auf indianische Mythen bezieht, geschieht dies in metaphorisch verfremdeter Form. Vgl. z.B. die Symbolik der magischen Vögel in Moyano 1981, die zwar zum ethischen Appell des Romans gehört, in der szenischen Repräsentation jedoch ganz von Moyanos musikalischer Lautsprache vereinnahmt wird.

503 Moyano in: El País 20. Ap. 1987, S. 4; Valdés 1978, S. 60

504 Peri Rossi in: Die Horen 1983, Nr. 129, S. 106

505 Peri Rossi 1984, S. 140

506 ebenda, S. 47

507 Auch hier ist ja ein regressives Bedürfnis nach Symbiose oder Identifikation mit einem anderen imaginären Objekt ausgedrückt. Vgl. auch Valdés 1981

508 Moyano 1983 a, S. 163; ähnliche Bekenntnisse u.a. bei Peri Rossi 1984, S. 173; Valdés 1981, S. 14

509 nach Mitscherlich, A.u.M 1968

510 Vasquez u.a. in: Esprit Jun. 1979, Nr. 6, S. 9 - 21

511 Valdés 1981

512 ebenda, S. 41

513 Vgl. 6.5

514 Moyano 1983 a, S. 212

515 Peri Rossi 1985, S. 110

516 Moyano 1983 c

517 Peri Rossi in: Viejo Topo 1978, Nr. 27, S. 29
518 Es sind gerade diese Alltagsgeschichten, so Peri Rossi, in denen sich die großen Katastrophen ankündigen. Vgl. Peri Rossi 1980, S. 10
519 Bachtin 1985, S. 35 - 36
520 ebenda, Kap. 3
521 Zur Bestimmung des Phantastischen beziehe ich mich auf: Caillois in: Phaïcon 1974, Nr. 1, S. 44 - 82; Freund (Hg.) 1979, S. 75 - 89
522 In Valdés 1981 ist die Erwähnung des Kleinbürgers direkt auf historische Erfahrungen zurückzuführen. Der kleinbürgerliche Wirtschaftsboykott trug zwischen 1971 - 1973 erheblich zur Destabilisierung der Regierung Allende bei.
523 Peri Rossi 1985, S. 27
524 Peri Rossi 1980, S. 58
525 Peri Rossi 1980, S. 58
526 ebenda, S. 58
527 Die Mutter erscheint in den meisten Erzählungen Peri Rossis in der traditionellen Rolle der untergeordneten Hausfrau. Die Väter hingegen sind häufig in intellektuellen Berufen (Lehrer, Schriftsteller, Journalisten) tätig. Zum Bild der Frau vgl. auch 6.4.2. in dieser Arbeit.
528 Peri Rossi 1980, S. 59
529 Peri Rossi 1980, S. 35
530 Cortázar 1984, S. 39
531 Peri Rossi 1985, S. 55
532 Zum Kind bei Carroll vgl. Reichert 1974.
533 Vgl. 6.5 und Kap. 7 in dieser Arbeit
534 Typische "pataphysische" Anekdoten sind: die Episode Berthe Trépat, das Sozialsystem von Ceferino Pérez in: Cortázar 1981; der türkisfarbene Pinguin und die Gürteltiere, die Aufschrei-Bestätigungen in: Cortázar 1983. Cortázar geht in seinen Bemühungen einer Zerstörung der Sprachnormen (z.B. in der Kreation von Neologismen) wesentlich radikaler vor als Peri Rossi, die sich auf ein gedanklich-argumentatives Zerreden der Konventionen beschränkt, nicht jedoch die Sprache als Konvention selbst angreift. Zur Sprachkritik Cortázars vgl. Dellepiane in: Strausfeld 1976, S. 187 ff.
535 Bei Cortázar ist der Jugendliche häufig eine aus der Perspektive der Erwachsenen geschilderte Figur. Er ist kein Medium der Kritik an der Erwachsenengesellschaft. Vgl. Cortázar 1983
536 Peri Rossi 1980, S. 34
537 Peri Rossi 1985, S. 51
538 Vgl. Kap. 7
539 Peri Rossi 1980, S. 68
540 ebenda, S. 71
541 Peri Rossi 1980, S. 7 ff. Exemplarisch wird in dieser Erzählung über den Mechanismus figuraler Spiegelungen eine moderne innerfamiliäre Gewaltsituation analysiert.
542 Als Beispiel seien hier zwei Gartenszenen angeführt, die sich aufgrund der nahezu gleichen inhaltlichen Evokationen gut zum Vergleich eignen; *Exil*: "Asiendo a la madre por la punta del vestido la llevó al jardín ... Todo estaba quieto. Las hojas, majestuosamente sostenidas por sus tallos, apenas se movían, y su balanceo era lento, tan dulce y sosegado ... Aún las flores más grandes, las que por su peso se inclinaban, lo hacían levemente ...", Peri Rossi 1980, s. 69. Hier ist eine detaillierte Betrachtung bestimmend, die die Welt

besonders von der Außenseite der Dinge her erfaßt. Anders hingegen die Gartennatur in: Peri Rossi 1976, S. 43, *vor dem Exil*: "Por el camino cubierto de vegetación, de altísimos árboles oscuros que miraban amenazadoramente hacia abajo, descolgando sus ramas sobre nosotros como terribles hachas llenas de brillo ..., yo marchaba detrás de mi madre, lleno de miedo, sosteniéndome del borde de su pollera ..." In dieser Naturevokation herrscht noch ein Animismus vor, der die vertrauten Konturen der Dinge allmählich zum Verschwinden bringt und in den uruguayischen Arbeiten neue Zeit beschwor; der Deskriptivismus der Exilarbeiten steht u.a. in dem Aussagekontext der zu äußeren Normen erstarrten gesellschaftlichen Fassade. Hinsichtlich der intellektuellen Entwicklung der Autorin zeigt er jedoch auch eine Zunahme der analytischen Betrachtungsweise an.

543 Peri Rossi 1980, S. 81 ff

544 ebenda, das Mädchen sucht sich dem unbekannten Tier zunächst auf rationalem Wege, d.h. über den Vergleich mit anderen Tieren in zoologischen Büchern zu nähern. Es kommt allerdings zu dem Schluß, daß die Theorie ihr das praktische Verständnis nicht ersetzen könne.

545 Peri Rossi 1986, S. 5 ff

546 Peri Rossi 1980, S. 17 ff

547 Vgl. hierzu Peri Rossi 1980, S. 41 ff. Ein am Strand spielendes Bauernkind glaubt in einer Guerillakämpferin die Jungfrau Maria zu erkennen und läßt ihr mit Gegenständen aus dem Meer religiöse Huldigungen zuteil werden. Christliche und pantheistische Religiösität wie Politik sind im kollektiven Unterbewußtsein gleichbedeutend.

548 Peri Rossi 1984, S. 144

549 Peri Rossi in: El País 13. Dez. 1982, S. 18

550 Peri Rossi in: Triunfo 4. Feb. 1978, S. 26

551 Moyano 1983 a, S. 61

552 Moyano 1983 b, La tía Lila, S. 1

553 Die Bedeutung von Kitsch als Realitätssurrogat (Abbild) geht aus Moyanos Texten hervor. Das verkitschte Idyll wird in den meisten Fällen direkt als Foto, d.h. als erstarrte und zugleich selegierte Realität ausgewiesen. Zudem handelt es sich häufig um Gegenstände, die explizit als Waren benannt werden: Die Evokation des Wunderbaren bindet sich an das profane Konsumgut, das in Moyanos Erzählungen die Funktion eines Religionsersatzes übernimmt.

554 Moyano 1981, S. 25

555 ebenda, S. 30

556 Der Gedanke einer spirituellen Reinheit paart sich bei Moyano häufig mit dem des Rassismus, der Auslöschung/-rottung. Darüber hinaus kann Weiß bei Moyano und Martini eine Selbstthematisierung des Schreibvorganges und damit verbunden eine Suche nach einer neuen spirituellen Reinheit bedeuten. Hier ergibt sich eine weitere Parallele zwischen Kitsch und Kunst, in der gerade die Fragwürdigkeit des künstlerischen Reinheitsgebotes herausgestellt wird.

557 Moyano 1981, S. 8

558 Moyano 1983 b, Golondrinas, S. 6

559 Moyano 1983 b, La tía Lila, S. 2

560 Valdés 1981, S. 109

561 Zum Gefühl der Ich-Entwertung als Reaktion auf die physisch erfahrene Gewalt vgl. Valdés 1978, S. 75 - 90.

562 So erweist sich z.B. die Torte, die das erzählende Ich aufessen will, um sich gegen den unterdrückenden Bäckereibesitzer zu wehren, als Attrappe. Durch ihre Zerstörung liefert sich der Protagonist nur noch weiter dem sozialen Abhängigkeitsverhältnis aus. Vgl. Moyano 1983 b, En la atmósfera

563 Moyano 1983 b, S. 9

564 Wie bei Kafka begeben sich auch Moyanos Protagonisten durch ihr eigenes Denken in ausweglose Situationen, die sich als übermächtiger Mechanismus gegen sie wenden. Während Kafka jedoch die Wirklichkeitsillusion in ein logisches Argumentationsgewebe einspannt, betont Moyano die (nostalgischen) emotionalen Aspekte des Desillusionsprozesses (vgl. Märchen-Kannibalität). Zum illusionären Ich bei Kafka vgl. Renner in: Phaïcon 1978, Bd. 3; Kessler 1983. Gerhard Kurz spricht hier auch von einer "Poetik des Verrates" – ein Moment, das auch auf Moyanos Figuren zutrifft, vgl. Kurz in: Kurz (Hg.) 1984, S. 68 - 100

565 Moyano 1983 b, Quelonios, S. 2

566 Moyano 1983 b, Golondrinas, S. 2

567 Das exotische Szenarium wird in dem folgenden Roman, Valdés 1986, in England wiedererkannt.

568 Kapitel 5

569 Valdés 1981, S. 15

570 ebenda, Kap. 10.2.

571 Das sensuelle Weltempfinden bezog sich auf alle elementaren, physischen und psychischen Empfindungen: die Nahrungsaufnahme, das visuelle Reizempfinden, die körperliche Ausscheidungsfunktion; ebenso ist z.B. auch die Valdés'sche Vorstellung einer menschlichen Wahrhaftigkeit auf diese elementaren menschlichen Regungen zurückzuführen, vgl. Valdés 1971, Kap. 13; Valdés 1973, S. 117 - 118. Auch in Valdés 1978 ist dieser physische Sensualismus des eigenen Körpers noch bestimmend. Vgl. Valdés 1978, S. 27 - 47. Hier deutet sich allerdings bereits die ganz auf die bewußtseinsmäßigen Regungen konzentrierte Ich-Introspektion an, die in Valdés 1981 vorherrschend wird.

572 Valdés 1981, S. 14

573 Mit Proust vergleichbar ist vor allem der existentielle Konflikt des Ich, das sich auf permanenter Wirklichkeitsflucht (Emigration/Traum) befindet und zu einem erfüllten Leben in der Realität (Faktizität) nicht fähig ist. Auch für Prousts Marcel besteht eine grundsätzliche Diskrepanz zwischen der Welt der Vorstellung und der wahrgenommenen Realität. Allerdings ähnelt der existentielle Konflikt der Valdés'schen Protagonisten auch der von Sartre z.B. in "La Nausée" erörterten Ich-Problematik, besonders in der Tendenz zur Ich-Diffusion und Persönlichkeitstransfiguration.

574 Valdés 1981, S. 143

575 ebenda, S. 54

576 Ausführliche Beschreibungen dieses hyperbewußten Wachzustandes finden sich bereits in Valdés 1978. Hier sind sie auf die Situation der Inkommunikation (Gefangenschaft) zurückzuführen.

577 Anschaulich beschrieben wird dieser Konflikt von unerfülltem Realitätserlebnis und mimisch-verbalem Nachspiel in: Valdés 1973, S. 55 - 57; vgl. auch

Valdés 1981, Kap. 7.4. In beiden Fällen äußert sich das unerfüllte Realitätserlebnis in einer Inhibition der sprachlichen Reaktionsfähigkeit.

578 Einzig in Valdés 1986 wird er zugunsten der historischen Darstellung zurückgestellt. Ging es in den bisherigen Arbeiten um persönliche Wahrhaftigkeit, so steht hier die Ermittlung einer historischen Wahrheit im Vordergrund.

579 Valdés 1981, S. 11

580 ebenda, S. 15

581 Martini in: La Opinión cultural, 1. März 1981, S. 2

582 Bachtin 1985, S. 19

583 Martini 1981, S. 72

584 Auch hier lassen sich im übrigen die Einflüsse des Kriminalromans, insbesondere des nordamerikanischen Thrillers, im Weltbild Martinis nachweisen. Gegenüber der traditionellen englischen Detektivgeschichte betonten die Romane Hammets oder Chandlers den Aspekt der Sozialkritik. Sie kreierten von den USA der 30er - 40er Jahre das Bild einer korrupten, unmoralischen Gesellschaft, in der nur die Macht des Geldes und des Faustrechtes zählt. So lesen wir z.B. in der Schrift Chandlers, "Mord ist keine Kunst", zitiert in: Vogt (Hg.) 1971, Bd. 1, S. 183: "Der Realist in Mordgeschichten schreibt in einer Welt, in der Verbrecher Nationen beherrschen können und fast Städte beherrschen, in denen Hotels und Apartmenthäuser und berühmte Restaurants im Besitz von Männern sind, die ihr Geld mit Bordells gemacht haben ...". Auch in Martinis Arbeiten liegt der Akzent auf dem stereotypen Bild einer von materiellen Interessen besessenen, korrupten Gesellschaft der Mächtigen. So resümiert Martini: "Yo pienso que vivimos en sociedades cruzadas por un realismo policial incontrolable. Todo el complejo sistema de nuestras relaciones sociales está marcado por la violencia, y no me refiero ahora, exclusivamente, a la violencia criminal. El poder – todo poder – ... es un acto de violencia. Esta es, pienso una de las perversiones básicas de nuestras sociedades", Martini in: Salimos-Agenda, Buenos Aires Sep. 1982, S. 31. In ihrem unermeßlichen Streben nach Besitz und Reichtum ist die "condición humana" in Martinis Arbeiten grundsätzlich verrufen und vom Zwang zum Bösen, der Gewalt, beherrscht. Dies schließt jedoch nicht aus, daß Martinis Arbeiten – auch hier lassen sich Beziehungen zu Raymond Chandler nachweisen – einen starken moralisierenden Akzent aufweisen.

585 Auch hier ergibt sich im übrigen eine Parallele zwischen der Identitätsauffassung und der sich in Örtlichkeiten materialisierenden Identitätssuche.

586 Martini 1981, S. 229

587 In Gestalt der Prostituierten ist die Frau in Martinis Arbeiten reines (Sexual-) Objekt, aber auch "femme fatale", die sich nicht vollständig besitzen läßt. Besonders in Martini 1981 steht im Hintergrund der Intrige eine Frau.

588 Martini 1981, S. 163

589 ebenda, S. 209

590 Da bei Martini alle Empfindungen in den äußeren Gegebenheiten objektiviert sind, entfällt in seiner Literatur der Gegensatz Innen/Außenwelt oder Realität/Imagination, der für die Protagonisten Moyanos und Valdés' noch konstitutiv ist.

591 Die Sprache selbst hat in Martini 1985 den Charakter einer exaltierenden Beschwörung.

592 Martini 1981, S. 163

593 Martini 1983, S. 273 und 263

594 Vgl. u.a. Valdés 1981, S. 16
595 Zur Bedeutung des projektiven Freiraums in der Emigration vgl. Grinberg 1984, S. 26.
596 Valdés 1981, S. 16
597 Vgl. Valdés 1981, S. 89 und Peri Rossi 1983, S. 165
598 Moyano 1981, Kap. 7
599 Paz 1980, S. 189
600 Peri Rossi 1976, S. 45, 52
601 Peri Rossi 1983, S. 112
602 Die Figuren sind Versinnbildlichungen eines meist abstrakten Gedankens; vgl. hierzu das Dreiecksverhältnis zwischen Eva, Hache und Kurt in Valdés 1981: Eva, eine Schwedin, steht für die fortschrittliche (sozialdemokratische) internationale Großbourgeoisie; Kurt, ein "vager Anhänger" der Frankfurter Schule, für den poststalinistischen Marxismus; Hache ist der Vertreter der Dritten Welt, der mehr oder weniger bereitwillig zum Opfer des internationalen Komplotts wurde. Die außengeleitete, an der "Dependencia" orientierte Interpretation der chilenischen Ereignisse durch Valdés ist unübersehbar.
603 Zum Zusammenhang von Verwandtschaftsregeln und kultureller Ordnung vgl. auch Levi Strauss 1967
604 Auch hier stimmen im übrigen der Darstellungsmodus der wesenlosen Spiegelung der Protagonisten in den objektiven Gegebenheiten und der Leitgedanke einer vergewaltigten Integrität, Form und Inhalt also, überein.
605 Farías 1981
606 Diese externe, fremdstereotypisierende Sicht des Eigenen bestätigt sich in den Aussagen des Autors zu den Entstehungsbedingungen seines Romans. Er sollte Zeugnis seiner "Lösung vom Herkunftsland" sein; vgl. Kap. 3. in dieser Arbeit.
607 Diese ergeben sich allerdings nur indirekt aus den interpersonellen Spiegelungen des Romans.
608 Moyano 1983 a, S. 154
609 Peri Rossi 1976, S. 20
610 Peri Rossi in: Texto Crítico Jan.-Ap. 1978, Nr. 9, S. 138
611 Peri Rossi 1979, S. 72
612 Peri Rossi in: Die Horen 1983, Nr. 129, B. 1, S. 108
613 Zu berücksichtigen ist hier die Krise des europäischen Feminismus. Zunehmend zeichnete sich ab, daß es eine genuin weibliche Ästhetik nicht gibt.
614 Der andere Grund ist jedoch in der kulturellen Bildung der Autorin zu suchen, die bei aller Universalität im Grunde europaorientiert bleibt und deren Vorliebe der Ästhetik eines museal-dekadenten Europas gehört, vgl. Kap. 8 in dieser Arbeit.
615 Lacan zitiert in: H. Lang 1973, S. 212
616 Valdés 1981, S. 157
617 Vgl. Kurz 1980
618 Vgl. Moyano 1981 und Moyano 1983 b, Carta al carcelero
619 Die Intellektuelle Joyce ist Repräsentantin der Welt des Geistes; die russische Pensionsbesitzerin Ana tritt zugleich als Personifikation des Exils (verlorene Heimat) und der Identitätssuche in der Literatur auf; die Prostituierte Aída verkörpert die erfüllte körperliche Liebe.
620 Martini 1984, S. 84

621 ebenda, S. 91
622 In der Rekonstruktion der familiären Bindungen zu den italienischen Vorfahren ist der Roman als Entwurf einer mythischen Familiengründung lesbar. Der Konflikt kehrt auch in der Figur des Protagonisten und seinem ambivalenten Begehren nach einer Vaterschaft wieder.
623 Die Liebesallegorie ist auch Spiegel der Herr-Knecht-Dialektik, vgl. Kap. 7 in dieser Arbeit
624 Zur Freudschen Trieblehre vgl. Drews, Brecht 1975, Kap. Der Dualismus von Eros und Todestrieb.
625 Zur Paradoxie von Anfang und Ende vgl. auch Martini 1983, S. 57 ff
626 Martini 1981, S. 74
627 Martini steht hier natürlich in der (auch bei den anderen Autoren nachweisbaren) Tradition, in der Lieben mit Leiden gleichbedeutend ist.
628 Lacan zitiert in: H. Lang 1973, S. 224
629 Obwohl der Ödipus-Mythos in der Lacanschen Sprachphilosophie die eigentliche Erklärung von Sprache und Tod darstellt, bezieht sich Lacan in vorliegendem Zitat auf die Beobachtung, daß mit dem Spracherwerb Weltverlust erlitten wird.
630 Lacan zitiert in: H. Lang 1973, S. 290
631 Martini 1983, S. 84
632 Ich beziehe mich auf eine Terminologie von Viñas Nov. 1979, Vortrag, unveröffentlicht, Fotokopie liegt vor
633 Martini 1983, S. 272
634 Martini 1984, S. 101
635 Vgl. Peri Rossi 1980, S. 27 ff
636 Ich beziehe mich auf Levi Strauss 1967
637 Zur Tradition der Seefahrtsmetaphorik unter besonderer Berücksichtigung der europäischen Literatur vgl. Blume in: Jahrbuch der Deutschen Schillergesellschaft 1958, Bd. 2, S. 148 f.; E.R. Curtius 1967, S. 138 ff.
638 Moyano 1983 a, S. 98 - 99
639 Auch Peri Rossi umschrieb in "Descripción de un Naufragio" die politische Niederlage in einem Schiffsuntergang.
640 Moyano 1983 a, S. 89
641 Peri Rossi 1983, S. 76
642 Peri Rossi 1983, S. 80
643 Hier werden allerdings von den Autoren noch andere Vorbilder der Schiffsmetapher genannt: vorrangig die Irrfahrten des Odysseus in moderner wie antiker Version, vgl. Moyano 1983 a, Kap. 11; Peri Rossi 1984, S. 25
644 Peri Rossi in: Cuadernos de Marcha Mar.-Ap. 1981, S. 53 - 55
645 Peri Rossi in: El País 19. Nov. 1985, S. 11
646 Peri Rossi 1983, S. 160 ff. In der Erzählung kehrt der Exilant im Traum in die vergessene Heimatstadt zurück. Die Heimkehr kommt einer Rückkehr zum prähistorischen Ursprung gleich, denn eine Umweltkatastrophe hat die Welt verwandelt. Vgl. außerdem Peri Rossi 1985, S. 81 ff; Moyano 1983 b, Quelonios
647 Moyano 1983 a, S. 27
648 Martini 1984, S. 199
649 Valdés in: Corino (Hg.) 1978, S. 234
650 Moyano 1983 a, S. 144
651 Valdés 1978, S. 76 - 80

652 Peri Rossi in: Künstlerhaus Bethanien (Hg.) 1982, S. 240
653 ebenda
654 Sábato in: Künstlerhaus Bethanien (Hg.) a.a.O., S. 177
655 Moyano 1983 a, S. 143
656 Valdés 1978, S. 76 - 80
657 Zur Welt des Tango und ihren sozialpolitischen Hintergründen vgl. Reichardt 1981. Allerdings räumt Martini dem Tango nur den Stellenwert des Leitmotivs ein. Eine Darstellung der Welt des Tangos war von ihm nicht beabsichtigt; vgl. Martini in: El Porteño Sept. 1982, Nr. 9
658 Martini 1981, S. 84
659 Haug 1966, S. 81
660 ebenda, S. 18
661 Moyano 1983 b, Golondrinas, S. 2; Peri Rossi 1986, S. 147
662 Kott in: Der Monat Feb. 1964, Nr. 185, S. 18
663 Moyano 1983 a, S. 86
664 Solche nationalen Wesensbestimmungen sind austauschbar. Ein ähnliches Bild für zerbrochenen Tellurismus findet sich in Valdés 1981 in der schweigenden, nackten Andenkette. Vgl. Valdés 1981, S. 15
665 Auf das Motiv der "Nadiedad" in der modernen lateinamerikanischen Literatur hat besonders auch Gustav Siebenmann hingewiesen. Vgl. Siebenmann in: Lateinamerika-Studien 1976, Nr. 1, S. 69 - 87. Mit C. Rama ist hervorzuheben, daß von den drei Ländern des Südkegels Argentinien die längste Tradition eines nationalen Denkens besitzt. Vgl. C. Rama 1981, Kap. 2
666 Peri Rossi in: Triunfo 4. Feb. 1978, S. 26
667 Moyano 1983 a, S. 154
668 Peri Rossi in: Triunfo 3. Feb. 1972, S. 2
669 Moyano 1981, S. 143
670 Peri Rossi, Estado de exilio, unveröffentlicht, fotokopiertes Exemplar liegt vor.
671 Peri Rossi, Testimonio personal, unveröffentlicht, fotokopiertes Exemplar liegt vor, S. 3
672 Peri Rossi in: Triunfo 4. Feb. 1978, S. 26
673 Peri Rossi 1976, S. 13
674 Moyano 1983 a, S. 154
675 Peri Rossi 1983, S. 95
676 Kayser 1960, S. 290
677 Weitere Ausführungen des Autors zum Begriff Stil vgl. Barthes 1959, S. 14 - 15
678 ebenda, S. 17 - 18
679 Moyano 1983, S. 244
680 Ich beziehe mich auf Schöne 1968, S. 26 - 28. Das Bild besitzt nach Schöne eine verweisende Kraft. Die Eigenständigkeit des Bildes kommt in seiner Priorität gegenüber der Deutung und in seiner potentiellen Faktizität zum Ausdruck. Mit anderen Worten heißt dies, daß wir das Bild zunächst sinnlich (ohne Bedeutung) wahrnehmen. Eine Zusammenfassung zum Thema der Evidenz und Anschauung in Poesie und Malerei auch in Asmuth, Berg-Ehlers 1978, Bd. 5, S. 107 - 112
681 Peri Rossi 1980, S. 17
682 Zur Kindheitsmythologie und Sprachlosigkeit in der modernen Literatur vgl. auch Wucherpfennig 1980, S. 192 ff.
683 Moyano 1983 a, S. 244 und 213

684 Peri Rossi in: Viejo Topo Dez. 1978, Nr. 27, S. 28
685 Kapitel 4
686 Wie Peri Rossi ausführt, wurde die realistische Abbildfunktion von der Fotografie, besonders auch der Werbesprache übernommen.
687 Peri Rossi in: Viejo Topo a.a.O., S. 28
688 Peri Rossi in: El País 12. Aug. 1984, Libros Nr. 251, S. 3
689 Vgl. 7.3.3 in dieser Arbeit
690 Valdés 1981, S. 124
691 ebenda, S. 170
692 ebenda, S. 170
693 Iser 1970
694 Moyano 1983 a, S. 86
695 Peri Rossi 1984, S. 20
696 Ich behandle in diesem Kapitel Roman und Kurzgeschichte gleichwertig. Beide gehen auf die gleiche soziale Erfahrung einer in zufälligen Augenblikken dezentrierten Subjektivität zurück. Vgl. hierzu auch Peri Rossi in: El País 12. Aug. 1984, Libros Nr. 251, S. 251
697 Zur Identitätssuche im spätmittelalterlichen Abenteuerroman vgl. Warning in: Poetik und Hermeneutik 1979, Bd. 8, S. 553 ff
698 Valdés 1981, S. 139 - 140
699 Zur Technik der Dekomposition in der neueren lateinamerikanischen Erzählliteratur vgl. Jítrik in: Moreno (Hg.) 1972, S. 219 ff
700 Valdés 1981, S. 32
701 Der Satz schiebt sich von der Wahrnehmung des Ich über die des Anderen, in der zum Dialog angehoben wird (Interjektionen, wörtliche Rede), zu der Beobachtung des allgemeinen gesellschaftlichen Szenariums fort. Das kontrapunktische Schema – AB – Ich/Andere – Wir/Andere ist typisch für "A partir" und läßt auf eine zunehmende Relativierung der Ich-Struktur schließen. In immer weiter gefaßten Kreisen setzt sich der Erzähler zu Anderem in Beziehung. Auch die meist zweifachen Adjektiv-Bestimmungen und übrigen Erweiterungen zeugen von dieser Relativierung des Ich.
702 Beispiel: Martini 1981, S. 231. Auch Martini geht gewöhnlich von einfachen Hauptsätzen aus. Über die verschachtelte Nebensatzparataxe (Gerundivbestimmungen, Relativerweiterungen) setzt sich das Gesagte in einer beliebigen Reihenstruktur fort.
703 Moyano 1983 a, S. 21
704 ebenda, S. 36
705 Vgl. Kapitel 5 in dieser Arbeit
706 Peri Rossi hat sie in ihrer Museumsallegorie sogar in einer literarischen Konzeption verarbeitet. Das Ordnungsprinzip des Museums ist die Reihe.
707 Vgl. hierzu Peri Rossi 1984, S. 47
708 Dieser schon die argentinischen Arbeiten bestimmende Redestil wird auch im folgenden Roman, Martini 1986, durchgehalten.
709 Diese Feststellung besitzt indikativen Aussagewert, denn gerade die Textfragmentierung erlaubt, eine große Bandbreite unterschiedlicher Sprachsituationen zu integrieren. Davon machen Peri Rossi durch Einbeziehen lyrischer Passagen, (fiktiver) Zeitungsmeldungen, soziologischer Untersuchung und Valdés in der Transkription von Träumen, politischen Gegenansprachen usw. Gebrauch. Besonders in "La nave de los locos" sucht Peri Rossi dem romantischen Anspruch einer Universalität der Künste zu entsprechen.

710 Zur Klassifikation der verschiedenen Arten des inneren Monologs vgl. Dubois (Hg.) 1964; Höhnisch 1967

711 In Valdés 1986 ist der Tagebuch-Monolog sogar eine explizite Sprachsituation des Romans; das bewußtseinsmäßige Erzählen wird jedoch zurückgenommen.

712 In Martini 1981 hingegen liegen lange Passagen von inneren Monologen vor. Die Erzählsituation des pluralen Ich erlaubt, im ganzen Roman einen einzigen Monolog zu sehen, der immer wieder in Einzelstimmen aufbricht.

713 Vgl. Peri Rossi 1980 und Peri Rossi 1983

714 Immer weniger nehmen wir Zeit in ihrem Vergehen wahr, sondern häufig erst dann, wenn sie schon vergangen ist oder noch vor uns liegt. In der Betonung des Augenblicks besteht das wesentliche Kriterium einer Übereinstimmung zwischen Roman und Kurzgeschichte.

715 Peri Rossi in: El viejo Topo Dez. 1978, Nr. 27, S. 28

716 Peri Rossi 1980, S. 17

717 ebenda, S. 21

718 Valdés 1981, S. 248

719 Martini 1984, S. 188

720 nach Valdés 1981, S. 157

721 Kapitel 7.3.3 in dieser Arbeit

722 In Valdés 1986 ist sie ohnehin wieder aufgehoben.

723 Martini 1984, S. 34 - 35

724 ebenda, S. 75

725 ebenda, S. 70

726 So z.B. wiederholt sich in Valdés 1981 die Szene des morgendlichen Erwachens aus Kap. 2 in Kap. 9.2; die Barszene aus Kap. 4.3 in Kap. 12.1 usw. Darüber hinaus werden Einzelelemente in den Kapiteln wiederholt und tragen weiter zur Konstruktion des Textfiligrans bei, darunter vor allem die Begegnungen mit den verschiedenen Chileninnen, auf die sich die eigentliche Hinweisfunktion des Textes stützt, vgl. 7.5

727 Martini 1984, S. 182

728 Moyano 1983 a, S. 294

729 ebenda, S. 16

730 ebenda, S. 23

731 Peri Rossi 1980, S. 57

732 ebenda, S. 57

733 ebenda, S. 61

734 In der journalistischen, essayistischen Tätigkeit geht Peri Rossi ebenfalls nach dieser Methode vor. Von allgemeinen Bestimmungen ausgehend wird das Besondere exemplifiziert. Peri Rossi in: Nexo Nov.-Dez. 1981, Nr. 9; Peri Rossi in: Triunfo 4. Feb. 1978, S. 24 - 28

735 Peri Rossi 1980, S. 61

736 ebenda, S. 61

737 ebenda, S. 62

738 ebenda, S. 65

739 Eine differenzierte Einstufung der verschiedenen Grade von Referenzialität, wie sie z.B. Pfister für den Begriff der Intertextualität vorschlägt, würde im Rahmen dieser Arbeit zu weit führen. Ich übernehme im folgenden jedoch den von Pfister gebrauchten Terminus der "Referenzialität" im Sinne einer in einem Text enthaltenen Struktur an Bezügen auf andere Texte (hier auch

Kulturen). Vgl. Pfister in: Broich, Pfister 1982, S. 1 ff. Zur Inter- bzw. Infratextualität im lateinamerikanischen Roman vgl. Sarduy in: Moreno (Hg.) 1972, S. 176 ff

740 Moyano 1983 a, S. 40

741 ebenda, S. 26

742 Martini 1984, S. 59

743 Diese Bemerkung trifft auch auf die Texte Peri Rossis zu.

744 Vgl. hierzu Moyano 1974; Moyano 1968. Die Musik diente der metaphorischen Umschreibung der kulturgeschichtlichen Entwicklung Argentiniens.

745 Moyano 1983 b, María Violín, S. 2

746 Vor der Emigration bezog sich Moyano fast ausschließlich auf die europäische Klassik. Zum Musikfolklorismus des Exils vgl. Moyano 1983 a, Kap. 15

747 ebenda, S. 77

748 Vgl. Moyano 1968, S. 141 - 142

749 Kristeva 1978

750 Grinberg 1984, S. 128

751 Moyano 1981, S. 52

752 Moyano 1983 a, S. 72

753 Das Verbot zu sprechen und der Hunger sind in "El vuelo" gleichbedeutend mit Weltverlust. Den Protagonisten wird die Möglichkeit genommen, sich auf ihre Umgebung zu beziehen und sich zu orientieren. Sie entwickeln sich körperlich und geistig (sprachlich) zurück.

754 Moyano 1983 a, S. 178

755 ebenda, S. 245

756 Kap. 5 in dieser Arbeit

757 Kap. 7.2.4 in dieser Arbeit

758 Moyano 1981, S. 56 - 57

759 Moyano 1983 a, S. 74 - 75

760 ebenda, S. 164

761 ebenda, S. 162

762 ebenda, S. 103

763 ebenda, S. 99 und Moyano 1981, Kap. 13

764 Moyano 1983 a, S. 72

765 ebenda, S. 18

766 Kapitel 4

767 Kapitel 6

768 Lehmann in: Kurz (Hg.) 1984, S. 213 ff

769 Moyano 1983 a, S. 196

770 ebenda, S. 31

771 ebenda, S. 31

772 ebenda, S. 29

773 Häufig werden persönliche Eigenschaften substantiviert, z.B. aus der Pisa-Touristin wird la torre de Pisa, aus dem Dicken el Gordito. In dem Nominalstil ist eine (wenngleich auch der volkstümlichen Umgangssprache folgende) Stigmatisierung angelegt.

774 Moyano 1983 a, S. 14

775 ebenda, S. 294

776 Peri Rossi 1984, S. 66

777 Peri Rossi 1983, S. 73

778 ebenda, S. 120

779 Peri Rossi in: Nexo Nov.-Dez. 1981, Nr. 9, S. 5
780 Zur Aphorismendichtung bei Kafka vgl. Kurz 1980
781 Da Peri Rossi einen Großteil ihrer philosophischen Reflexionen zur menschlichen Existenz im Exil in Sentenzen zum Ausdruck bringt, spricht aus dem nominalistischen Definitionszwang durchaus auch das Bedürfnis, die Welt zu erklären. Die Sentenzen können sich zu essayistischen Passagen ausweiten. Vgl.: die Erklärung zum "unicornio", Peri Rossi 1984, S. 42; die Ausführungen zum Ausländer/Fremden, ebenda, S. 28; zum Traum, ebenda, S. 46 usw. Die Tendenz zum philosophischen Essay ist besonders auch aus dem journalistischen Schaffen der Autorin ersichtlich, vgl. hierzu die zwischen 1982 - 1986 erschienenen Reflexionen in der Tageszeitung El País.
782 Peri Rossi 1983, S. 41 ff und S. 84 ff
783 ebenda, S. 84
784 Dies ist nur zum Teil richtig, denn am Ende gibt das Erzähler-Ich sein Vorhaben auf. In der Regel dient die Argumentationsrhetorik dazu, die negierende Kraft der Gegenpartei herauszustellen.
785 Die negativierte Subjektivität zeichnet sich durch folgende Verhaltensweisen aus: Passivität, Desinteresse, eine aus Frustration resultierende Abwehr gegenüber der sozialen Gemeinschaft, Sehnsucht und Verfolgungswahn. Es scheint, als würde dem Bürger der modernen Konsumgesellschaft ein grotesker Spiegel vor Augen gehalten.
786 Peri Rossi 1983, S. 86
787 ebenda, S. 178
788 Valdés 1981, S. 135 - 136
789 ebenda, S. 225
790 Lacan zitiert nach Schiwy 1972, S. 72
791 Zur Unterscheidung zwischen erlebendem und erzählendem Ich vgl. Valdés 1981, S. 158 - 159
792 Hier wird sie allerdings in der Frage nach der historischen Wahrheit weitergeführt.
793 Martini 1984, S. 45
794 ebenda, S. 182 - 183
795 ebenda, S. 112
796 Freud 1985, S. 25
797 In den Sequenzen 10 und 12 ist der Leser zunächst geneigt, "Café" als weiteres szenisches Requisit hinzunehmen; erst in Sequenz 21 wird es im Zusammenhang einer Reflexion über das Schreiben erwähnt, und der Leser kann es dem Thema der Bedeutungssuche zuordnen. Die Rekontextualisierung beinhaltet somit eine Erweiterung des Bedeutungshorizontes des Motivs.
798 Martini 1984, S. 171
799 ebenda, S. 97
800 Daus in: Neue Romania 1985, Nr. 2., S. 97
801 Martini 1984, S. 98
802 ebenda, S. 220
803 Der Zynismus ist durch die Ich-Doppelung schon vorstrukturiert.
804 Valdés 1984, S. 13
805 Zum Kriminalroman in allgemeiner Übersicht vgl. Vogt (Hg.) 1971, Bd. 1 und 2
806 Besonders offensichtlich ist der Zusammenhang von politischer Verschwörung und Geschichtsschreibung in Valdés 1986
807 Peri Rossi 1980, S. 75

808 Auch der Aussagesuspens ist zu den Stilmitteln des Kriminalromans zu rechnen. Vgl. hierzu Just in: Vogt 1971, Bd. 1, S. 9 ff
809 Moyano 1983 b, Carta al carcelero
810 Vgl. Valdés 1978. Wie Valdés darstellt, zielen die heutigen Folter- und Verhörpraktiken nicht mehr auf die Ermittlung einer Wahrheit ab. Vielmehr sollen sie den Angeklagten in seinem Gefühl persönlicher Integrität verunsichern und seine Widerstandskraft brechen.
811 Zur kollektiven Dimension der Intrige im traditionellen Kriminalroman vgl. hierzu H. Bloch in: Vogt 1971, Bd. 2, S. 322
812 Moyano 1983 b, Carta al carcelero, S. 11
813 Zur Bestimmung des Autobiographischen vgl. Fuhrmann in: Poetik und Hermeneutik 1979, Bd. 8, S. 685 ff
814 Peri Rossi 1984, S. 43
815 Peri Rossi 1976, S. 47
816 Peri Rossi 1979, S. 74
817 Rorty in: Siep (Hg.) 1983, S. 127 ff
818 Vgl. Frank 1986, S. 32
819 Habermas 1976, Kap. 2; zu Habermas vgl. Marquard in: Poetik und Hermeneutik 1979, Bd. 8, S. 347 - 369
820 Valdés 1981, S. 14
821 ebenda, S. 60
822 Hegel zitiert in: H. Lang 1973, S. 218
823 Jean-Paul Sartre 1949, S. 326
824 ebenda, S. 432
825 Moyano 1981, S. 24
826 Moyano 1983 b, Carta al carcelero, S. 3 und S. 12
827 Valdés 1978, S. 205 - 206
828 Das Auge hat in Martinis Arbeiten jedoch nicht nur eine philosophische Bedeutung, sondern stellt auch ein erzähltechnisches Stilmittel dar. Es zeigt die subjektive Bedingtheit des Geschehens an, das eng an die Wahrnehmungsperspektive des Protagonisten gebunden ist. Häufig ist daher auch der Blick in den Spiegel, durch den etwas über jene Sachverhalte ausgesagt werden kann, die dem Protagonisten nicht unmittelbar sichtbar sind (z.B. ihr eigenes Erscheinungsbild).
829 Martini 1984, S. 119
830 ebenda, S. 155
831 ebenda, S. 192
832 Peri Rossi 1986, S. 119
833 Peri Rossi 1984, S. 191
834 Peri Rossi 1980, S. 103 - 104
835 Diesem widerfährt in der Herkunft der Personen eine weitere Doppelung im Bezugsverhältnis Erste/Dritte Welt.
836 Peri Rossi 1983, S. 86
837 Peri Rossi in: El País 14. Jul. 1985, S. 15
838 Martini 1981, S. 220
839 Peri Rossi 1984, S. 135
840 Moyano 1983 a, S. 246
841 Peri Rossi 1984, S. 135
842 Martini 1984, S. 191

843 Zum Dandykult des Schriftstellers um die Jahrhundertwende vgl. Wucherpfennig 1980, S. 301
844 Martini 1984, S. 45
845 Valdés 1981, S. 241
846 Auch hier bietet sich der Hinweis auf Proust an. Bei Proust ist der Lektüreappell und die sich aus diesem ergebende metaliterarische Reflexion des Romans ebenfalls aus der Verwendung des Futur am Romanende herzuleiten. Vgl. Jauß 1986
847 Peri Rossi 1984, S. 173
848 Martini 1984, S. 197
849 In Valdés 1986 dehnt sich das Referenzspektrum auf die europäische Gesellschaft aus. Es geht um die Abfassung einer Verteidigungsschrift für Hache, der von der englischen Gesellschaft eines Komplotts angeklagt wird. Im engeren Sinne bleibt aber auch hier der Adressat die chilenische Gesellschaft, insbesondere die chilenische Linke.
850 Peri Rossi 1984, S. 20
851 Dieser anonyme Leser ist gerade in der wirkungsbetonten Rede Peri Rossis fester, einkalkulierter Bestandteil. Man kann daher tatsächlich von einem sich am Leser als Irgendwer entfaltenden Dialogprinzip sprechen. Die didaktischen Reflexionen beziehen ihn in der ersten Person Plural in die Erörterungen über die Welt ein, die besprochenen Situationen sind prinzipiell als die seinen vorausgesetzt. Andererseits wird der Leser durch gestelzte Höflichkeitsformen – "invito al lector ... si sus investigaciones personales – sensible lector" provozierend "auf die Schippe genommen". Peri Rossi 1984, S. 37 - 38
852 Moyano 1983, S. 152
853 Peri Rossi 1984, S. 15
854 Martini 1984, S. 71
855 Moyano 1983 a, S. 16
856 ebenda, S. 155 und 290
857 ebenda, S. 17
858 ebenda, S. 21
859 Valdés in: Corino (Hg.) 1981, S. 237
860 ebenda, S. 11
861 Peri Rossi in: Triunfo, Barcelona 4. Feb. 1978, S. 24
862 Das Reziprozitätsprinzip beinhaltet die völlige rechtliche Gleichstellung von Lateinamerikanern und Spaniern. Es wurde noch von Franco mit den einzelnen lateinamerikanischen Ländern abgeschlossen und verfassungsmäßig verankert.
863 Moyano 1983 a, S. 53 - 54
864 Zu den hispanischen Aktivitäten im 18. u. 19. Jh. vgl. von Aken 1959; C. Rama 1982
865 Der Gedanke einer iberoamerikanischen Konföderation, der zwischen 1976 - 1983 in Spanien auflebte, scheint angesichts des Beitritts Spaniens zur EG kaum noch realisierbar.
866 Zu den Vertretern der spanischen Hispanismo-Offensive seit Mitte des 19. Jh. gehören u.a. der liberale Cánovas del Castillo sowie der Hispano-Kubaner Rafael Altamira. Die Aktivitäten gingen vom Institut der "Unión Iberoamericana" aus.
867 Vgl. C. Rama 1982, Kap. 4 und 6

868 In der betont laizistischen, kulturellen und wirtschaftlichen Ausrichtung unterscheidet sich der liberale Hispanismus vom später offensiven Anspruch einer Hispanität, mit der Franco unter dem Vorwand der Wiederherstellung der Glaubenseinheit die Rückeroberung des Kolonialreiches geltend machte. Gleichfalls sei darauf hingewiesen, daß beide Positionen in der Beurteilung der Errungenschaften der spanischen Kolonisation in Lateinamerika eine Vielzahl von Berührungspunkten haben. Auch die liberalen "pensadores" motiviert die rückwärtsgerichtete, nostalgische Erinnerung an das verlorene Imperium. Vgl. Morodo 1980; Rojas-Mix in: Araucaria 1978, Nr. 2, S. 47 - 59; W. Diffie in: The Hispanic American historical Review Aug. 1943, XXII Bd. 1, S. 457 - 482. Zu den weitergehenden ideologischen und soziokulturellen Implikationen des franquistischen Hispanismus vgl. Franzbach 1978

869 Phelan in: Escritos en homenaje a Edmundo O'Gorman 1968, S. 272 - 298

870 Vgl. Jurt in: Lendemains 1982, Nr. 27, S. 17 - 26; Velázquez in: Latinoamérica 1976, Nr. 3, S. 163 - 169; Ardao in: Cuadernos de Marcha Sep. 1983, Nr. 23; zur Idee der lateinamerikanischen Einheit vor dem Hintergrund der wirtschaftspolitischen Konsolidierung vgl. auch Bieber 1978

871 Pike 1972, insbesondere Kap. 3; Pike legt dar, daß die Idee der "Rasse" in dem lateinischen Kulturbereich nicht rassistisch-physiologisch geprägt, sondern Ausdruck des kulturellen Selbstbewußtseins in der "aristocratie de mérite", des Edelmanns aus Verdiensten an der Bildung, ist.

872 Die Bilanz der spanischen Dekadenz setzte nicht erst mit der "generación del 98", sondern bereits Mitte des 19. Jh. mit der Bewegung des "regeneracionismo" ein. Vgl. zu den Kulturreformbewegungen Spaniens im 19. Jh. Tuñón de Lara 1974; Dugast 1971, Kap. 2

873 Vgl. u.a. Ardao in: Cuadernos de Marcha a.a.O.; Jurt in: Lendemains a.a.O.

874 Retamar 1969, S. 60 ff

875 Genevois u.a. weisen in ihrem Überblick des hispanoamerikanischen Denkens darauf hin, daß die Affirmation der Hispanität die Funktion erfüllte, die nun allerdings nur noch auf spirituellen (kulturellen) Bindungen beruhende Einheit des Kontinentes herauszustellen. Genevois, Le Gonidec 1974, S. 42 - 54

876 Vgl. u.a. van Aken 1959 und Pike 1972, Kap. 6

877 Zur Einführung in die essayistische Literatur unter besonderem Aspekt der Identität vgl. Stapp 1967. Zur Parallelität der literarischen Entwicklung in Spanien und Lateinamerika vgl. Retamar 1969, S. 60 ff

878 Zwar stellt der um 1900 von dem Uruguayer Rodó verkündete latinistische Kulturaristokratismus heute kaum mehr als ein selbstparodistisches Zitat in der intellektuellen Rede dar (vgl. Kap. 7), was den schwebenden spirituellen Konflikt gegenüber der europäischen Kultur anbelangt, hat er an Relevanz nicht völlig verloren. Zum Kulturaristokratismus der Jahrhundertwende vgl. Gewecke in: Iberoamericana 1983, Nr. 2/3, S. 43 ff

879 Zu den hispano-amerikanischen Beziehungen im 19. Jh. vgl. C. Rama 1982. Zu den Wirtschaftsbeziehungen im 20. Jh. vgl. Actas de la 1ra conferencia iberoamericana de cooperación económica 1981; zu den kulturellen Beziehungen insbesondere zu Argentinien vgl. de Zuleta 1983. Wirtschaftliche wie kulturelle Kontakte werden heute nahezu ausschließlich vom Madrider Instituto de Cooperación Iberoamericana geführt und durch ein kompliziertes Netz an Einzelverträgen geregelt.

880 Vgl. hierzu Retamar 1979, S. 179

881 Zur Übersicht des Wirkens und Schaffens des spanischen Exils in Lateinamerika vgl. Martinez 1959
882 Vgl. Castro, 1948 und de los Ríos 1974, Kap. 3. Zur Kritik an Castro vgl. u.a. Martinez 1959, S. 476
883 Zur hispanischen "puente"-These vgl. Retamar 1979, S. 192
884 Caudet 1976, S. 29 ff
885 de los Ríos 1974, S. 408
886 ebenda, S. 406
887 Retamar 1979, S. 195 - 200
888 Neben dem Tatbestand des Vielvölkerstaates ergibt sich die These der Alterität aus dem bis zum Exil unter spanischen Intellektuellen ausgeprägten Volkskulturbewußtsein. Vgl. Retamar 1979, S. 90 - 91
889 Nicol 1944, S. 100
890 Zu der hervorragenden Position, die besonders auch Miguel de Unamuno in dieser hispanischen Auslegung der lateinamerikanischen Unabhängigkeit eingenommen hat vgl. de Miranda in: Cuadernos hispanoamericanos Jan.-Feb. 1950, S. 51 - 74
891 Stärkstes Echo fand das hispanische Denken der spanischen Exilanten in den Ländern, die in ihrer Geschichte am direktesten der Präsenz der USA ausgesetzt waren, Mexiko und Kuba. Ein direkter Einfluß der spanischen Geschichtsrevision ist u.a. bei den Mexikanern Paz und Zea festzustellen. Vgl. Paz 1980; Zea 1974; zur allgemeinen Einschätzung vgl. Stapp 1974. Von kubanischer Seite seien hier Carpentier und Retamar genannt. Zu dem Einfluß der Schule Ortegas auf das hispano-amerikanische Denken vgl. auch Abellán 1972. Für die hier von mir analysierten Autoren, die aus dem stärker am französischen Kultureinfluß festhaltenden Cono Sur kommen, kann die bedingungslose Übernahme der spanischen Geschichtsrevision nicht vorausgesetzt werden (vgl. Kap. 5). In ihren Texten koexistieren die beiden Versionen der Spanienvorstellung, der positiven altruistischen und der negativen obskuren Hispanität.
892 de los Ríos 1974, S. 414
893 Zur Entwicklung des neuen Hispanismus nach dem Tode Francos, vgl. u.a. Morán 1980, Kap. 16; Piñol Rull in: Afers Internacionals (Hg. CIDOB) 1982, S. 9 - 39
894 Morán 1980, S. 397 ff. Die königliche Lateinamerika- Initiative läßt sich allerdings, wie F. Morán darlegt, bis in Francos Zeiten zurückverfolgen. Franco hatte bereits eine "entente" gegenüber Lateinamerika eingeleitet, die die aggressiven Dominanzansprüche zurücknahm und deren Resultate zahlreiche Kulturabkommen sowie das Reziprozitätsgesetz waren.
895 Diese Appelle blieben jedoch ohne praktische Konsequenzen und waren nicht ohne Widersprüche. Besonders die monarchistischen Lateinamerikainitiativen orientierten sich an einer Stärkung der Beziehungen zu ausnahmslos allen lateinamerikanischen Ländern, ohne Berücksichtigung ihrer innenpolitischen Situation.
896 Vgl. F. González in: Le Monde diplomatique Ap. 1983
897 Vgl. Rathgeber in: Forschungs- und Dokumentationszentrum Chile-Lateinamerika (FDCL) 1982, Nr. 3/4, S. 277 ff. Zum positiven Widerhall der königlichen Lateinamerikainitiative und der damit verbundenen Aufwertung des demokratischen Ansehens Spaniens in den Exilkreisen, vgl. Peri Rossi in: El

País 1. Jun. 1983 und Galeano in: Instituto de Cooperación Iberoamericana 1983, S. 403 ff

898 Morán in: Le Monde diplomatique España Ap. 1983. Zum positiven Echo dieses von sozialdemokratischer Seite eröffneten Diskussionsprozesses in Exilkreisen vgl. Valdés in: Corino (Hg.) 1981, S. 232 - 233. Zu den Hintergründen des sozialdemokratischen Nord-Süd-Dialogs vgl. Rathgeber in: FDCL a.a.O., S. 277 ff

899 Natürlich ging es hierbei auch um handfeste Kapitalinteressen. Vgl. Evers in: FDCL a.a.O., S. 15 ff; Piñol Rull in: Afers Internacionals a.a.O.

900 W. Brandt in: Nueva Sociedad Nov.-Dez. 1979, S. 72 ff

901 Vgl. das Symposium in: Instituto de Cooperación Iberoamericana 1983, S. 50

902 Vgl. unsere Ausführungen in Kap. 2, insbesondere C. Rama in: Iberoamericana 1979, Nr. 7, S. 77 - 85

903 Peri Rossi 1984, S. 48

904 Moyano 1983 a, S. 289

905 Peri Rossi 1985

906 Moyano 1983 b

907 ebenda

908 Moyano 1983 a, S. 313

909 Peri Rosi 1985, S. 49

910 Vgl. Peri Rossi in: Cuadernos de Marcha Mär.-Ap. 1980, Nr. 6 und Peri Rossi 1985, S. 47, 51

911 ebenda, S. 44

912 Martini 1984, S. 148

913 ebenda, S. 11

914 ebenda, S. 147

915 Peri Rossi 1984, S. 28

916 Vgl. El País 25. Nov. 1984, Cultura, S. 46

917 Moyano 1983 a, S. 193

918 Hierzu auch das Musical "Sudaca" von Manuel Picon, Alberto Gambino und Rafael Amor, aufgeführt in Madrid Juni 1983, Kassette liegt vor

919 Zum Sudaca vgl. El País 4. Nov. 1984, S. 40

920 Moyano 1983 a, S. 60

921 Peri Rossi 1983, S. 163

922 ebenda, S. 163

923 Valdés 1986, S. 37

924 Martini 1984, S. 141

925 Peri Rossi 1985, S. 45

926 ebenda, S. 57

927 Es wird zum "bösen Wilden" verzerrt.

928 Valdés in: Corino (Hg.) 1981, S. 238

929 Moyano 1983 a, S. 60, 65

930 Moyano 1983 b, María Violín, S. 7

931 Titel übernommen aus: Carelli u.a. 1983, unveröffentl. Manuskript wurde mir freundlicherweise von Autoren zur Verfügung gestellt und liegt vor.

932 Die Autorin selbst hat auf diese Interpretationsmöglichkeit in einem persönlichen Gespräch hingewiesen.

933 Daus in: Neue Romania 1985, Nr. 2, S. 89

934 Daus widerspricht sich hier im übrigen selbst: Während er einerseits von dem allgemeinen Genre Exilliteratur ausgeht und damit eine eigene verbindliche

Gattung unterstellt, ordnet er die "Exilliteratur" andererseits den etablierten Gattungsregeln zu.

935 Moyano 1983 a, S. 41

936 Vgl. Moyano 1983 b, María Violín; Peri Rossi 1984

937 Moyano 1983 a, S. 65

938 ebenda, S. 60

939 Vgl. Viñas 1974, S. 168 - 178

940 Peri Rossi 1976, S. 64

941 Moyano 1983 b, María Violín, S. 2

942 Moyano 1983 a, S. 65

943 Zum Spiritualismusproblem bei Moyano und Peri Rossi vgl. Moyano 1983 b, María Violín; Moyano 1983 a, Kap. 2; Peri Rossi 1986, S. 19

944 Martini 1984, S. 115 und 125

945 ebenda, S. 203

946 ebenda, S. 145

947 ebenda, S. 210

948 Ein ähnliches kulturelles Nord-Süd-Gefälle zeichnet sich (vage) auch auf der europäischen Landkarte Peri Rossis ab. Der mediterrane Raum in Peri Rossi 1979 ist vornehmlich Ort einer vergangenen Kultur, während in den Betrachtungen des Berliner Milieus ("Europa después de la lluvia") das soziale Leben stärker in den Vordergrund gerückt wird. Allerdings wissen wir bereits, daß sich gerade Peri Rossi die miteleuropäische Welt kulturhistorisch und literarisch erschlossen hat.

949 Die Ermittlung differenzieller Beschreibungskriterien zur Untersuchung des kollektiven Identitäts-/Zugehörigkeitsgefühls stellt generell ein Problem der Kulturanthropologie dar. Vgl. hierzu Pitt-Rivers in: Archives européenes de sociologie 1973, Nr. 14, S. 3 - 30

950 Peri Rossi 1976, S. 66

951 Zur Präferenz Peri Rossis für das modernistische Dekor vgl. Peri Rossi 1984, S. 78

952 Peri Rossi 1970, S. 47

953 Hier ist allerdings zu bedenken, daß der Ästhetizismus nicht nur auf feministische Intentionen zurückgeht, sondern auch durch die universelle, europaorientierte Bildung der Autorin bedingt ist. Auch in den späteren Arbeiten, in denen das explizite feministische Projekt aufgegeben wird, erhält sich die Vorliebe für die ästhetische Kontemplation.

954 Peri Rossi 1976, S. 27

955 Vgl. Peri Rossi 1979, S. 24

956 ebenda

957 Peri Rossi aus: Europa depués de la lluvia, unveröffentlichtes Manuskript wurde mir von der Autorin freundlicherweise zur Verfügung gestellt.

958 Martini 1984, S. 51

959 Peri Rossi in: Cuadernos de Marcha Mar.-Ap. 1981, S. 54

960 Moyano 1983 a, S. 154

961 Peri Rossi 1984, S. 28

962 Peri Rossi 1983, S. 103

963 Peri Rossi, ebenda

964 Moyano 1983 a, S. 192

965 Vgl. hierzu auch die autobiographische Bemerkung Peri Rossis in: El País 17. Okt. 1983, S. 22

966 Peri Rossi 1984, S. 119 und 122

967 Peri Rossi in: El País 19. Jun. 1984
968 Peri Rossi aus: Europa después de la lluvia, unveröffentlicht, Manuskript wurde mir von der Autorin freundlicherweise überlassen und liegt vor.
969 Peri Rossi 1983, S. 132
970 ebenda, S. 170
971 Peri Rossi 1984, S. 106
972 Moyano 1981, S. 171

Bildnachweis

Fernando Krahn, Serie "pájaros", Federzeichnung 1976, reproduziert aus: Agermanament Nr. 148, Barcelona Nov./Dez. 1978
Franz Kafka, zitiert nach Gerhard Kurz, Traum – Schrecken, Kafkas literarische Existenzanalyse, Stuttgart 1980

Literaturverzeichnis

I In dieser Arbeit verwendete literarische Werke der Autoren

a) aus der Emigration

Juan Carlos Martini:

La vida entera, Barcelona (Bruguera - Esp.) 1981
Composición de lugar, Buenos Aires (Bruguera-Arg.) 1984
El fantasma imperfecto, Buenos Aires (Legasa) 1986

Daniel Moyano:

El vuelo del tigre, Buenos Aires - Madrid (Legasa) 1981
El libro de navíos y borrascas, Buenos Aires - Madrid (Legasa) 1983 a
María Violín y otras variaciones, Madrid 1983 b,
unveröffentlichtes fotokopiertes Exemplar wurde mir vom Autor freundlicherweise zur Verfügung gestellt.

Cristina Peri Rossi:

Diáspora, Barcelona (Ed. Lumen) 1976
Lingüística general, Valencia (Ed. Prometeo) 1979
La rebelión de los niños, Caracas - Barcelona (Monte Avila) 1980
El museo de los esfuerzos inútiles, Barcelona (Seix Barral) 1983
La nave de los locos, Barcelona (Seix Barral) 1984
La tarde del dinosaurio, (1976), Barcelona (Plaza + Janés, Bibl. letras del Exilio) 1985
Una pasión prohibida, Barcelona (Seix Barral) 1986
Estado de Exilio, in: Triunfo, Barcelona 4. Feb. 1978
Europa después de la lluvia, in: Cuadernos de Marcha, México Mär.-Ap. 1981, S. 53 - 55
Europa después de la lluvia (Berlin Poesie), in: Die Horen, Nr. 129, Hannover Frühjahr 1983, Jg. 28, S. 90 u. 172
bisher unveröffentlichte Materialien, in Fotokopie vorliegend:
Gedichte zu Estado de Exilio: Del viajero tenemos;
Una vez emprendimos;
Berlin Poesie: Supermarkt
Testimonio personal

Hernán Valdés:

Tejas Verdes, (1974), Barcelona (Laia B) 1978
A partir del fin, México (Ed. Era-Claves) 1981
La história subyacente, México 1984; zit. n.: Ansilania oder die Geschichte darunter, Berlin (Wagenbach) 1986

b) vor der Emigration

Juan Carlos Martini:

Los asesinos las prefieren rubias, (1973), Barcelona (Círculo de Editores) 1975
El agua en los pulmones, (1973), Barcelona (Círculo de Editores) 1975
El cerco, Barcelona (Bruguera - Esp.) 1977
La brigada celeste, (1969 - 1975), Buenos Aires (Bruguera - Arg.) 1983

Daniel Moyano:

Una luz muy lejana (1967); zit. n.: Une lumière très lointaine, Paris (Gallimard) 1969
El oscuro, Buenos Aires (Sudamericana) 1968
El trino del diablo, Buenos Aires (Sudamericana) 1974

Cristina Peri Rossi:

Los museos abandonados, (1968), Barcelona (Lumen) 1974
Descripción de un naufragio, Barcelona (Lumen) 1974
El libro de mis primos, (1969), Barcelona (Plaza + Janés) 1976
Indicios pánicos, (1970), Barcelona (Bruguera - Esp.) 1981

Hernán Valdés:

Zoom, México (siglo XXI) 1971
Cuerpo cresciente, (1966), Santiago de Chile (Ed. Nascimento) 1973

II Konsultierte Interviews, Aufsätze der Autoren und Rezensionen ihrer Arbeiten

Juan Carlos Martini:

a) Interviews, Rezensionen und Aufsätze aus dem Emigrationszeitraum

Desde Chandler, Entre Marilyn y Gardel, Interview, in: El Día, Montevideo 4. Nov. 1979, S. 2
La vida entera, Interview, in: Siete Días, Montevideo Jan. 1981
Los fuegos amargos, Interview, in: La opinión cultural, Buenos Aires 1. Mar. 1981, S. 9
Jorge Luis Borges, Juan Carlos Martini u.a., Interview, in: Centro Editor de América Latina, Buenos Aires März 1982, S. 227 - 231
Pensar el país donde se nace, Interview, in: El Porteño, Rev. Mensual, Buenos Aires Sept. 1982, S. 33 - 34
Barcelona-capital cultural latinoamericana, Interview, in: El País, Madrid 17. Okt. 1983
En Europa lo filman, acá lo prohiben, Interview, in: Salímos - Agenda, Buenos Aires 22.-28. Sep. 1983, S. 31 - 33.
Persönliches Gespräch, Barcelona 1980, nachträglich von mir fixierte Aufzeichnung liegt vor.

Josefina Delgado, La lucha por el poder a través de la realidad y el mito, Kritik, in: El Clarín, Cultura y nación, Buenos Aires 10. Dez. 1981

Martini, in: Osvaldo Soriano, Triste solitario y final, Vorwort, Barcelona (Bruguera) 1979
Martini, Exilio y ficción: Una escritura en crisis, Vortrag, Kongreß: Literatura argentina hoy - Desde la dictadura a la democracia, Eichstätt 1987, zur Veröffentlichung 1988, Katholische Universität Eichstätt; fotokopiertes Manuskript wurde mir von Kongreßleitung freundlicherweise zur Verfügung gestellt und liegt vor.

b) vor der Emigration:

8 preguntas a Juan Carlos Martini, Interview, in: El lacrimal trifulca, Nr. 9, Rosario Okt./Dez. 1973

Daniel Moyano:

a) Interviews und Aufsätze aus dem Emigrationszeitraum

Testimonio y mito, Interview, in: El País, Madrid 24. Jun. 1976, S. 21
Narrar un estado de crisis permanente, Interview, in: Informaciones, Suplemento Nr. 501, Madrid 2. Mar. 1978
La difícil subsistencia del escritor hispanoamericano en España, Interview, in: El País, Madrid 29. Aug. 1982, S. 8
Desde Madrid con rabia y miedo, Aufsatz, in: El País, Madrid 20. Ap. 1987
Escribir en el exilio, Vortrag, Kongreß: Literatura argentina hoy - de la dictadura a la democracia, Eichstätt 1987, zur Veröffentlichung 1988 Katholische Universität Eichstätt.
Persönliches Gespräch, Madrid 1983 c, nachträglich von mir fixierte Aufzeichnung liegt vor.

b) Rezensionen vor der Emigration

Augusto Roa Bastos, Realismo profundo en los cuentos de Daniel Moyano, in: Diario La Gazeta, Tucumán (Argentina) 1964
Juan C. Curutchet, Crónica de la fundación cordobesa, in: Cuadernos Hispanoamericanos Bd. 21, Madrid 1967, S. 406 - 409
Rafael Conte, Lenguaje y violencia, Introducción a la nueva novela hispanoamericana, Barcelona 1972, S. 273 - 276
Andrés Avellaneda, Encuento, pérdida, búsqueda, en los cuentos de Daniel Moyano, in: Hispamérica Nr. 3, Buenos Aires 1973
Eduardo Tijeras, Relato Breve en la Argentina, Madrid (Cultura Hispánica) 1973, S. 102 - 103

Cristina Peri Rossi:

a) Interviews und Aufsätze aus der Emigration

Desde la diáspora, Interview, in: Texto crítico, Nr. 9, México-Xalapa Jan.-Ap. 1978, S. 131 - 142
Seguir soñando, sin perder propias raíces, Interview, in: Agermanament, Nr. 148, Barcelona Nov.-Dez. 1978, S. 26 - 39

El exilio intelectual desde las dictaduras latinoamericanas, Interview, in: El País, Madrid 13. Dez. 1982, S. 18
Barcelona-capital cultural latinoamericana, Interview, in: El País, Madrid 17. Okt. 1983
Cultura e integración, Vortrag, in: Nexo, Nr. 9, Publicatión de la Casa del Uruguay, Barcelona Nov.-Dez. 1981, S. 3 - 5
Die Arten des Seins von Mann oder Frau sind vielfältig, Aufsatz, in: Die Horen, Nr. 129, Hannover Frühjahr 1983, S. 105 - 108
Tango und Exil, Aufsatz, in: Melancholie der Vorstadt, Tango, Künstlerhaus Bethanien (Hg.), Berlin 1982, S. 240 - 242

Aufsätze in: Triunfo, Barcelona

Los Filicidios, 20. Jan. 1979
Adiós a los sistemas, 3. Feb. 1979

in: El viejo Topo, Barcelona

Francis Bacon: Después de Picasso, Nr. 27, Dez. 1978, S. 27 - 29
Con los ojos vendados, Nr. 31, Ap. 1979, S. 43

in: El País, Madrid

Uruguay no es España, Opinión, 1. Jun. 1983
Encuentro con jóvenes poetas, 10. Jun. 1984
La metamorfosis del cuento como parábola cerrada, Libros, 12. Aug. 1984
El infierno tan temido, Libros, 10. Feb. 1985
13 años después, Opinión, 24. Jun. 1985
El ángel de la muerte en nuestros televisores, Opinión, 14. Jul. 1985
De naufragios y catástrofes, Opinión, 19. Sept. 1985
Ni ricas ni famosas, Opinión, 12. Nov. 1985
El espectáculo debe continuar, Opinión, 29. Mai 1986
La épica de nuestros días, Opinión, 25. Jun. 1986

in: Cuadernos de Marcha, México

Apuntes sobre la cultura del posfranquismo, Cuadernos de Marcha,Nr. 6, Mar.-Ap. 1980

Rezensionen literarischer Arbeiten Peri Rossis

Luis M. Bourne, La diáspora, in: El País, Madrid 6. Mar. 1977, S. 27
Luis Suñen, Inteligencia y pasión, in: Informaciones de las artes y las letras, Madrid 15. Sep. 1977, S. 4
Rosa Maria Pereda, Las investigaciones paralelas, Lingüística general, in: Triunfo, Barcelona 17. Nov. 1979, S. 57
Blas Matamoro, Entre la espada y la pared, El museo de los esfuerzos inútiles, in: El País, Libros, Madrid 9. Okt. 1983
Lluís Izquierdo, La circularidad del viaje, La nave de los locos, in: El País, Libros, Madrid 13. Jan. 1985
Fanny Rubio, Concierto privado, in: El País, Libros, Madrid 10. Ap. 1986

b) Kritiken vor der Emigration:

Angel Rama, La generación crítica, in: Uruguay hoy, Luis Macador, Angel Rama u.a. (Hg.), Buenos Aires 1971

Hernán Valdés:

a) Aufsätze aus der Emigration

Sobre la inhibición del intelectual, in: Testimonio latinoamericano, Nr. 2, Barcelona, Mai-Jun. 1980, S. 13 - 14
Pinochets Kz entronnen, in: Karl Corino (Hg.), Autoren im Exil, Frankfurt/M. (Fischer) 1981, S. 228 - 241
Stereotype auf die Probe stellen, in: Die Horen, Nr. 129, Hannover 1983, S. 79 - 82

b) Rezensionen literarischer Arbeiten vor der Emigration

Jaime Valdivieso, Cuerpo creciente, in: Anales de la Universidad de Chile, Nr. 140, Santiago de Chile Okt.-Dez. 1966

III Zur Texterarbeitung verwendete Materialien

Abellán, José Luis, La idea de América, Madrid 1972 El exilio español de 1939, Bd. 1, Madrid 1974
Adorno, Theodor W., Kierkegaard, Konstruktion des Ästhetischen, Frankfurt/M. (Suhrkamp) 1962 Negative Dialektik, Frankfurt/M. (Suhrkamp-Wissenschaft) 1983 Zu Subjekt - Objekt, in: Stichworte, Kritische Modelle 2, Frankfurt/M. (Ed. Suhrkamp) 1971, S. 56 - 101
Agermanament, Nr. 148, Barcelona Nov.-Dez. 1978, S. 30
Aken, Mark J. van, Pan-Hispanism, Its Origins and development to 1866, Berkeley - Los Angeles 1959
Althusser, Louis, Freud und Lacan, Berlin 1970 Ideologie und ideologische Staatsapparate, Hamburg - Berlin (VSA) 1977
Alazraki, Jaime, En busca del unicordio, Los cuentos de Julio Cortázar, Elementos para una poética de lo neofantástico, Madrid (Gredos) 1983
Ardao, Arturo, Panamericanismo y latinoamericanismo, Cuadernos de Marcha, Nr. 23, México Sep. 1983, S. 3 - 12
Armbruster, Claudius, Das Werk Alejo Carpentiers, Chronik der "Wunderbaren Wirklichkeit", Frankfurt/M. 1982
Asmuth, Bernhard und Berg-Ehlers, Luise, Stilistik, Grundstudium der Literaturwissenschaft, Bd. 5, Düsseldorf-Opladen 1978

Bachtin, Michail, Literatur und Karneval, Zur Romantheorie und Lachkultur, Berlin - Frankfurt/M. (Ullstein Materialien) 1985
Bailey, W. Diffie, The ideologie of Hispanidad, in: The Hispanic American historical Review XXII, Bd. 1, North Carolina Aug. 1943, S. 457 - 482
Barthes, Roland, Am Nullpunkt der Literatur, Hamburg 1959 Mythen des Alltags, Frankfurt/M. (Ed. Suhrkamp) 1981
Behar, J., Uruguay hoy, Barcelona 1980

Bernal, Olga, Lengage et fiction dans le roman de Beckett, Paris (Ed. Gallimard) 1969

Best, Otto, Handbuch literarischer Fachbegriffe, Frankfurt/M. (Fischer) 1982

Best, Otto und Schmitt, Hans-Jürgen, Romantik, Bd. 1 u. 2, Stuttgart (Reclam) 1974

Bieber, León Enrique, Der Konsolidierungsprozeß lateinamerikanischer Nationalstaaten und die Bemühungen um die Herstellung der Einheit Lateinamerikas seit 1880, Berlin 1978

Bloch, Ernst, Philosophische Ansichten des Kriminalromans, in: Jochen Vogt, Der Kriminalroman, Bd. 1, München (UTB-Fink) 1971, S. 322 ff

Bock, Sigrid und Hahn, Manfred (Hg.), Erfahrung Exil, Berlin - Weimar 1979

Blume, B., Das Bild des Schiffbruchs in der Romantik, in: Jahrbuch der Deutschen Schillergesellschaft, Bd. 2, 1958

Borges, Jorge Luis, La biblioteca de Babel, in: Borges, Ficciones, Buenos Aires 1961

Boris, Dieter und Hiedel, Peter, Geschichte und politische Gegenwart Argentiniens, Köln (Pahl-Rugenstein) 1978

Brandt, Willy, Nuevas perspectivas para América latina, in: Nueva Sociedad, Nr. 45, Caracas Nov.-Dez. 79, S. 72 - 76

Bürger, Peter, Surrealismus, Frankfurt/M. (Fischer-Athenäum) 1971

Caillois, Roger, Das Bild des Phantastischen, Vom Märchen bis zur Science Fiction, in: Phaïcon, Nr. 1, Frankfurt/M. (Insel-Taschenbuch) 1974, S. 44 - 84

Carelli, Nora u.a., Exilio e identidad, Variaciones sobre el exilio argentino, Aufsatz, Barcelona 1983, unveröffentlicht, fotokopiertes Exemplar wurde mir von Autoren freundlicherweise zur Verfügung gestellt.

Carpentier, Alejo, Zeit- und Sprachproblematik im modernen lateinamerikanischen Roman, in: Carpentier, Stegreif und Kunstgriffe, Frankfurt/M. (Ed. Suhrkamp) 1979, S. 67 ff

Castro, Américo, España en su historia, Cristianos, Moros, Judíos, Buenos Aires 1948

Caudet, Francisco, Cultura y exilio, la revista "España peregrina" (1940), Valencia 1976

Chandler, Raymond, Mord ist keine Kunst, in: Vogt, Jochen (Hg.), Der Kriminalroman, Bd. 1, München (Fink-UTB) 1971, S. 164 - 184

Clarin, El, La literatura dividida, Buenos Aires 17.-23. Feb. 1983, S. 12
    Nuevos Caminos en la narrativa argentina, Buenos Aires 11. Jun. 1981

Colectivo latinoamericano de trabajo psico-social (Colat), Brüssel 1977 - 1980:
    Anular el impacto de la represión y el exilio latinoamericano, 1977
    La integración crítica. La meta de una terapia en el exilio latinoamericano
    Barudy, J. und Paez, D. u.a., Salut mental y exilio político, 1977
    Barudy, J. und Paez, D. u.a., La carrera moral del prisionero político latinoamericano, psicopatología de la represión y la tortura, 1978
    Martens, Johanna, El mundo relacional de la pareja y de la familia, 1979 - 1980

Concha, Jaime, Testimonios de la lucha antifascista, in: Araucaria, Nr. 4, Madrid 1978, S. 129 - 147

Cortázar, Julio, Rayuela, Buenos Aires (Sudamericana) 1963
Libro de Manuel, Buenos Aires (Sudamericana) 1973
Die letzte Runde, Frankfurt/M. (Ed. Suhrkamp) 1984, S. 18 - 41
Literatura y exilio, in: Araucaria Nr. 10, Madrid 1980, S. 59 - 66
Curtius, E.R., Europäische Literatur und lateinisches Mittelalter, Berlin - München 1969

Dagnino, Alfonso González, El exilio, in: Araucaria, Nr. 7, Madrid 1979, S. 117 - 134
Darío, Rubén, Antología poética, Madrid (Biblioteca EDAF) 1981, S. 133
Daus, Ronald, Lateinamerikanische Literatur im europäischen Exil, Neue Romania, Nr. 2, FU - Berlin 1985, S. 83 - 103
Dellepiane, Angela B., Julio Cortázar der revolutionäre Erzähler, in: Mechhild Strausfeld Materialien zur lateinamerikanischen Literatur, Frankfurt/M. (Suhrkamp) 1976, S. 187 ff
Diálogo, Cuadernos para, Un hogar contra el miedo, Latinoamericanos en España, Madrid 22.-28. Ap. 1978
Donoso, José, El jardín de al lado, Barcelona (Seix Barral) 1981
Historia personal del "Boom", Barcelona 1972
Drews, Sibylle und Brecht, Karen, Psychoanalytische Ich-Psychologie, Frankfurt/M. (Suhrkamp Taschenbuch-Wissenschaft) 1975
Dubois, Jacques, Avatars du monologue intérieur dans le nouveau roman, in: Situation III: Un nouveau roman?, H.J. Matthews (Hg.), Paris 1964
Dugast, L'ídée de l'Amérique Latine dans la presse espagnole, Lille 1971

Epple, Armando, Estos novísimos narradores hispanoamericanos, in: Texto crítico, Nr. 9, México-Xalapa Jan.-Ap. 1978, S. 143 - 164
Erikson, Erik, Identität und Lebenszyklus, Frankfurt/M. (Suhrkamp-Theorie) 1970
Evers, Tilmann, Die westdeutsche Sozialdemokratie in Lateinamerika - Offensive oder Flucht nach vorn, in: Forschungs- und Dokumentationszentrum Chile-Lateinamerika (FDCL), Nr. 3 - 5, Berlin 1982, S. 15 ff
Ezquerro, Milagros, L'exil et après, in: Lendemains, Nr. 27, Köln 1982, S. 85 - 88

Farías, Víctor, Los manuscritos de Melquíades, "Cien Años de Soledad", burguesía latinoamericana y dialéctica de la reproducción ampliada de negación, Frankfurt/M. 1981
Franco, Jean, Memoria, narración, repetición, La narrativa hispanoamericana en la época de la cultura de masas, in: Más allá del "Boom", Angel Rama (Hg.), México (Marcha) 1981, S. 111 - 129
The crisis of the liberal imagination and the Utopia of writing, in: Ideologies and Literature, Bd. 1, Nr. 1, Dez.-Jan. 1976/7, S. 5 - 25
Frank, Manfred, Das individuelle Allgemeine, Frankfurt/M. (Suhrkamp) 1977
Was ist der Neostrukturalismus?, Frankfurt/M. (Suhrkamp) 1984
Die Unhintergehbarkeit von Individualität, Frankfurt/M. (Suhrkamp) 1986
Frank, Manfred (Hg.) Die Frage nach dem Subjekt, Frankfurt/M. (Suhrkamp) 1988
Franzbach, Martin, Plädoyer für eine kritische Hispanistik, Frankfurt/M. 1978

Freud, Sigmund, Der Dichter und das Phantasieren, in: S. Freud, Bildende Kunst und Literatur, Frankfurt/M. 1969 Über Träume und Traumdeutungen, Frankfurt/M. (Fischer Taschenbuch) 1985
Freund, Winfried, Einführung in die phantastische Literatur, in: Phantastische Geschichten, Stuttgart (Reclam Jun.) 1979
Fondo Internacional de Intercambio Universitario (FIIU), Informe: Situación de los latinoamericanos exiliados en España, Barcelona-Madrid 1978 - 1979
Fuentes, Carlos, La nueva novela hispanoamericana, México 1969
Fuhrmann, Manfred, Rechtfertigung durch Identität - Über eine Wurzel des Autobiographischen, in: Poetik und Hermeneutik, Bd. 8, München 1979

Galeano, Eduardo, Memoria del fuego, Bd. 1 u. 2, Madrid - México (siglo XXI) 1982 - 1984
Espejo roto y la cara que asoma, in: Instituto de Cooperación Iberoamericana (Hg.), Madrid 1983, S. 403 ff
Garscha, Karsten, Zur Geschichte der lateinamerikanischen Literatur, Teil 2: Von der Unabhängigkeit zur Gegenwart, in: Iberoamericana, Nr. 4 (S. 18 - 36) und Nr. 5 (S. 3 - 31), Frankfurt/M. 1978
Garscha, Karsten und Klein, Horst, Einführung in die Lateinamerika-Studien am Beispiel Peru, Tübingen (Niemeyer) 1979
Genevois, Danièle und Gonidec, Bernard de, Aspects de la pensée hispanoamericaine 1898 - 1930, Rennes 1974
Gewecke, Frauke, Ariel versus Calibán? - Lateinamerikanische Identitätssuche zwischen regressiver Utopie und emanzipatorischer Rebellion, in: Iberoamericana, Nr. 2/3, Frankfurt/M. 1983, S. 43 - 68
González, Felipe, España hacia una política con latinoamérica, in: Le Monde diplomatique - España, Paris Ap. 1983
Greverus, Ina-María, Kultur und Alltagswelt, München 1978
Grinberg, León und Rebeca, Psicoanálisis de la migración y del exilio, Madrid (Alianza Editorial) 1984
Guerra, Luis Lopez und Esteban, Jorge de, La crisis del estado franquista, Barcelona 1977

Habermas, Jürgen, Die Rekonstruktion des historischen Materialismus, Frankfurt/M. (Suhrkamp-Wissenschaft) 1976
Legitimationsprobleme im Spätkapitalismus, Frankfurt/M. 1973
Haug, Wolfgang-Fritz, Die Konstruktion des Absurden bei Sartre, Frankfurt/M. (Suhrkamp) 1966
Heinrichs, Hans-Jürgen, Ethnopoesie - poetische und wissenschaftliche Schreibweise, in: Mythen der Neuen Welt, Berlin 1982, S. 272 - 277
Heißenbüttel, Helmut, Spielregeln des Kriminalromans, in: Jochen Vogt, Der Kriminalroman, Bd. 2, München (UTB-Fink) 1971, S. 356
Historia de la literatura argentina, Bd. 5, Centro Editor de América Latina, Buenos Aires 1982, S. 625 - 648
Hocke, René, Das europäische Tagebuch, Wiesbaden 1963
Höhnisch, Erika, Das gefangene Ich, Zum inneren Monolog in modernen französischen Romanen, Heidelberg 1967

Hölz, Karl, Lateinamerika und die Suche nach dem "Verlorenen Paradies", in: Romanistisches Jahrbuch, Bd. 3, Berlin 1982

Iberoamericana, Nr. 1 - 19/20, Chronik - Spanien, Frankfurt/M. 1978 - 1983
Instituto de Cooperación Iberoamericana (Hg.), Encuentro en la Democracia, Vortragssammlung, Madrid 1983
Iser, Wolfgang, Die Appellstruktur der Texte, Konstanz 1970 Der implizite Leser, München 1972

Jauß, Hans-Robert, Ästhetische Erfahrung und Hermeneutik, Bd. 1, München (Fink-UTB) 1977
Negativität und Identifikation, Versuch zur Theorie der ästhetischen Erfahrung, in: Poetik und Hermeneutik, Bd. 6, München 1975, S. 263 - 339
Zeit und Erinnerung in Marcel Prousts "A la recherche du temps perdu", Frankfurt/M. (Suhrkamp-Wissenschaft) 1986 und Ausgabe Heidelberg 1955
Jitrik, Noé, Le vécu, le théorique, la coincidence - Esquisse sur les rapports entre deux littératures, in: Lendemains, Nr. 27, Köln - Berlin 1982, S. 27 - 33
Destrucción y formas en las narraciones, in: América Latina en su Cultura, Cesar Fernández Moreno (Hg.), México - Paris (Siglo XXI - UNESCO) 1972, S. 219 - 240
Jurt, Joseph, Entstehung und Entwicklung der Lateinamerika-Idee, in: Lendemains, Nr. 27, Köln - Berlin 1982, S. 17 - 26
Just, Klaus Günther, Edgar Allen Poe und die Folgen, in: Jochen Vogt (Hg.), Der Kriminalroman, Bd. 1, München (Fink-UTB) 1971, S. 9 ff

Kaufmann, Edy, Uruguay in Transition, New Jersey 1979, Kap. 3
Kayser, Wolfgang, Das sprachliche Kunstwerk, Bern - München 1960
Wer erzählt den Roman? Darmstadt 1965
Kesting, Marianne, Negation und Konstruktion, in: Poetik und Hermeneutik, Bd. 6, München 1975
King, John, Las revistas literarias de la dictadura a la democracia: El caso de "Punto de vista", Vortrag, Kongreß: Literatura argentina hoy - de la dictadura a la democracia Eichstätt 1987, zur Veröffentlichung 1988, Katholische Universität Eichstätt
Kessler, Susanne, Kafka-Poetik der sinnlichen Welt, Stuttgart 1983
Klein, Horst und Garscha, Karsten, Einführung in die Lateinamerika-Studien am Beispiel Peru, Tübingen (Niemeyer) 1979
Kohut, Karl, Escribir en Paris, Frankfurt/M. - Barcelona 1983
Kott, Jan, König Lear oder das Endspiel, in: Der Monat, Nr. 185, Feb. 1964, S. 18 - 30
Kristeva, Julia, Revolution der poetischen Sprache, Frankfurt/M.(Ed. Suhrkamp) 1978
Kurz, Gerhard, Schnörkel und Schleier und Warzen, Die Briefe Kafkas an Pollak, in: Der junge Kafka, G. Kurz (Hg.), Frankfurt/M. (Suhrkamp) 1984
Traum – Schrecken, Kafkas literarische Existenzanalyse, Stuttgart 1980

Laemmle, Peter, Vorschläge für eine Revision der Exilforschung, in: Deutsche Literatur im Exil 1933 - 1945, Bd. II, Materialien, Heinz Ludwig Arnold (Hg.), Frankfurt/M. (Athenäum-Fischer) 1974, S. 357 - 365
Lang, Hermann, Die Sprache und das Unbewußte, Jacques Lacans Grundlegung der Psychoanalyse, Frankfurt/M. (Suhrkamp) 1973
Lang, Thomas, Idyllische und exotische Sehnsucht, Formen der bürgerlichen Nostalgie in der Literatur des 18. Jh., Kronberg 1976
Lastra, Faustino, Lástima que fuera mi tierra, in: El País, Madrid 4. Jan. 1980
Lehmann, Hans-Thies, Der buchstäbliche Körper, Zur Selbstthematisierung der Literatur Franz Kafkas, in: Der junge Kafka, Gerhard Kurz (Hg.), Frankfurt/M. (Suhrkamp Materialien) 1984
Lepenies, Wolf, Melancholie und Gesellschaft, Frankfurt/M. (Suhrkamp-Taschenbuch) 1981
Levi Strauss, Claude, Les Structures élémentaires de la parenté (1949), Mouton 1969
Levita, David, Der Identitätsbegriff, Frankfurt/M. 1971

Marcha, Cuadernos de, Después de Pinochet, Nr. 7, México 1980
Marquard, Odo, Schwundtelos und Mini-Essenz, in: Identität, Poetik und Hermeneutik, Nr. 8, München 1979, S. 347 - 369
Márquez, Gabriel García, Hundert Jahre Einsamkeit, Köln 1982
Martinez, Carlos, Crónica de una emigración, México 1959
Miranda, A. Alvarez de, Pensamiento de Unamuno sobre Hispanoamérica, in: Cuadernos Hispanoamericanos, Madrid Jan.-Feb. 1950, S. 57 ff.
Mitscherlich, Alexander und Magret, Die Unfähigkeit zu Trauern, München 1968
Morán, Fernando, Una politica exterior para España, Barcelona 1980, Kap. Latinoamérica
Lineas básicas de la política latinoamericana de España, in: Le Monde diplomatique - España, Paris Ap. 1983
Morodo, Paul, Acción española, orígenes ideológicos del Franquismo, Madrid (Tucar Ediciones) 1980
Moura, Beatrice de, in: Algunas reflexiones sobre la literatura de los 70, in: El viejo Topo Extra, Nr. 8, Barcelona 1979
Moya, Carmen García, La lucha por la difícil subsistencia del escritor hispanoamericano en España, in: El País, Madrid 29. Aug. 1982
Müssener, Helmut, Exil in Schweden, Politische und kulturelle Emigration, München 1974

Nexo, Publ. bimensual de Casa del Uruguay, Nr. 8, Barcelona 1981, 2ª época, S. 1
Nicol, Eduardo, El problema de la filósofía hispánica, México 1944

País, El, Madrid Suramericanos, los malos de las películas, 4. Nov. 1984, S. 40
La noche madrilena a bordo de una copa, 25. Nov. 1984, S. 46
Paz, Octavio, Das Labyrinth der Einsamkeit, Frankfurt/M. (Bibliothek-Suhrkamp) 1980
Traducción y Metáfora, in: El Modernismo, Lily Litvak (Hg.), Madrid (Taurus) 1981, S. 121 - 141

Phelan, John, Pan-Latinism, French intervention in Mexico 1861-1867 and the genesis of the Idea of Latin-America, in: Conciencia y autenticidad históricas, Escritos en homenaje a Edmundo O'Gorman, México 1968

Pike, Fredric, Hispanismo 1898 - 1936, London 1972

Piñol Rull, Juan, España y Latinoamerica, in: Afers Internacionals, CIDOB (Hg.), Barcelona Frühjahr 1982, S. 9 - 39

Pfister, Manfred, Konzepte der Intertextualität, in: Broich, Ulrich und Pfister, Manfred, Intertextualität, Tübingen (Niemeyer) 1982, S. 1 ff

Pollmann, Leo, Der Neue Roman in Frankreich und Lateinamerika, Stuttgart 1968

Rama, Angel, La generación crítica, in: Luis Macador, A. Rama (Hg.), Uruguay hoy, Buenos Aires 1971

Más allá del "Boom", Literatura y Mercado, Vorwort, México (Marcha) 1981

Novísimos narradores hispanoamericanos en Marcha 1964 - 1980, Vorwort, México (Marcha) 1981

Rama, Carlos, Der Schriftstellerberuf in Spanien, Probleme der Hispanoamerikaner, in: Iberoamericana, Nr. 7, Frankfurt/M. 1979, S. 77 - 85

El aporte y la inserción del intelectual latinoamericano en la cultura española contemporanea, Vortrag, Kongreß: "Jornadas de Intelectuales latinoamericanos exiliados en España", Madrid 1979, unveröffentlicht, Fotokopie liegt vor

Historia de las relaciones culturales entre España y la América Latina, siglo XIX, México (FCE) 1982

Nacionalismo y historiografía en Latinoamérica, Madrid 1981

Rathgeber, Theodor, Sozialdemokratische Solidarität, in: Forschungs- und Dokumentationszentrum Chile-Lateinamerika (FDCL), Nr. 3/4, Berlin 1982

Rios, Fernándo, Escritos sobre Democracia y Socialismo, Madrid (Taurus) 1974

Reichardt, Dieter, Tango - Verweigerung und Trauer, Frankfurt/M. 1981

Reichert, Klaus, Studien zum literarischen Unsinn, Lewis Caroll, München 1974

Renner, Rolf Günter, Kafka als phantastischer Erzähler, in: Phaïcon, Nr. 3, Frankfurt/M. 1978

Rojas-Mix, Miguel, El Hispanismo, in: Araucaria, Nr. 2, Madrid 1978, S. 47 - 59

Rorty, Amelie O., Charaktere, Personen, Selbste, Individuen, in: Identität und Person, Ludwig Siep (Hg.), Stuttgart 1983, S. 127 - 151

Retamar, Roberto Fernández, Calibán y otros ensayos, La Habana 1979

Ensayo de otro mundo, Santiago de Chile 1969, S. 53 - 62

Sábato, Ernesto, Metaphysik, in: Melancholie der Vorstadt-Tango, Künstlerhaus Bethanien (Hg.), Berlin 1982, S. 177

Sartre, Jean-Paul, L'Etre et le Néant, Paris (Gallimard) 1949

La nausée, Paris (Gallimard-Folio) 1977

Scharlau, Birgit, Tiger Semantik, Gonzalo Fernández de Oviedo und die Sprachprobleme in Las Indias, in: Iberoamericana, Nr. 18, Frankfurt/M. 1983, S. 51 - 56

Beschreiben und Beherrschen, Die Informationspolitik der spanischen

Krone im 15. und 16. Jahrhundert, in: Mythen der Neuen Welt, Zur Entdeckungsgeschichte Lateinamerikas, Berlin 1982, S. 92 ff

Schiwy, Günther, Der französische Strukturalismus - Mode, Methode, Ideologie, Hamburg (Rowohlt) 1972

Schlumbohm, Dietrich, Die Welt als Konstruktion, München 1982

Schöne, Albrecht, Emblematik und Drama im Zeitalter des Barock, München 1969

Siebenmann, Gustav, Lateinamerikas Identität, in: Lateinamerika Studien, Nürnberg 1976, S. 69 - 87

Stanzel, Franz K., Theorie des Erzählens, Göttingen (Vandenhoeck-Ruprecht, UTB) 1985

Stapp, Martin, Inquest for identity 1890 - 1960, Chapell Hill 1969

Straußfeld, Mechthild, Materialien zur lateinamerikanischen Literatur, Frankfurt/M. (Suhrkamp) 1976

Sudaca, Musical von: R. Amor, A. u. C. Gambino, M. Picon, aufgeführt in Madrid 1983, Mitschnitt der Aufführung liegt auf Kassette vor

Temps Modernes, Les, Nr. 357 bis, Espagne 1976 - Dossier, Paris 1976

Trapp, Frithjof, Deutsche Literatur zwischen den Weltkriegen I, Literatur im Exil, Frankfurt/M. (Peter Lang - Germanistische Lehrbuchsammlung, Bd. 42) 1982

Tuñón de Lara, Manuel, Costa y Unamuno en la crisis de fin de siglo, Madrid 1974

Valdés, Ernesto Garzón, La emigración argentina. Acerca de sus causas ético-politicas in: Waldmann, Peter u.a., El poder militar en la Argentina (1976 - 1981), Frankfurt/M. 1982, S. 179 ff

Vasquez, Ana, Richard, Gabriela, Delsueil, Marie Claire, Psychologie de l'exile, in: Esprit, Nr. 6, Paris Jun. 1979, S. 9 - 21

Velázquez, María del Carmen, En torno al nombre de Latinoamérica, in: Latinoamérica, Nr. 3, México 1976, S. 163 - 169

Vidal, Hernán, Literatura hispanoamericana e ideología liberal, Surgimiento y crisis, Buenos Aires 1976

Villajero, García Avelino, España ante la actual crisis económica, Barcelona 1977

Viñas, David, Literatura argentina y realidad política de Sarmiento a Cortázar, Buenos Aires 1974

El intelectual latinoamericano exiliado en España, Eröffnungsrede zu: Jornadas de Intelectuales latinoamericanos en España, Madrid 1979, unveröffentlicht, fotokopiertes Exemplar liegt vor

Pareceres y digreciones en torno a la nueva narrativa latinoamericana, in: Iberoamericana, Nr. 2, Frankfurt/M. 1980, S. 9 ff

Vogt, Jochen, Der Kriminalroman, Bd. 1 - 2, München (Fink-UTB) 1971

Waldmann, Peter u.a., El poder militar en la Argentina (1976 - 1981), Frankfurt/M. 1982

Walter, Hans Albert, Zur Situation der Exilliteraturforschung, in: Deutsche Literatur im Exil 1933 - 1944, Bd. II Materialien, Heinz Ludwig Arnold (Hg.), Frankfurt/M. (Athenäum-Fischer) 1974, S. 341 - 356

Deutsche Exilliteratur 1933 - 1950, Bd. 1 - 4 u. 7, Darmstadt-Neuwied

(Sammlung Luchterhand) 1972 - 1974
Deutsche Exilliteratur 1933 - 1950, Bd. 2 u. 4, Stuttgart 1978/1983
Warning, Rainer, Formen narrativer Identitätskonstitution im höfischen Roman, in: Poetik und Hermeneutik, Bd. 8, München 1979, S. 553 ff
Wegner, Matthias, Exil und Literatur, Deutsche Schriftsteller im Ausland 1933 - 1955, Frankfurt/M. - Bonn (Athenäum-Verlag) 1967
Wucherpfennig, Wolf, Kindheitskult und Irrationalismus in der Literatur um 1900, München 1980

Zea, Leopoldo, Dependencia y liberación en la cultura latinoamericana, México (Mortiz) 1974
La identidad en América Latina, in: Latinoamérica, Nr. 3,
Anuario estudios latinoamericanos, Mexico 1968, S. 9 ff
The Roads Towards the Future, in: Cultures, Bd. V, Nr. 3, Unesco 1978, S.110

Als Band 1 in der Reihe
Frankfurter Beiträge zur Lateinamerikanistik ist erschienen:

Birgit Scharlau (Hrsg.)

Bild – Wort – Schrift

Beiträge zur Lateinamerika-Sektion des Freiburger Romanistentages

1989, 190 Seiten, 15 x 22,5 cm, DM 68,–
ISBN 3-8233-4040-9

Der Band *"Bild – Wort – Schrift"* enthält Beiträge, in denen – mit Bezug auf Lateinamerika – Fragen der Oralität und Literalität behandelt werden. Diese Problematik steht im Zusammenhang mit einem derzeit in fast allen kulturwissenschaftlichen Disziplinen verbreiteten Forschungsparadigma, das von Europa und den USA seinen Ausgang genommen hat. Sie findet sich aber auch in Lateinamerika selbst artikuliert – weniger als theoretisches denn als drängendes praktisches Problem und als Konflikt, um den politische, pädagogische, literarische und wissenschaftliche Diskurse gleichermaßen kreisen.

Aus dem Inhalt:
Einleitung: *B. Scharlau*, Oralität, Literalität und der veränderte Blick auf Lateinamerika.
1. Oralkultur und Bildlichkeit: *R. Adorno*, Die visuelle Vermittlung zwischen Oralität und Literalität in einer Anden-Chronik. – *M. Münzel*, Bild und Drama in Oralkulturen.
2. Mündliches Erzählen: *B. Simon de Souza*, Mündlichkeit und Gesellschaft. Untersuchungen bei den Chiriguano-Guaraní (Bolivien). – *M. Gutmann*, Das Selbstverständnis von Frauen in mündlichen Quechua-Erzählungen Perus.
3. Intermediale Rezeption: *H.-J. Lüsebrink*, 'La fascinación de la imprenta' – Zur Wahrnehmung von Schriftlichkeit und Buchlektüre in den historischen Romanen von Alejo Carpentier. – *M. Zires*, Das Gerücht über die Schlümpfe: Ein Zugang zu Oralkulturen in Mexiko.
4. Dimensionen der Verschriftung: *B. Schuchard*, Oralkultur – Schriftkultur: Wendepunkt im Leben eines Volkes? – *R. Ludwig*, Guadeloupe- und Dominicakreol: verschiedene Wege zur konzeptionellen Schriftlichkeit. – *M. Dürr*, Literale Ausdifferenzierung oraler Strukturen: Die fiktive Aufführung des Popol Vuh.
5. 'Mündlichkeit' in der Literatur: *K. Garscha*, Zum Phänomen der (fingierten) Mündlichkeit in der lateinamerikanischen Erzählliteratur. – *M. Lienhard*, Die Utopie der mündlichen Gesellschaft in der Ethnofiktion. – *G. Febel*, Mündlichkeit und Schriftlichkeit als Strategien soziokultureller Affirmation am Beispiel der Chicano-Literatur. – *H. Nitschack*, Die Cordel-Literatur im Spannungsfeld von Mündlichkeit und Schriftlichkeit. – *C. Armbruster*, Mündlichkeit und Schriftlichkeit in den Literaturen des brasilianischen Nordostens.
6. Oralität und Literalität in Europa, Afrika und Lateinamerika – Ein Vergleich: *M. Wehrheim*, Kurzbericht über die *Mesa Redonda*.

gnv Gunter Narr Verlag · Postfach 2567 · 7400 Tübingen